DK 英国中小学生STEAM课程读本

科学很简单

汪俊 燕子 译

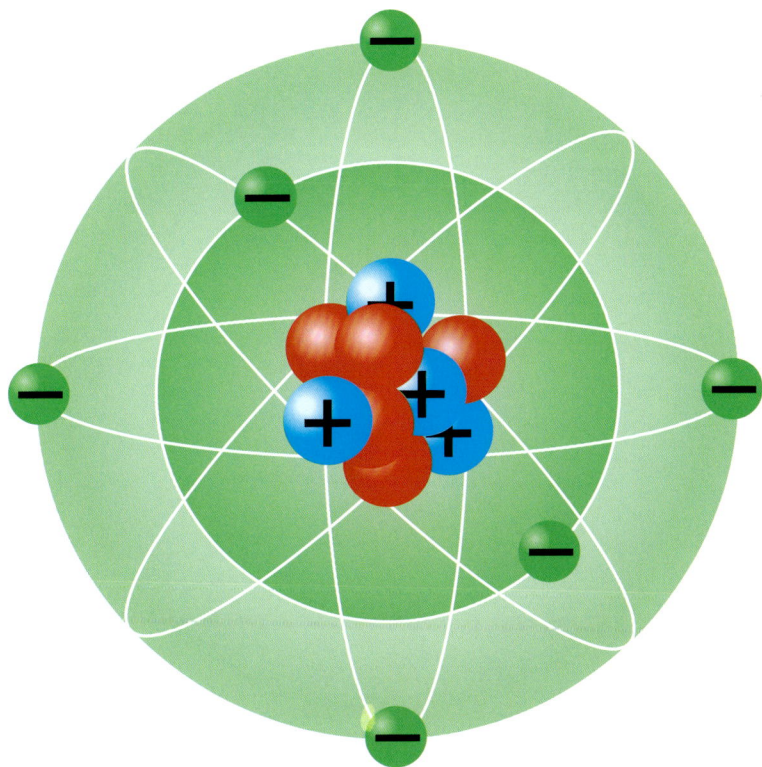

中国大百科全书出版社
Encyclopedia of China Publishing House

IA 1		
1 1.008 **H** 氢		

	IIA 2	
3 6.941 **Li** 锂	**4** 9.012 **Be** 铍	

11 22.99 **Na** 钠	**12** 24.31 **Mg** 镁	IIIB 3	IVB 4	VB 5	VIB
39.01 **K** 钾	**20** 40.08 **Ca** 钙	**21** 44.96 **Sc** 钪	**22** 47.87 **Ti** 钛	**23** 50.94 **V** 钒	**24** 52.0 **Cr** 铬
85.47 **b** 钌	**38** 87.62 **Sr** 锶	**39** 88.91 **Y** 钇	**40** 91.22 **Zr** 锆	**41** 92.91 **Nb** 铌	**42** 95.94 **Mo** 钼
132.9	**56** 137.3 **Ba**	**57~71** **La~Lu**	**72** 178.5	**73** 180.8	**74**

DK 英国中小学生STEAM课程读本

科学很简单

独特的渐进式可视化学习指南

汪俊 燕子 译

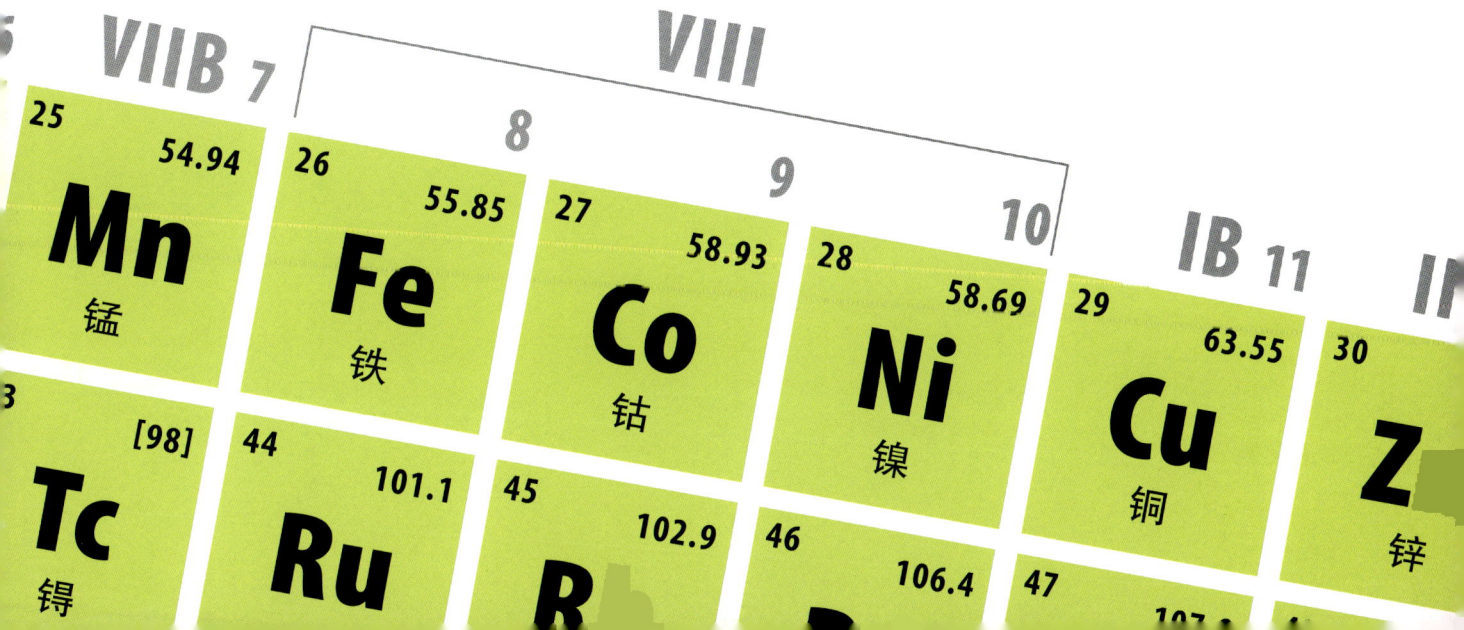

Original Title: Help Your Kids with Science
Copyright © Dorling Kindersley Limited, 2012
A Penguin Random House Company

北京市版权登记号：图字01-2020-3309
审图号：GS（2021）5919号

图书在版编目（CIP）数据

科学很简单 / 英国DK公司编；汪俊，燕子译. — 北京：中国大百科全书出版社，2022.1
（DK英国中小学生STEAM课程读本）
书名原文：Help Your Kids with Science
ISBN 978-7-5202-1047-8

Ⅰ.①科… Ⅱ.①英… ②汪… ③燕… Ⅲ.①科学知识—中小学—教材 Ⅳ.①G634.71

中国版本图书馆CIP数据核字（2021）第220997号

译者

汪俊　生物学

燕子　化学、物理学

专题审稿

段玉佩　生物学

张荣慧　化学

柯珊　物理学

策　划　人：杨　振

责任编辑：吴　宁

封面设计：殷金旭

DK英国中小学生STEAM课程读本 • 科学很简单
中国大百科全书出版社出版发行
（北京阜成门北大街17号　邮编 100037）
http://www.ecph.com.cn
新华书店经销
当纳利（广东）印务有限公司印制
开本：889毫米×1194毫米　1/16　印张：16
2022年1月第1版　2022年1月第1次印刷
ISBN 978-7-5202-1047-8
定价：138.00元

For the curious
www.dk.com

卡罗尔·沃德曼（大英帝国勋章员佐勋章获得者）是英国最受欢迎的电视节目主持人之一，因其在数学领域的造诣，以及对科技与教育的热爱和支持而闻名英国。她主持过英国广播公司、独立电视台和第4频道的众多节目，其中既有像《卡罗尔·沃德曼的美好家庭》《"英国骄傲"颁奖礼》这样的娱乐节目，也有像《明日世界》这样的科普节目。卡罗尔已经主持第4频道的《倒计时》节目26年，是英国21世纪前10年非小说类第二畅销女作家，她对数学和科学都充满热忱，曾于2010年8月向英国首相戴维·卡梅伦提交过一份具有深远影响的评论——《为英国所有的年轻人提供世界一流的数学教育》。此外，她还是英国国家科技艺术基金会的创办董事、剑桥科学节的赞助人、英国皇家协会的成员、工程学教育咨询委员会的成员，并获得英国多个高校的荣誉学位。2010年，她创建线上数学课堂www.themathsfactor.com，教授孩子和他们的父母数学，使他们成为数学能手。

汤姆·杰克逊已撰写近100本图书，主要涉及科学、技术和自然历史领域。在成为作家之前，汤姆曾在津巴布韦的一座野生动物园中担任管理员一职。他曾是20世纪60年代英国首批越南雨林调研小组的成员之一。作为一名旅行作家，汤姆跟随着查尔斯·达尔文的脚步，一一造访了撒哈拉沙漠、亚马孙丛林、非洲大草原和加拉帕戈斯群岛。

迈克·戈德史密斯博士拥有英国基尔大学天体物理学博士学位。1978～2007年，他在英国国家物理实验室声学部门工作，并且担任该部门负责人多年。现在，他以自由职业者的身份为该实验室服务。迈克已经发表了40多篇科技论文，撰写了30多本科学类图书，其中2本曾入围英国皇家协会儿童科学图书奖候选名单。

斯图尔特·萨瓦尔博士是加拿大不列颠哥伦比亚省科莫克斯谷地区的一名科学老师，同时也是该地区的电子图书馆管理员。他发表了多篇论文，探讨科幻小说和科学收藏品在图书馆中的作用。此外，他参与编辑了18本基础科学书，并积极参与一系列校园机器人程序开发项目。

艾莉森·伊莱娅1989年毕业于布鲁内尔大学应用物理学专业，获得荣誉学士学位。她在公共部门从事财务工作数年后，意识到教育才是真正适合她的职业。1992年，她在坎特伯雷基督教会学院获得初等科学研究生教育证书。在过去20年间，艾莉森在多所学校教授过科学。目前，她在肯特郡的福特皮特文法学校担任科学学科负责人。

前 言

你好！

欢迎来到神奇的科学世界——一个让人叹为观止的世界。有时，自然规律是那么不同寻常，简直令人难以置信。不过，当科学揭示自然的不同层次之美时，人们又很容易沉浸其中，不可自拔。

我们的学习和工作环境已经发生了变化。现在，对于那些对科学充满热情的孩子而言，世界变得触手可及——他们比其他任何人都更明白科学的神奇之处，未来将充满无尽的机会。

孩子学习科学的方式也已经发生了巨大的变化。如此多的学习方式让学习之旅变得充满激情，特别是在家里学习，而这也是本书的意义所在。

不少父母在年少时曾因不擅长科学而放弃了这门课程，当他们为人父母、再次面对科学时，可能会感到惴惴不安，甚至恐惧。我们希望这本书能够为所有的父母提供指导，帮助他们熟悉孩子现在及未来数年将要学习的内容。

作为一个拥有两个孩子的单身母亲，我知道发出"哇哦"之类的感叹来表达自己对所有科学事件的好奇是多么重要，哪怕自己不完全了解现象背后的本质。科学并不需要"正确的答案"来激发灵感，与之相反，科学需要的是提出问题。了解科学基础知识，你就能找到灵感。

希望你能够喜欢这本书。

卡罗尔·沃德曼

Carol Vorderman

卡罗尔创建了自己的线上数学课堂
www.themathsfactor.com

泰勒斯（约公元前624~约前546）　毕达哥拉斯（约公元前570~约前495）

亚里士多德（公元前384~前322）　阿基米德（约公元前287~前212）

伊本·海赛姆（965~1039）　尼古劳斯·哥白尼（1473~1543）

第谷·布拉厄（1546~1601）　伽利略·伽利莱（1564~1642）

约翰内斯·开普勒（1571~1630）　威廉·哈维（1578~1657）

克里斯蒂安·惠更斯（1629~1695）　安东尼·范·列文虎克（1632~1723）

艾萨克·牛顿（1643~1727）　卡尔·冯·林耐（1707~1778）

威廉·赫舍尔（1738~1822）　安托万·拉瓦锡（1743~1794）

亚历山德罗·伏打（1745~1827）　约翰·道耳顿（1766~1844）

乔治·居维叶（1769~1832）　迈克尔·法拉第（1791~1867）

查尔斯·达尔文（1809~1882）　克劳德·贝尔纳（1813~1878）

格雷戈尔·门德尔（1822~1884）　路易·巴斯德（1822~1895）

詹姆斯·克拉克·麦克斯韦（1831~1879）　德米特里·门捷列夫（1834~1907）

罗伯特·科赫（1843~1910）　路德维希·玻尔兹曼（1844~1906）

约瑟夫·约翰·汤姆孙（1856~1940）　马克斯·普朗克（1858~1947）

居里夫人（1867~1934）　欧内斯特·卢瑟福（1871~1937）

奥托·哈恩（1879~1968）　阿尔伯特·爱因斯坦（1879~1955）

马克斯·玻恩（1882~1970）　尼尔斯·玻尔（1885~1962）

埃尔温·薛定谔（1887~1961）　埃德温·哈勃（1889~1953）

莱纳斯·泡令（1901~1994）　芭芭拉·麦克林托克（1902~1992）

格伦·西博格（1912~1999）　乔纳斯·索尔克（1914~1995）

弗朗西斯·哈利·克里克（1916~2004）　罗莎琳德·富兰克林（1920~1958）

詹姆斯·沃森（1928~　　）　斯蒂芬·霍金（1942~2018）

目录

3 物理学

科学是什么?

科学（science）是通过观察和实验来解开宇宙之谜、解释自然运行方式的知识体系。

科学在拉丁文中是"知识"的意思，科学家是指发现新事物的人。科学知识是描述宇宙如何运行，以及宇宙从何而来的最佳方式。

科学

科学是解释自然现象的知识集合。知识经过梳理后，任何事实都可以通过已知的事实来证明。

科学是发现新知识的过程。这个过程需要配合观察和实验，其中实验的目的是验证对某事物的解释有没有错。

回答问题

科学是解释自然现象的有效方法。研究方法被称为科学方法，包括形成对未解现象的理论，并通过实验进行验证。严格来说，科学方法仅能证实某一理论是不是错的。一旦经过验证，错误的理论就会被抛弃。不过，"没有错"的理论只能算是当前我们对某一现象的最佳解释，直到另一种理论证明它是错的，并取而代之。

受热后冰激凌的状态（state）发生改变，从固态变成液态

◁ **解决问题**

很多科学理论都是由需要答案的实际问题推动发展的，比如为什么冰激凌会熔化? 不过，科学上的重大突破也源于人们对宇宙的纯粹的好奇。

测量

科学家在收集事物的行为证据时，需要进行测量（measure）。我们与其用"这条蛇与一条手臂一样长"来描述蛇的长度，不如用"这条蛇体长573毫米"。因此，科学家统一采用国际单位制进行测量，国际单位制中的7个基本单位为米、千克、秒、安培、开尔文、摩尔和坎德拉。其他所有单位，比如牛顿、帕斯卡和焦耳，都是由基本单位推导出来的。

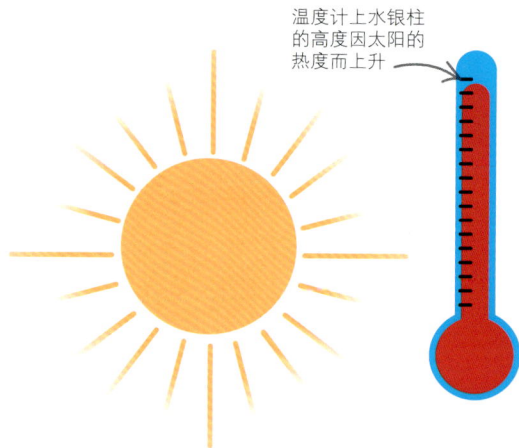

温度计上水银柱的高度因太阳的热度而上升

◁ **标记刻度**

温度计上的温度标记可以清晰地显示温度的高低。不过，两个刻度之间的间隔并非自然形成，而是以为实际应用提供方便为准则设计的。

储备知识

人们之所以认为科学是描述自然的可靠方法，是因为所有新知识都是以人们达成共识的旧知识为基础，只有这样新知识才被认为是正确的。科学上的突破不是仅凭一己之力。在概述某一新发现时，科学家总会提及前人的成果，因为这些是他们研究的基础。也因此，知识的发展可以追溯到数百年前，甚至数千年前。

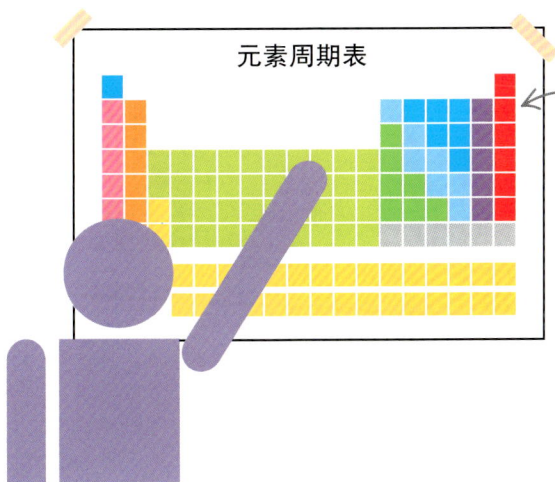

元素周期表列出了世界上的元素（element），并且根据原子结构进行排序

◁ **元素周期表**
俄国化学家德米特里·门捷列夫在1869年制作出了世界上第一张元素周期表（periodic table of elements）——以数个世纪以来人们对元素性质的研究为基础。

专家

现代科学诞生于大约250年前，当时，伟大的科学家们发现了许多关于生命、地球和宇宙的知识。那时，科学家研究的主题十分广泛。但是，即便是现在，也没有一位科学家能对每个领域的科学知识都有深刻的理解。未知的东西实在太多了。因此，他们只专注于自己感兴趣的某个领域，奉献一生来解开该领域的未解之谜。

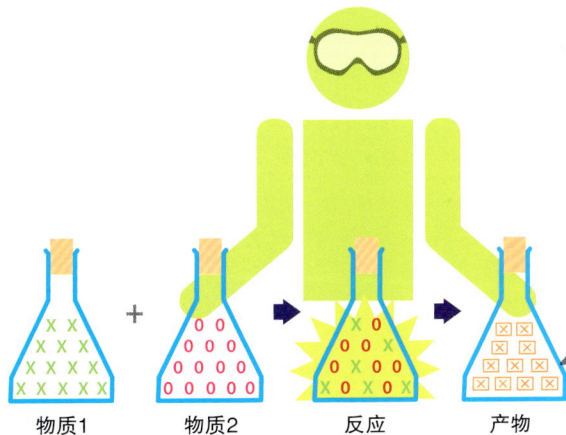

◁ **研究物质**
化学家负责研究组成世界的物质（substance），并且寻找合成新物质的方法。

两种物质发生反应（reaction），生成新物质

物质1　　＋　　物质2　　反应　　产物

科学的应用

一些科学家致力于解释自然现象，因为他们对此十分好奇。而另一些科学家致力于将对自然的最新认知付诸实践。工程学也许是证明为何科学是强大工具的最好的学科。如果科学家发现的知识是错误的，那么我们的高科技设备就无法正常工作。

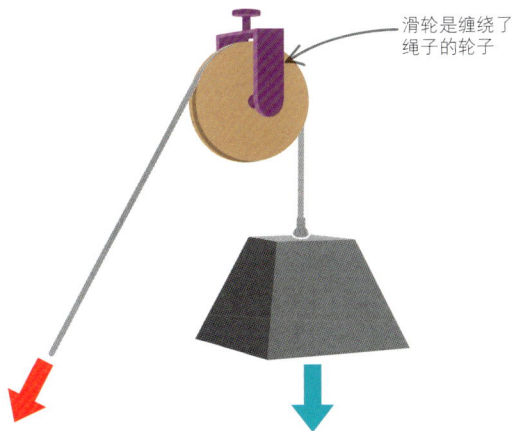

滑轮是缠绕了绳子的轮子

◁ **运用力**
理解了力（force）和能量（energy），就能明白为什么借助滑轮可以更加轻松地提起重物。例如，用两个滑轮提起重物所需的力是只用一个滑轮的一半。

科学方法

科学方法是用来证明关于自然现象的观点正确与否的途径和手段。

所有的科学研究都遵循相同的流程，即我们所说的科学方法。所有研究都始于灵光一现。

? 提问

所有的科学都始于人们对某一自然现象为什么会出现产生了好奇。好奇的事物也包括先前某个开创了新研究领域的发现。

研究背景

下一步就是观察现象，记录特征。对现象进行深入了解，有助于科学家根据已获得的证据，做出合理的解释。

构建假说

在此阶段，科学家会就此现象提出一种理论，也就是假说。当时，没有任何证据可以证明假说的真伪。

检验假说

现在，科学家需要设计一个实验来检验假说，并通过假说预测结果。实验需要重复多次，以确保所有的结果大致相同。

再试一次

没有哪一个实验是毫无用处的。当结果证明假说不成立时，科学家可以总结失败的经验，重新思考，提出更有力的新假说。

假说成立

实验结果表明，假说可以正确地描述正在发生的自然现象。因此，它可以用来回答最初的问题。

得出结论

如果实验结果与预测结果不一致，那么假说不成立。反之，如果实验结果与预测结果一致，那么假说成立。

成立   **不成立**

假说不成立

实验结果表明，当前正在研究的自然现象的表现与假说预测的结果不一样。因此，当前的解释是错的，最初的问题仍然没有答案。

报告结果

公布成果非常重要，这样其他科学家就可以重复实验，进行验证。专家对研究结果进行审核后，新发现才会被认可。之后，新知识将成为其他更多新理论的基础。

提问

在水中加盐是否会影响水的蒸发速度?

研究背景

盐水的冰点低于0℃(纯水的冰点为0℃),是因为盐溶解后会阻挡水分子,使水分子形成固态冰晶的难度增加。

构建假说

在水中加盐会使水更难结冰,降低了水的冰点(freezing point)。因此,盐是否也能降低水的沸点(boiling point),使水更容易汽化呢? 如果答案是肯定的,则盐水比纯水蒸发得快。

检验假说

将纯水倒入两个杯子中。在其中一个杯子里加盐,制成盐水。每种液体各取5毫升,分别加入两个相同的浅盘中。将两个盘子放在阳光下。监测数小时,看看哪个盘子先干。预测盐水先蒸发完。

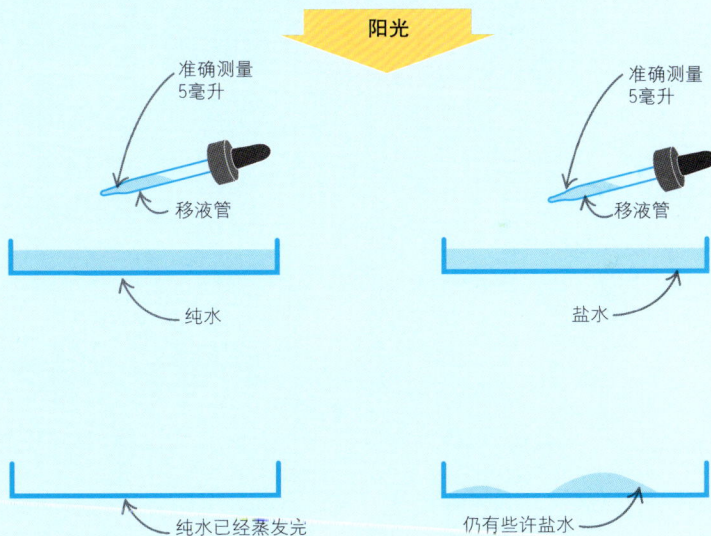

实验结果

盛盐水的浅盘先干了吗? 结论是什么? 假说是否错误?

得出结论

假说是错误的。
在水中加盐不会加快水的蒸发速度。

科学领域

科学可以分为很多学科，每个学科主要研究的领域不同。

现代科学家都是某一学科的专家。有些领域属于生物学（biology）、化学（chemistry）和物理学（physics）这样的主要学科，有些领域属于交叉学科。

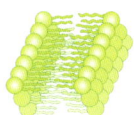

生物化学
研究发生在细胞内部，用以维持有机体（organism）生命活动的化学反应。

遗传学
研究基因（gene）的结构、功能及其变异（variation）、传递和表达规律。

法医学
应用医学、生物学及其他自然科学，研究并解决法律实践中的人身伤亡问题。

生物学
所有与生物有关的科学都属于生物学。生物学家研究生物的方方面面，从微观层面上细胞（cell）的运作到宏观层面上动物的行为（behavior）。

化学
这门学科研究原子（atom）的性质，以及原子以不同的方式结合形成不同的物质。化学是物理学与生物学之间的桥梁。

动物学
研究动物的生物学分支。

植物学
研究植物的生物学分支。

有机化学
研究碳的化合物。这些化合物（compound）主要来源于有机体。

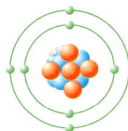

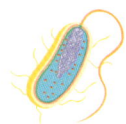

微生物学
利用显微镜观察微生物生命活动规律，侧重研究细胞结构的生物学分支。

生态学
研究生物群落，以及不同生物如何在同一栖息地共存。

电化学
研究化学能（chemical energy）转换成电能（electric energy）的化学分支。

医学
运用生物化学、微生物学和解剖学知识，诊断和治疗疾病。

古生物学
研究灭绝动物的化石，以及灭绝动物与现生物种之间的联系。

无机化学
研究所有无机物性质的化学分支。

在17世纪之前，科学家一直被称为**"自然哲学家"**。现在，哲学家所研究的伦理学等学科，却无法通过科学方法检验。

社会科学

社会科学与自然科学（如生物学、化学和物理学）没有直接联系。不过，社会科学也会运用科学方法来研究人文领域。例如：

人类学
研究人种，特别是世界各地社会与文化的差异。

考古学
通过城市遗址研究古代文明。

经济学
发展有关人们和公司该如何花钱的理论。

地理学
研究自然景观，以及人类该如何利用土地，比如在哪建造城市。

心理学
利用科学方法研究人的心智与行为。

地质学
研究岩石和地球景观形成的过程。

核化学
用化学方法或化学与物理相结合的方法研究原子核及核反应。

物理学

物理学在希腊文中是"自然"的意思，为其他所有科学奠定基础。物理学解释了能量、质量（mass）、力和光等概念，没有这些概念，其他学科将无从理解。

粒子物理学
研究宇宙中形成原子并承载能量和质量的粒子（particle）。

热力学
研究宇宙中能量的流动方式。

力学
研究物体的机械运动，以及在力的作用下能量如何在物体之间转移。

光学
研究光的运动和性质。

波动说
通过波（wave）来解释声音和其他自然现象。

电磁学
研究电流（current）、磁场（magnetic field），及其在电子器件上的应用。

天文学
研究太空中的天体，如行星、恒星和卫星等。

气象学
研究天气现象及大气运动。

应用科学

该领域将纯粹的科学知识应用到实际中。有些应用科学属于工程学。例如：

生物技术
利用遗传学和生物化学的知识创造人造生命体和生物机械。

计算机科学
研发微芯片处理器，编写软件指令以制造出更快、更智能的计算机。

材料科学
研发具有某些性能的新型材料，以满足特殊用途。

通信
利用电信号或光信号进行远距离信息传输。

生物学

什么是生物学?

生物学是研究生命现象、生物活动规律和生命起源的学科。

生物学，又称生命科学，是一门研究领域极为广泛的学科，涵盖了从细胞内部的工作机理到整座森林的生态平衡等不同层次的生命现象。

什么是生物?

所有生物都具有七大基本特征，这是区分生物和非生物的关键。例如，虽然汽车"吃"了汽油可以运动，还能排出尾气，智能汽车甚至可以感知周围环境，但是因为汽车只具有其中4个特征，所以汽车并不具有生命。

▷ **七大基本特征**
生物，或者叫生命体，千差万别。即便如此，它们都具有七大基本特征，这些特征将它们与非生物区别开来。

生物的七大基本特征	
必备条件	**描述**
营养（nutrition）	从外界获取生存和成长所必需的养分
生殖（reproduction）	产生新个体
应激性（irritability）	对来自环境的各种刺激做出一定反应
生长（growth）	至少在生命的某一阶段大小可以增长
呼吸（respiration）	将养分（如食物）转化为能量
排泄（excretion）	将废物排出体外
遗传（heredity）和**变异**	子代和亲代之间在很多方面表现出相同的特征，但也有不同之处

分类学

分类学是关于生物分类、鉴定和命名的原理和方法的学科。现代分类学是根据生物之间的联系（而非仅通过比较外形）对生物进行分类的。分类学把生物划分为不同的群，并按照下列分类系统分级：域、界、门、纲、目、科、属、种。其中，动物和植物都属于最大的域——真核生物域。

玫瑰　百合　甘蓝　鳄梨　鸟　狮　鱼　鼠　蛙　海豚

◁ **分类**
根据分类学（参见第20~21页），相对于其他生物来说，这些生物中的一部分联系更紧密。

微生物学

细胞是生命活动的基本结构与功能单位，也是微生物学家的研究对象。微生物学家利用显微镜观察细胞内部，研究微小的内部结构即细胞器是如何维持细胞存活的。微生物学已证明并非所有细胞都相同，这有助于解释生命体的运作方式，同时为生命的起源和进化（evolution）提供了线索。

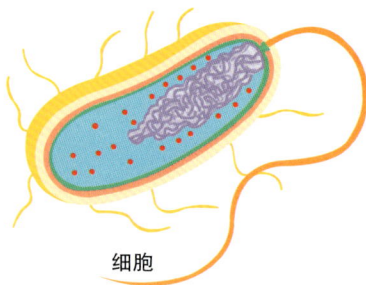

细胞

◁ **观察细节**
这张剖面图展示了细胞的内部结构。微生物学家使用功能强大的电子显微镜——通过电子束而不是光来放大细胞——观察细胞的内部构造（参见第22~23页）。

生理学

生物学家对生物解剖饶有兴趣，因为这样有助于他们了解组织和器官是如何构成身体的。生理学是研究生物的解剖特征与其特殊功能之间关系的学科。生理学家甚至会研究灭绝动物的化石，如恐龙化石，以期解开恐龙的生死之谜。

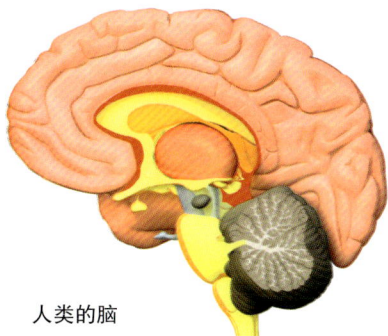

人类的脑

◁ **中枢神经**
脑是复杂的器官（行使某种特殊功能，并由两种或两种以上组织构成的身体部分）。脑中的神经组织是身体的主要控制中枢（参见第68页）。

生态学

生态学是研究生命系统与其环境之间关系的学科。生态学家根据生物群落及其特定的生存空间或栖息地，划分不同的生态系统（ecosystem）。科学家试图理清同一生态系统中不同物种之间的复杂关系。他们有时会利用这些研究成果保护栖息地和栖居于此的生物物种，使它们免受人类活动的威胁。

植物　　鼠　　鹰

◁ **食物链**
生态学家定义生态系统的方法之一是通过食物链（food chain，参见第76~77页）。食物链可以显示植物是如何被食草动物吃掉的，食草动物又是如何沦为食肉动物的盘中餐的。

进化

生物学家发现，为了适应新栖息地，生物会进化。这个过程非常缓慢，但却可以解释为何灭绝生物与现生生物存在一些共性。进化论也解释了同一族的动物为了适应不同的生活方式，会逐渐出现细微差异，如这些雀鸟。

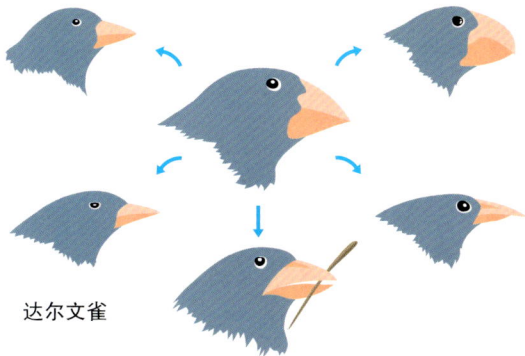

达尔文雀

◁ **喙的形状**
这几种达尔文雀分别以特定的食物为食，如种子或昆虫，因此它们的喙已进化出各种不同的形状（参见第82页）。

保育

生物学家揭开的自然之谜越多，就越是发现很多物种都濒临灭绝。虽然物种灭绝属于正常的进化进程，但是似乎人类的活动，如农耕和工业生产，正在加快物种灭绝的速度。自然环境保护者利用自己的生物学知识保护濒危物种，防止一些独特的栖息地遭到破坏。

大熊猫

◁ **保护物种**
如果没有保育工作，中国的国宝大熊猫可能早就灭绝了。它们属于熊科，以竹子为食。由于山林栖息地的丧失，野生大熊猫的数量越来越少。

生物的多样性

科学家对地球上的生物进行分类。

地球上的生命形式如此丰富，科学家根据各种生物的外形以及相互的联系，将它们分成不同的类群。他们一直在尝试解开生物多样性之谜。

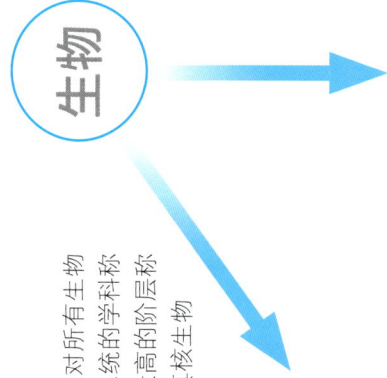

海豚 在英文中是"有子宫的鱼"的意思，因为早期生物学家曾认为海豚属于鱼类，不属于哺乳动物（mammal）。

三域学说

生物学家推测当前地球上约有800万种生物。对所有生物种进行分类，把它们纳入一个浅显易懂的系统的学科称为分类学。分类学将生物划分成不同阶层。最高的阶层为域。大多数生物学家将生物分为细菌域、真核生物域和古菌域三大类。

细菌域

从岩层深处到大多数真核生物的肠道，这些单细胞生物生活在地球上的各个角落。只有极少数细菌能感染真核生物，引起疾病。

古菌域

古菌是地球上最古老的生物。它们已经在地球上生存了38亿多年，经历过极端恶劣的气候环境，即便是对其他生物而言太过严酷的环境中，我们仍然可以发现古菌的踪影。

古菌的形状各异，有的与图中一样呈线形，有的呈球形

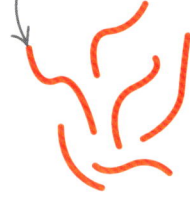

真核生物域

这个域包括植物、动物、真菌和原生生物。真核生物域是唯一一个包含多细胞生物的域。多细胞生物的各种细胞相互协作，各司其职。

生物

分类法

分类学家依据生物之间的联系对生物进行分类。同一阶层的成员拥有同一个祖先。越往下，你会发现同一阶层物种的相似度越高。

动物界

所有动物都属于这个界。它们几乎都是多细胞生物，靠吃其他生物维持生命，而且通常能对危险迅速做出反应。

真菌界

直到20世纪中叶，这些生物才从植物界分离出来，既有单细胞生物，又有多细胞生物。真菌包括霉菌和蕈类（俗称蘑菇），生活在潮湿的环境中，靠分解和吸收外界养分生存。

原生生物界

原生生物包括地球上最早出现的单细胞生物和简单的多细胞生物，但这些多细胞生物无法分化形成组织。原生生物多以独立的单细胞形式生存，少数群聚在一起。

植物界

植物属于多细胞生物，通过光合作用（photosynthesis）自己制造食物。大多数植物都生长在陆地上或淡水水域中，并且一生都为了适应环境，不过有时也会"迁移"。

▷ 界

真核生物域是最大的域，也是唯一一个可以进一步分出界的域。

▷ 门 — 界可分为不同的门。

被子植物门
这一门的植物种子外都包裹着坚硬的外壳。被子植物是唯一通过花繁殖的植物。
（百合、玫瑰、鳄梨）

脊索动物门
脊索动物门的动物几乎都有脊椎，如鸟类，鱼类，爬行动物（reptile）、两栖动物（amphibian）和哺乳动物。
（蛙、鸟、狮、鳄、鱼）

▷ 纲 — 门分为不同的纲。

双子叶植物纲
双子叶植物纲属于被子植物门，其中植物的种子有两枚子叶（cotyledon）。子叶也就是胚胎叶，可以为正在发芽的种子提供营养。
（葡萄、玫瑰、甘蓝、仙人掌）

哺乳纲
哺乳纲属于脊索动物门，其中的动物都长有毛发并通过乳汁喂养后代。人类属于哺乳纲。
（狮、鼠、蝙蝠、海豚、猴）

▷ 目 — 纲可分为不同的目，目还可以细分为亚目。

蔷薇目
蔷薇目属于双子叶植物纲，包括很多常见的开花植物，如荨麻、榆树、桑树。
（玫瑰、桑树、榆树）

食肉目
食肉目由擅长捕食其他动物的哺乳动物组成。体形最大的食肉目动物是熊，最小的是鼬。
（海豹、水獭、熊、狼、狮）

▷ 科 — 目和亚目可以分为不同的科。

蔷薇科
蔷薇科包括很多我们熟悉的果树，如苹果树、梨树、李子树和桃树，还包括灌木，如花楸。
（苹果、樱桃、草莓、玫瑰）

猫科
猫科属于食肉目，可细分为两个亚科：豹亚科和猫亚科。豹亚科动物会吼叫，猫亚科动物则不会。
（猫、狮、美洲狮、猎豹）

▷ 属 — 属与种的关系紧密，有些属仅包含一个物种。

蔷薇属
蔷薇属植物的茎上长有尖刺，会开花。玫瑰是最常见的蔷薇属植物。
（玫瑰、单叶蔷薇）

豹属
狮、虎、美洲豹、雪豹和花豹都属于大型猫科猫亚科动物。它们大多独自狩猎，用致命的撕咬将猎物杀死。
（豹、狮、虎）

▷ 种 — 同种生物的外形相似，并且可以交配繁殖。

玫瑰
这是一种常见的玫瑰，已被培育出数千个不同的品种。它们的颜色鲜艳，气味芳香，生长方式多样。
（玫瑰）

狮
狮是猫科中唯一的社会性群居动物，它们以狮群为单位生活。狮广泛分布于非洲和亚洲的印度。
（狮）

细胞结构

细胞是生命活动的基本结构与功能单位。

细胞是生物的基本单位。多细胞生物由多个细胞组成。每个细胞都是一个封闭的囊状物，内部含有细胞生存和工作所需的所有物质。

动物细胞

动物细胞的直径一般在10微米以内，但像卵子、骨细胞和肌细胞可能有数厘米长。动物体内有大量各种各样的细胞，每种细胞从事不同的工作。有些单细胞原生生物（如变形虫和原虫）的细胞结构与动物的非常相似。

中心体
可以产生细长的丝状结构——拖曳细胞内的物质

细胞质
细胞内充满电解质的水状填充物

线粒体
细胞的"能源站"——释放糖类的能量

糙面内质网
由布满核糖体的中空网络组成，蛋白质在此处合成

光面内质网
合成脂类并参与电解质代谢的管状结构

细胞核
细胞核中含有细胞的遗传物质DNA（脱氧核糖核酸）——携带生成细胞并维持细胞生命的指令

核仁
细胞核中的致密结构，可协助制造核糖体

核糖体
DNA中的基因信息在核糖体中翻译，用于合成构成细胞所需的蛋白质

细胞膜
可以进行选择性渗透的最外层，能够辨识进出细胞的物质

高尔基体
新生成的物质在此打包进入囊泡，并被送到细胞内不同的部位或细胞外

▷ **动物细胞结构**
大多数动物细胞的最外层都是有弹性的膜。细胞中有很多种名为细胞器的微小结构。每种细胞器在细胞的新陈代谢（metabolism）进程中都发挥着特定的作用。新陈代谢是维持生命必不可少的诸多化学反应过程的总和。

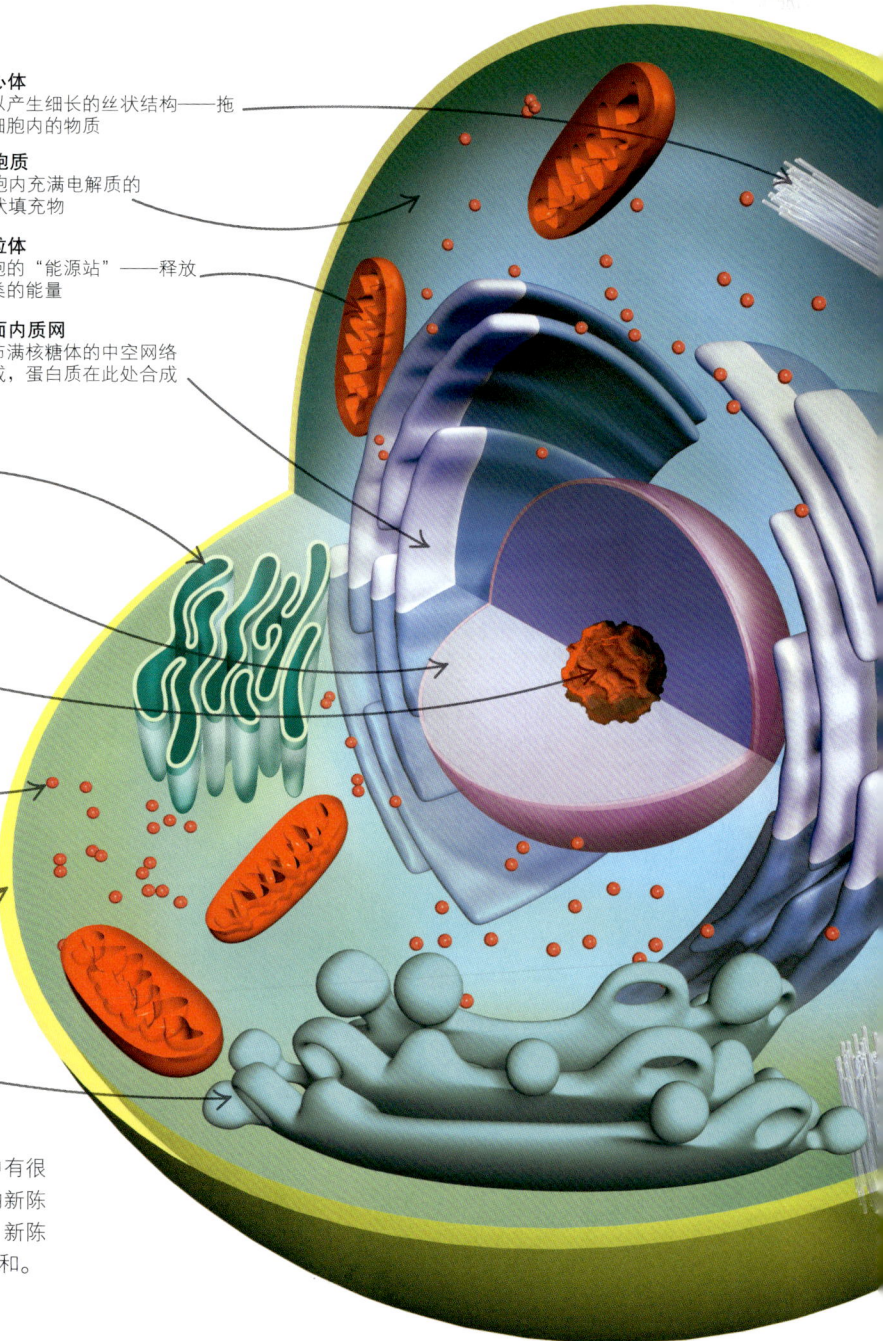

植物细胞

植物细胞区别于动物细胞的主要特征之一是植物细胞有细胞壁——由纤维素构成的网状物质。相邻细胞壁之间的区域称为胞间层。胞间层中含有一种由果胶质组成的胶合剂。果胶质是一种糖类凝胶，可以将细胞粘在一起。

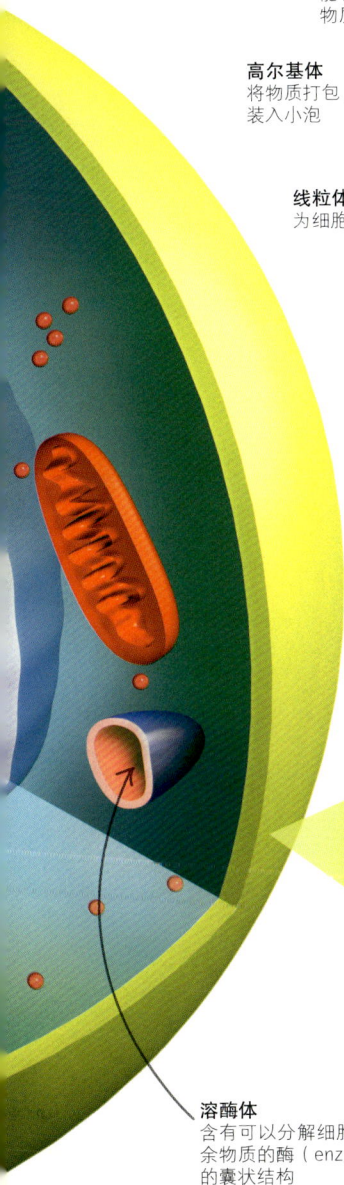

叶绿体
被叶绿素（chlorophyll）覆盖的双层膜结构，叶绿素是植物中的一种绿色色素

细胞核
细胞核中有核仁，可以合成核糖体

核糖体
合成蛋白质的场所

液泡
细胞内用来储水的容器

晶簇
草酸钙晶体，会使食草动物觉得植物口感欠佳

造粉体
将糖类转化为淀粉

小泡
能够储存和运输物质的膜囊

高尔基体
将物质打包装入小泡

线粒体
为细胞提供能量

细胞壁
由纤维素（由葡萄糖聚合而成）组成的坚韧网状物

细胞膜
细胞膜并不是紧贴着细胞壁的，而是可以伸缩的

△ 植物细胞结构
植物细胞结构与动物细胞结构大多相同。最主要的差别在于，只有植物细胞中有叶绿体。叶绿体让植物呈绿色，同时也是光合作用发生的场所。光合作用可以产生植物所需的糖类。

▽ 细胞膜的结构
细胞膜可以进行选择性渗透，只允许某些物质进出细胞。细胞膜是双膜结构，由名为脂质的脂肪类物质构成。脂质的"头部"具有亲水性，也就是说它可以与细胞膜两侧的水和亲水性物质混合；"尾部"具有疏水性，也就是说它排斥水，并且形成了一道屏障，使细胞内的物质保持稳定。

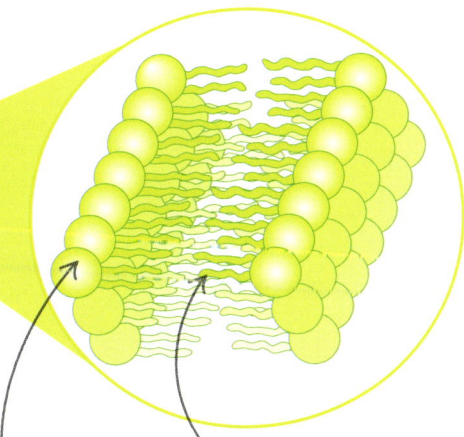

微观细胞

大多数细胞无法用肉眼观察。最早利用显微镜观察细胞的人是17世纪的英国科学家罗伯特·胡克（1635~1703）。他用僧侣使用的小房间的英文单词"cell"给细胞命名。现在，微生物学家借助染色和照明技术展示细胞的内部结构，下图为人体细胞。

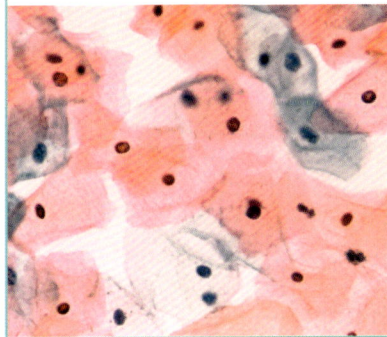

溶酶体
含有可以分解细胞中多余物质的酶（enzyme）的囊状结构

亲水端
亲水端漂浮在细胞质和细胞外液之间

疏水端
双层脂质通过"尾部"相连，形成疏水薄膜

细胞的运作

每个细胞都像一座微型工厂。

参见	
《 22~23	细胞结构
运动	38~39 》
人体的感觉系统	64~65 》

延续生命所需的全部反应过程都在细胞内部发生，包括从食物中获得
能量、排泄废物、生长繁殖等。

细胞的运输

细胞可以处理许多化学物质。在细胞内部，大分子（如蛋白质）甚至整
个细胞器都由微管固定。微管在细胞分裂过程中也发挥作用。一些物质只
能在细胞内部的细胞器之间运输，其他物质则可以穿过细胞膜，在细胞间
进出。以下是物质进入细胞的几种主要方式。

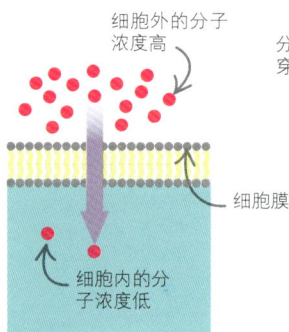

细菌每20~30分钟分裂一次，1个细菌在一天内可以分裂成 4×10^{21} 个。

△ **扩散作用**
扩散是物质从高浓度区向
低浓度区移动的现象。

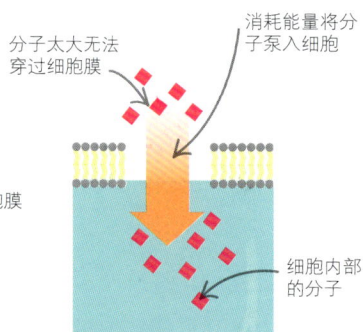

△ **主动运输**
如果分子（molecule）太
大无法直接穿过细胞膜，
就需要消耗能量将分子泵
入细胞。

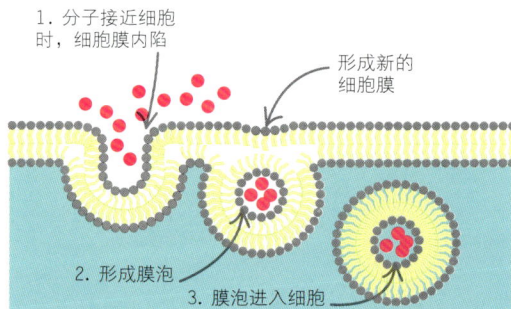

△ **胞吞作用**
如果分子太大，通过主动运输也无法将其泵入细胞，细
胞就会消耗能量让分子进入细胞膜内陷形成的膜泡中。
膜泡一旦进入细胞就会打开，释放其中的物质。物质的
反向运输过程称为胞吐作用。

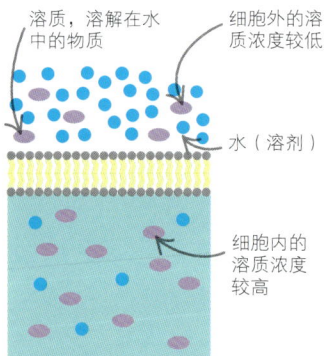

1. 分子接近细胞
时，细胞膜内陷

形成新的
细胞膜

2. 形成膜泡

3. 膜泡进入细胞

△ **渗透作用**
渗透作用发生在细胞膜两侧的溶液（solution）浓度存在差异
时，大分子溶质（solute）不能穿过细胞膜，溶剂（solvent）
却可以穿过细胞膜从低浓度区向高浓度区移动，从而使细胞膜
两侧浓度相等。

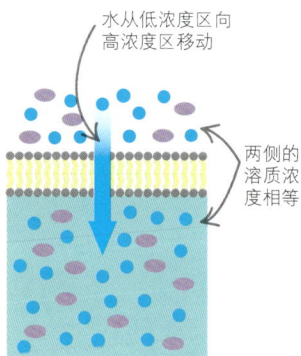

现实世界

枯萎的花朵

渗透作用产生让水进出细
胞的作用力。将剪下的花
枝插入清水中，渗透作用
使水涌入植物细胞中，使
花朵保鲜。当花瓶里的水
干了以后，渗透作用使水
分从植物细胞中排出，然
后水被不断蒸发，花朵最
终枯萎。

多细胞结构

人体由数十亿个分工合作的细胞构成。为了让运作达到最高效，细胞形成特化的形态，各司其职。行使同一功能的细胞群构成组织（tissue），比如可以分泌黏液的鼻黏膜组织。通常，组织会一起完成一系列复杂任务，构成器官（organ），比如鼻子。

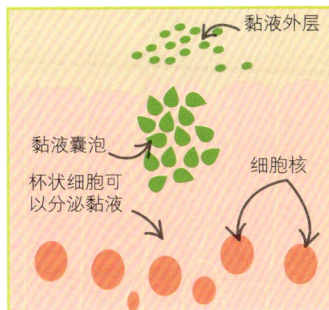

头骨上的骨组织形成鼻腔

嗅球将受体细胞发出的信号输送到大脑

小型受体组织排列在鼻腔中

黏液外层

上皮组织

黏液

黏液囊泡

杯状细胞可以分泌黏液

细胞核

杯状细胞

头骨外的鼻骨为软骨组织

△ **杯状细胞**

这种细胞可以分泌黏液（水和黏性蛋白质的混合物）。黏液具有吸收、润滑和保护等功能。

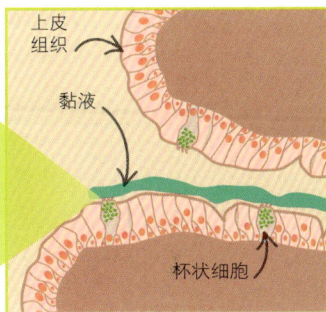

△ **上皮组织**

大部分上皮组织由杯状细胞组成，上皮组织主要分布在鼻子、气管和肠道。

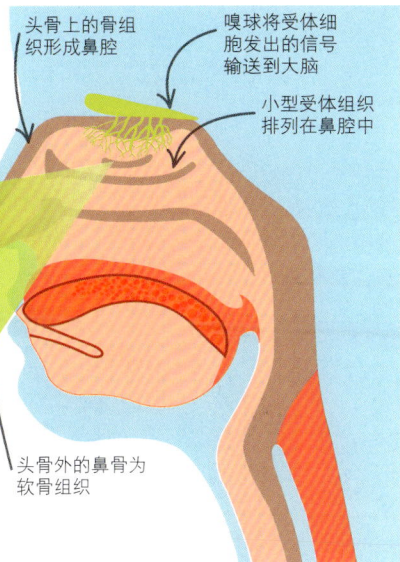

△ **鼻子**

鼻子是呼吸器官，空气通过鼻子进出身体。肌肉、软骨、骨组织与上皮组织协作，完成呼吸动作。

细胞分裂

生物之所以会生长是因为细胞在增加。这种数量上的增加通过细胞分裂实现，即一个细胞分裂成两个相同但又相互独立的细胞，其中染色体（chromosome，携带细胞基因）的数量也翻倍。这种细胞分裂方式称为有丝分裂。有丝分裂可以分成以下几个阶段。

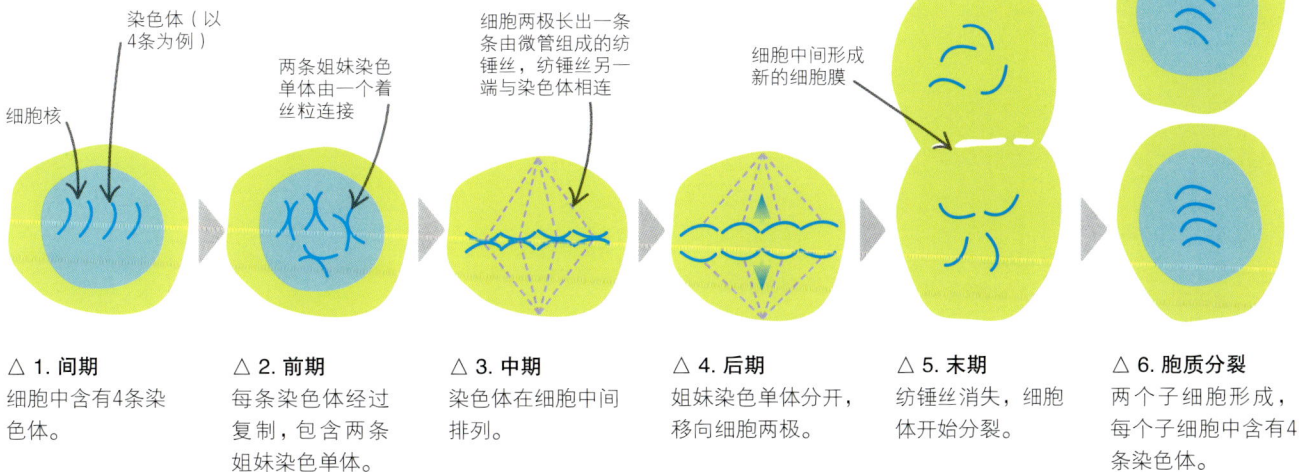

细胞分裂成两个子细胞，每个子细胞中含有完整的4条染色体

沿着染色体的外围形成新的细胞核

染色体（以4条为例）

两条姐妹染色单体由一个着丝粒连接

细胞两极长出一条条由微管组成的纺锤丝，纺锤丝另一端与染色体相连

细胞中间形成新的细胞膜

细胞核

△ **1. 间期**

细胞中含有4条染色体。

△ **2. 前期**

每条染色体经过复制，包含两条姐妹染色单体。

△ **3. 中期**

染色体在细胞中间排列。

△ **4. 后期**

姐妹染色单体分开，移向细胞两极。

△ **5. 末期**

纺锤丝消失，细胞体开始分裂。

△ **6. 胞质分裂**

两个子细胞形成，每个子细胞中含有4条染色体。

真菌和单细胞生物

除了动植物以外，地球上还有其他各种各样的生命体存在。

细菌域和古菌域的生命形式，以及大多数原生生物都是单细胞生物，并且只有通过显微镜才能观察得到。相比之下，真菌界的成员——真菌多为多细胞生物。

细菌域

细菌细胞的大小不足动植物细胞的1%。细菌没有细胞核。它们的DNA储存在环状双链结构中，这种结构称为质粒。细菌体内没有大型细胞器，所有的新陈代谢反应都在细胞质中进行。很多细菌靠摆动鞭毛移动。菌毛形如毛发，作用是使细菌附着在物体表面。

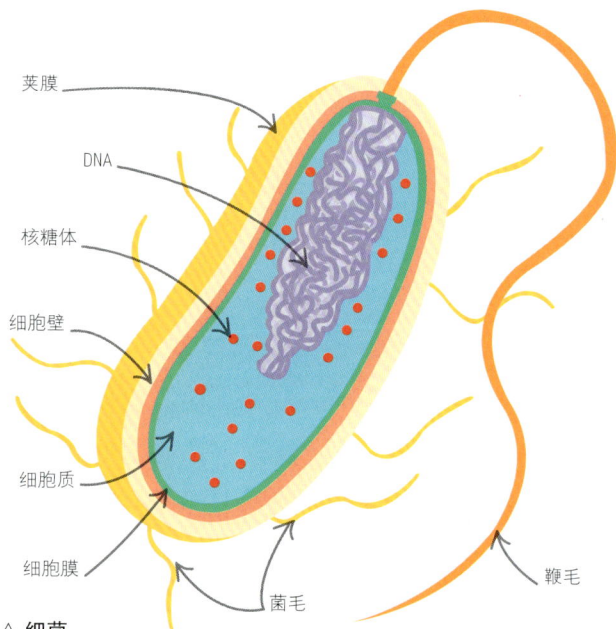

△ 细菌
大多数细菌都有3层外膜。细菌的细胞膜与其他种类细胞的相似。细胞壁由蛋白质和糖类组成。由糖类组成的荚膜可以防止细胞失水，但某些种类的细菌没有荚膜。

在美国俄勒冈州发现的**蜜环菌**可以长到占地9.65平方千米，是地球上**最大**的单一生命体。

古菌域

在过去的很多年，古菌一直被认为是细菌。但是近年来对古菌的DNA分析表明，古菌是一类完全不同的生物。很多古菌都是嗜极微生物——只生活在各种极端恶劣环境中（如严寒或酷暑之地）的微生物。也许在35亿年前，它们的祖先在地球还很年轻时就进化成只能在极端环境中生存。

▷ **嗜盐古菌**
嗜盐古菌生活在咸水湖中，湖水中的盐分足以杀死其他大多数生命形式。嗜盐古菌的细胞为方形，里面充满气泡，这样这种古菌才能漂在水上。目前这种古菌的生存方式仍然无人知晓。

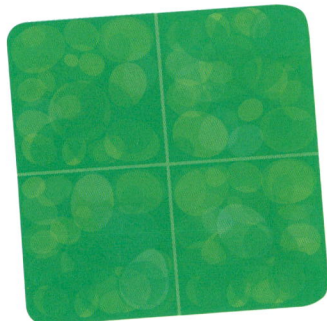

▽ **火球菌**
火球菌也属于古菌，人们在海底火山口附近发现了它们的踪迹。在阳光无法照射到的地方，它们依靠超高温热水中的物质生存。

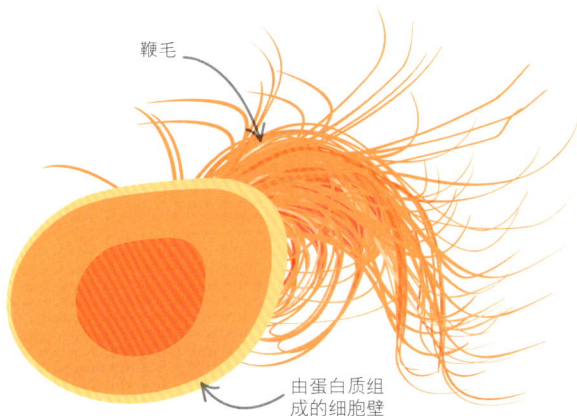

真菌界

真菌界包括蕈类、霉菌和酵母菌。它们都是腐生生物，生长在它们的食物上，并利用体外的消化酶消化食物，为自身提供能量。它们的细胞为真核细胞，与动植物的细胞一样，真菌的细胞中也包含一个细胞核和多种细胞器。这些细胞都包裹着坚韧的细胞壁，细胞壁的主要成分为几丁质——螃蟹壳和甲虫鞘翅的构成物质。

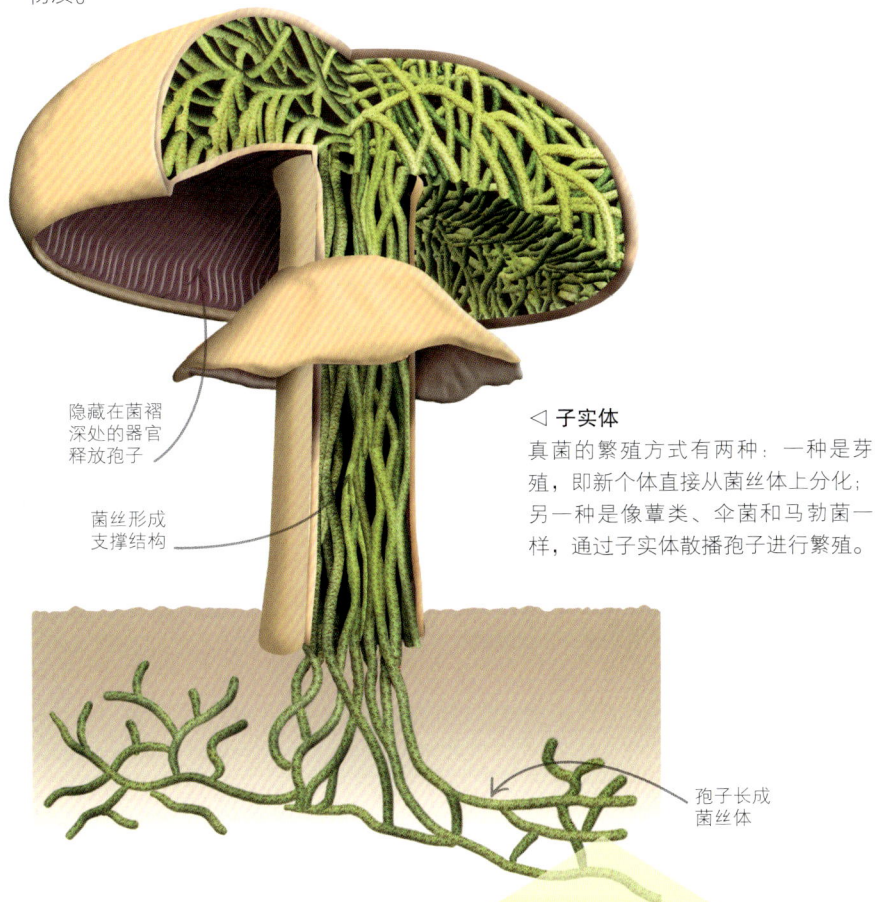

隐藏在菌褶深处的器官释放孢子

菌丝形成支撑结构

◁ **子实体**

真菌的繁殖方式有两种：一种是芽殖，即新个体直接从菌丝体上分化；另一种是像蕈类、伞菌和马勃菌一样，通过子实体散播孢子进行繁殖。

孢子长成菌丝体

▷ **菌丝**

菌丝体是真菌的主要结构，由很多菌丝构成。菌丝是一种遍布于食物上的长管状细胞。酵母菌属于单细胞真菌，没有菌丝。

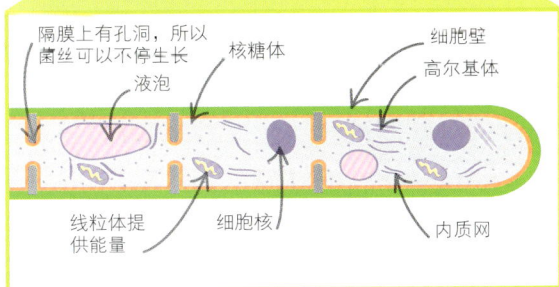

隔膜上有孔洞，所以菌丝可以不停生长

液泡

核糖体

细胞壁

高尔基体

线粒体提供能量

细胞核

内质网

原生生物界

原生生物界包含各种各样的单细胞生物。这一界至少可分为30个门。原生生物的细胞极具多样性，但基本结构与动物、植物、真菌相似。其中一些物种，如眼虫属生物，既可以依靠叶绿体进行光合作用，也可以像动物一样进食。

▽ **硅藻**

硅藻是单细胞藻类，生活在有阳光照射的水域。它们的细胞壁由二氧化硅构成，非常华丽。如果环境适宜，硅藻会在水中大量繁殖，造成水华。硅藻死后留下的二氧化硅外壳是黏土的主要成分之一。

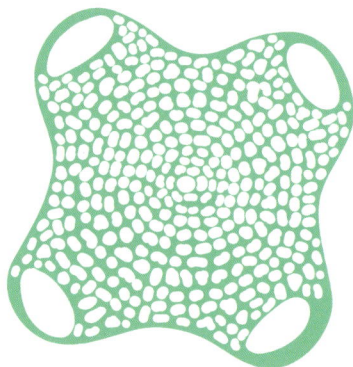

▽ **纤毛虫**

并非所有原生生物都能移动。变形虫可以通过改变细胞的形状，向着某个方向移动。鞭毛虫通过摆动尾状鞭毛移动。纤毛虫（下图）通过拍打体表的纤毛移动。

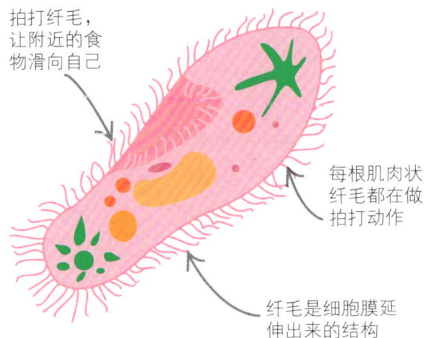

拍打纤毛，让附近的食物滑向自己

每根肌肉状纤毛都在做拍打动作

纤毛是细胞膜延伸出来的结构

呼吸作用

呼吸作用为生命体提供能量。

呼吸作用发生在细胞内部，可以释放能量，让生物能够生存。这一过程需要从周围的空气或水中获取氧。

细胞的呼吸作用

细胞通过呼吸作用获得生存所需的能量。这一过程发生在线粒体中，线粒体就像微型电厂。像肌细胞这种耗能极大的细胞中有大量的线粒体。呼吸作用是一种化学反应过程，在该反应中葡萄糖被氧化分解。除了释放能量之外，呼吸作用还会生成二氧化碳和水。

呼吸作用的化学方程式

| 葡萄糖 | | 氧 | 释放能量 | 水 | | 二氧化碳 |

$$C_6H_{12}O_6 + 6O_2 \rightarrow 6H_2O + 6CO_2$$

▽ **储存和释放能量**

呼吸作用产生的能量储存在一种名为ATP（腺苷三磷酸）的化学物质中，Pi（磷酸基团）与ADP（腺苷二磷酸）生成ATP的反应是吸热反应（endothermic reaction）。当细胞需要消耗能量时，ATP分解，释放能量。

$$ADP + Pi \rightarrow ATP$$

储存能量

$$ATP \rightarrow ADP + Pi$$

释放能量

▽ **无氧呼吸**

如果细胞无法获得充足的氧，就会进行无氧呼吸，也就是没有氧参与的呼吸作用。无氧呼吸产生乳酸，剧烈运动后肌肉产生酸痛感是因为乳酸堆积。无氧呼吸只能释放葡萄糖中的部分能量。当细胞中有充足的氧时，反应继续进行，剩余的能量才会被释放出来。

| 葡萄糖 | | 乳酸 |

$$C_6H_{12}O_6 \rightarrow 2C_3H_6O_3$$

线粒体

线粒体外包裹了一层与细胞膜类似的外膜。线粒体内部还有可折叠的内膜。折叠区域称为线粒体嵴。内膜上有控制ATP生成的酶，这里是呼吸作用发生的场所。线粒体嵴增加了内膜的表面积，为酶提供了最大的接触面积。

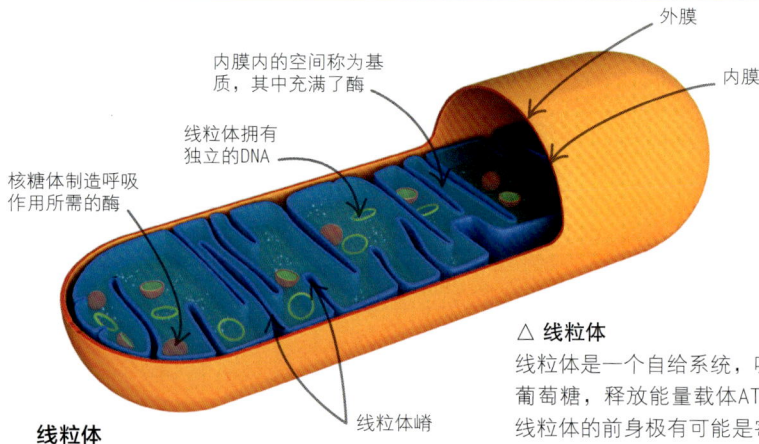

内膜内的空间称为基质，其中充满了酶

线粒体拥有独立的DNA

核糖体制造呼吸作用所需的酶

外膜

内膜

线粒体

线粒体嵴

△ **线粒体**

线粒体是一个自给系统，吸收细胞中的葡萄糖，释放能量载体ATP中的能量。线粒体的前身极有可能是寄生在较大细胞内部的某种细菌。

水进入鳃

鳃丝从水中获取氧

气体交换

呼吸作用需要氧参与，还需要排出体内产生的二氧化碳。肺、鳃和昆虫的气管都具有气体交换功能。气体交换组织的表面又薄又潮湿，布满毛细血管，丰富的血液带来二氧化碳，带走氧。气体通过扩散作用（参见第24页）进出该组织。

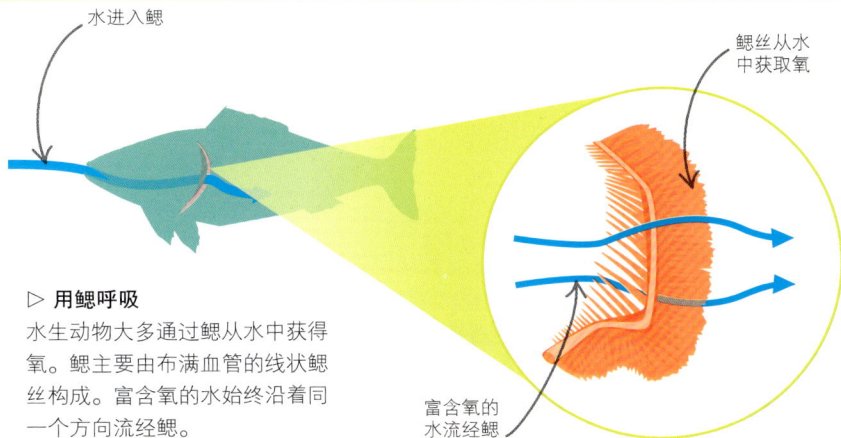

▷ **用鳃呼吸**
水生动物大多通过鳃从水中获得氧。鳃主要由布满血管的线状鳃丝构成。富含氧的水始终沿着同一个方向流经鳃。

富含氧的水流经鳃

用肺呼吸

大部分陆生脊椎动物都用肺呼吸。吸入富氧空气、呼出贫氧气体的过程称为交互式呼吸。蝾螈等原始脊椎动物的肺部为简单的囊泡。较大型动物的肺部由海绵组织构成，这种组织可以有效地增加气体交换面积。

细支气管末端

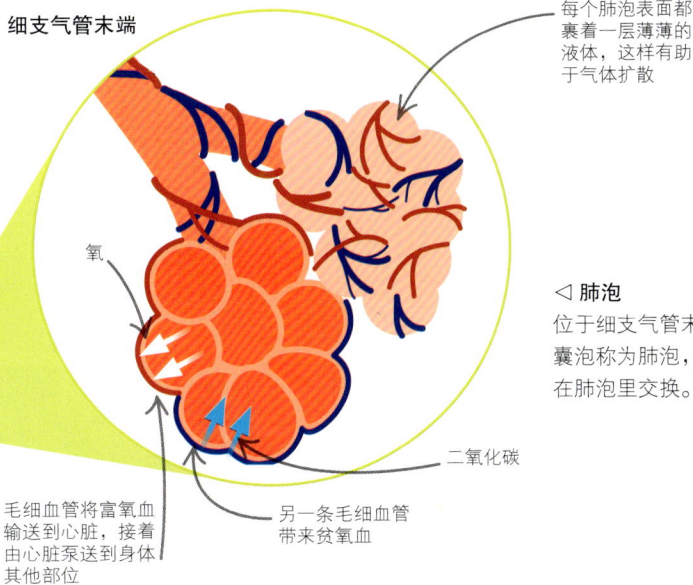

每个肺泡表面都裹着一层薄薄的液体，这样有助于气体扩散

氧

▷ **肺**
当你吸气时，空气通过气管吸入肺部。气管分成左、右支气管，支气管再分支，形成了细支气管。

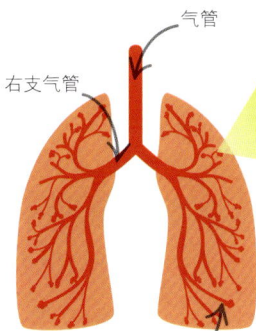

气管
右支气管

▷ **肺泡**
位于细支气管末端的囊泡称为肺泡，气体在肺泡里交换。

二氧化碳

毛细血管将富氧血输送到心脏，接着由心脏泵送到身体其他部位

另一条毛细血管带来贫氧血

细支气管由支气管进一步分叉而来

▽ **气体混合物**
我们吸入的空气是混合物（mixture），其中仅有21%是氧气。氧会扩散到血液中。我们呼出气体的二氧化碳含量大约是吸入空气的100倍。

气体	空气中的含量/%	呼出气体中的含量/%
氮气	78	78
氧气	21	16
稀有气体	0.9	0.9
二氧化碳	0.04	4
水汽	很少	饱和

▷ **交互式呼吸**
吸气时，膈肌下降，胸腔空间扩大，肺部压力减小，空气进入肺部，呼气时，膈肌上升，胸腔空间缩小，排出贫氧气体。

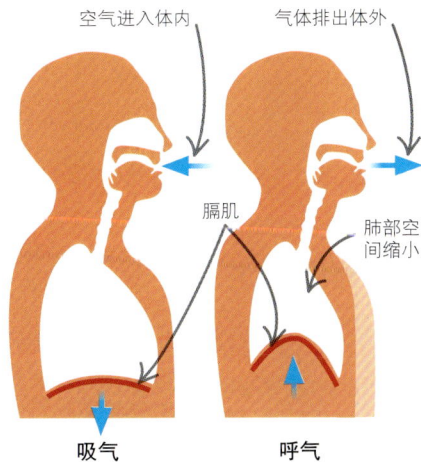

空气进入体内
气体排出体外
膈肌
肺部空间缩小

吸气
呼气

光合作用

植物利用简单的原料和阳光就能合成自身所需的养分。

植物生存需要阳光。它们利用光能将二氧化碳和水转化为自身的"食物",这一过程就是光合作用。

光反应

光合作用是将二氧化碳和水合成葡萄糖的化学反应过程。葡萄糖是植物的"食物",会被输送到植物的各个部分以提供能量。光合作用的另一个生成物(product)是氧气。光合作用需要阳光提供活化能(activation energy)。叶中的叶绿素吸收阳光中的能量,利用这些能量推动反应开始。

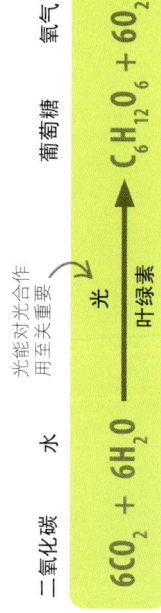

叶

叶相当于植物的太阳能电池板。它们是扁平的,这样才能有更大的表面积吸收尽可能多的阳光。阳光穿透叶的表面,促进细胞内部进行光合作用。水从根部沿着导管向叶输送。空气中的二氧化碳通过叶下方的气孔进入植物内部。

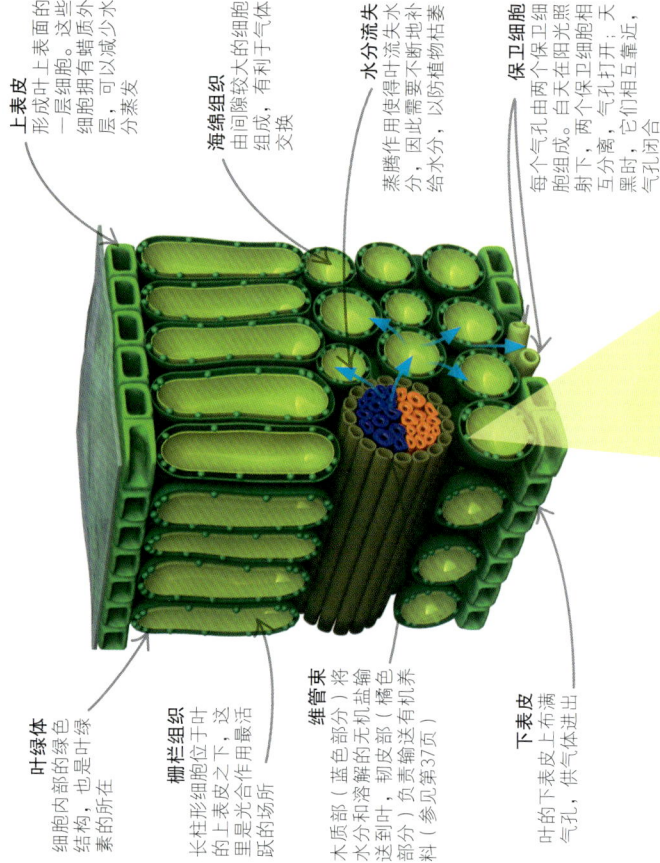

上表皮
形成叶上表面的一层细胞的绿色。这些细胞拥有蜡质外层,可以减少水分蒸发。

海绵组织
由间隙较大的细胞组成,有利于气体交换。

水分流失
蒸腾作用使得叶失水,因此需要叶片不断地补给水分,以防植物枯萎。

保卫细胞
每个气孔由两个保卫细胞组成。白天在阳光照射下,两个保卫细胞相互分离,气孔打开;天黑时,气孔闭合。

叶绿体
细胞内部的绿色结构,也是叶绿素的所在。

栅栏组织
长柱形细胞位于叶的上表皮之下,这里是光合作用最活跃的场所。

维管束
木质部(蓝色部分)将水分和溶解的无机盐输送到叶,韧皮部(橘色部分)负责输送有机养料(参见第37页)。

下表皮
叶的下表皮上布满气孔,供气体进出。

二氧化碳　　　水　　　　葡萄糖　　氧气

$$6CO_2 + 6H_2O \xrightarrow[\text{叶绿素}]{\text{光}} C_6H_{12}O_6 + 6O_2$$

光能对光合作用至关重要

保卫细胞中的叶绿素感受到阳光,叶上的气孔扩张开。

空气中的二氧化碳通过气孔扩散(参见第24页)到叶中。

△ 大气中的碳
光合作用进行时,植物会吸收大气中的碳。碳是所有有机化合物(碳的化合物)的基石,是动植物体内的基本元素。

叶绿体

叶绿体是发生光合作用的细胞器。光合作用包括光反应和暗反应两个阶段。光反应（这样命名是因为它需要光）利用光能制造ATP（参见第28页）。ATP为暗反应提供了动力，加氧酶催化二氧化碳和水生成葡萄糖。

基质
基质片层和基粒之间的暗区

类囊体
这种由膜围成的囊状结构称为类囊体，是光反应发生的所

基粒
堆叠的类囊体称为基粒

基质片层
连接基粒的膜

△ 叶绿体内部
片层膜围成的扁平囊称为类囊体。暗反应发生在基质中，也就是基粒之间的空隙。所有绿色植物的细胞中都包含叶绿体。

氧气是光合作用的另一产物，通过扩散作用从叶上的气孔中释放

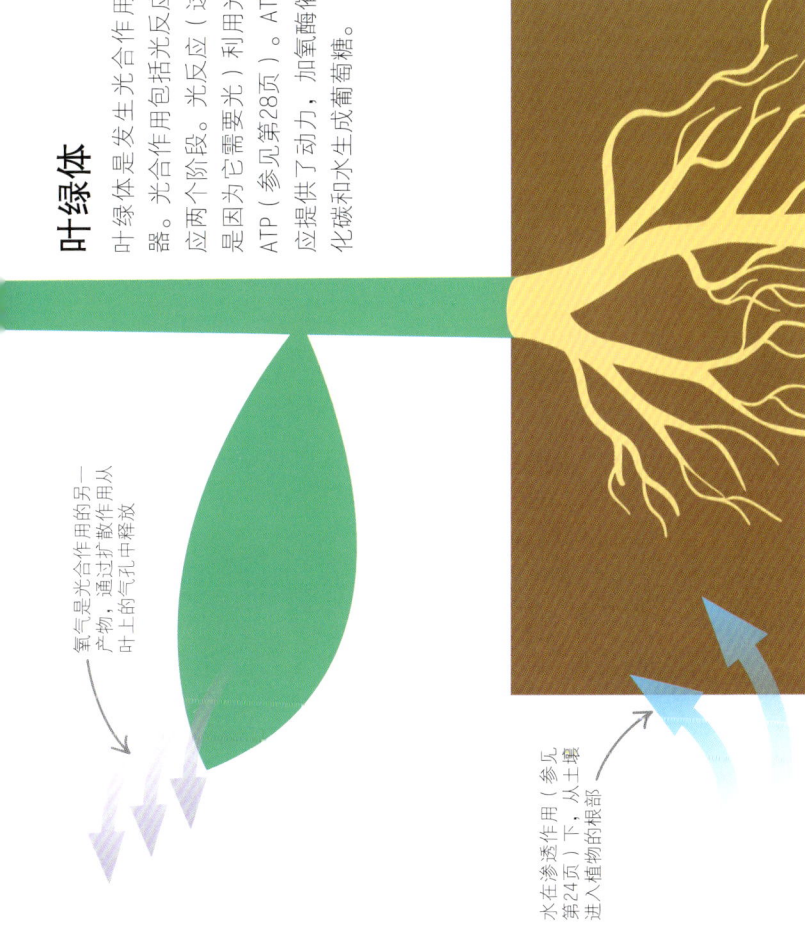

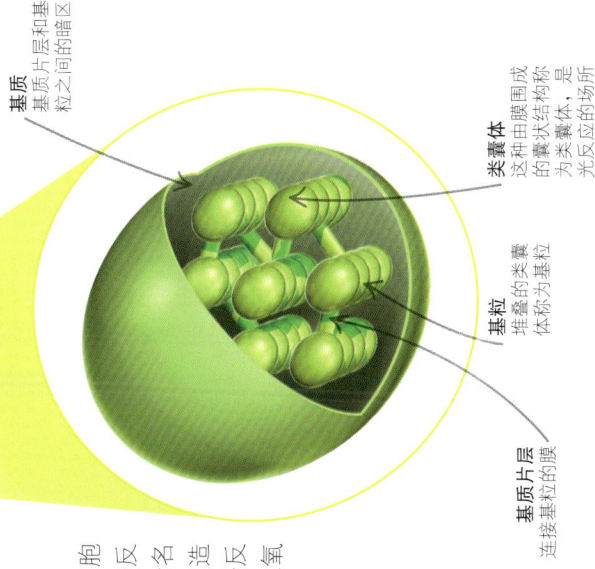

水在渗透作用（参见第24页）下，从土壤进入植物的根部

叶绿素

叶绿素是一种色素，使得大多数植物呈绿色。每个叶绿素分子都可以吸收太阳光中的红光和蓝光，利用其中的能量进行光合作用，并反射其他颜色的光。因此，我们看到的绿色其实是光合作用用不到的、被反射的绿光。

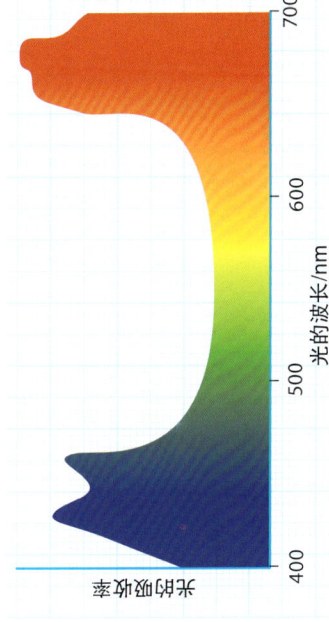

光的波长/nm
400　500　600　700

叶绿素的吸收量

△ 吸收光谱
这个曲线图显示了叶绿素可吸收的光的波长，或者说是光的颜色。中间的凹陷部分表明黄光和绿光比红光和蓝光吸收得少。

摄食

摄取食物并将其转化为能量的过程称为摄食。

并非所有的生物都需要摄食，植物和其他可以进行光合作用的生物能够自行制造养分，无须摄食。动物、真菌和其他许多单细胞生物都需要通过食用其他生物生存。

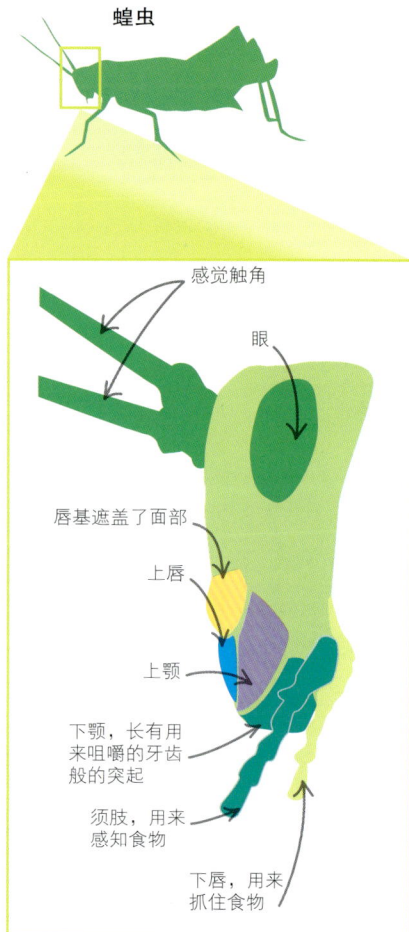

什么是摄食?

需要摄食以维持生命的生物称为异养生物。顾名思义，异养生物通过食用其他生物获得营养和能量。植物被称为自养生物，因为它们可以自行生产维系生命所需的所有营养。摄食方式有很多种，每种生物都进化出了独属于自己的摄食方式。

△ **吸收**
最简单的摄食方式是通过身体表面吸收食物。绦虫将自己固定在宿主（参见第53页）的肠道内，通过表皮吸收营养。

△ **体外消化**
真菌属于腐生生物，也就是说它们生长在食物上，分泌出酶在体外消化食物，然后将营养吸收到体内。

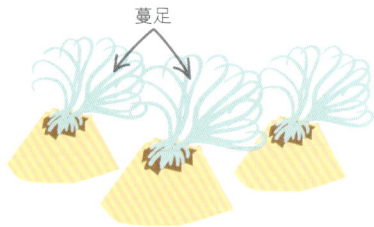

△ **吞噬**
单细胞生物，如变形虫，用靠近食物的细胞膜把食物包裹进膜泡中进行消化。

△ **滤食性摄食**
藤壶不去寻找食物，它们借助长长的羽状蔓足从水中过滤食物。很多贝类，如蛤，也属于滤食性生物。

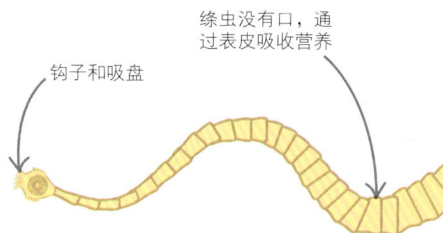

△ **咬食**
只有脊椎动物，如鳄，长着可以张合的两颌，能够咬住食物。两颌上长满成排的牙齿，可将食物切割成便于吞咽的小块。

△ **口器**
昆虫和其他节肢动物都有结构复杂的口器。蝗虫的口器非常适合切割和咀嚼，还有一些昆虫的口器适合吮吸、舔舐或刺吸液体。

蝗虫

感觉触角
眼
唇基遮盖了面部
上唇
上颚
下颚，长有用来咀嚼的牙齿般的突起
须肢，用来感知食物
下唇，用来抓住食物

钩子和吸盘
绦虫没有口，通过表皮吸收营养

藻类

变形虫
食物颗粒
细胞膜将食物包裹

蔓足

牙齿

进食后就是消化，生物需要将食物分解成结构更简单、可被身体吸收的物质。消化的第一阶段通常是机械消化，即坚硬的牙齿将食物撕咬成小块，或者咀嚼成浆状。有些动物没有牙齿，比如鸟类，会在砂囊内将食物碾碎。砂囊就是肌肉发达的胃部，里面装有动物吞食的、用来研磨食物的小石子。

磨牙
前磨牙
尖牙
切牙

下颌　　　　　　**上颌**

牙釉质
牙本质
牙龈
神经

牙骨质与牙龈相接
牙髓
血管

△ **牙齿解剖**
坚硬的牙釉质包裹着下方较软的牙本质。牙髓内连接着血管和神经。

▷ **人类的牙齿**
人类长有4种牙齿。切牙用来切咬；尖牙用来撕咬；磨牙和前磨牙的上表面是扁平的，用来碾磨食物。

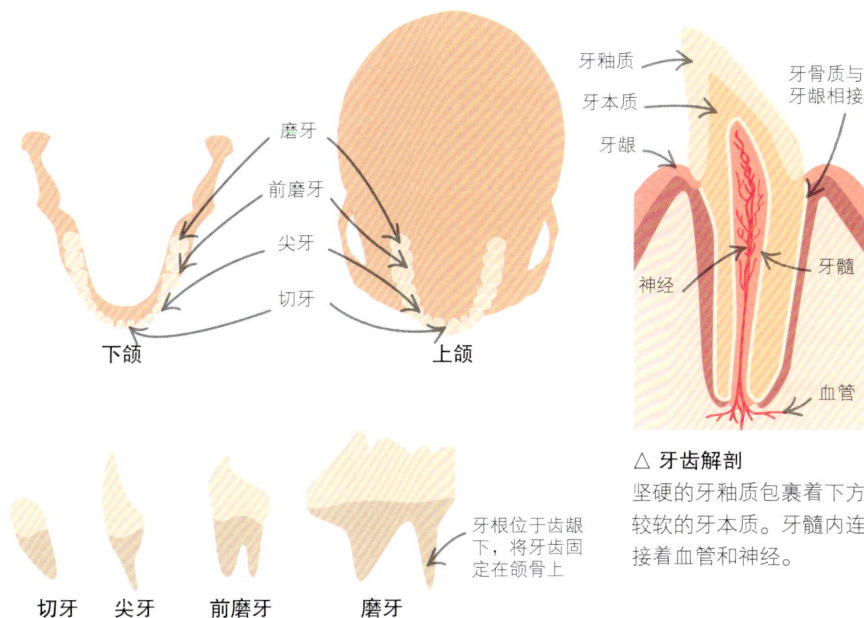

切牙　**尖牙**　**前磨牙**　**磨牙**

牙根位于齿龈下，将牙齿固定在颌骨上

异养生物的分类

不同种类动物的食谱也各不相同，食性上的差异通过它们的牙齿和颌部体现。食肉动物吃肉，因此它们的牙齿结构有助于捕食和撕咬猎物。食草动物的牙齿比较宽，适合碾磨坚韧的植物，使植物更容易消化。杂食动物的牙齿则适合处理肉和植物两种类型的食物。

▽ **是猎人还是猎物？**
根据动物牙齿的形状、生长位置和状况，科学家可以了解动物的许多生活习性。

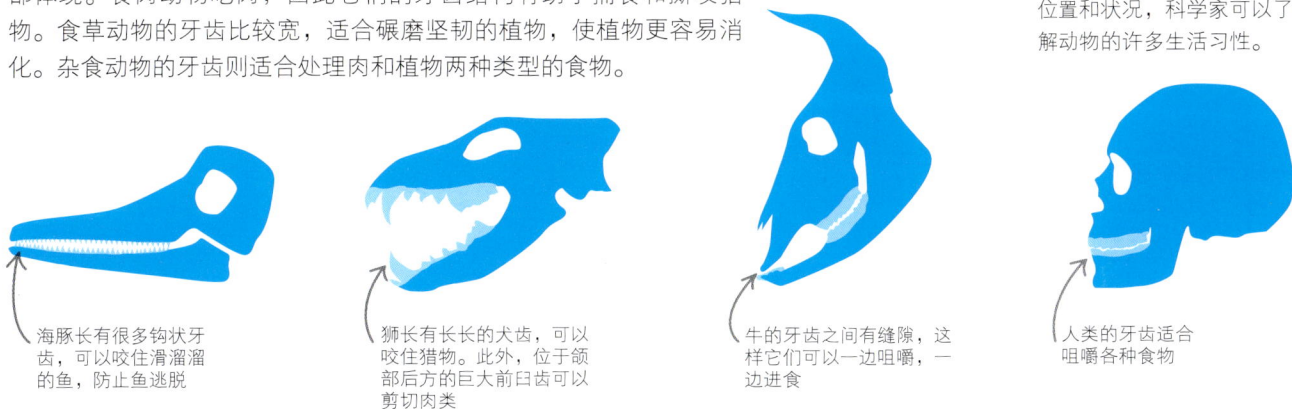

海豚长有很多钩状牙齿，可以咬住滑溜溜的鱼，防止鱼逃脱

狮长有长长的犬齿，可以咬住猎物。此外，位于颌部后方的巨大前臼齿可以剪切肉类

牛的牙齿之间有缝隙，这样它们可以一边咀嚼，一边进食

人类的牙齿适合咀嚼各种食物

▷ **反刍**
对于牛和羚羊等大型食草动物而言，食物只咀嚼一次根本不够。在消化过程中，它们会从胃里反刍食物，进行多次咀嚼。反刍动物依赖生存在复胃中的细菌分解食物中坚韧的纤维素。

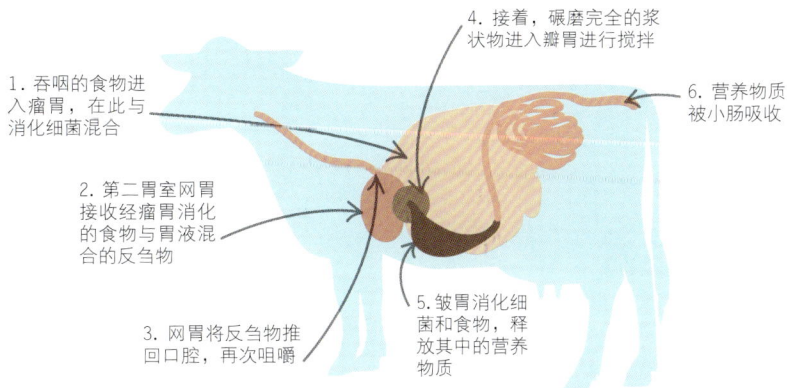

1. 吞咽的食物进入瘤胃，在此与消化细菌混合

2. 第二胃室网胃接收经瘤胃消化的食物与胃液混合的反刍物

3. 网胃将反刍物推回口腔，再次咀嚼

4. 接着，碾磨完全的浆状物进入瓣胃进行搅拌

5. 皱胃消化细菌和食物，释放其中的营养物质

6. 营养物质被小肠吸收

废物

动植物用各种方式处理体内产生的废物。

排泄是生物清除体内废物的过程。这个过程不同于排遗，后者只是将消化道内未消化的食物排出体外的过程。

清除废物

一切身体无法利用的东西都是废物。废物一旦在体内堆积就可能变成毒素。例如，蛋白质中的含氮化合物会形成有毒物质，必须通过尿液排出体外；如果呼吸作用产生的二氧化碳无法排出体外，会导致血液呈酸性，这是非常危险的。

▽ 处理废物
生物处理废物的方式各不相同。如何安全地处理废物取决于废物的属性，以及可以利用的资源。例如，鱼类的废物可以被水冲走，但是这种方式显然不适用于其他许多动物，因为这样可能让它们脱水，它们必须用其他方法处理废物。

现实世界

漂泊信天翁的消化

漂泊信天翁在飞越海洋时，会俯冲入海捕食小鱼、章鱼等海洋生物。当一部分食物在肠道内消化时，一种营养丰富的油质会浮在它们的胃里。这种油质用于喂养雏鸟。

废物	生物	产生过程	说明
氨	鱼类	蛋白质分解	氨的毒性很强，因此鱼类和其他水生动物会利用周围环境中充足的水，通过尿液将氨排出体外
尿素	哺乳类	蛋白质分解	为了节约水分，哺乳动物将氨变成尿素，然后溶解在尿液中排出体外
尿酸	鸟类、爬行类	蛋白质分解	尿酸是固态的含氮废物，随粪便排出体外，粪便中的白色糊状物就是尿酸。这样虽然可以节省水，但是转换废物需要消耗大量能量
二氧化碳	所有动物	呼吸作用	呼吸作用的产物——二氧化碳在肺或鳃进行气体交换时排出体外
氧气	植物、藻类	光合作用	尽管氧气非常有用，但是如果含量过高，也会扰乱植物的新陈代谢，因此多余的氧气会从叶的气孔排出
粪便	大部分动物	食物消化	不需要的食物残渣和其他废物（包括死亡的血细胞产生的棕色色素）通过肛门排出体外
盐	所有动物	从饮食中直接摄入	盐可以促进生物体内许多化学反应的进行，但是太多的盐会导致痉挛和脱水，因此需要通过汗液、尿液等途径排出体外

肾和膀胱

人类和其他脊椎动物体内的大多数废物都是通过肾过滤血液排出体外的。产生的尿液通过连接着肾和膀胱的长长的输尿管在膀胱中积聚。当膀胱半满时，液体的重量使人产生尿意，促使尿液通过尿道排出。

即便是**水**，也可能成为有害物质。体内水分过多会导致脑水肿，甚至死亡。

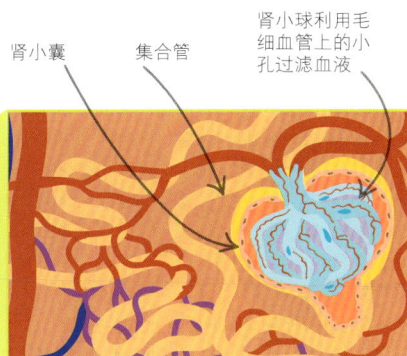

▽ **肾的内部**

肾动脉将充满废物的血液输送到肾。血液分散到位于肾外层的肾皮质中。这里有无数个微小的肾单位负责过滤。然后，干净的血液通过肾静脉被输送到身体各处。过滤出的废物滴入漏斗状的肾盏中，而后进入输尿管。

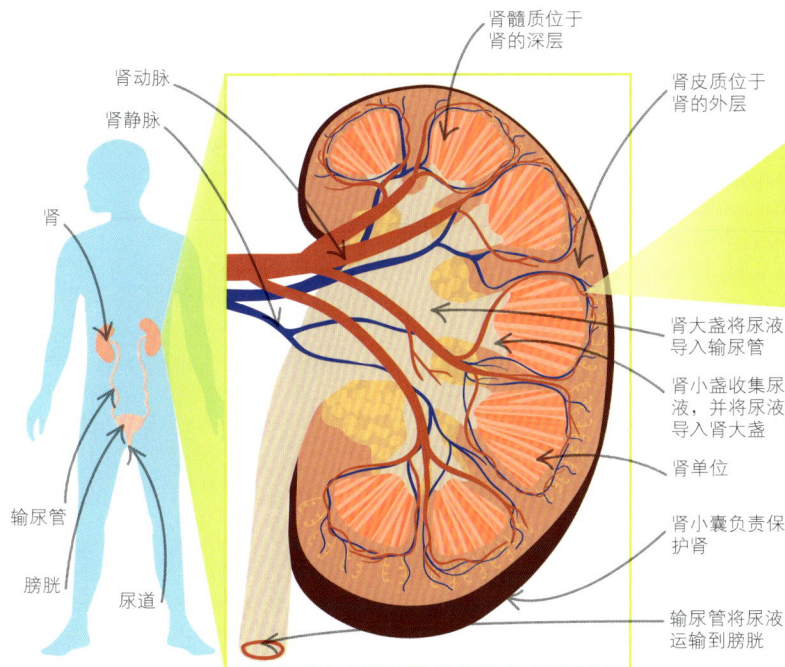

肾小球利用毛细血管上的小孔过滤血液

肾小囊　集合管

肾髓质位于肾的深层

肾皮质位于肾的外层

肾动脉

肾静脉

肾

肾大盏将尿液导入输尿管

肾小盏收集尿液，并将尿液导入肾大盏

肾单位

肾小囊负责保护肾

输尿管

膀胱

尿道

输尿管将尿液运输到膀胱

△ **肾单位**

肾小球是肾小囊内的一团盘曲状毛细血管。血液中的液体部分透过血管球的薄壁进入钟状的肾小囊内。血细胞无法进入肾小囊，但是废物会随着血液中的液体流经肾小管进入集合管，再通过肾髓质进入输尿管。

渗透调节

肾还会通过渗透调节控制生物体内的水含量。当身体缺水时，肾小管会从血液中重吸收一部分水分，以减少不必要的水分排泄。渗透调节受抗利尿激素控制，这种激素（hormone）由脑垂体分泌。

▷ **升降**

血液中的抗利尿激素含量一直在变化，使血液中的水含量保持在正常水平。

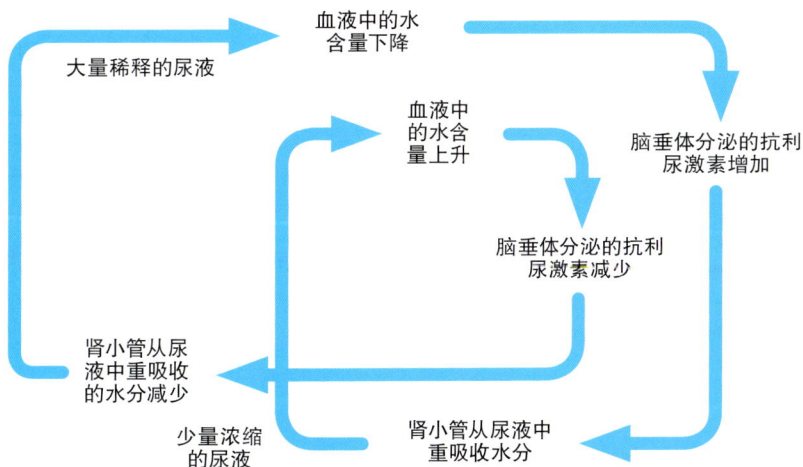

血液中的水含量下降

大量稀释的尿液

血液中的水含量上升

脑垂体分泌的抗利尿激素增加

脑垂体分泌的抗利尿激素减少

肾小管从尿液中重吸收的水分减少

少量浓缩的尿液

肾小管从尿液中重吸收水分

运输系统

物质通过多种方式在生物体内移动。

多细胞生物体内的细胞各自有特定的功能，无法独自存活。体内的运输系统会给细胞送去生存所需的物质，并带走细胞产生的废物。

循环（circulation）

动物通过液体将物质输送到全身各处。对于脊椎动物来说，这种液体是血液，血液从心脏中泵出，沿着复杂的封闭管道系统流经全身。这个管道系统即血管，可到达身体的各个部分。位于末梢的薄壁管道称为毛细血管，可通过扩散作用将物质送入细胞。

▷ **动脉和静脉**
从心脏输出血液的血管称为动脉。动脉搏动，推动血液向前流动，我们可以在身体的某些部位感知到这种搏动。静脉负责将血液送回心脏。

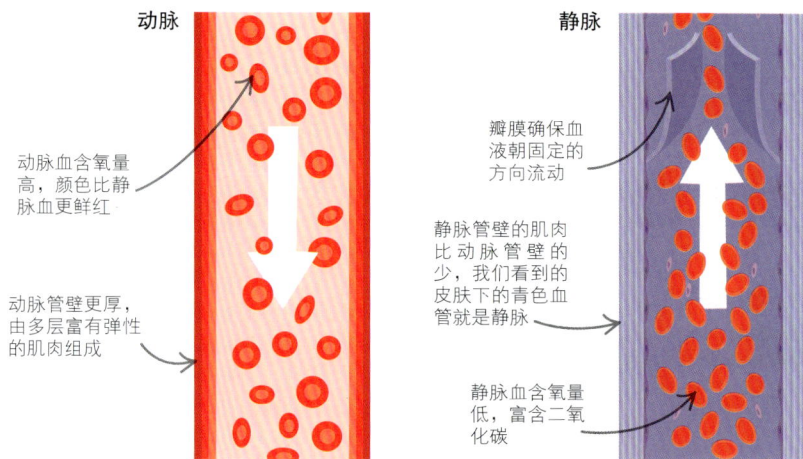

动脉

动脉血含氧量高，颜色比静脉血更鲜红

动脉管壁更厚，由多层富有弹性的肌肉组成

静脉

瓣膜确保血液朝固定的方向流动

静脉管壁的肌肉比动脉管壁的少，我们看到的皮肤下的青色血管就是静脉

静脉血含氧量低，富含二氧化碳

血液的成分

血液中含有数百种化合物。血液的大约55%是名为血浆的含水混合物。血浆中溶解了离子（ion）、激素和几种蛋白质，比如形成血凝块和痂以填补血管破裂处的蛋白质。除了血浆以外，血液中还有红细胞（red blood cell）、白细胞（white blood cell）和血小板（platelet）。

▷ **血液的颜色**
血液呈红色是因为红细胞中含有一种富含铁的色素，称为血红蛋白。血红蛋白在肺部与氧结合，并将氧输送到身体各处。少数脊椎动物依靠富含铜的血蓝蛋白输送氧，这些动物的血液是蓝色的。

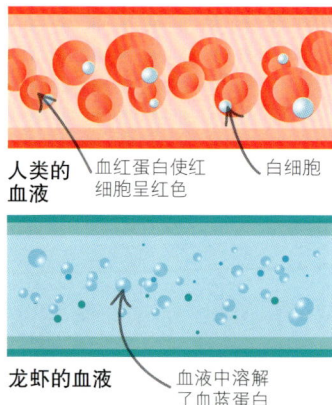

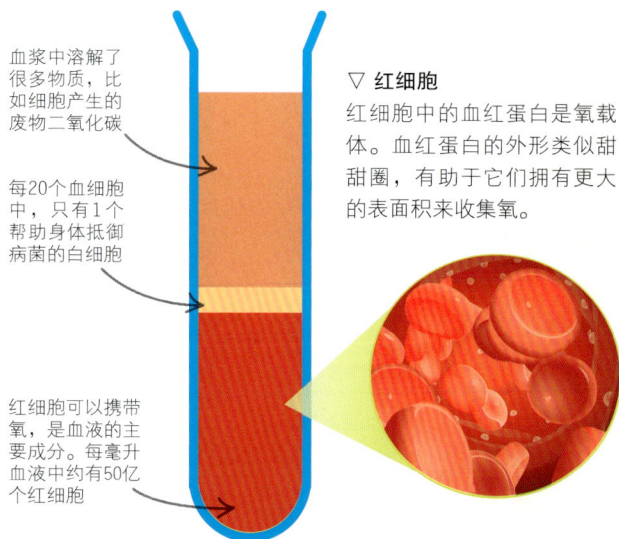

人类的血液

血红蛋白使红细胞呈红色

白细胞

龙虾的血液

血液中溶解了血蓝蛋白

血浆中溶解了很多物质，比如细胞产生的废物二氧化碳

每20个血细胞中，只有1个帮助身体抵御病菌的白细胞

红细胞可以携带氧，是血液的主要成分。每毫升血液中约有50亿个红细胞

▽ **红细胞**
红细胞中的血红蛋白是氧载体。血红蛋白的外形类似甜甜圈，有助于它们拥有更大的表面积来收集氧。

植物的维管组织

植物的维管组织由木质部和韧皮部两套管组成。木质部主要负责运输水和无机盐，导管硬挺，从根部向上延伸到茎，最后到叶。韧皮部负责将叶生产的糖类运输到植物的其他各个部分。这两种管都由柱状细胞构成，柱状细胞的两端开口，彼此相连形成长长的管道，让液体在其中流动。

全球**每年**蔗糖产量超**1亿吨**，这些糖都是从储存在甘蔗韧皮部筛管中的汁液提取的。

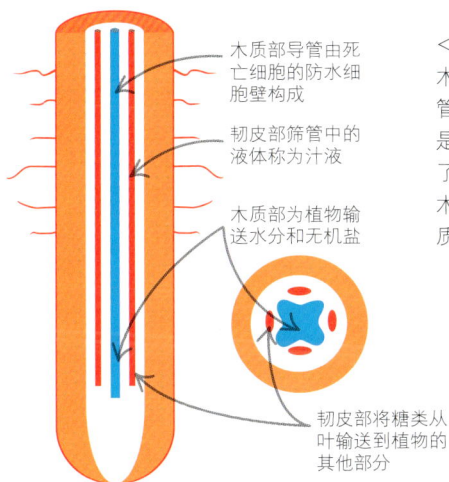

木质部导管由死亡细胞的防水细胞壁构成

韧皮部筛管中的液体称为汁液

木质部为植物输送水分和无机盐

韧皮部将糖类从叶输送到植物的其他部分

◁ 维管束

木质部和韧皮部构成了维管束。这个结构——特别是木质部——为植物提供了强有力的支持。树木的木材部分其实是老化的木质部。

▽ 糖类和水分的输送

韧皮部中的糖类从叶向植物的其他部分扩散，去到缺乏能量的部位。水分通过蒸腾作用，沿木质部导管从根部向上泵送。

阳光是光合作用的必要条件，同时也加速叶中水分的蒸发

水分上升至茎部，填补了更高处的水分流失

现实世界
巨大的红杉

世界上最高大的树木是生长在美国加利福尼亚的红杉，可以长到约110米高。科学家推测，这是树木高度的极限。因为从根部持续将水分泵送至叶需要一定的力，如果树木过高，力不足，水分就无法到达树顶。

风带走了湿润的空气，带来干燥的空气，促进植物的蒸腾作用，因为在干燥的空气中，水分可能更容易蒸发

水分通过渗透作用（参见第24页）被根部吸收，通过蒸腾作用沿木质部向上输送

根毛增加了根的表面积，能吸收更多的水分

运动

生物已经发展出各种不同的运动方式。

参见	
鱼类、两栖类和爬行类	**58~59** 〉
哺乳类和鸟类	**60~61** 〉
人体系统	**62~63** 〉

生物通过改变身体形状推动自身前进。对于更高等的动物而言，它们的身体变化受肌肉控制。

运动模式

动物运动是为了寻找食物、躲避危险或寻找伴侣。动物所使用的运动模式主要由栖息地决定。植物和真菌的运动模式与动物不同，因为前两者具有坚硬的细胞壁——使身体僵硬，无法移动。而很多单细胞生物，如大多数原生生物和藻类，都是通过摆动鞭毛或拍打纤毛移动身体，以寻找食物或更好的生存环境。

△ **飞翔**
翅膀由上肢特化而来，可以产生升力和推力，让鸟类、蝙蝠和大部分昆虫在空中飞翔。

△ **摆荡**
栖居在树上的动物必须有一个能做决策的大脑和灵活的四肢来控制攀爬和跳跃。

△ **行走**
大部分陆生动物依靠四肢行走，不过人类和不会飞翔的鸟类属于例外，依靠双足行走。

△ **挖掘**
穴居动物的四肢或十分强健，擅于挖洞，或非常纤细，在柔软的泥土中蠕动穿行。

△ **漂浮**
僧帽水母无法自行移动，不过可以借助潮汐、洋流和风力在水面上漂移。

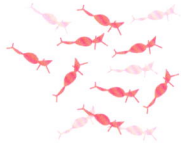

△ **漂流**
有些微小的浮游生物可以在水中游动，但是大部分只能漂在水中，随着洋流漂流。

△ **游动**
游泳生物是指能够在水中自如地游动并可控制方向的水生动物。

△ **固定**
有些生物一生都固定在一处。它们通常生活在水下，仅靠活动肢体捕食。

蛇行

蛇是由有着四足的爬行动物进化而来的。随着时间的流逝，它们祖先的四肢逐渐退化直至消失。它们最常见也是最快的运动方式是蜿蜒爬行，即蛇行。

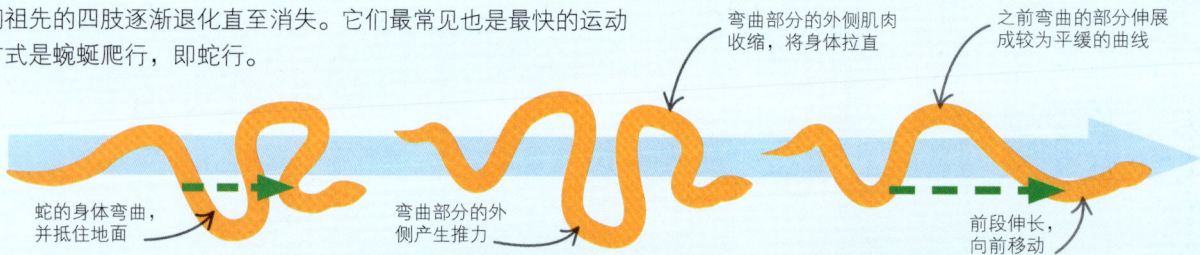

弯曲部分的外侧肌肉收缩，将身体拉直

之前弯曲的部分伸展成较为平缓的曲线

蛇的身体弯曲，并抵住地面

弯曲部分的外侧产生推力

前段伸长，向前移动

△ **1. 弯曲**
将身体弯曲，使尾部向头部移动。

△ **2. 伸展**
当身体伸展时，弯曲的部分紧贴粗糙的地面，反推身体前行。

△ **3. 前进**
身体向前移动推动头部抬起，随后这一系列动作再次重复进行。

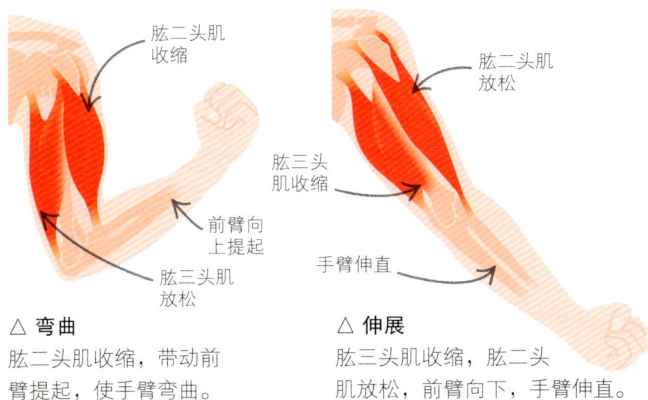

△ **弯曲**
肱二头肌收缩，带动前臂提起，使手臂弯曲。

△ **伸展**
肱三头肌收缩，肱二头肌放松，前臂向下，手臂伸直。

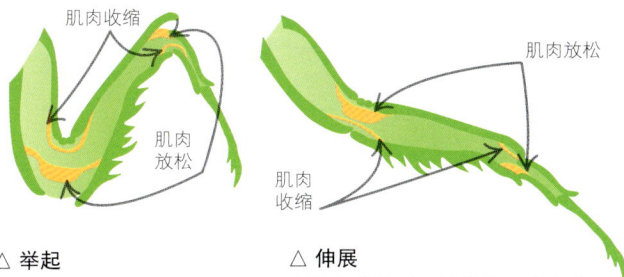

△ **举起**
节肢动物的外骨骼着生着成对的肌肉，肌肉覆盖在关节上。

△ **伸展**
当肌肉收缩时，外骨骼不会弯曲。但是，肌肉收缩产生的力会作用于关节，带动关节活动。

着力点

肌肉通过收缩施力，需要有稳固的着力点来对抗反作用力。为肌肉提供着力点是骨骼的主要功能之一，骨与骨之间通过关节（joint）相连，因此当肌肉牵拉骨时，就能让身体做动作。肌肉无法产生推力，只能成对协作发挥作用，每块肌肉都向相反的方向牵拉骨。

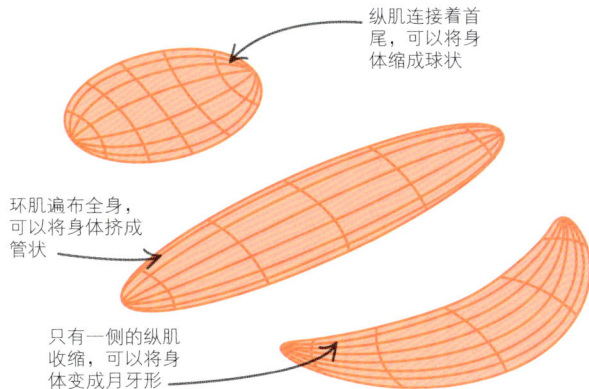

△ **流体静力骨骼**
蠕虫和其他软体动物有流体静力骨骼——由被肌肉包裹着的液囊构成。虽然体积是固定的，但是它们可以通过收缩环肌和纵肌改变形状。

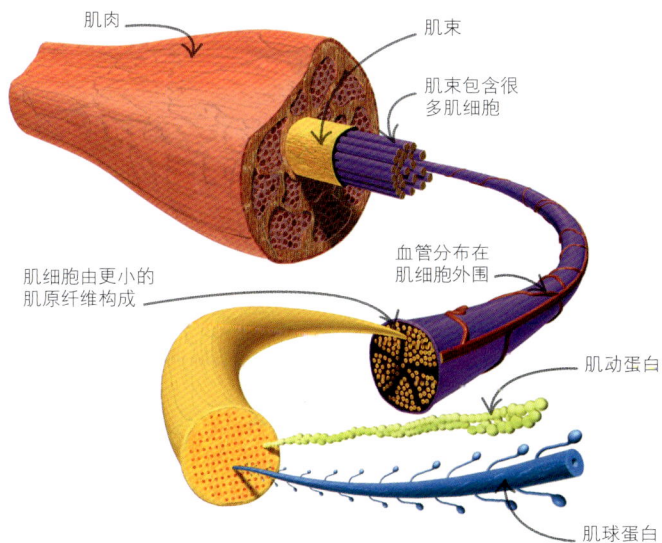

肌肉收缩

肌细胞呈长长的纤维状——人类大腿上的肌细胞可达30厘米长。肌细胞中含有数百个细胞核和许多肌原纤维，这些肌原纤维是由肌球蛋白和肌动蛋白构成的。当细胞中的这两种蛋白越来越靠近时，肌肉收缩。数百万的微小动作积聚，形成强有力的收缩。

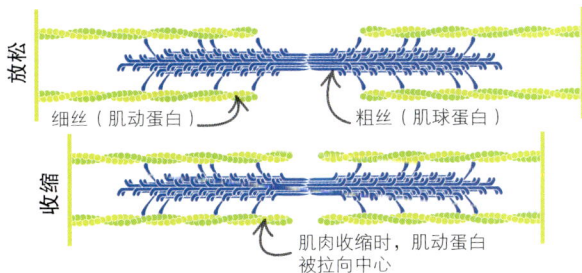

△ **肌肉结构**
肌肉由具有层级结构的成束肌细胞组成。即便是最小的肌肉，都含有数个肌束（成束的肌细胞）。而在肌细胞中，有许多由肌球蛋白和肌动蛋白组成的肌原纤维。

△ **肌动蛋白和肌球蛋白**
当肌肉接收到来自神经的电脉冲时，这个信号会使较粗的肌球蛋白牵拉肌动蛋白，将肌动蛋白拉向中心。肌肉放松时，肌动蛋白分散开，肌肉变长。

应激性

生物会对来自环境的各种刺激做出一定反应。

所有生物对环境，比如光、声音及化学物质，都非常敏感。应激性让生物在受到威胁时，可以及时反应，提高生存机会。

参见	
人体的感觉系统	64~65 〉
官能团	160~161 〉
电磁波	194~195 〉
光	196~197 〉
声音	200~201 〉

向性

植物能够感知周围环境中最有助于其生长的因素，这就是向性（tropism）。种子对重力（gravity）敏感，因此根向下生长，深深扎根在土壤里（向重力性）。根还会向着土壤中的水分生长（向水性）。茎向着阳光生长（向光性）。向光性是当生长点（分生组织）受到光照刺激时，茎背光侧细胞比向光侧生长得快，使得植物向光的方向弯曲生长。

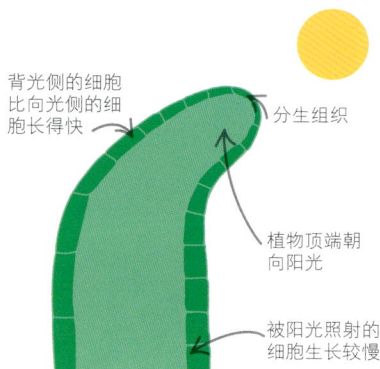

背光侧的细胞比向光侧的细胞长得快

分生组织

植物顶端朝向阳光

被阳光照射的细胞生长较慢

◁ 向光性
光照会影响植物生长素的分布，使生长素从向光侧移动到背光侧，因此背光侧细胞的生长速度比向光侧快。

小眼为圆锥形水晶体，可以捕捉到最细微的动作

色素细胞防止光线漏到其他小眼

感杆束将光导向视网膜细胞

每个视网膜细胞都可以探测光线

信号传递给神经细胞（nerve cell）

▷ 复眼
很多节肢动物都长有复眼——由许多小眼集合而成的视觉器官。每个小眼中会形成一小点影像，这些影像彼此部分重叠，形成了一幅较大的影像。

动物的感官

动物和人类一样有五感——触觉、嗅觉、视觉、听觉和味觉，只不过感知的方式有所不同。例如，蝗虫依靠对压力变化敏感的"膝盖"来聆听声音，家蝇通过站在食物上品尝味道（它们的味觉器官长在脚上），飞蛾利用羽状触角嗅闻气味。某些动物的超强感官是人类无法相提并论的。

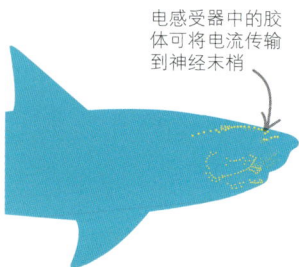

电感受器中的胶体可将电流传输到神经末梢

动物的须是感受毛细胞，和人类耳朵中的毛细胞一样

侧线分布在身体两侧

颊窝位于吻部与眼之间

△ 洛伦齐尼瓮
这种鲨鱼有电感受器，可以捕捉其他动物肌肉产生的电场。因此，它们可以在黑暗的深海中找到猎物。

△ 须
须是超级敏感的体毛，一部分哺乳动物利用须在黑暗中摸索方向。须比头宽，帮助动物判断是否能够进入狭小的空间。

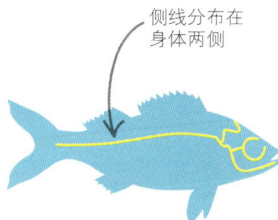

△ 侧线
鱼类拥有运动传感器，这种器官沿鱼体两侧分布，称为侧线。它们可以捕捉到其他动物在附近游动时产生的水流漩涡。

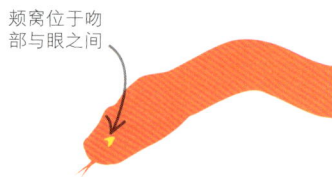

△ 颊窝
蟒蛇和蝰蛇等蛇类吻部附近的热感应器称为颊窝，既可以探测猎物的体温，也可以在遇到捕食者时发出警报。

神经细胞

感觉器官向身体的其他部位发送信号，这些信号以电脉冲的形式沿着神经传输。神经由神经元构成。神经元中长丝状的部分是轴突，将信号传递给下一个神经元。带电离子在轴突中涌进涌出，形成了电脉冲。

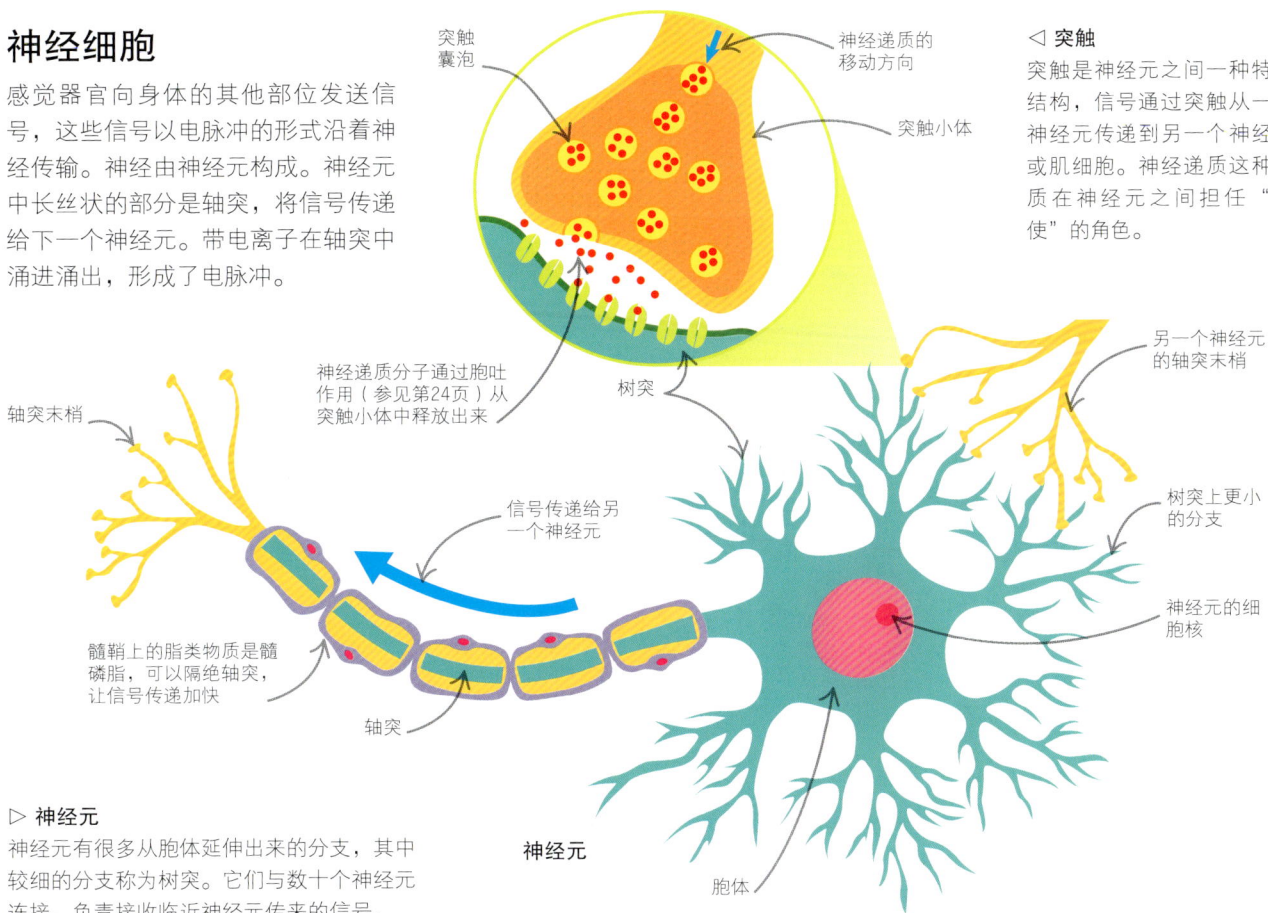

突触囊泡

神经递质的移动方向

突触小体

神经递质分子通过胞吐作用（参见第24页）从突触小体中释放出来

树突

信号传递给另一个神经元

轴突末梢

髓鞘上的脂类物质是髓磷脂，可以隔绝轴突，让信号传递加快

轴突

▷ 神经元

神经元有很多从胞体延伸出来的分支，其中较细的分支称为树突。它们与数十个神经元连接，负责接收临近神经元传来的信号。

神经元

另一个神经元的轴突末梢

树突上更小的分支

神经元的细胞核

胞体

◁ 突触

突触是神经元之间一种特化结构，信号通过突触从一个神经元传递到另一个神经元或肌细胞。神经递质这种物质在神经元之间担任"信使"的角色。

反射

感官信息通过感觉神经元向脑传递。在脊椎动物中，比如人类，这些信息通过脊髓向上传递到脑。所有对刺激（如被针扎）的即时反应都由脊髓发出，通过运动神经元立即传递给肌肉。也就是说，反射作用（reflex action），如手被图钉扎到后立刻缩回完全受脊髓控制，不需要经过脑。

▷ 反射弧

反射弧是控制反射的神经通路。信号沿着从感觉神经元到脊髓，再到运动神经元，最后到肌肉的方向传递，控制肌肉运动。

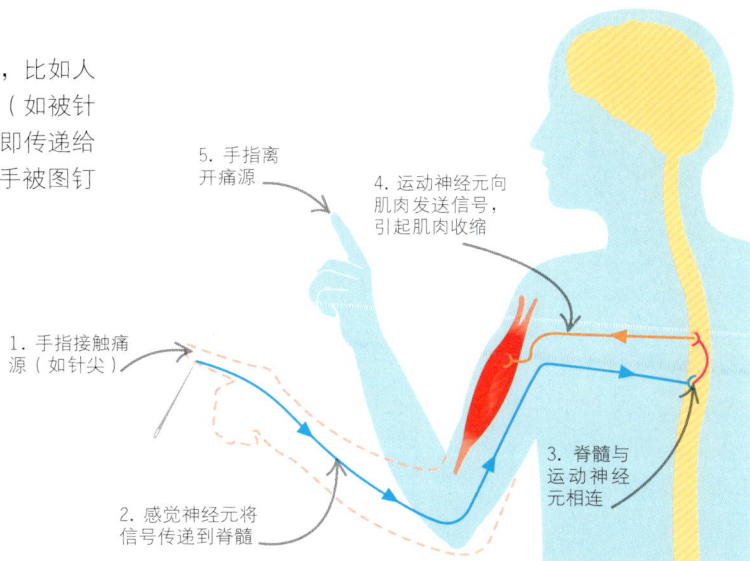

5. 手指离开痛源

4. 运动神经元向肌肉发送信号，引起肌肉收缩

1. 手指接触痛源（如针尖）

2. 感觉神经元将信号传递到脊髓

3. 脊髓与运动神经元相连

生殖（一）

生物必须通过生殖延续物种。

生殖是生命体存在于世的主要诉求。生物生长、进食、生存的目的是
延续后代。

无性生殖

生物个体通过自我复制产生后代的生殖方式称为无性生殖。后代的基
因与亲体完全相同，是亲体的克隆体。在新栖息地，通过无性生殖可
以快速建立种群。但是，所有后代的基因都相同，因此疾病或其他任
何问题只要能影响到一个后代，就可能影响到其他所有的后代。

新墨西哥鞭尾蜥进行无
性生殖，但是在产卵之
前，所有的雌蜥蜴必须
组对"模仿交配"。

▽ **芽殖**

芽殖是最原始的生殖方式之一，从亲体上折下的某一部分
可以长成一个独立的个体。很多单细胞生物都是通过芽殖
延续后代的。

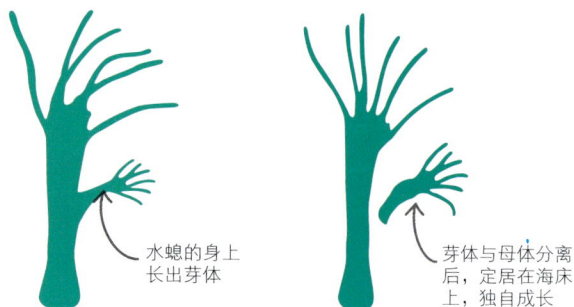

水螅的身上
长出芽体

芽体与母体分离
后，定居在海床
上，独自成长

▽ **营养繁殖**

有些植物的根、茎、叶等营养器官可以形成新个体，这种
生殖方式称为营养繁殖。

匍匐茎上长
出新植株

匍匐茎

▷ **孢子发生**

真菌、原始植物（如蕨类和
苔藓）和一些寄生虫通过释
放适应力超强的孢子进行生
殖。孢子会从微小的球状细
胞长成新个体。

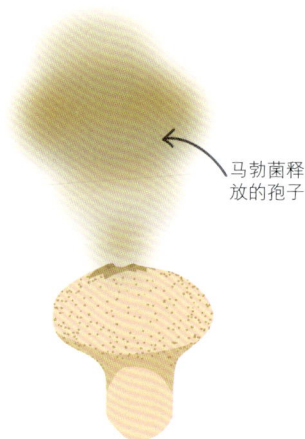

马勃菌释
放的孢子

▷ **孤雌生殖**

孤雌生殖是指由未受精的卵
单独发育成个体的特殊生殖
方式。有些雌性蚜虫就是通
过孤雌生殖产下后代的。除
大小以外，子代的其他特征
与母体完全相同。

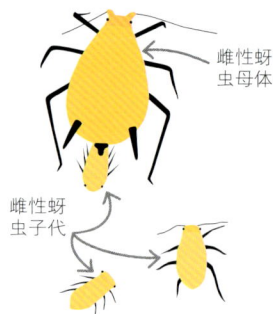

雌性蚜
虫母体

雌性蚜
虫子代

有性生殖

双亲基因混合，长成拥有独一无二基因的后代的生殖方式称为有性生殖。有性生殖需要双亲产生配子（经减数分裂产生的具有受精能力的只有一组基因的生殖细胞）。普通细胞包含完整的两组基因。双亲各提供一组基因，也就是说，一个配子里只有一组基因。在受精过程中，两个配子——分别来自父母双方——结合形成合子，又叫受精卵（fertilized egg），这是新个体的第一个细胞。

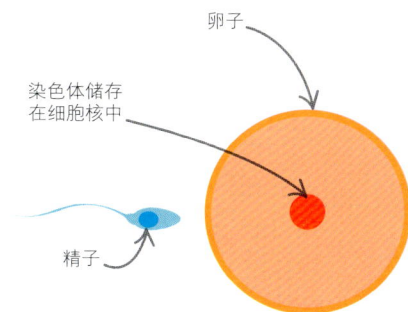

卵子

染色体储存在细胞核中

精子

△ 精子和卵子

雄性产生的配子称为精子，雌性产生的配子称为卵子。它们所含染色体的数量是普通细胞的一半。精子的作用是向卵子传递基因，所以其中不含其他结构。相比之下，卵子算得上巨大，里面含有受精后受精卵长成新个体（胚胎）需要的营养。

---

1. 间期

来自母体（蓝色）和父体（红色）的两组染色体进行复制，形成四分体（一对联会的同源染色体，包含4条染色单体）

细胞核

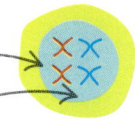

2. 前期

在这一阶段，四分体中的非姐妹染色单体之间可以交换基因片段

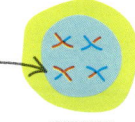

3. 中期

核膜溶解后，四分体排列在细胞中部

细胞两极形成纺锤丝，并与染色体相连

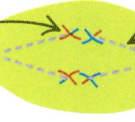

4. 后期

纺锤丝将染色体拉向细胞两极，同源染色体分离

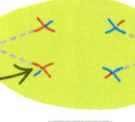

5. 末期

细胞中间形成细胞膜

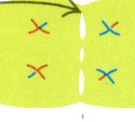

每个子细胞都有独特的基因，它们不仅彼此不同，也与母细胞不同

◁ 减数分裂

配子是通过一种特殊的细胞分裂方式产生的，实际上在这个过程中细胞需要连续分裂两次。在第一次分裂时，染色体的数量减半。第二次分裂与有丝分裂几乎一样。

▽ 第二次分裂

在第二次分裂过程中，每个细胞中的姐妹染色单体分开。这个过程一旦结束，就会重新形成细胞膜和细胞核，产生4个独一无二的子细胞。每个子细胞的染色体数量都是母细胞的一半。

动物的发展

受精后，新个体需要时间发育成可以独自觅食、独立生活的个体。动物孕育后代的方式由栖息地和生物特性决定。

▷ 发展策略

那些饱受捕食者威胁的小型生物能够迅速产下很多后代。相反地，那些体形较大、生活环境相对安逸的动物只能产下较少的后代，并且需要投入大量精力保护后代。

方式	解释	例子
体外受精卵生	卵子在受精前排出体外	鱼、蟾蜍
体内受精卵生	卵子受精后排出体外，通常被保护在巢中	鸟
卵胎生	受精卵留在体内孵化	某些鲨鱼
无胎盘胎生	幼体在母体内成长，以卵或同胞为食	某些鲨鱼
胎生	幼体在母体内成长，在出生以前，通过胎盘获得营养	哺乳动物（除单孔目外）

生殖（二）

动植物有各自的生殖策略。

动植物使用不同的生殖策略，以最大限度地发挥生殖潜力。有些动物会转变性别，有些则依赖其他动物繁衍后代。

雌雄同体

配子由称为生殖腺的器官产生。雌性的生殖腺是卵巢；雄性的生殖腺是精巢。动物同时拥有雌性和雄性两种生殖腺的现象称为雌雄同体。比如蚯蚓和蜗牛就同时拥有两种生殖腺。尽管如此，它们仍需要寻找交配对象。

大多数年轻的、体形较小的鱼为雌性

雄性头部为蓝色，这种鱼因此得名

◁ **蓝头濑鱼**
蓝头濑鱼雌雄同体，不过它们大多数出生时是雌性。如果没有足够的雄性进行交配，一些蓝头濑鱼就会改变身体颜色，变成雄性。

有袋类

大多数雌性哺乳动物通过胎盘为子宫中正在发育的胎儿供应氧气和营养物质。胎儿一旦发育成熟到足以独立生存，便会出生。相比其他哺乳动物而言，有袋类的幼崽属于"早产儿"。出生后的幼崽无法通过胎盘获取营养，需要在母亲的育袋中待上一段不短的时间。

母亲坐下来，在自己的皮毛上舔出一条通道，让袋鼠宝宝更容易到达育袋

育袋

袋鼠宝宝用前肢拖动身体前进（此时后肢还没有发育完全）

▷ **袋鼠**
袋鼠宝宝在母亲体内发育31天后诞生。然后它们将开启一段危险的旅程——从产道爬到母亲的育袋中。

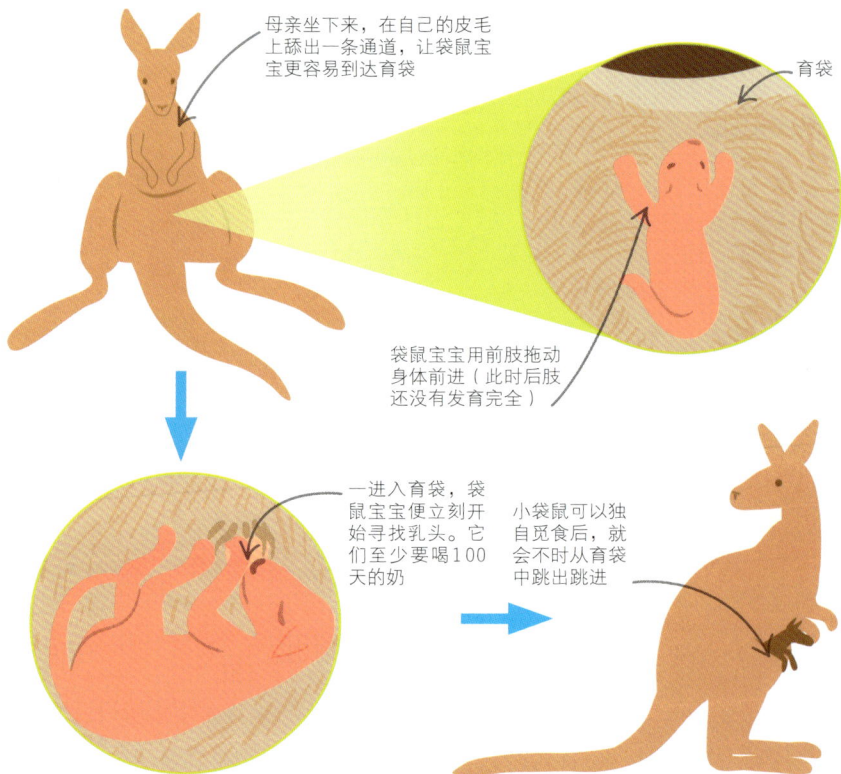

一进入育袋，袋鼠宝宝便立刻开始寻找乳头。它们至少要喝100天的奶

小袋鼠可以独自觅食后，就会不时从育袋中跳出跳进

袋鼠宝宝出生时只有大约2厘米长，体重不足1克。

开花植物

花是植物的生殖器官，同时拥有雄性部分和雌性部分。花药产生花粉，花粉中含有精子，同时位于花中心的子房含有卵子。花的其他结构的作用是帮助花粉从一朵花传播到另一朵花的柱头上，然后花粉中的精子通过花柱进入子房。

▷ **虫媒花**
这朵花利用鲜艳的花瓣和香甜的气味，吸引昆虫前来汲取花蜜。花蜜是花中央分泌的一种带甜味的液体。花药上的花粉粘到昆虫访客身上，当昆虫飞到另一朵花上时，花粉就粘在了那朵花的柱头上。

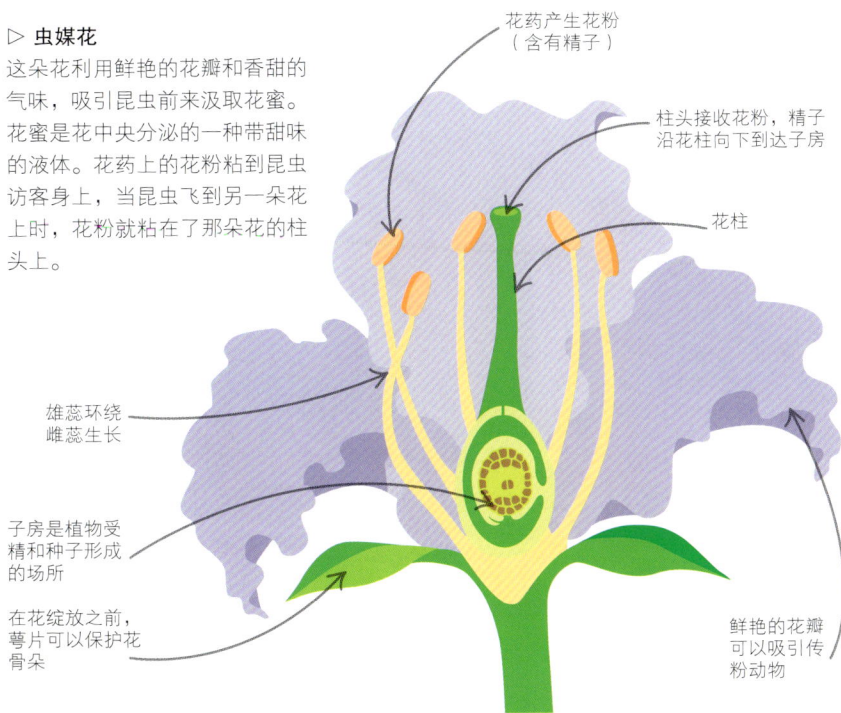

花药产生花粉
（含有精子）

柱头接收花粉，精子沿花柱向下到达子房

花柱

雄蕊环绕雌蕊生长

子房是植物受精和种子形成的场所

在花绽放之前，萼片可以保护花骨朵

鲜艳的花瓣可以吸引传粉动物

细小的花粉随风传播

素色花一般没有香味

◁ **风媒花**
单瓣花依靠风将花粉从一朵花吹到另一朵花上。它们释放出无数如灰尘般的花粉粒。只有少部分花粉会落在同种花的柱头上成功受精。风媒花的颜色较为暗淡，因为它们不需要通过吸引昆虫来传粉。

果实和种子

植物受精后，子房就会发育成种子。种子是成株的胚胎，里面存储着将来发育成根和茎的结构，以及营养。果实包裹着种子，由子房壁发育而成。果实已进化出多种功能。

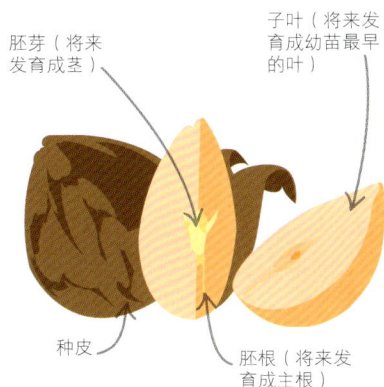

胚芽（将来发育成茎）

子叶（将来发育成幼苗最早的叶）

种皮

胚根（将来发育成主根）

△ **种子**
种子发芽后，胚芽和胚根会发育成植株的茎和主根。它们从子叶中获取能量。单子叶植物具一枚子叶，双子叶植物具两枚子叶，裸子植物具二至十多枚子叶。

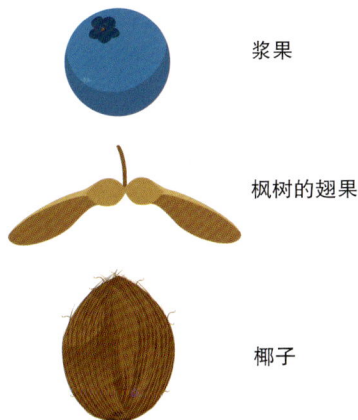

浆果

枫树的翅果

椰子

△ **不同的果实**
果实的主要作用是保护种子，帮助种子远离母体。像浆果这样美味的果实会被动物吃掉，种子被带到其他地方后通过粪便排出。枫树的翅果是一种能够随风移动的果实。椰子则可以在海上漂移很远的距离。

生命周期

不同的动植物发育成熟的过程各不相同。

多细胞生物在幼年阶段的主要任务是成长。生物长到成年个体大小时，性器官才会成熟，可以进行生殖。

萌发

种子是植物的胚胎。其内部已经有根（胚根）和微小的茎（胚芽）。胚胎叶又叫子叶，是储存萌发时所需能量的储藏室。萌发需要环境的刺激。白天变长——暗示了春天即将来临——是一种常见的刺激。有些种子还需要其他刺激，比如温度改变，在水中浸泡很长一段时间，甚至需要用火加热。

胚芽　　胚根

种皮

子叶

子叶是植物发育过程中最早形成的叶

根毛从土壤中吸收水分

侧根

△ 萌发的种子

种子发芽必须要有水、光照和氧气的供给。根部长出根毛和侧根来吸收水分，茎将子叶拉出种皮，让子叶可以照到太阳。

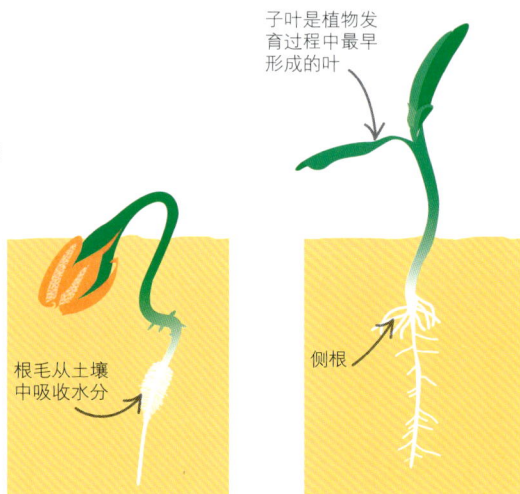

植物的生命周期

所有开花植物都会生成种子，根据生命周期的不同可以分成3种：一年生植物，如草，在一年内萌发、结籽，最后枯死；二年生植物，如胡萝卜，第一年生长贮藏根，第二年开花结果后枯死；多年生植物，如橡树，寿命大于两年，并且可以重复生成种子。

▽ 一年生植物（如草）

草种冬天被埋在泥土中，春天快速生长，几个月内就能开花。在枯死以前，植物会将新的种子撒落到更远的土壤中。

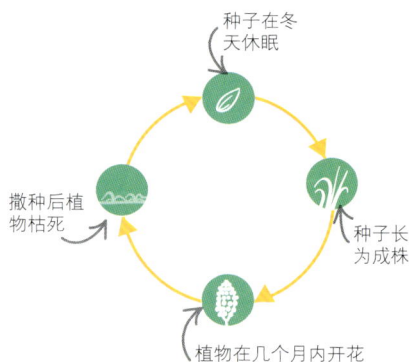

▽ 二年生植物（如胡萝卜）

第一年，由叶制造能量，促进胡萝卜的根部形成。冬天到来，即便叶和嫩芽都枯萎了，根部仍然活着。到了来年春天，胡萝卜根部储存的糖分为新芽提供能量，胡萝卜迅速开花结籽。

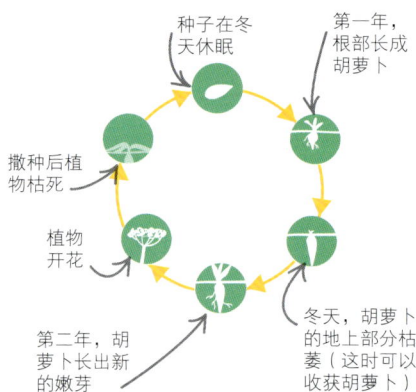

▽ 多年生植物（如橡树）

在第一次开花之前，橡树要生长好几年。它的种子通过动物传播。每到冬天，橡树都会进入休眠状态，来年继续生长、开花。

种子在冬天休眠

撒种后植物枯死

种子长为成株

植物在几个月内开花

种子在冬天休眠

第一年，根部长成胡萝卜

撒种后植物枯死

植物开花

第二年，胡萝卜长出新的嫩芽

冬天，胡萝卜的地上部分枯萎（这时可以收获胡萝卜）

橡树能活上百年

橡果被动物掩埋

橡树长成需要好几年

秋天落叶

春天开花

变态发育

有些动物一次可以产下大量后代，这些后代会因食物与亲体产生直接竞争。很多昆虫通过经历幼体期来避免这类问题，幼体期的外形和生活方式与成虫完全不同。幼虫必须经历不同发育时期的形态变化，最终成长为成虫，并达到性成熟。另一些昆虫则需要经历若虫期，若虫与幼虫不同，因为若虫的外形与成虫相似。

现实世界

灯蛾毛虫

灯蛾毛虫是灯蛾的幼虫，生活在北极，需要数年时间才能长为成虫。灯蛾毛虫在漫长的冬天被冰冻，在短暂的夏天完成一次蜕皮。经过14年14次蜕皮后，灯蛾毛虫最终化蛹成灯蛾。

▷ **不完全变态发育**

蝉的若虫外形与成虫相似，只不过没有翅膀。经历几次蜕皮后，若虫的身体长到最大，成为末龄若虫。在下一次蜕皮中，它将长出翅膀和性器官，变为成虫，准备生殖。

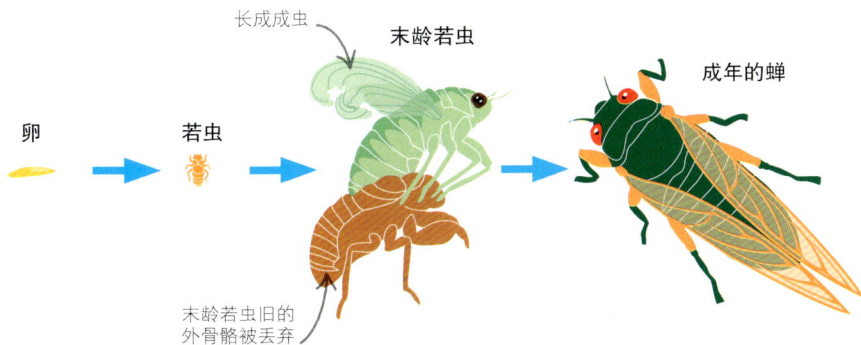

卵　　若虫　　长成成虫　末龄若虫　成年的蝉

末龄若虫旧的外骨骼被丢弃

▷ **完全变态发育**

幼虫孵化后不停地进食，固定的外骨骼无法装下生长过快的身体，必须经历几次蜕皮。然后幼虫化蛹，蛹壳是保护套，变态在蛹壳中进行。最后，蝴蝶破蛹而出。

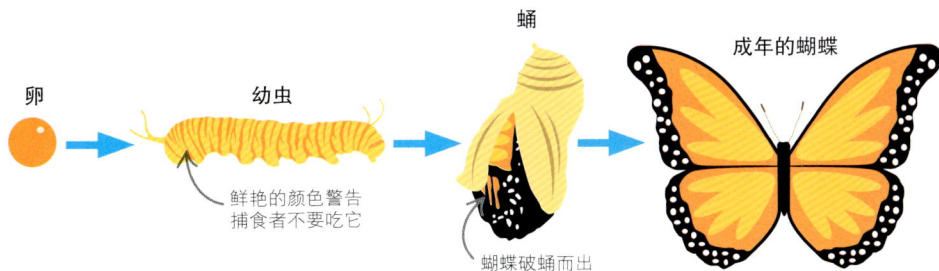

卵　　幼虫　　蛹　　成年的蝴蝶

鲜艳的颜色警告捕食者不要吃它

蝴蝶破蛹而出

生殖策略

动物采用不同的生殖策略保证后代存活下来，并长成性成熟的成年个体。主要有两种选择：一种是产下大量后代，让它们自力更生；一种是只生下少量的后代，抚养它们长大。

▷ **优点和缺点**

所有的生殖策略都有优缺点。动物在食物链中的位置和栖息地会影响生殖策略。

动物	生殖策略	优点	缺点
鲑鱼	雌性鲑鱼每年产下数千枚鱼卵	小鲑鱼迅速在新的栖息地大量聚集，总会有少数存活下来	父母因劳累而死，大多数小鲑鱼活不到成年就死了
狮	母狮每几年生下一两只幼狮，幼狮成年以前一直被母狮照顾	幼狮存活到成年的概率较高，还可以助养和保护更小的狮子	母狮数年将精力投入到为数不多的幼狮身上，风险极大

激素

名为激素的物质在体内作为信使传递信息，对机体的生理过程起调节作用。

生理结构较为复杂的生物通过激素控制生长、新陈代谢速率，以及为身体活动和睡眠做准备。

激素由腺体（gland）这种特殊器官分泌，腺体遍布全身。

腺体

只要是能分泌物质的身体部位都称为腺体。外分泌腺将化学物质排出体外，包括汗腺、唾液腺和精囊腺。激素由内分泌腺产生，被释放进血液和其他体液中。激素被体液携带到其作用的身体部位。

▷ 褪黑素

褪黑素是由位于脑下方的松果体分泌的激素。它的分泌与生物每天的作息有关。人体会在晚上分泌褪黑素，有助于入睡。对于夜行动物而言，褪黑素反而会刺激它们保持清醒。

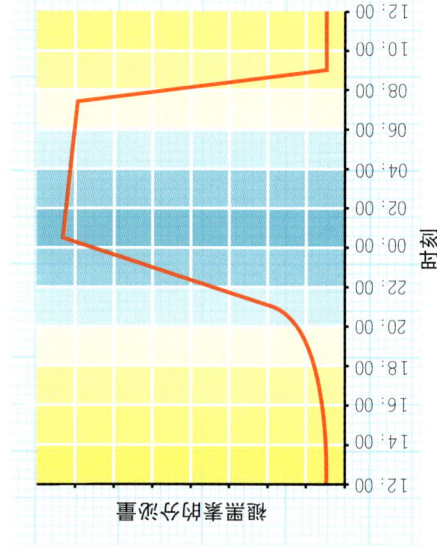

▷ 肾上腺素

这种强大的激素由肾上腺分泌，能够触发身体对压力做出反应——是战斗还是逃跑？肾上腺素一旦分泌，身体中的能量立刻爆发，准备采取行动。

▷ 人体内的激素

图中所示的腺体可以分泌激素机体生理过程所需的激素。

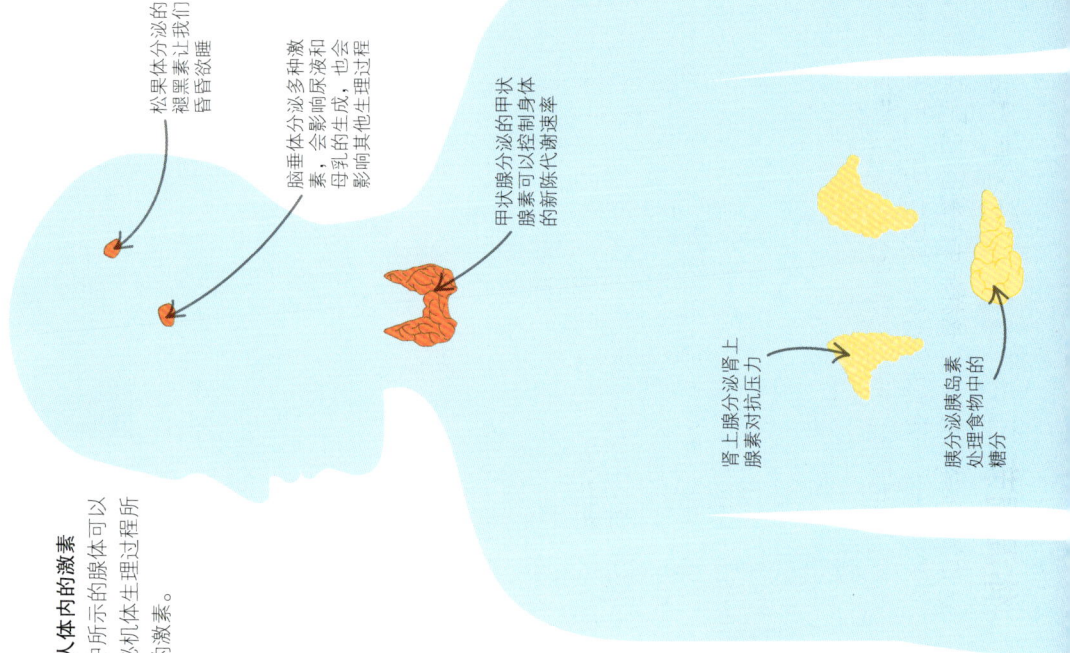

松果体分泌的褪黑素让我们昏昏欲睡

脑垂体分泌多种激素，会影响尿液和母乳的生成，也会影响其他生理过程

甲状腺分泌的甲状腺素可以控制身体的新陈代谢率

肾上腺分泌肾上腺素对抗压力

胰分泌腺处理食物中的糖分

时刻	睡眠	分泌量	褪黑素

时刻

表现	解释	作用
皮肤变得苍白	皮肤中的血管收缩	血液直接导入肌肉，为运动做好准备
心跳加快	心脏输出血量增加	氧更快到达肌肉
呼吸急促	肺呼吸量增加	提高供氧量

体温调节

人的体温基本保持恒定，这样新陈代谢也可以保持稳定的速率。天冷的时候身体必须保存热量，天热的时候散发多余的热量。我们将保持体温稳定的过程称为体温调节。

体温调节利用了传热（heat transfer）的基本原则。温暖的血液在皮肤下流动时可以散发热量，皮肤分泌的汗水在蒸发过程中也会带走热量。感觉冷时，身体蜷缩以缩小表面积，减少热量流失。

▽冷与热

炎热的环境	寒冷的环境
血管扩张 皮肤下的血管扩张，让血液中的热量散发到空气中	**血管收缩** 血管收缩，这样到皮肤的血液变少，就可以减少传热
出汗 随着汗水的蒸发，体内部分热量被带走	**颤抖** 肌肉的快速运动可以产生热量
体毛躺伏 体毛躺伏，让清凉的微风贴近皮肤	**体毛竖立（起鸡皮疙瘩）** 体毛竖立，在贴身体暖的地方形成一层温暖的空气
伸展 四处走动，让热量在较大的范围散发	**蜷缩** 缩紧身体可以减少热散的表面积

在**冰冷的水**中，人的心跳减慢，血液只输送到脑和重要的器官以节省氧，这时不呼吸人也能存活几分钟。

▷ 胰岛素

胰岛素由胰分泌，主要功能是将进餐后进入血液的糖分转化为多糖储存起来，这种多糖称为糖原。这一过程发生在肝中。如果血糖水平下降，另外一种激素胰高血糖素就会反转上述过程，刺激糖原分解，为身体提供能量。

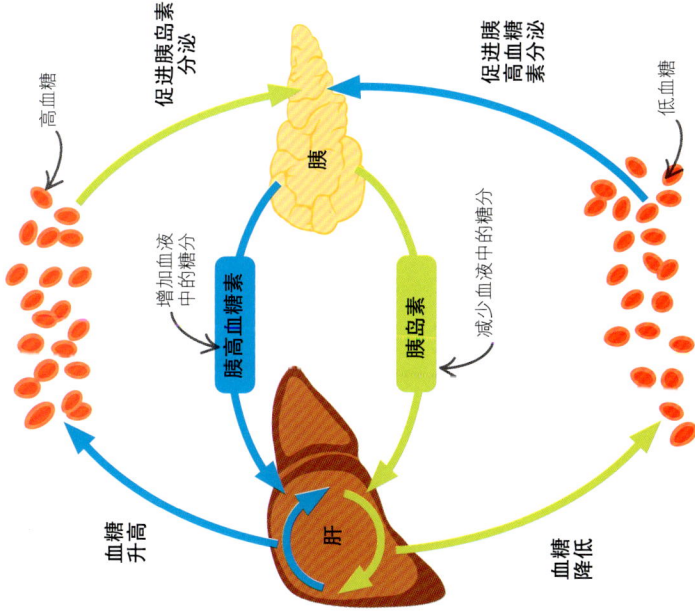

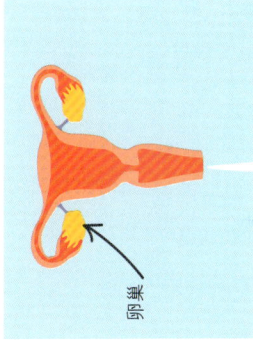

高血糖 / 促进胰岛素分泌 / 胰 / 促进胰高血糖素分泌 / 低血糖 / 增加血液中的糖分 / 胰高血糖素 / 胰岛素 / 减少血液中的糖分 / 血糖升高 / 肝 / 血糖降低

△ 睾酮

睾酮是一种雄性激素，由雄性的生殖器官睾丸分泌。睾酮不仅控制精子的生成，还能使男性表现出第二性征，如体毛增多、肌肉变大。睾酮还能提升斗战意愿（尽管它无法使人更擅长战斗）。

睾丸

△ 雌激素

雌激素由卵巢分泌。它会影响卵子的生成，使雌性为生殖周期做好准备。雌激素还可以使女性表现出第二性征，如在青春期乳房发育，阴毛生长。

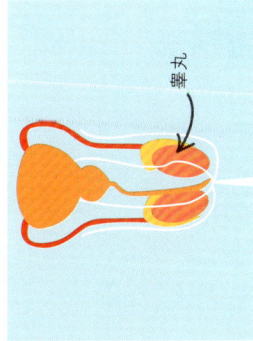

卵巢

疾病和免疫

当机体遭遇致病生物的攻击时，会做出一系列反应。

参见	
❮ 24~25	细胞的运作
❮ 26~27	真菌和单细胞生物
人体系统	62~63 ❯

免疫系统（immune system）是非常复杂的防御系统，负责寻找并摧毁潜入体内的外来物。这些外来物将宿主的身体当作生存和繁殖之地，会引发疾病。

病原体

引起疾病的微生物和寄生虫统称为病原体。其中微生物占绝大多数，如细菌、病毒（非细胞型生物）。病原体会感染宿主，在成长和传播的过程中杀死宿主的细胞或释放毒素，引发疾病。

病原体的名称	病原体的类型	它们会做什么	症状
链球菌	细菌	寄生在皮肤和喉咙	喉咙痛
疟原虫	原生生物	杀死宿主细胞	疟疾
蛲虫	线虫动物	寄生在肠道	肛门瘙痒
甲型H1N1流感病毒	病毒	侵入宿主细胞内部	高烧、关节疼痛

△ 病原体信息表

病原体侵入宿主体内并生长繁殖，引起机体病理反应的过程称为感染（infection）。传染病是由各种病原体引起的，能在人与人、动物与动物、人与动物之间相互传播的疾病，如流感。其他疾病是通过其他途径感染的，并不那么容易传播。

1. 病毒附着在健康细胞的细胞膜上，并注入病毒DNA

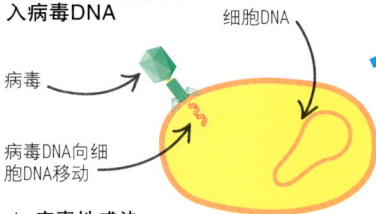

2. 病毒DNA利用细胞内的物质进行自身复制

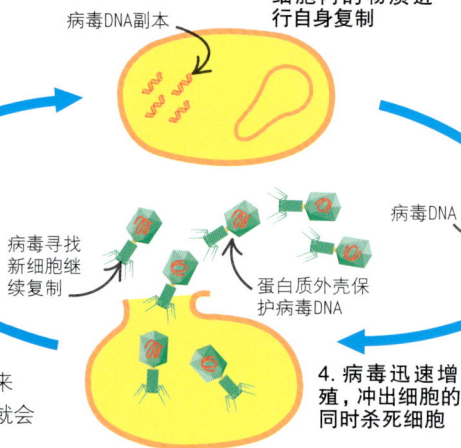

3. 病毒DNA利用细胞内的物质制造病毒的蛋白质外壳

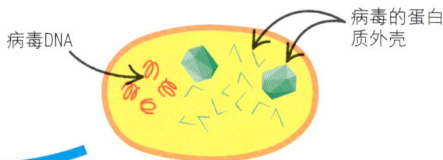

4. 病毒迅速增殖，冲出细胞的同时杀死细胞

△ 病毒性感染

病毒仅由核酸——DNA或RNA（核糖核酸）——和蛋白质外壳构成。它们无法自我复制，必须利用活细胞内部的结构来完成复制。一旦成功侵入细胞，病毒的数量就会迅速增加，然后以相同的模式感染其他细胞。

白细胞

白细胞是体内的"警察"，负责在血液中巡逻，寻找入侵者。白细胞一旦发现入侵病原体，首先识别抗原——病原体表面的蛋白质。然后，白细胞会产生抗体，抗体可以标记病原体并将它们全部清除。神奇的是，免疫系统能记住过去所有入侵者的抗原，机体只会被相同的病原体感染一次。

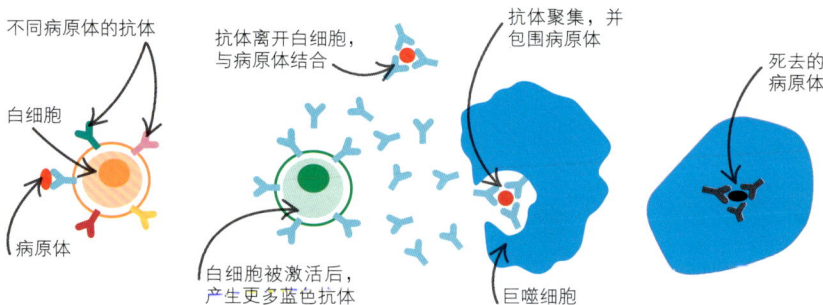

△ 1. 寻找
白细胞识别外来物上的抗原。

△ 2. 进攻
白细胞释放抗体，名为巨噬细胞的大型白细胞吞噬病原体。

△ 3. 摧毁
名为溶酶体的破坏性酶最终杀死巨噬细胞中的病原体。

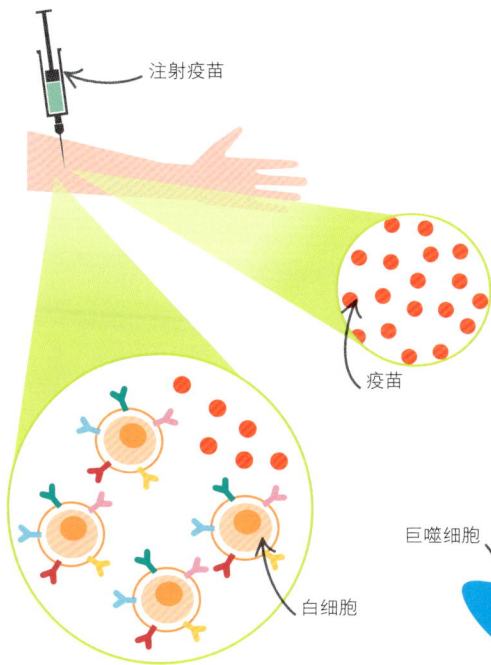

接种疫苗

接种疫苗（vaccination）是医生将纯化的抗原或减弱毒性的菌株引入人体，利用免疫系统帮助人们预防疾病的手段之一。人体会对疫苗中的抗原产生反应，日后这种抗原再侵入人体时，免疫系统就能识别出它，然后立刻杀死它。

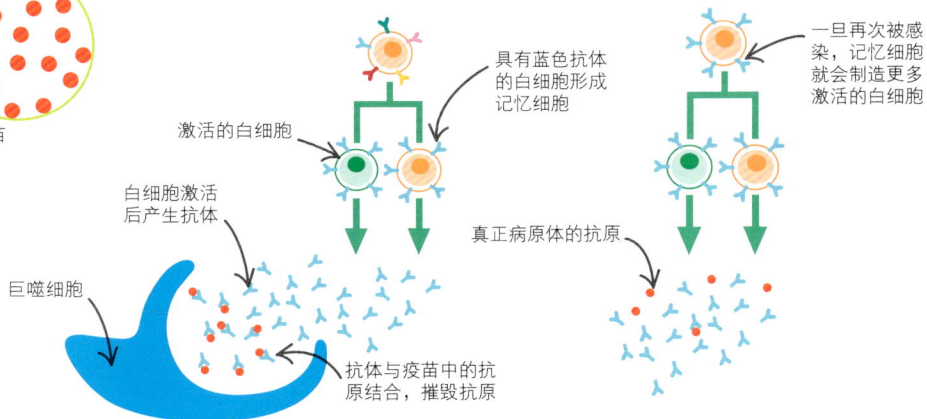

注射疫苗

疫苗

白细胞

激活的白细胞

具有蓝色抗体的白细胞形成记忆细胞

一旦再次被感染，记忆细胞就会制造更多激活的白细胞

白细胞激活后产生抗体

巨噬细胞

真正病原体的抗原

抗体与疫苗中的抗原结合，摧毁抗原

△ 1. 接种疫苗

疫苗注入体内后，就像其他所有进入体内的陌生抗原一样，首先被白细胞发现。

△ 2. 抗体

白细胞产生疫苗的抗体，杀死疫苗中的抗原。然后抗原被记忆细胞记住。

△ 3. 对抗感染

真正的病原体拥有与疫苗一样的抗原。一旦抗原进入体内，免疫系统就能立刻部署储存的抗体，因此人不会发病。

愈合的皮肤

皮肤是人体抵御攻击的第一道防线。如果皮肤因割伤或刮伤出现伤口，细菌和其他病菌就会从此侵入人体。因此，血液会涌向伤口，引起伤口肿胀，有助于封住皮肤缺口。液态的血液迅速凝固，变成固态的痂，在皮肤恢复的过程中形成一道临时的封口。

血友病患者的凝血功能有障碍，因此即便是小小的刮擦都可以使其流血不止而致死。

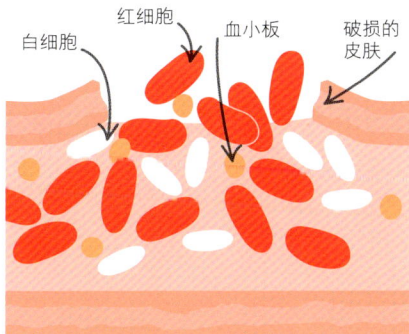

白细胞　　红细胞　　血小板　　破损的皮肤

痂　　血纤蛋白网

愈合的皮肤

△ 1. 破损的皮肤

血液涌向皮肤缺口，名为血小板的微小细胞对皮肤蛋白质起反应，引起伤口肿胀，引来白细胞清除所有的入侵者。

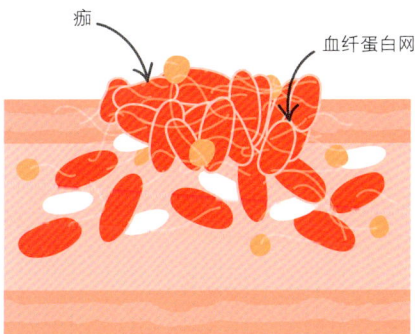

△ 2. 凝固

血小板释放凝血酶，将血纤蛋白原（一种可溶性蛋白质）变成不溶性血纤蛋白。血纤蛋白在皮肤缺口处形成固态网。

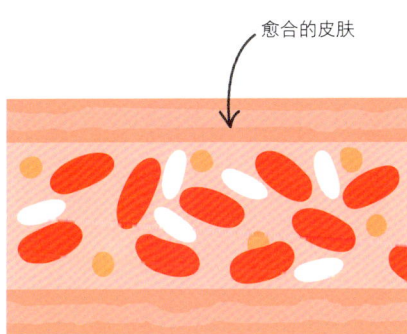

△ 3. 愈合

痂是临时封口，在皮肤重新长好以前会一直留在皮肤上。皮肤长好以后，炎症消退，血纤蛋白也会重新溶解到血液中。

动物间的关系

动物以不同的方式生活在一起。

争夺资源是动物的生活重心之一。很多物种选择单打独斗，其他物种则选择团队协作。团队成员可能属于同一物种，也可能来自不同的物种。

群居动物

最激烈的生存竞争往往存在于同一物种的不同成员之间。独居动物会避免碰面，使竞争降至最低。群居动物则必须在合作带来的利益与为争夺食物、伴侣加剧的竞争之间取得平衡。群体分成从数量上寻求安全感的简单群体，以及成员共同狩猎和保护幼崽的复杂群体。

△ **狮群**
狮群中有一只领头的公狮，它负责保护其他成员。

△ **狼群**
狼分工协作，能够捕食比自身体形大很多的动物。

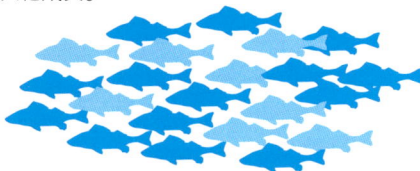

△ **鱼群**
在鱼群中，个体被捕食者捕获的可能性下降。

△ **羊群**
羊聚集在一起时，更容易察觉天敌。

一个阿根廷虹臭蚁**蚁群**可以沿南欧海岸绵延6000千米。

△ **狒狒群**
狒狒分工协作，保护幼崽和觅食。

△ **㺢㹢狓**
这种动物独自生活在茂密的森林中，那里的食物非常充足。

真社会性群体

蚂蚁、胡蜂和蜜蜂是社会性程度最高的动物，它们属于真社会性群体，即为了整个群体的利益，成员承担不同的工作，相互协作。群体为它们的母亲——蚁后或蜂后工作，养育数量庞大的"妹妹"。所有工作均由雌性完成。每年蚁后或蜂后只会产下少数雄性，而这些雄性的任务是与蚁后或蜂后交配，繁殖雌性后代。

切叶蚁以生长在碎叶上的真菌为食

卵孵化出更多的工蚁和兵蚁，为蚁群工作

蚁后比蚁巢里的其他蚂蚁大很多

翅膀用来飞翔，以寻找伴侣

△ **兵蚁**
兵蚁负责在蚁巢周围收集食物，然后将食物带回巢穴，供整个蚁群食用。

△ **工蚁**
小小的工蚁负责清洁卵、幼虫和蛹，喂养幼虫，还要帮忙筑巢。

△ **蚁后**
蚁后是一只巨大的雌蚁，控制整个蚁群，并释放化学物质，阻止其他雌蚁产卵。

△ **雄蚁**
雄蚁在夏末出生，与蚁后交配后就会死亡。

共生

两种动物联系密切、互有益处地共同生活在一起的现象称为共生（symbiosis）。共生有两种：一种是互利共生，即生活在一起对双方都有利；另一种是较为罕见的偏利共生，即只对一方有利，对另一方并无利害关系。

引水鱼帮助鲨鱼保持清洁

蚂蚁用触角拍打蚜虫背部，获得蜜露

蚜虫从植物的茎中吸食汁液

蜜蜂将花蜜储存在胃中，然后将其转化为蜂蜜

花通过香味和颜色吸引蜜蜂

△ **引水鱼和鲨鱼**

引水鱼是一种小型鱼类。它们经常成群地跟随鲨鱼，将鲨鱼留下的"残羹剩饭"一扫而空，帮助鲨鱼保持清洁。

黑斑羚之所以能够容忍牛椋鸟，是因为这种鸟能帮忙清理身上的寄生虫

△ **蚂蚁和蚜虫**

蚜虫可以制造出一种甜甜的蜜露。蚂蚁保护蚜虫群免遭捕食者的袭击，这样蚂蚁就可以吃到蜜露了。

△ **蜜蜂和花**

花依靠蜜蜂传播花粉。蜜蜂则以植物分泌的花蜜为食。

△ **牛椋鸟和黑斑羚**

牛椋鸟落在黑斑羚等大型食草动物的背上，以寄居在食草动物毛发和皮肤上的蜱和昆虫为食。

寄生（parasitism）

寄生物是生活在另一种生物即宿主体内或体表的生物。寄生物要么以宿主的身体为食，要么会吃掉宿主的一部分食物。在寄生关系中，宿主处于不利地位，但一般不会被寄生物杀死，否则寄生物也会很快死亡。拟寄生物则会杀死宿主。它们在幼虫期寄生于宿主体内，后期将宿主杀死，成虫可以独立生活。

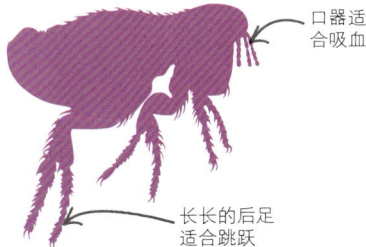

口器适合吸血

长长的后足适合跳跃

绦虫头部的钩子和吸盘使其能固定在宿主的肠道内

绦虫没有嘴巴，通过表皮吸收营养

吸盘

节片构成的身体

△ **跳蚤**

跳蚤属于外寄生物。它们寄生在宿主体表，吸食宿主血液，还能跳到新宿主身上寄生。

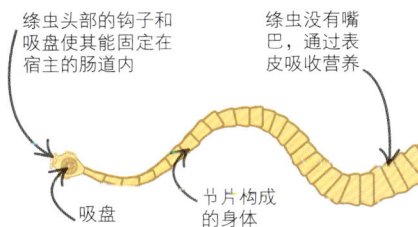

△ **绦虫**

绦虫属于内寄生物，也就是说它们寄生在宿主体内。孕节中有虫卵，可以从绦虫身上脱落，随宿主的粪便排出体外，并在其中孵化和传播。

植物

植物界的物种繁多，从结构简单的苔藓到结构复杂的开花植物。

研究植物的科学称为植物学。植物的尺寸范围之大、分布之广，使得

植物学家推测平均每吨动物对应大约1000吨的植物。

植物界

地球上大约有30万种植物，比动物的种类少得多。与动物不同的是，植物必须生活在有阳光的地方，这样才能进行光合作用，所以它们不能生活在深水中，也不能整个生长在地下。植物可以分成三大类：藻类植物、维管植物（拥有木质部导管和韧皮部筛管的植物）和无维管植物。90%的植物物种属于维管植物。

植物
- 陆生植物
  - 无维管植物
    - 苔藓类
  - 维管植物
    - 蕨类植物
    - 裸子植物
    - 被子植物
- 水生植物
  - 藻类植物

藻类植物依靠附着器固定在岩石上，利用叶状结构捕捉阳光，进行光合作用

◁ 苔藓类

苔藓和苔类是最简单的陆生植物。它们没有真正的叶和根，因为没有木质部和韧皮部输送物质，所以它们长不大，只能生活在潮湿的地方。苔藓通过游动寻找精子进行卵子进行繁殖。

扁平的茎状结构可以捕捉阳光

苔藓类

通过假根固定

◁ 蕨类植物

蕨类植物属于原始的维管植物，不能产生种子。它们的根、茎中布满了木质部导管和韧皮部筛管。这些导管和筛管，不仅输送水分和糖，还能提供植物生长所需的支撑力。蕨类植物包括最早的"树"——出现在大约3.5亿年前。

叶上的这种结构称为孢子囊，可以散发孢子。孢子能长成新的蕨类植物。

蕨类植物

嫩芽长成叶

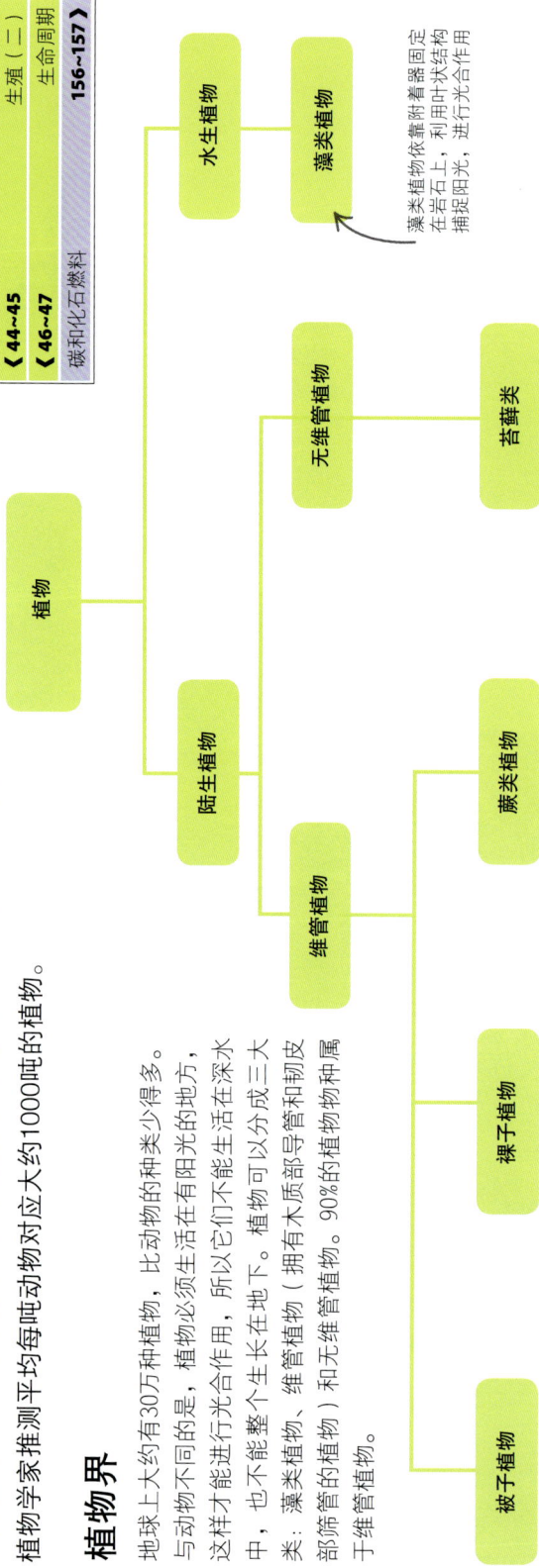

◁ 裸子植物

裸子植物是最早通过种子进行繁殖的植物，包括现在的针叶树，如松树、苏铁和冷杉。"裸子"的意思是"裸露的种子"，即种子外没有果实包裹。

雌果顶部开口，可以接收来自体积较小的雄果的花粉

松果

松子在松果内生长，然后被撒落到地上

被子植物

繁殖需要花参与的植物称为被子植物。它们的种子外有具有保护作用的果实。被子植物在大约2亿年前由裸子植物进化而来的，并且如今已经成为陆地上最常见的植物。不同于那些更原始的植物种子，被子植物种子的胚外包裹着重着含淀粉的胚乳，可以为种子萌发提供营养。小麦、水稻和玉米的营养大都来自种子的胚乳，它们构成了人类的主食。

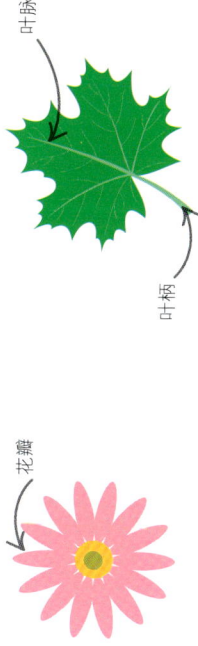

东南亚的大王花是世界上最大的花，直径可达1米，散发着腐肉味。

叶脉
叶柄

△叶
大部分被子植物的叶都非常宽大。不过，像仙人掌这样生活在极端环境中的植物的叶呈针状，可以防止水分流失。松针也具有相同的功能。

花瓣

△花
花是开花植物的生殖器官。大部分花能产生花粉（内含精子），也能产生胚珠（内含卵子）。花朵的结构有利于散播和收集花粉。

△树木
高大的树木由死去的木质部支撑，木质部导管中含有防水化合物木质素，具有强化木质纤维的作用。木质部从中心向外层的茎的外层部分形成形成层外生长。

△果实
只有被子植物才结果。子房内形成种子以后，子房的外层发育成果实。种子一般依靠动物传播，动物会吃掉果实，但是无法消化种子。

落叶

植物学家将植叶从植株上掉下来的现象称为叶片脱落。落叶植物的叶通常在秋天全部脱落，因为冬天没有足够的阳光进行光合作用，叶也会被霜冻坏。春天，落叶植物会长出新叶。常绿植物也会落叶，但是叶不会一次性落光，叶片脱落随时都在发生，且在落叶的同时，新叶就会长出。

气候	状况	植物类型	原因
热带气候	湿润而炎热	常绿植物	几乎全年都合适生长
季风气候	有雨季	落叶植物	避免水分通过叶流失
温带气候	冬天寒冷	落叶植物	避免叶被霜冻伤
极地气候	夏天短暂	矮小的常绿植物	夏天没有充足的时间长出新叶

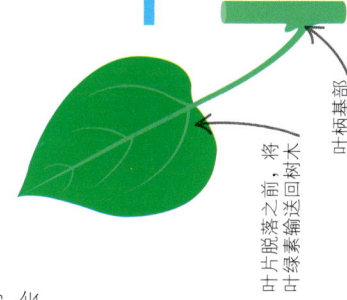

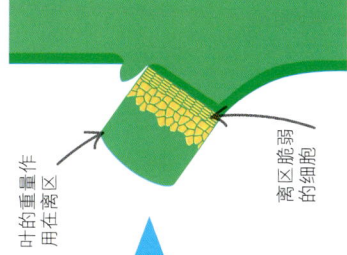

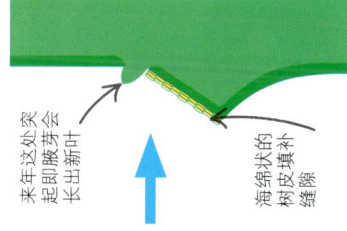

很多针叶树的种子在发芽以前，需要先经历一个冬天的封冻。

◁是常绿还是落叶？
常绿植物生长在终年湿热或终年寒冷的地方，而落叶植物适合生长在四季分明的地方。

◁脱落
叶片脱落是因为受到环境变化的刺激，比如白昼变短。当落叶植物的叶柄基部的细胞壁较薄，那里的细胞下的形成离层细胞壁就会破裂，向叶供水被迫中断，然后脱落。

来年这处实起即从腋芽处长出新叶

海绵状的树皮的缝隙

离区脆弱的细胞

叶的重量作用在离区

叶片脱落之前，将叶绿素输送回树木

叶柄基部

无脊椎动物

背侧没有脊柱的动物称为无脊椎动物（invertebrate）。

无脊椎动物包括很多门，这些门中的动物之间的亲缘关系很远。它们的体形差异巨大，有的只能用显微镜观察，有的则是地球上最大的生物之一。

节肢动物

到目前为止，节肢动物门是动物界中种类和数量最多的门，包括昆虫、蛛形类和甲壳类等。节肢动物都有由几丁质构成的坚硬外骨骼。所有节肢动物的足或附肢都由关节相连的几节组成，这就是节肢动物名字的由来。昆虫是唯一会飞的无脊椎动物，数量占节肢动物的90%。

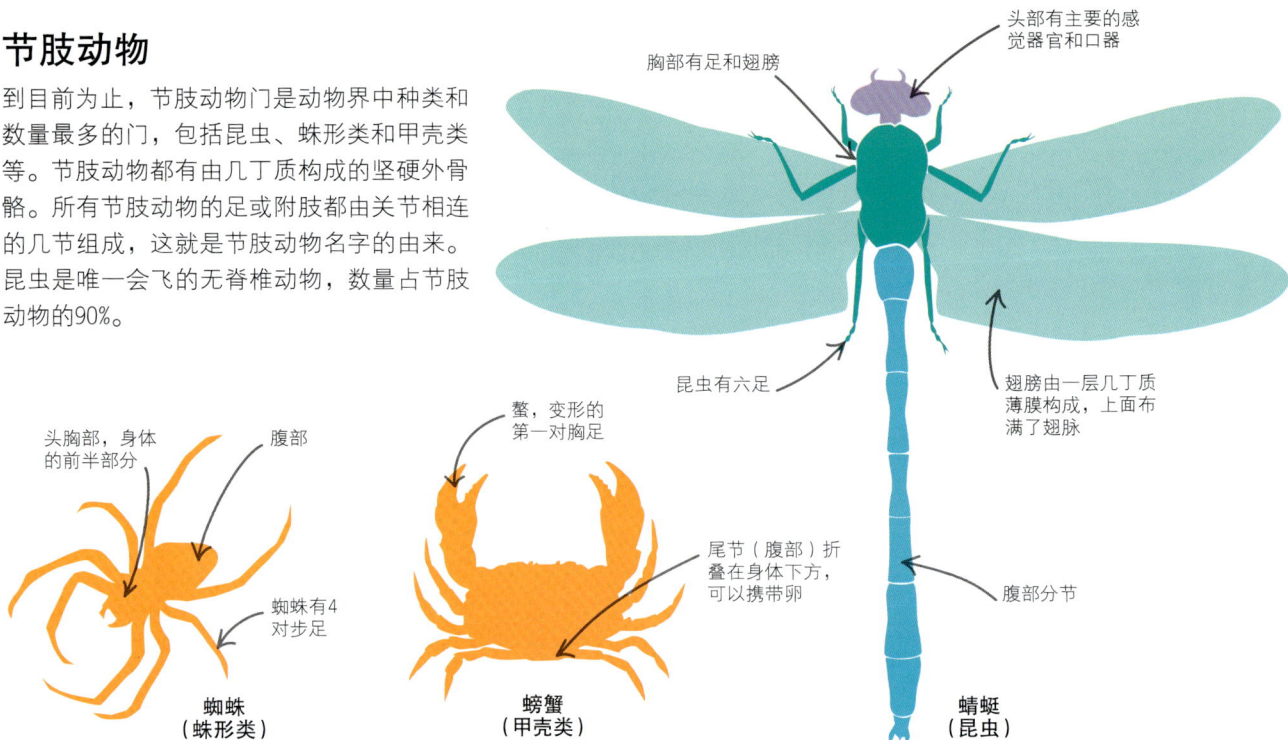

头部有主要的感觉器官和口器

胸部有足和翅膀

昆虫有六足

翅膀由一层几丁质薄膜构成，上面布满了翅脉

腹部分节

蜻蜓
（昆虫）

头胸部，身体的前半部分

腹部

蜘蛛有4对步足

蜘蛛
（蛛形类）

螯，变形的第一对胸足

尾节（腹部）折叠在身体下方，可以携带卵

螃蟹
（甲壳类）

辐射对称动物

大多数动物都是两侧对称的。辐射对称动物的身体呈圆筒形且结构简单。它们的身体既辐射对称又两侧对称。它们没有嘴巴，但是身上有一处开口，食物和废物可以由此进出。刺胞动物是辐射对称动物的主要成员，包括珊瑚、水母和海葵。根据身体外形可以将刺胞动物分成两类：水螅型和水母型。

▽ 水螅型
水螅型包括珊瑚和海葵，触手位于身体上部。它们将身体固定在海床上，从水中过滤食物。

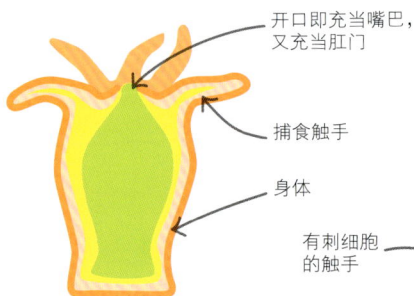

开口即充当嘴巴，又充当肛门

捕食触手

身体

▽ 水母型
水母型的触手位于身体下部。成年水母是一种身形如钟的刺胞动物。水母可以在水中自由游动，下垂触手上长有刺细胞。

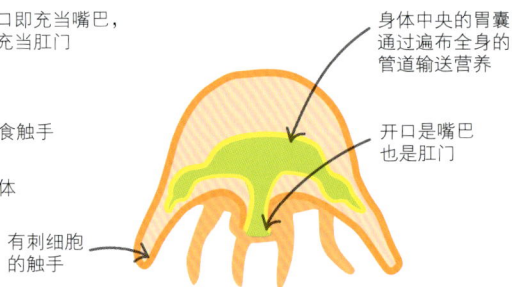

身体中央的胃囊通过遍布全身的管道输送营养

开口是嘴巴也是肛门

有刺细胞的触手

软体动物

软体动物门是无脊椎动物中的第二大门，包括通过过滤进食的双壳类、以植物为食的腹足类和聪明绝顶的头足类。所有软体动物的身体构造都是相同的。对于腹足类而言，"足"是主要的运动器官，让它们可以四处移动。头足类的足就是腕。双壳类用足移动和挖掘。

鳃从水中过滤食物，然后沿着波浪状的纤毛将食物送到口里

强劲的闭壳肌可将壳紧闭

体腔内有胃和肠道

从口开始消化鳃部采集到的食物

外套膜

蛤

足用来移动

◁ **双壳类**

双壳类包括蛤和贻贝，长有两个可开合的壳——主要成分为碳酸钙。双壳类都是水生动物，大部分通过鳃部发丝状的纤毛过滤水中的食物。

漏斗和口在另一侧

眼睛

吸盘

腕

外套膜

章鱼

△ **头足类**

头足类包括章鱼、枪乌贼和鹦鹉螺等。除鹦鹉螺以外，其他头足类都没有壳。它们利用长有吸盘的腕捕食，腕环绕着喙状口。它们可以从口附近的漏斗中喷出水流，反推身体移动。

壳

蜗牛

具有触觉、嗅觉、味觉和听觉的短触角

外套膜（在壳里）

眼睛

眼柄

足

口

△ **腹足类**

腹足类包括蜗牛、蛞蝓、螺和帽贝等。它们都有壳——不过蛞蝓是例外，蛞蝓的壳已经退化，要么变得很小，要么已经完全消失。生活在陆地上的软体动物只有蜗牛和蛞蝓，并且它们的栖息地必须是潮湿的。蜗牛通过外套膜内的肺呼吸。

蠕虫

蠕虫的构造简单。它们没有腿，适应各种各样的环境，既可以生活在深海中，也可以寄生在其他动物体内。蠕虫包括线虫动物、扁形动物和环节动物等。大约有一半的线虫动物（如蛔虫）属于肠道寄生虫，其他线虫动物则生活在土壤中。扁形动物要么是寄生虫，要么生活在水中。它们没有肠道，通过表皮吸收食物。

▷ **环节动物**

环节动物是身体分节的蠕虫。环节动物包括海洋中的沙蚕、寡毛类（如蚯蚓和水蛭）等。蚯蚓身上的细小结构称为刚毛，用来掘洞和感知周围环境。蚯蚓通过5个动脉弓将血液泵送至全身。

蚯蚓（寡毛类）

肛门

分节的身体

刚毛

环带中有性器官

嗉囊，临时储存食物

环形肌挤压身体前行

动脉弓位于这里

口

构成砂囊的强壮肌肉和其中的小石头可以碾碎食物

鱼类、两栖类和爬行类

鱼类、两栖类和爬行类是最原始的脊椎动物（vertebrate，有脊柱的动物）。

鱼类、两栖类、爬行类、鸟类和哺乳类（包括人类）都是脊椎动物。

什么是脊椎动物？

脊椎动物是脊索动物门的主要成员。脊索动物是指体内有一种可以弯曲的条状结构的动物，这个结构即脊索，出现在所有脊索动物生命中的某一时期。在大多数情况下，脊索发育成脊柱——一串相互连接的骨。脊柱可以保护脊髓——将脑和身体其他部位相连的中枢神经。

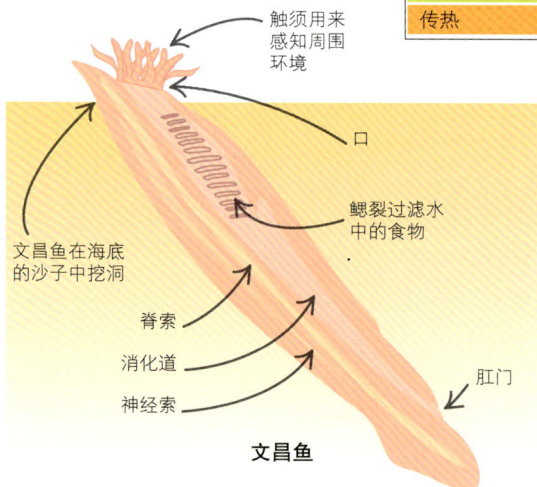

触须用来感知周围环境

口

鳃裂过滤水中的食物

文昌鱼在海底的沙子中挖洞

脊索

消化道

神经索

肛门

文昌鱼

◁ **没有头骨**
科学家推测，最早的脊椎动物的外形与如今的文昌鱼相似。文昌鱼是一种生活在海床上、结构简单的水生动物。它们没有头骨，这点与真正的脊椎动物不同。但是它们又拥有脊椎动物的其他特征，比如有脊索和鳃裂（构成鱼类的鳃）。

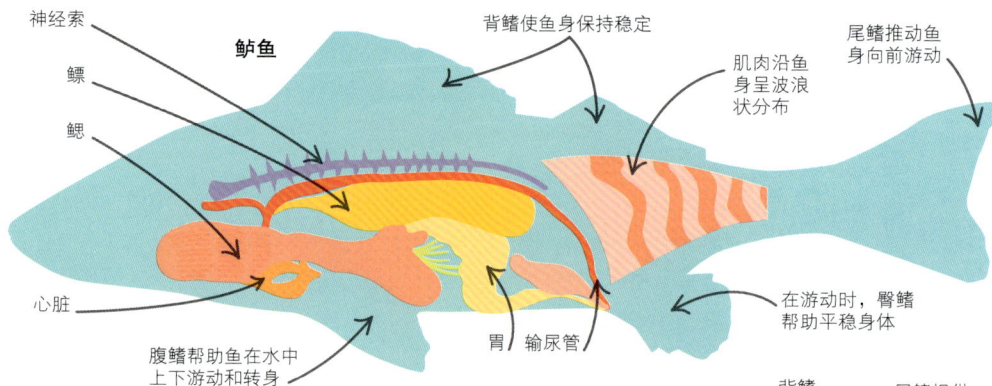

神经索

鳔

鳃

心脏

腹鳍帮助鱼在水中上下游动和转身

鲈鱼

背鳍使鱼身保持稳定

肌肉沿鱼身呈波浪状分布

尾鳍推动鱼身向前游动

胃 输尿管

在游动时，臀鳍帮助平稳身体

◁ **硬骨鱼**
与软骨鱼不同的是，硬骨鱼可以通过改变鳔（体内的囊状物）内的气体含量控制浮力。

鱼类

最早的鱼类出现在大约5亿年前，其中一些种类在漫长的进化过程中经历了兴衰。现在，在地球上的海洋和淡水中主要栖息着两种鱼：一种是硬骨鱼，骨骼全部或部分为硬骨；另一种是软骨鱼，骨骼全部为软骨——构成人类外耳郭的骨骼。硬骨鱼约有2万种；软骨鱼约有800种，包括鲨鱼和鳐。

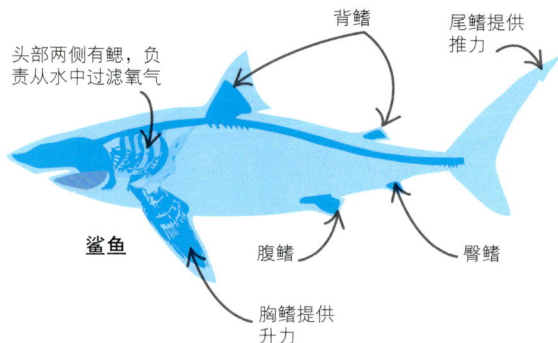

头部两侧有鳃，负责从水中过滤氧气

背鳍

尾鳍提供推力

鲨鱼

腹鳍

臀鳍

胸鳍提供升力

◁ **软骨鱼**
鲨鱼的骨骼（深蓝色部分）全部是软骨，身体呈流线型，这些特征有助于它们在水中迅速游动。具有弹性的软骨使扁平的鱼鳍硬挺。当鲨鱼摆动长长的尾鳍快速向前游动时，背鳍可以稳定鱼身。

爬行类

爬行类是最早完全脱离水中生活的脊椎动物。因此，它们是鸟类和哺乳类的祖先。爬行类拥有多样的分支，不过这些分支具有两个共性：一是皮肤上覆盖着一层防水的角质鳞片；二是卵有防水外壳，可以保持内部湿润，因此卵即使离开水也不会脱水死亡。

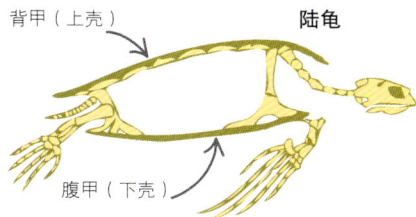

欧文癞颈龟通过肛门吸收氧气在水下呼吸。

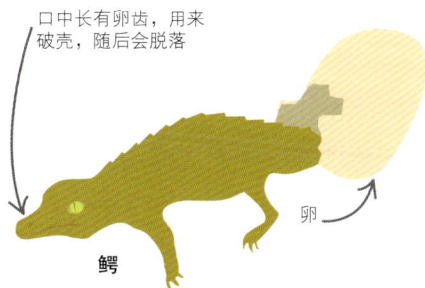

背甲（上壳）

陆龟

蛇

毒牙
毒腺

气管

腹甲（下壳）

口中长有卵齿，用来破壳，随后会脱落

卵

鳄

△ **水龟和陆龟**
水龟和陆龟分别由恐龙和其他爬行动物进化而来。它们都有具有防御作用的骨甲，骨甲上覆盖着与肋骨相连的巨大盾片。

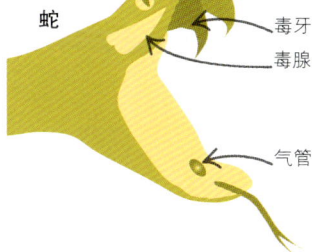

△ **有鳞类**
现今的大多数爬行动物都属于有鳞类，其中包括蜥蜴和蛇。大多数蛇和少数蜥蜴长有毒腺，这些毒腺由唾液腺进化而来，可用于攻击猎物。

△ **鳄**
鳄属于初龙类——大型爬行动物种群，此类还包括恐龙。它们是耐心的猎手，会静待猎物靠近，然后用强有力的两颌猛地咬住猎物。

两栖类

两栖类是最早的部分时间生活在陆地上、部分时间生活在水中的生物，早在大约4亿年前就出现在地球上。它们必须在水中或潮湿的栖息地产卵。卵孵化后，大多数幼体生活在水中，用鳃呼吸。经过变态发育变成成体后，它们可以生活在陆地上，用肺呼吸空气。

背冠用来吸引伴侣

尾巴用来划水

蝾螈

△ **蝾螈**
蝾螈是最早进化出颈的脊椎动物。颈让蝾螈的头部可以左右摇摆，不同于向左右看时必须转动整个身体的蛙和蟾蜍。

现实世界

外温性

鱼类、两栖类和爬行类都是变温动物（poikilotherm），它们的体温与周围环境的温度相同。天气温暖时，变温动物会变得活跃。爬行类和两栖类通过晒太阳使体温上升，潜入水中使体温下降。

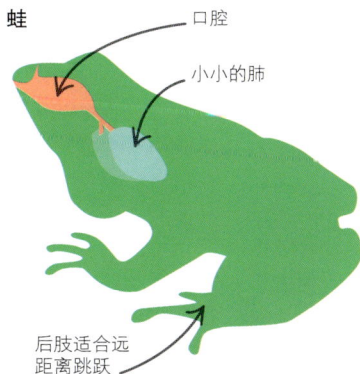

蛙

口腔

小小的肺

◁ **蛙和蟾蜍**
蛙利用黏黏的长舌和大嘴伏击猎物。它们的肺很小，可以通过皮肤吸收氧气。蟾蜍的背上一般布满疙瘩，四肢适合行走；而蛙的皮肤更为光滑，四肢适合跳跃。

后肢适合远距离跳跃

哺乳类和鸟类

哺乳类和鸟类都是恒温脊椎动物。

哺乳类和鸟类是最常见的脊椎动物。它们遍布各大洲和几乎所有的水域。

内温性

哺乳类和鸟类都属于恒温动物（homeotherm），它们的体温是相对恒定的。这就需要能量使身体变得温暖或凉爽，不过体温恒定可以确保动物的新陈代谢水平保持稳定。因此，即便是在变温动物无法生存的较为寒冷的栖息地，恒温动物的身体系统也能保持正常运转。恒温动物的一些解剖特征可以帮助它们调节体温。

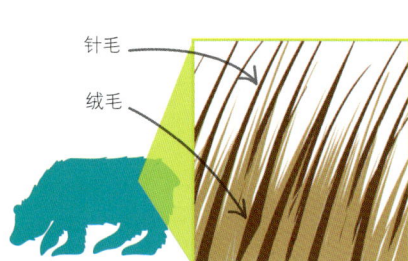

△ 皮毛层

很多哺乳类的皮毛分为两层：内层的绒毛较短，形成一层隔热的空气层；外层的针毛较长且富含油脂，具有一定的防水性，使绒毛不易被水打湿。

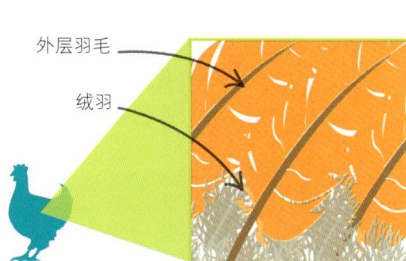

△ 绒羽

鸟类的绒羽非常蓬松，在外层羽毛之下，紧贴身体生长，可以防止热量流失。绒羽可留住空气，形成隔热层，防止体内的宝贵热量散失。

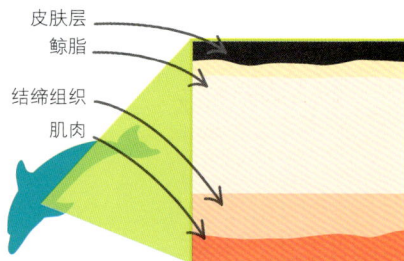

△ 鲸脂

在水中，皮毛会阻碍游动，因此大多数海洋哺乳类改而拥有一层厚厚的鲸脂，体毛逐渐退化。鲸脂是一层柔软的脂肪，其中分布了血管，可以帮助动物保持温暖。

哺乳类

当前，脊椎动物中数量最多的是哺乳类。它们因雌性给幼崽哺育乳汁而得名，乳汁由乳腺分泌，乳腺是由汗腺进化而来的。所有哺乳类的皮肤上都长有体毛，不过鲸和海豚在诞生以后，体毛很快便会脱落。体毛的主要成分是角蛋白，与构成鸟类羽毛和爬行类鳞片的成分相同。

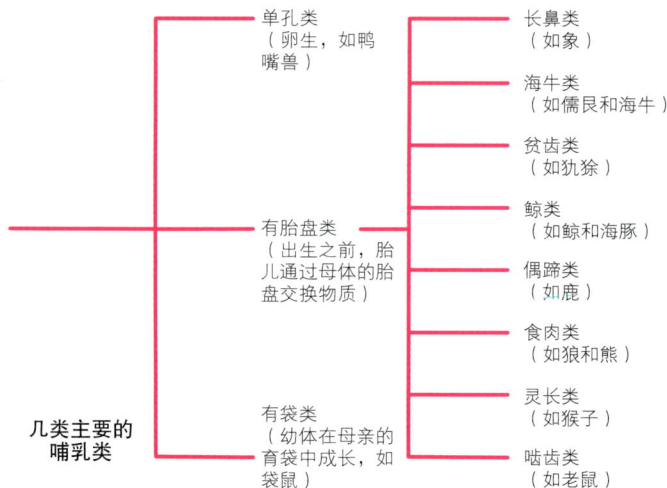

几类主要的哺乳类

- 单孔类（卵生，如鸭嘴兽）
- 有胎盘类（出生之前，胎儿通过母体的胎盘交换物质）
  - 长鼻类（如象）
  - 海牛类（如儒艮和海牛）
  - 贫齿类（如犰狳）
  - 鲸类（如鲸和海豚）
  - 偶蹄类（如鹿）
  - 食肉类（如狼和熊）
  - 灵长类（如猴子）
  - 啮齿类（如老鼠）
- 有袋类（幼体在母亲的育袋中成长，如袋鼠）

◁ 哺乳类的分类

最早的哺乳类生活在大约2亿年前，主要捕食昆虫，体形类似于现今的鼩鼱。在大约6600万年前，也就是恐龙灭绝以后，哺乳类开始崛起，并进化出各种各样的物种。直到3000万年前，哺乳类已经成为脊椎动物中的主要群体。

大部分哺乳类一生长两套牙齿

巨大的肋骨骨架足够容纳较大的肺和心脏

尾骨是脊柱的延伸部分

脚上长有由角蛋白构成的爪子

狗

跖行动物利用脚趾和脚跟保持平衡

趾行动物利用脚趾保持平衡

蹄行动物利用脚趾尖保持平衡

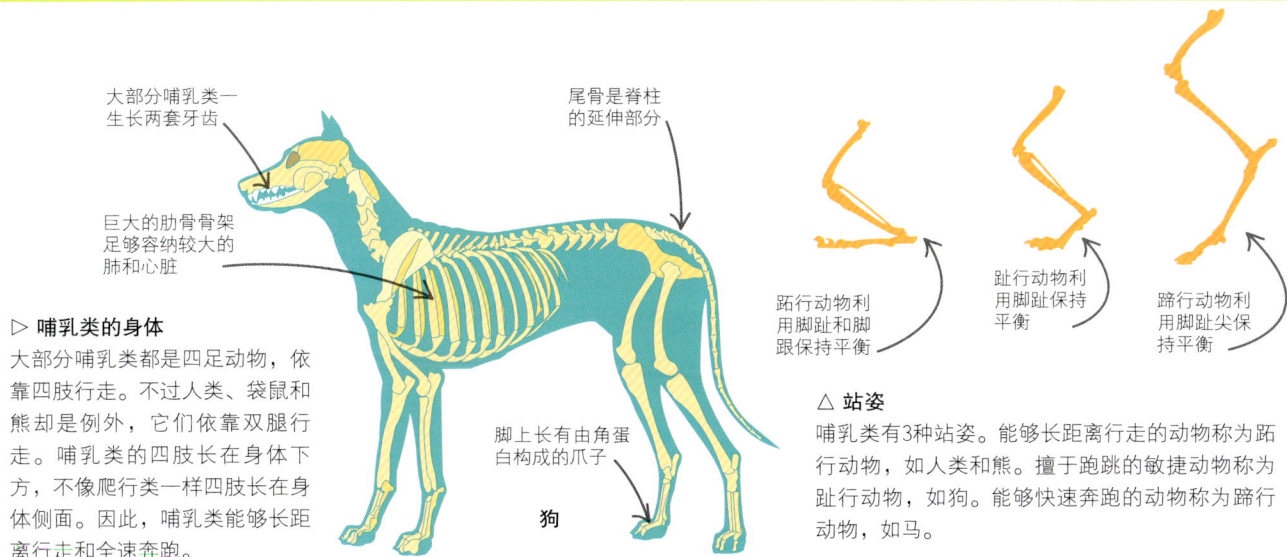

▷ 哺乳类的身体

大部分哺乳类都是四足动物，依靠四肢行走。不过人类、袋鼠和熊却是例外，它们依靠双腿行走。哺乳类的四肢长在身体下方，不像爬行类一样四肢长在身体侧面。因此，哺乳类能够长距离行走和全速奔跑。

△ 站姿

哺乳类有3种站姿。能够长距离行走的动物称为跖行动物，如人类和熊。擅于跑跳的敏捷动物称为趾行动物，如狗。能够快速奔跑的动物称为蹄行动物，如马。

鸟类

鸟类是由1.5亿年前生活在森林中的恐龙进化而来的。现今已知的鸟类约有10000种，是天空的统治者。它们的羽毛虽有一定硬度，但很轻，非常适合飞行。

羽支是羽轴向外延伸的部分，由钩连在一起的羽小支组成

羽小支

翅膀又长又窄，可以产生很大的升力，让鸟儿在空中滑翔

滑翔
（如信天翁）

长且宽的翅膀可以乘风而上

翱翔
（如鹰）

▽ 鸟类的骨骼

鸟类是由能够直立行走的恐龙进化的。鸟类的翅膀由恐龙的前肢异化而来，恐龙的指骨变粗，延伸到末端，增加了鸟类翼展。

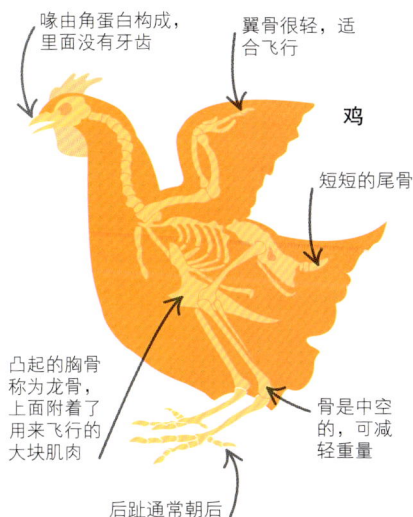

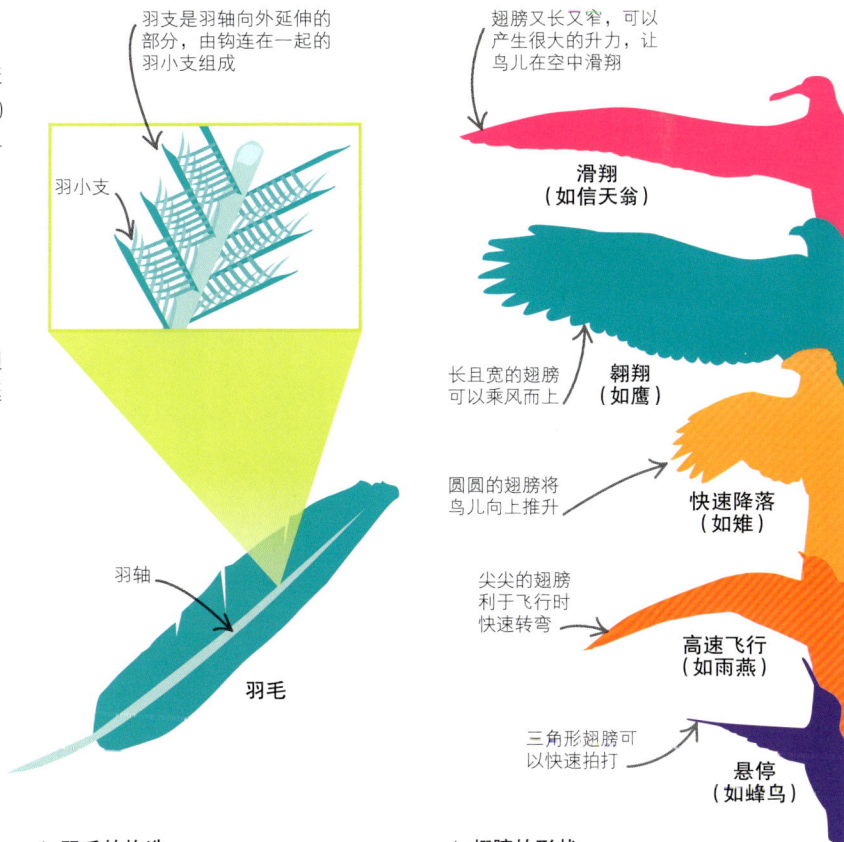

喙由角蛋白构成，里面没有牙齿

翼骨很轻，适合飞行

鸡

短短的尾骨

圆圆的翅膀将鸟儿向上推升

快速降落
（如雉）

尖尖的翅膀利于飞行时快速转弯

高速飞行
（如雨燕）

羽轴

羽毛

凸起的胸骨称为龙骨，上面附着了用来飞行的大块肌肉

骨是中空的，可减轻重量

三角形翅膀可以快速拍打

悬停
（如蜂鸟）

后趾通常朝后

△ 羽毛的构造

羽毛是由钩子状的角蛋白纤维组成的分叉网状物。鸟类必须经常用喙梳理羽毛，分泌的油脂使羽毛保持清洁平整。

△ 翅膀的形状

翅膀的形状决定了鸟类的飞行方式。以腐肉为食的鸟类长着利于滑翔的、长且弯曲的翅膀；常在地面活动的鸟类长着利于迅速起飞的、较短的翅膀。

人体系统

人体内的各种系统各司其职。

人类的身体需要18~23年才能完全发育成熟。人体有五大系统，分别为感觉系统（五官和皮肤）、运动系统（骨、关节和肌）、代谢系统（循环、呼吸、消化、泌尿系统）、调稳系统（神经、内分泌、免疫系统）和复制系统（生殖系统）。

运动系统

运动系统由骨、关节和肌组成，对人体起到支持、保护和运动的作用。成年人有206块骨。骨上附着大约640块骨骼肌，肌与肌之间通过强韧的肌腱和特定的关节相连。肌肉收缩时会拉动关节，进而带动骨，做出各种动作。骨通过关节、韧带、结缔组织和软骨连接。

▽ **肌肉**

人体主要有两套肌肉：骨骼肌成对协作，使身体运动；平滑肌通过收缩，推动消化道和动脉中的物质前进。

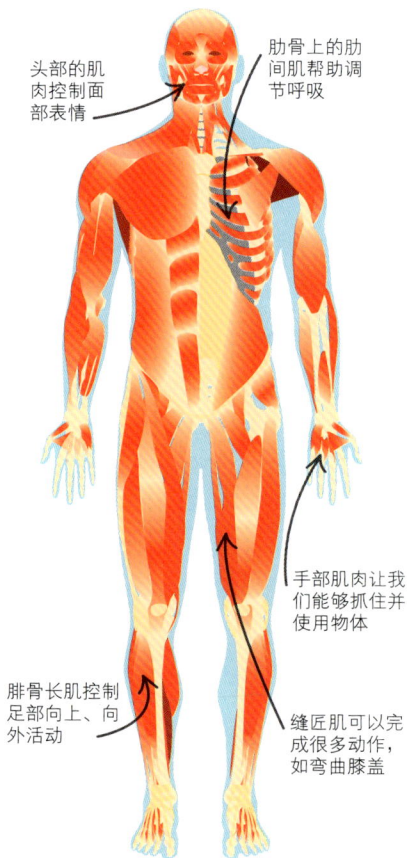

▷ **滑膜关节**

大多数关节都属于滑膜关节——骨末端有一层光滑的软骨，其间腔隙含有滑液。不同的关节可以做不同的运动。

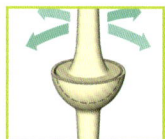

车轴关节

位于颈部的车轴关节可以使头部左右旋转。

球窝关节

肩关节的关节头大、呈球形，关节窝小而浅，可做屈、伸、收、展、旋内、旋外和环转运动。

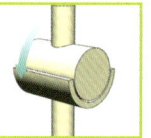

屈戌关节

肘关节像门上的铰链一样，只能在一个平面上旋转。

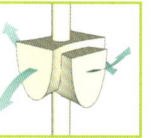

鞍状关节

相对两骨的关节面都呈鞍状，使拇指可以在两个平面上旋转。

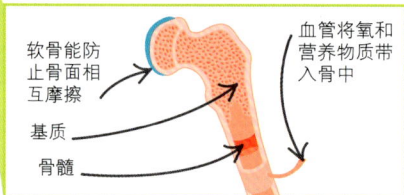

椭圆关节

桡腕关节是典型的椭圆关节，可以做上下、左右和环转运动。

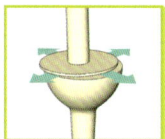

平面关节

人体有很多平面关节，这种关节通常很小。关节的相对骨面几乎是平面的，可以相对滑动。

软骨能防止骨面相互摩擦

血管将氧和营养物质带入骨中

基质

骨髓

△ **骨的结构**

骨由可以分泌磷酸钙基质的活细胞组成。骨髓是制造红细胞的工厂。

头部的肌肉控制面部表情

肋骨上的肋间肌帮助调节呼吸

手部肌肉让我们能够抓住并使用物体

腓骨长肌控制足部向上、向外活动

缝匠肌可以完成很多动作，如弯曲膝盖

其他系统

除运动系统以外，人体内部可细分为8个体内系统（感觉系统为体表系统）。每个系统中的器官和组织紧密合作，完成一系列重要的工作，以维持机体运作。一旦哪个系统崩溃，其他系统无法取代其功能，也无法继续正常工作。

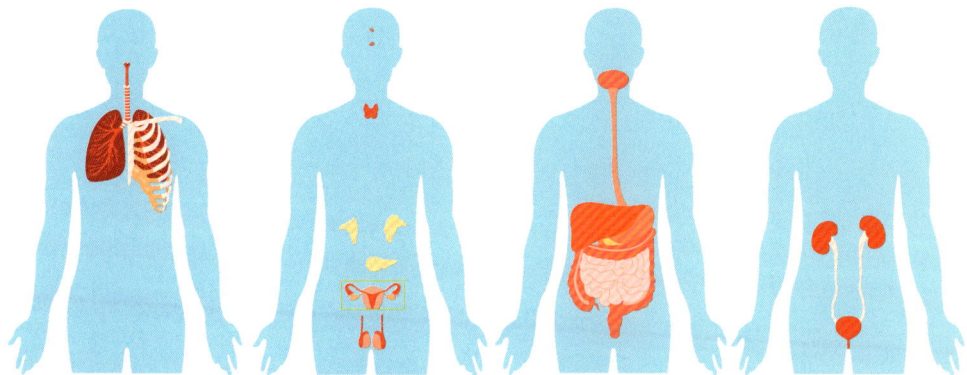

△ **呼吸系统**
呼吸系统以肺为中心，从空气中获取人体所需的氧气，并将氧气溶于血液中。

△ **内分泌系统**
组成内分泌系统的腺体可以分泌激素和其他控制人体系统的分泌物。

△ **消化系统**
消化系统通过处理食物获取营养物质，并将营养物质输送到血液中。

△ **泌尿系统**
肾过滤出血液中的废物，而后废物通过尿液排出体外。

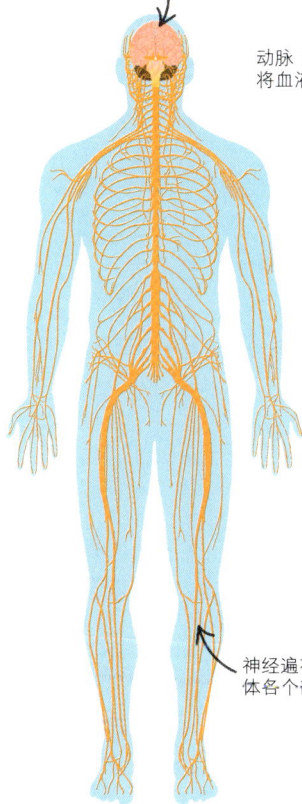

脑和脊髓控制其他神经的活动

神经遍布人体各个部分

△ **神经系统**
神经网络以电脉冲的形式向人体各处发送信号。脑和脊髓构成中枢神经系统。

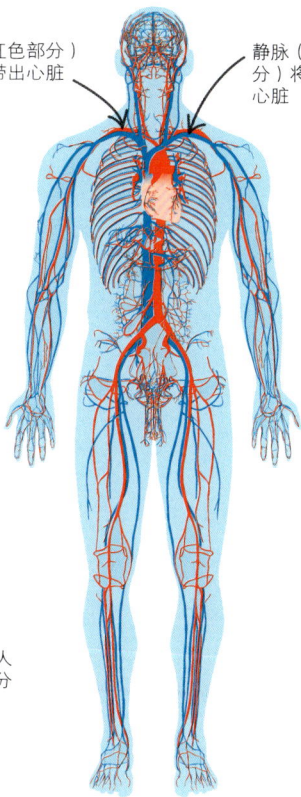

动脉（红色部分）将血液带出心脏

静脉（深蓝色部分）将血液送回心脏

△ **循环系统**
循环系统通过心脏将血液泵送至全身各处。血液将氧和其他物质输送到人体组织中。

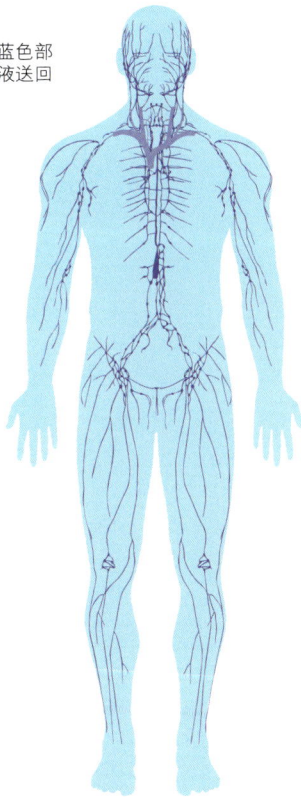

△ **免疫系统**
免疫系统负责识别和排除一切大分子异物，以维护肌体的生理平衡和稳定。上图为免疫系统中的淋巴系统。

人骨能够承受的压力是水泥的**4倍**。

卵巢制造卵子

女性

子宫

睾丸制造精子

男性

△ **生殖系统**
男性和女性的生殖系统都可制造配子。配子一旦融合，就形成了新生命的第一个细胞。这个细胞会在子宫中发育。

人体的感觉系统

人体的感觉系统包括五官和皮肤。

我们的听觉、视觉、嗅觉、味觉和触觉不断地将从周围环境中获取的信息传递给大脑。然后在必要时，大脑会做出反应，比如让我们远离危险。

听觉

耳朵是超级敏感的感觉器官，可以接收在空气中传播的声波。声波能引起鼓膜振动，然后振动沿着组成听小骨的3块小骨传导，进入充满液体的内耳。内耳由耳蜗和半规管构成。声波使内耳中的液体泛起涟漪，带动发丝状的听觉神经末梢。之后，信号沿听觉神经传送到大脑。

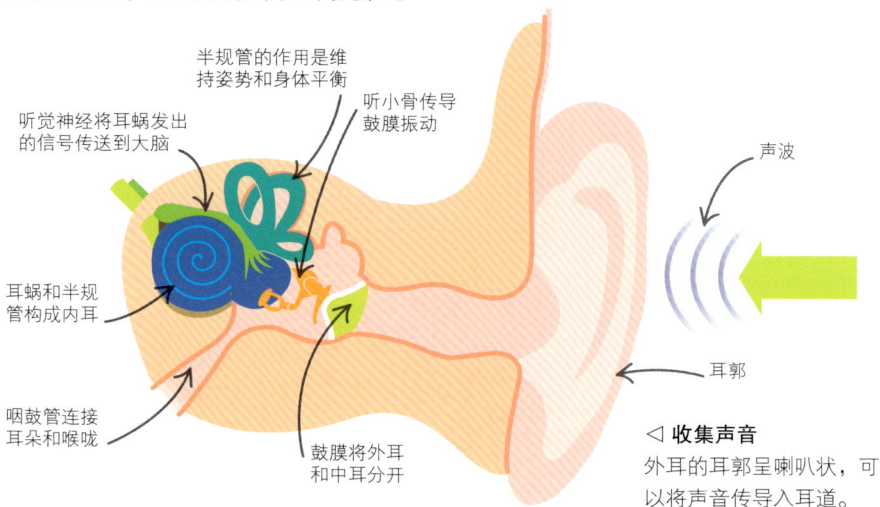

半规管的作用是维持姿势和身体平衡

听觉神经将耳蜗发出的信号传送到大脑

听小骨传导鼓膜振动

声波

耳蜗和半规管构成内耳

咽鼓管连接耳朵和喉咙

鼓膜将外耳和中耳分开

耳郭

◁ **收集声音**
外耳的耳郭呈喇叭状，可以将声音传导入耳道。

视觉

晶状体通过改变形状让光线聚焦在视网膜上

睫状肌

前房中充满透明的液体

瞳孔

角膜

虹膜决定眼睛的颜色

玻璃体是眼睛中的透明胶状物

巩膜是眼球的白色外膜

视网膜

视神经

血管

脉络膜中分布着血管

△ **聚焦于视网膜**
睫状肌控制晶状体的形状，使得不论是远处的光线还是近处的光线都能在视网膜上聚焦。之后，视网膜通过视神经向大脑传送信息。

眼睛就像摄像机。它让光线穿透瞳孔——位于眼睛前方的小圆孔，可以通过收缩虹膜来调节瞳孔的大小，进而控制进入眼球的光线的量。角膜和晶状体合作，让光线聚焦在视网膜上。视网膜位于眼睛后部，具有许多感光细胞。这些细胞接收光线刺激，然后通过视神经将信号传送到大脑，在大脑中成像。

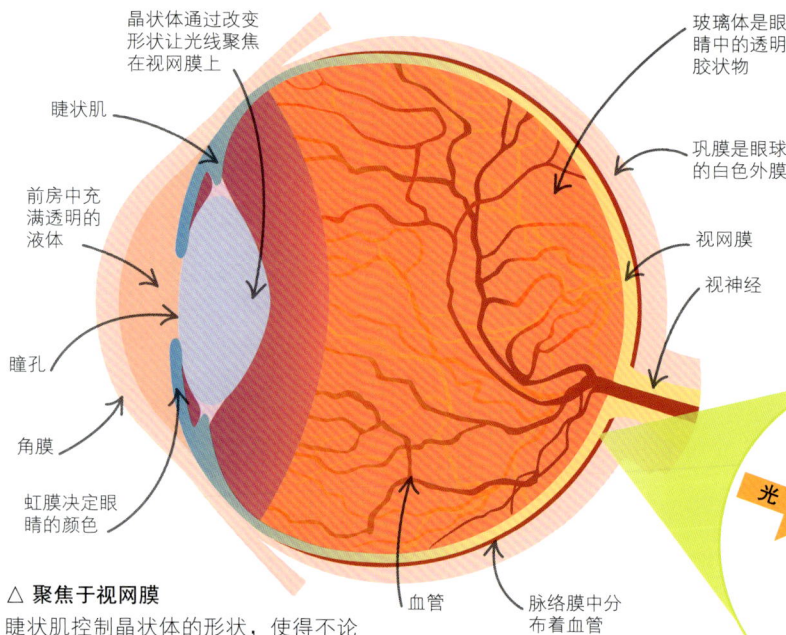

视杆细胞与视锥细胞的数量比大约为17:1

光

脉络膜

视锥细胞

◁ **视杆细胞和视锥细胞**
视网膜上的细胞含有感光色素，当光线击中这些色素时，就会产生神经电脉冲。视杆细胞用于夜视，无法识别颜色。视锥细胞可分为3种，每种细胞对不同颜色的光的敏感程度不一样，用于白天形成彩色的图像。

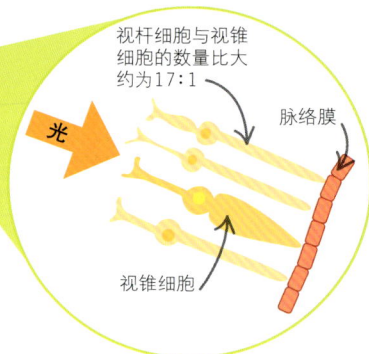

嗅觉和味觉

嗅细胞和味细胞都能收集化学物质并进行分析。鼻子收集空气中的物质。在鼻子里，有气味的物质溶解于鼻腔（有助于过滤空气）的黏液层中。发丝状的神经末梢探测到这些物质，向大脑发送信号。舌头也是通过相似的方法辨别食物的味道。

嗅球将信号从鼻子传送到大脑

鼻甲使吸入的空气平稳流动

鼻腔的形状可以增加气味敏感层的面积

舌头上的味蕾可以识别5种不同的味道：甜、酸、苦、咸和鲜

舌下神经将味觉信号发送给大脑

▷ 味蕾

味蕾位于舌头、牙龈和咽喉。连接味蕾的神经末梢上包裹着蛋白质，可以辨别与某些食物相关的特殊化学物质。

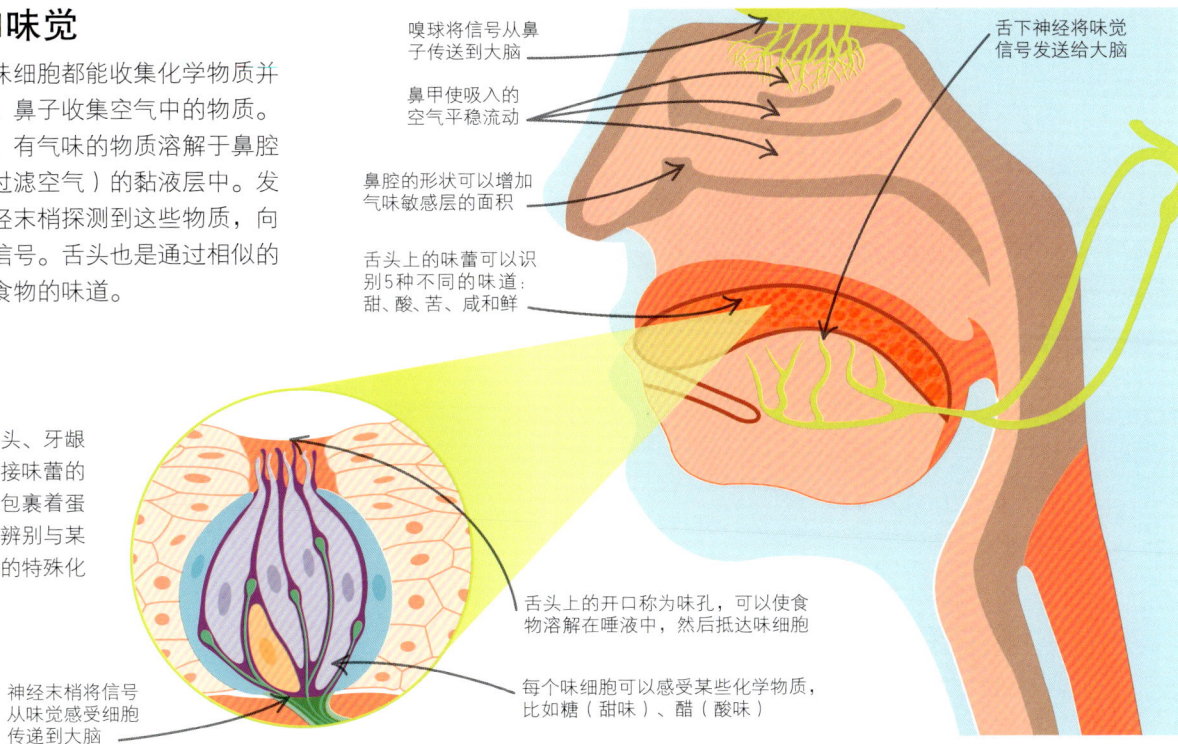

神经末梢将信号从味觉感受细胞传递到大脑

舌头上的开口称为味孔，可以使食物溶解在唾液中，然后抵达味细胞

每个味细胞可以感受某些化学物质，比如糖（甜味）、醋（酸味）

▷ 皮肤

机械感受器能感受压、触、牵拉、振动和剧烈的疼痛。温度感受器能感受冷热。

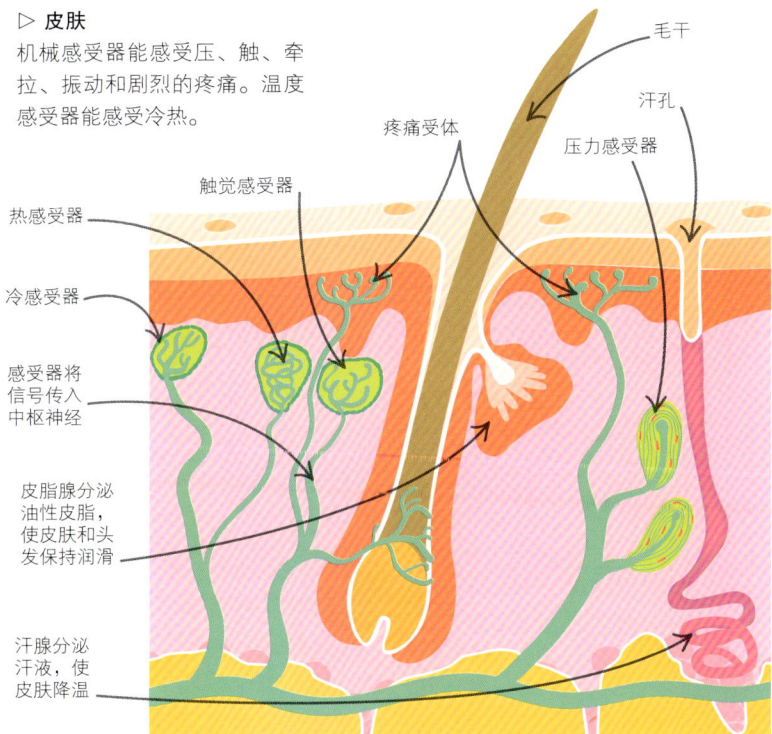

毛干

汗孔

疼痛受体

压力感受器

触觉感受器

热感受器

冷感受器

感受器将信号传入中枢神经

皮脂腺分泌油性皮脂，使皮肤和头发保持润滑

汗腺分泌汗液，使皮肤降温

触觉

触觉依赖多种感受器（receptor）。感受器大多分布在皮肤中，也有一些分布在肌肉、关节和体内器官中。每立方厘米的皮肤中约有50个触觉感受器，不过在更敏感的部位，如指尖和舌头，触觉感受器更多，而背部的触觉感受器比较少。

现实世界
盲文

盲文是依靠指尖（触觉）而非眼睛（视觉）阅读的文字符号，由1~6个不同排列位置的凸起的圆点组成。熟悉盲文的人每分钟大约可以阅读200字。

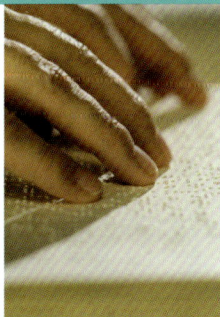

人体的消化系统

消化系统负责处理我们吃进去的食物。

消化是将食物分解成简单物质的复杂过程。脂肪、糖类、蛋白质和其他营养物质被人体分解吸收，剩下的废物被排出体外。

消化管

食物在消化管中消化，消化管是从口腔至肛门的连续管道。营养物质被肠吸收。无法消化的物质与人体产生的其他废物（如死去的血细胞产生的棕色色素）混合，通过肛门排出体外。

▷ **蠕动**
食物在口腔中与唾液混合，经过咀嚼后形成食团。食管壁上的肌肉呈波浪状收缩，将食团向下推入胃。

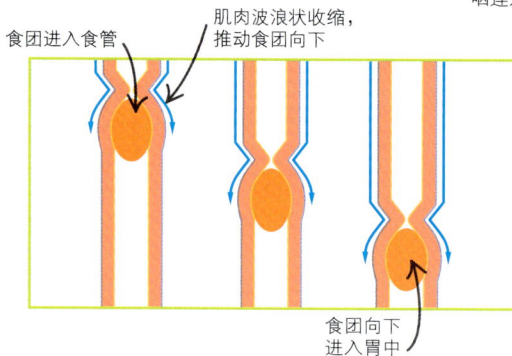

食团进入食管

肌肉波浪状收缩，推动食团向下

食团向下进入胃中

贲门括约肌控制胃的开口，防止强酸溢流到食管

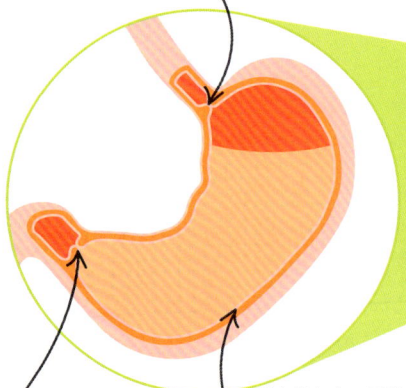

▷ **胃**
胃是一个具有弹性的肌肉囊，最多可容纳4升食物。胃将强酸和酶混入食物，并进行搅拌，把食物变成液体。然后液体食物被送入小肠，再然后是大肠。

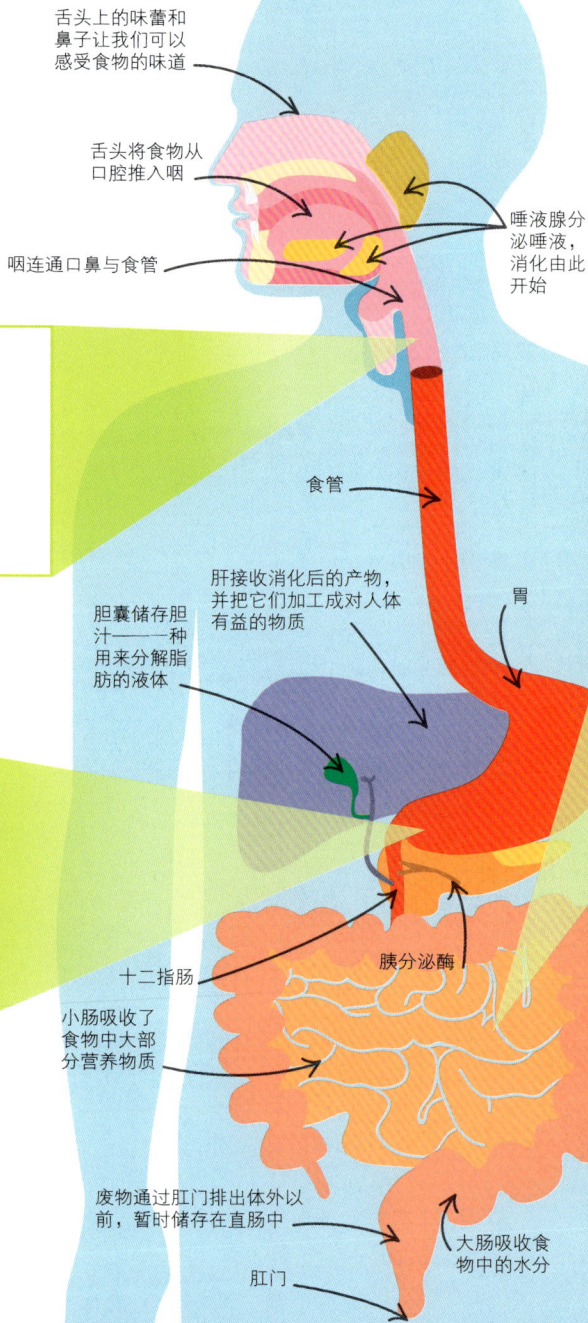

食物在胃中与酶充分混合后，通过幽门括约肌进入小肠

胃内壁上有一层黏膜，可以防止强大的消化液腐蚀胃

舌头上的味蕾和鼻子让我们可以感受食物的味道

舌头将食物从口腔推入咽

咽连通口鼻与食管

唾液腺分泌唾液，消化由此开始

食管

肝接收消化后的产物，并把它们加工成对人体有益的物质

胆囊储存胆汁——一种用来分解脂肪的液体

胃

十二指肠

胰分泌酶

小肠吸收了食物中大部分营养物质

废物通过肛门排出体外以前，暂时储存在直肠中

大肠吸收食物中的水分

肛门

▽ **营养的吸收**

大部分营养物质被空肠吸收。空肠是小肠的一部分，内壁上有许多绒毛，极大地增加了空肠的吸收面积。

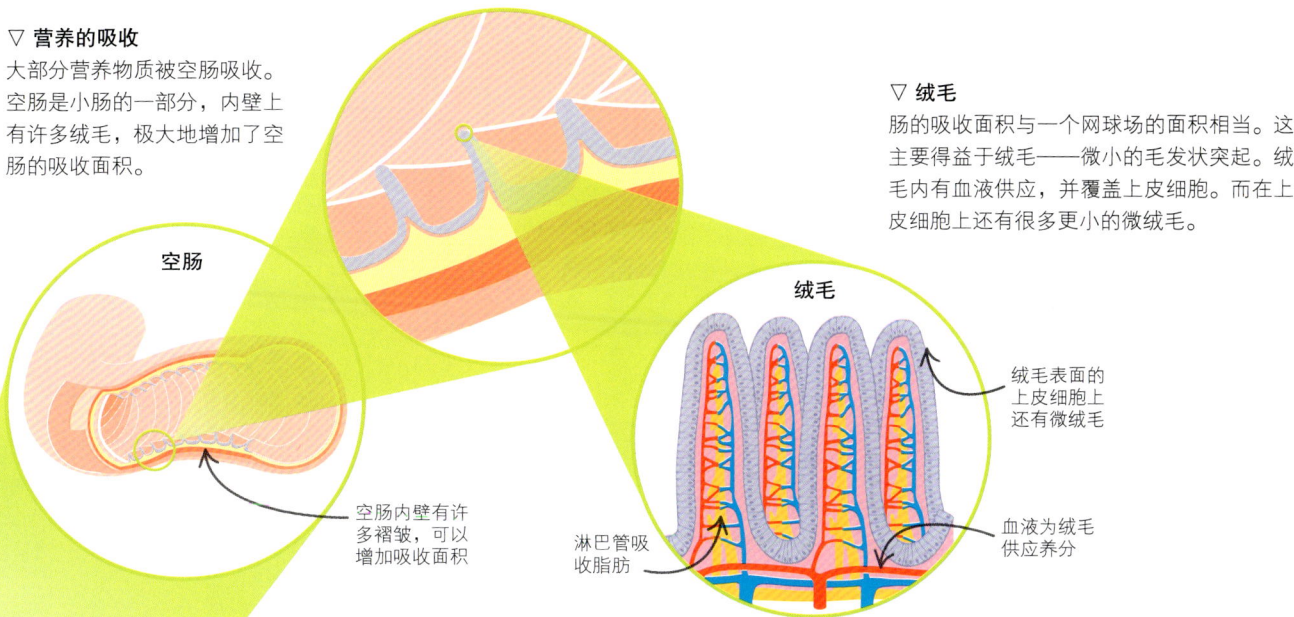

空肠

空肠内壁有许多褶皱，可以增加吸收面积

▽ **绒毛**

肠的吸收面积与一个网球场的面积相当。这主要得益于绒毛——微小的毛发状突起。绒毛内有血液供应，并覆盖上皮细胞。而在上皮细胞上还有很多更小的微绒毛。

绒毛

绒毛表面的上皮细胞上还有微绒毛

血液为绒毛供应养分

淋巴管吸收脂肪

消化性物质

消化既是一个物理过程，也是一个化学过程。它始于口腔，此时食物被牙齿机械式地磨碎，并与唾液混合形成浆状物。唾液中含有能够分解食物的酶，不同的酶只能分解特定的食物，它们将淀粉和蛋白质等复杂的物质分解成糖类和氨基酸等更小更简单的物质——更容易被人体吸收。

▽ **消化性物质列表**

在消化管的每个部分，都有很多消化性物质作用于食物。消化管上的腺体和器官分泌不同的消化性物质，这些物质在分解食物的过程中发挥着独特的作用。

	酶或其他化学物质	功能	来源
口腔	脂肪酶（酶）	消化脂肪	唾液腺
	淀粉酶（酶）	消化淀粉	唾液腺
	黏蛋白	润滑食物	唾液腺和肠内膜
	碳酸氢盐（酶）	杀菌，中和酸	唾液腺
胃	胃蛋白酶（酶）	消化蛋白质	胃细胞
	盐酸	杀菌	胃细胞
	凝乳酶（酶）	消化牛奶	胃细胞
小肠	胆汁	帮助消化脂肪	肝分泌，储存在胆囊中
	胰蛋白酶（酶）	消化蛋白质	胰
	核酸酶（酶）	消化核酸	胰
	磷脂酶（酶）	消化脂肪	胰
	淀粉酶（酶）	消化淀粉	胰
	蔗糖酶（酶）	消化蔗糖	十二指肠
	乳糖酶（酶）	消化乳糖（牛奶中的糖）	十二指肠
	麦芽糖酶（酶）	消化麦芽糖（淀粉中的糖）	十二指肠

人体的脑和心脏

脑和心脏是人体最重要的器官。

脑和心脏是机体最重要的部分。心脏是保证体内营养物质供给的发动机，而脑是人体的控制中心。

脑

脑是中枢神经系统的主要部分，负责接收人体其他各部分发出的信号，并在必要时做出反应。其中，大脑由左、右两个半球组成，两个半球间有大量神经细胞高速连接。大脑的外层称为大脑皮质，内层称为大脑髓质。

大脑皮质满是褶皱，增加了大脑的表面积

胼胝体连接大脑的两个半球

丘脑将感觉信号传递给大脑皮质

下丘脑控制内分泌系统

脑桥控制动作，分析感觉

小脑协调运动，维持身体的平衡

脑干控制非自主性功能，如呼吸和心跳速率

现实世界

磁共振成像

磁共振成像仪向人体软组织（如脑）释放极短暂的无线电波，用以构建其内部组织的细节图，帮助医生诊断和治疗疾病。

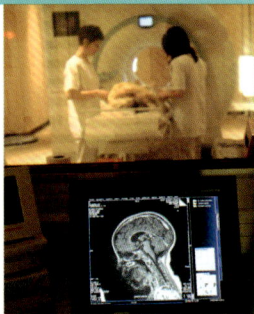

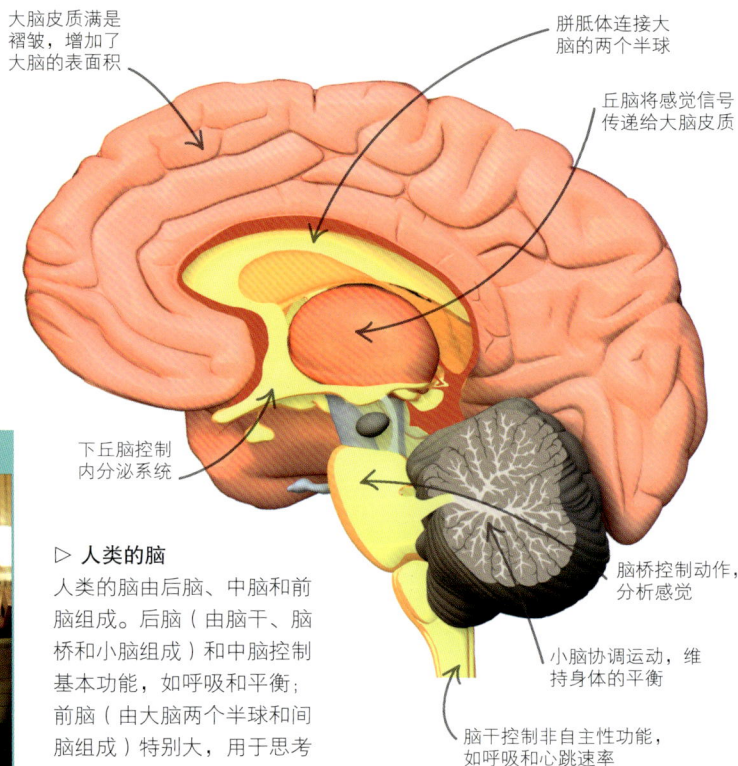

▷ **人类的脑**

人类的脑由后脑、中脑和前脑组成。后脑（由脑干、脑桥和小脑组成）和中脑控制基本功能，如呼吸和平衡；前脑（由大脑两个半球和间脑组成）特别大，用于思考和做决策。

脑的功能

神经科学的研究对象是脑，该学科已发现脑的不同区域有不同的功能。如果大脑皮质的某个区域受损，那么语言或视觉功能就会出现障碍，但是其他功能不受影响。近年来，神经学家对人脑有了较深刻的认识。例如，我们现在知道每个大脑皮质细胞间的连接比银河系中的恒星还多。

▷ **绘制脑**

此图将脑的功能区绘制在脑的表面。脑的各个部分相互协作，产生了其他功能，如规划和操作机械。

- 运动
- 听觉和语言
- 触觉
- 视觉
- 肌肉协调
- 智力

循环系统

人体的循环系统是由血管组成的双循环。肺循环将贫氧血泵送至肺部，血液在此吸收氧气，释放二氧化碳。接下来，富氧血返回心脏，从此开始第二循环，也就是体循环。体循环将血液输送至全身各处。

上腔静脉将贫氧血送回心脏

主动脉将富氧血输送至全身各处

头部和上半身

右肺

心脏

左肺

▷ **血管类型**
动脉（红色部分）将富氧血输送至人体组织中。然后，静脉（蓝色部分）将使用过的贫氧血送回肺部。毛细血管连接动脉和静脉，在血液和组织、细胞之间进行物质交换。

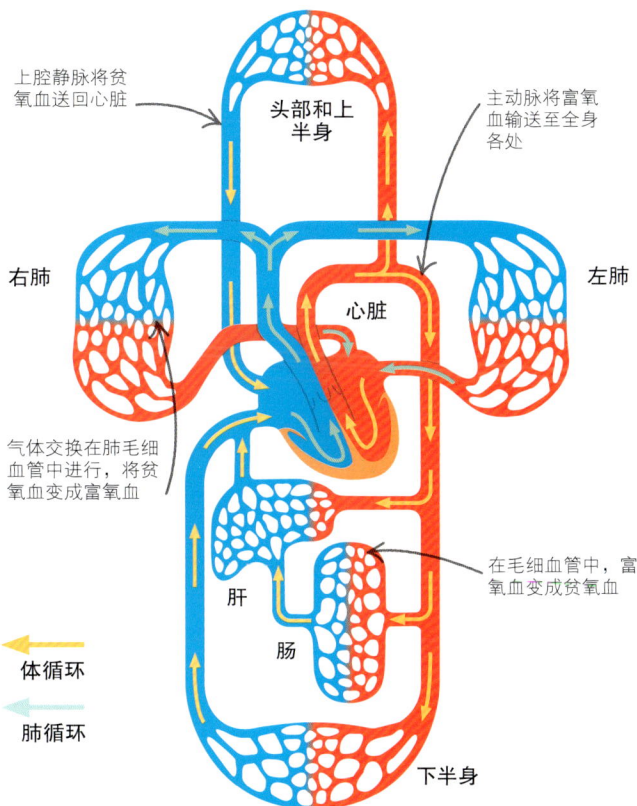

气体交换在肺毛细血管中进行，将贫氧血变成富氧血

肝

肠

在毛细血管中，富氧血变成贫氧血

循环系统中血管的**总长度**可达96600千米，比地球周长的两倍还长，太令人吃惊了。

体循环

肺循环

下半身

心跳

人类的心脏是由一种不需要休息的肌肉（心肌）构成的强力泵，因此心脏在我们活着的时候会一直保持跳动。心脏有4个腔，分别为左、右心房（位于上方）和左、右心室（位于下方）。心脏从右侧接收贫氧血，再从左侧泵出富氧血。

普通人一生心跳约**30亿**次。

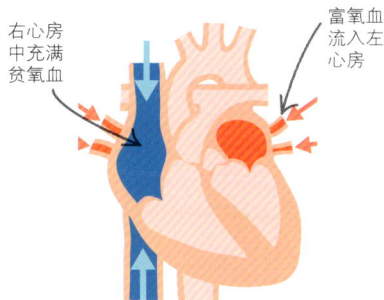

右心房中充满贫氧血

富氧血流入左心房

△ **心脏放松**
当心肌放松时，贫氧血通过腔静脉流回右心房。富氧血流入左心房。

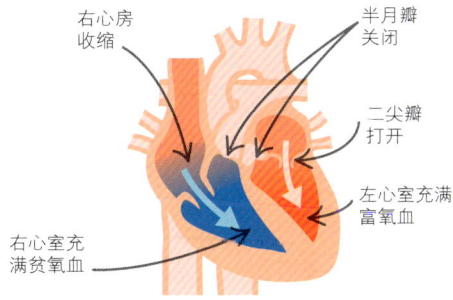

右心房收缩

半月瓣关闭

二尖瓣打开

左心室充满富氧血

右心室充满贫氧血

△ **心房收缩**
心脏收缩始于上方，挤压心房，使得血液向下流入心室。起单向阀门作用的瓣膜能确保血液不会反流到心房。

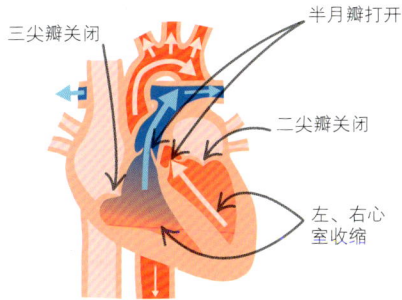

三尖瓣关闭

半月瓣打开

二尖瓣关闭

左、右心室收缩

△ **心室收缩**
心脏的下半部分收缩，挤压心室。右心室将血液泵入肺部。左心室将血液泵入主动脉。

人体的健康

饮食、运动及避开危险品都有助于保持身体健康。

由于医学的进步和生活条件的改善，现代人类的预期寿命是史前人类的两三倍。不过，某些现代生活方式却与保持身体健康背道而驰。

健康饮食

食物由碳水化合物、脂肪、蛋白质和纤维素4种物质构成。这4种物质是营养膳食的基础。碳水化合物在含糖食物中以简单的结构存在，在淀粉类食物中则以复杂的结构存在。纤维素是一种不能被人体消化吸收的碳水化合物，但有助于消化管保持健康。人体中的能量集中储存在脂肪中，不过如果脂肪在人体内堆积过多，就会导致肥胖。生长肌肉和合成酶所需的蛋白质主要从动物性食物中获取，比如肉类和乳制品，不过黄豆、鹰嘴豆和扁豆中也含有丰富的蛋白质。

- 🟩 水果和蔬菜
- 🟨 淀粉类食物
- 🟧 富含蛋白质的食物
- 🟦 乳制品
- 🟪 含糖食物

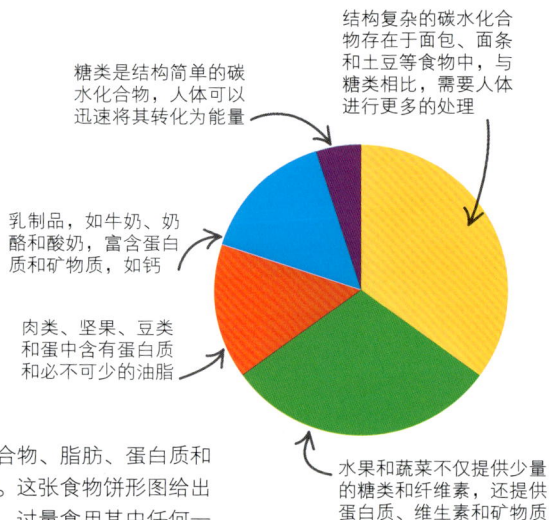

结构复杂的碳水化合物存在于面包、面条和土豆等食物中，与糖类相比，需要人体进行更多的处理

糖类是结构简单的碳水化合物，人体可以迅速将其转化为能量

乳制品，如牛奶、奶酪和酸奶，富含蛋白质和矿物质，如钙

肉类、坚果、豆类和蛋中含有蛋白质和必不可少的油脂

水果和蔬菜不仅提供少量的糖类和纤维素，还提供蛋白质、维生素和矿物质

▷ 饮食饼形图

在不同食物中，碳水化合物、脂肪、蛋白质和纤维素的含量各不相同。这张食物饼形图给出了健康饮食的基本比例。过量食用其中任何一类食物都会影响身体健康。

维生素和矿物质

健康饮食必须包含一系列被称为维生素的营养物质。这些都是人体无法自行制造的物质，却是新陈代谢过程中必不可少的。缺乏维生素会引发疾病，但通常可以通过平衡膳食来避免。人体还需要矿物质，它们是维持人体正常生理过程的重要元素。

▷ 所需营养

人类需要摄入少量的几种维生素和矿物质。

名称	益处	来源	不足的后果
维生素A	良好的视力	肝、胡萝卜和绿色蔬菜	夜盲症
维生素B_1	健康的神经和肌肉	蛋、红肉和谷物	食欲不振
维生素B_2	健康的皮肤和指甲	奶、奶酪和鱼类	眼睛发痒
维生素B_6	健康的皮肤和消化功能	鱼类、香蕉和豆类	皮肤发炎
维生素B_{12}	健康的血液和神经	贝类、家禽和奶	易疲劳
维生素C	健康的免疫系统	柑橘类水果、猕猴桃和其他水果	坏血病
维生素D	强健的骨骼和牙齿	阳光和富含油脂的鱼类	佝偻病
维生素E	清除体内毒素	坚果和绿色蔬菜	体弱
叶酸	形成红细胞	胡萝卜和酵母	贫血
钙	强健的骨骼和健康的肌肉	乳制品	牙齿不好
铁	健康的血液和人体细胞	红肉和谷类	贫血
镁	健康的骨骼	坚果和绿色蔬菜	失眠
锌	正常生长和良好的免疫系统	肉类和鱼类	生长迟缓

体重

人体可以经受较长时间的饥饿。当食物不足时，人体会燃烧以前储存的脂肪，为人体活动提供能量。在发达国家，食物总是很充足，人们每日摄入的食物超过自身需求，这就导致了超重，会引发各种疾病。

| 肥胖 | 正常 |
| 超重 | 偏轻 |

▷ **体重指数**

此图以体重和身高为坐标轴，用于判断一个人是偏轻、正常、超重，还是肥胖。超重影响健康，尤其不利于循环系统。偏轻的人免疫系统可能比较脆弱。

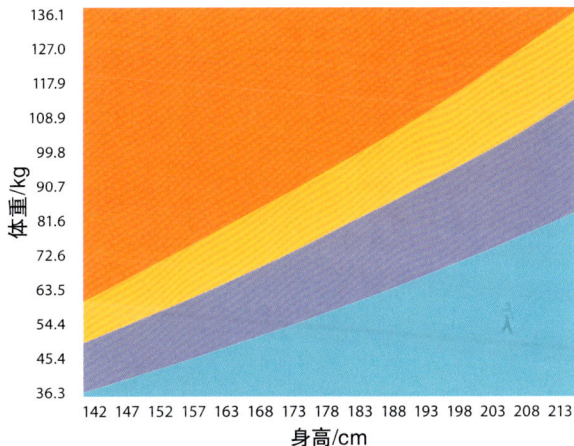

体重/kg

136.1　127.0　117.9　108.9　99.8　90.7　81.6　72.6　63.5　54.4　45.4　36.3

142 147 152 157 163 168 173 178 183 188 193 198 203 208 213
身高/cm

运动

人体适合长距离步行和短时间剧烈运动。现代工作方式要求人们久坐，所以为了保持健康，定期锻炼是非常必要的。运动有助于燃烧食物的能量，可以减少因过量饮食导致的体重增加。

呼吸加快可以提供更多的氧气

▷ **心血管**

令人呼吸加快的运动有助于增强心肺功能，令循环系统保持健康。健康的人心跳很快就能恢复正常。

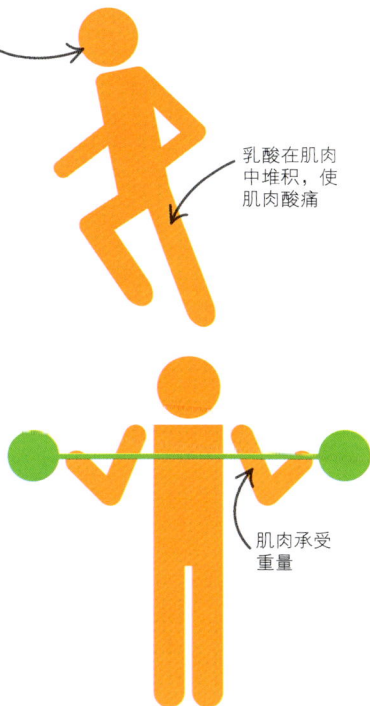

乳酸在肌肉中堆积，使肌肉酸痛

▷ **举重训练**

举重可以锻炼肌肉。肌肉恢复后会变得更硬更厚。

肌肉承受重量

危险品

成人购买酒和烟草制品是合法的，因为早在很久以前烟酒就已在全球流行，不过长期吸烟和过量饮酒容易引发严重的疾病。而走私、贩卖、运输、制造、非法持有毒品都是违法的，毒品不但会引发许多疾病，还会制造社会问题。

▽ **威胁**

吸烟、酗酒和吸毒都会影响身心健康。主要原因是烟、酒和毒品都具有成瘾性和依赖性，成瘾者很难戒除。

行为	产生的健康问题
吸烟	口腔癌；食管癌；胰腺癌；心脏病；肺部疾病，尤其是肺气肿、支气管炎和肺瘢痕，甚至肺癌；成瘾
酗酒	物理性肝损伤（肝硬化）；精神不稳定；判断力变差；出现危险行为；心脏病发作的风险增加；消化管和胰出现炎症；成瘾
吸毒	身心问题；严重的成瘾性和依赖性；各种癌症风险；为购买毒品，瘾君子可能会铤而走险，走上犯罪道路

人体的生殖系统

每个人的生命都始于一个小小的受精卵。

人类的生殖始于男性的精子与女性的卵子结合形成的胚胎。胎儿在母亲的子宫中发育37~42周，依靠胎盘这一暂时性器官供应养分。

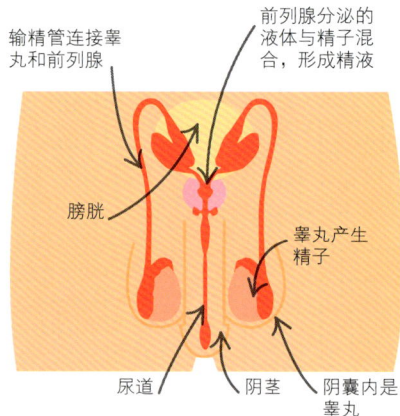

生殖器官

配子由生殖器官制造。它们携带的染色体是体细胞的一半。男性的睾丸产生精子，女性的卵巢排出卵子。女性一生大约可以排出400个卵子，平均每28天排一次卵，而睾丸每天可以产生上亿个精子。精子在性交过程中被输送到宫颈中，接下来游进输卵管，与卵子结合形成受精卵。

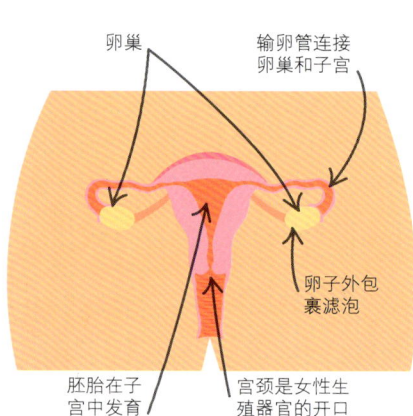

据记录，18世纪一位俄国女性一共生了69个孩子，她是史上**生孩子最多**的人。

卵巢　输卵管连接卵巢和子宫

输精管连接睾丸和前列腺　前列腺分泌的液体与精子混合，形成精液

卵子外包裹滤泡

膀胱　睾丸产生精子

胚胎在子宫中发育　宫颈是女性生殖器官的开口

尿道　阴茎　阴囊内是睾丸

△ **女性的生殖器官**
女性生殖器官的主要功能是为胚胎提供发育的场所。胚胎一旦发育成熟，婴儿便会出生。

△ **男性的生殖器官**
男性生殖器官的功能是通过精液将精子输送到女性的子宫中。精子约占精液的5%。

排卵

排卵就是卵子排出的过程，受激素控制。当女性体内的雌激素增加时，卵巢中的滤泡开始生长。卵子从成熟的卵巢滤泡中排出，进入输卵管，准备迎接精子。随后，剩下的滤泡释放出另一种名为孕酮的激素，它能让子宫内膜变厚，为胚胎着床做准备。

▽ **激素和排卵**
雌激素分泌在第14天前后形成第一个高峰。孕酮使子宫内膜变厚，这意味着子宫已经准备好迎接胚胎。如果受精没有成功，孕酮水平就会下降，增厚的子宫内膜剥落，变成经血排出体外。这个过程大约每28天重复一次。

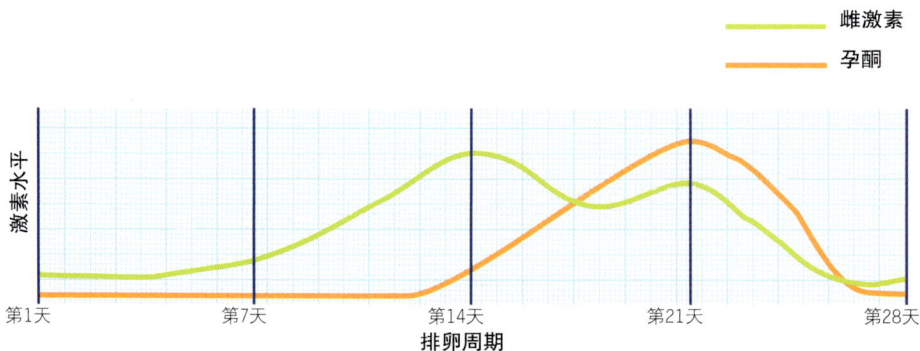

—— 雌激素
—— 孕酮

激素水平

第1天　第7天　第14天　第21天　第28天

排卵周期

受精

排卵后，卵子沿着输卵管向子宫移动。卵子大约可以存活18小时，在此期间等待与精子结合完成受精。在受精过程中，两个配子中的DNA结合形成完整的DNA。从基因层面来看，受精卵是新个体的第一个细胞。接下来，受精卵分裂成一团细胞群，叫作胚泡。

▷ **细胞融合**
一个精子进入比它大得多的卵子中。精子尾巴一样的鞭毛脱落，其他晚到的精子被阻挡在外。

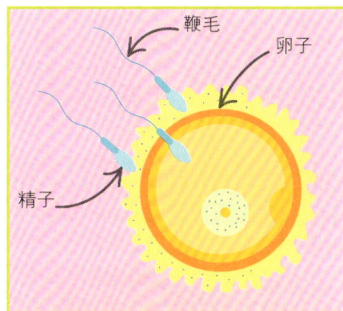

鞭毛

卵子

精子

胚泡

受精卵在数天内抵达子宫

▷ **着床**
胚泡只能独立存活几天。它必须在大约10天内在子宫内膜上着床，以汲取氧和营养。一旦着床，它会继续分裂新细胞，这一阶段称为胚胎。

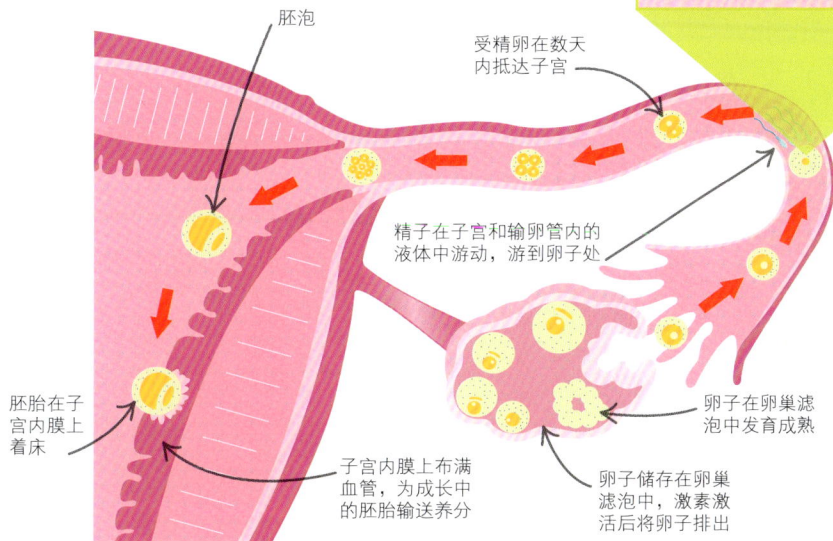

精子在子宫和输卵管内的液体中游动，游到卵子处

胚胎在子宫内膜上着床

卵子在卵巢滤泡中发育成熟

子宫内膜上布满血管，为成长中的胚胎输送养分

卵子储存在卵巢滤泡中，激素激活后将卵子排出

妊娠

从受精开始，人类胚胎需要37~42周才能发育成熟。胎盘为胚胎提供养分。胚胎和胎盘由同一个胚泡发育。出生由正在成长的胎儿分泌的激素触发。这种激素会使宫颈和阴道变软，之后子宫收缩将胎儿推出。

胎盘通过脐带向胎儿供应养分

▷ **早期的发育**
每个胎儿都由一个被称为受精卵的细胞发育而来。受精卵分裂成胚泡。胚泡再分化出胎盘、胚胎和包裹胚胎的外膜。妊娠9周后，胎儿的形状便基本可以辨识。

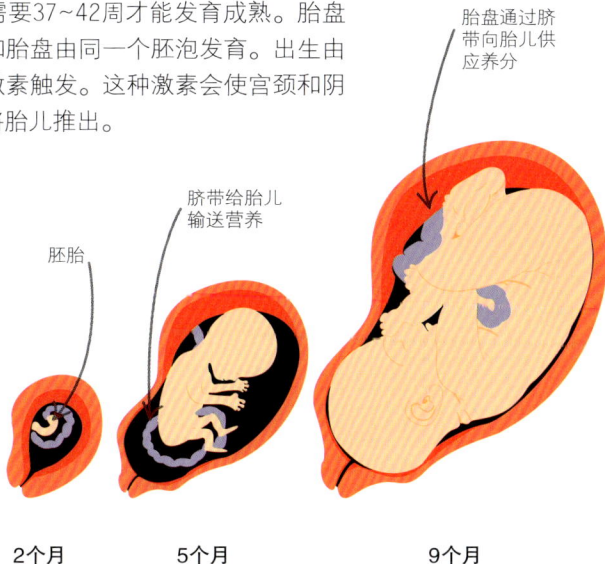

脐带给胎儿输送营养

胚胎

2个月　　　5个月　　　9个月

现实世界

胎儿的发育

妊娠9周后，胚胎便发育出所有的主要器官，成人形。从这时开始，胚胎便可称为胎儿。胎儿的发育情况可以通过超声波扫描子宫进行成像监测。

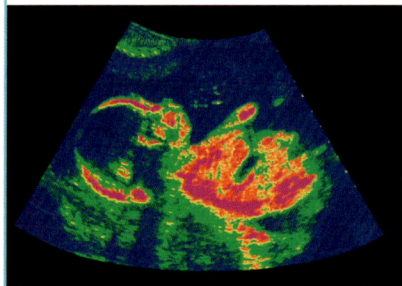

生态系统

生态学是研究生物如何构成生态系统的科学。

生态系统是由生活在同一栖息地中的动物、植物、真菌、微生物群落与非生命环境形成的复杂关系网。其中的生物会受到天气和气候等因素的影响。

生态位和因素

每种生物在生态系统中都有生态位——一个种群在栖息地中占据的空间位置和扮演的角色。任何生态位的生存模式都取决于生态系统中其他物种的活动，如寻找猎物的捕食者、耗尽可用资源实现自身快速生长的藻类。在一个稳定的生态系统中，这些因素都处于平衡状态。如果其中一个因素改变，生态系统的其余部分会及时调整，以重新取得平衡。

▽ **自然生物群落**
与其他所有生态系统一样，这个淡水生态系统受阳光、气候和野火等因素的影响，栖居在此的成员形成了食物链。

太阳的热量温暖了蛙和蛇等变温动物的身体

这个淡水生态系统的边缘是沙漠，所以这是一个相对独立的生态系统

由于天气干燥或人为因素引起的火灾清理了死去的植物，这样可以为新生植物留出空间

昆虫和其他微型生物是鸟类和蛙等捕食者的食物

树木只在水分充足的地方生长

藻类和植物利用阳光进行光合作用

大型水生植物为水生动物提供庇护

真菌分解生物的尸体

马等大型食草动物让草保持低矮，减少灌木

在下次降雨前，太阳使湖水蒸发，水生生物栖息地的体积缩小

捕食者和猎物

在同一生态系统中，捕食者和猎物的关系十分紧密。它们的数量呈周期性变化。当猎物增加时，捕食者也会增加，因为捕食者可以获得更多的食物。然而，捕食者的增加很快就会导致猎物减少。由于食物减少，捕食者也会减少。捕食者减少以后，猎物又会再次增加。如此周而复始。

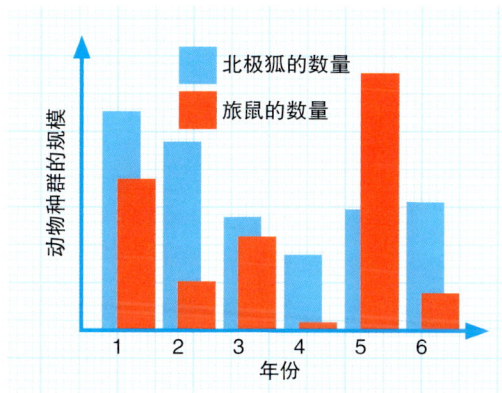

◁ **北极狐和旅鼠**
这张柱形图表明，在旅鼠数量较多的年份，北极狐的食物充足，产下大量幼崽。次年，旅鼠数量下降，北极狐的数量也随之下降。

生物群系

地球上的陆地栖息地可分为10种生物群系（biome）。每个生物群系中都栖居着一群极度适应当地生存条件的特有的动植物。荒漠动物必须能够储存水分，极地动物则需要能够长期忍受严寒。水生生物栖息地分为海洋生物群系和淡水生物群系。

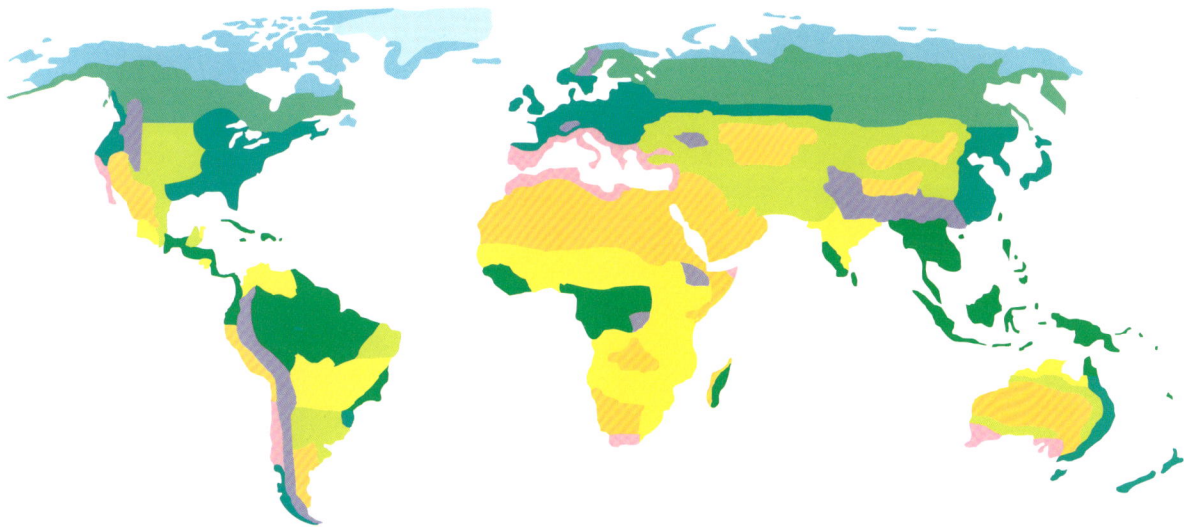

■ **温带林**
树木在夏季生长，在冬季来临前落叶，进入休眠期。

■ **泰加林**
横跨亚洲、欧洲和北美洲寒温带的针叶林，那里的夏季凉爽且短暂。

■ **极地**
极地的气温终年在0℃以下。

■ **温带草原**
当降水太少、树木难以生长时，地面就会被大片的草原覆盖。

■ **稀树草原**
在这些温暖的草原地区，降水少，几乎没有树木生长。

■ **热带雨林**
热带地区终年降水量大且高温，因此密林丛生。

■ **山地**
高海拔地区的空气稀薄（缺氧），气温偏低。

■ **冻原**
除表层土壤外，其他所有土壤永久冻结，只能生长苔藓、地衣等。

■ **地中海型气候带**
地中海型气候带生长着硬叶常绿灌木。

■ **荒漠**
地球上最干燥的地区，几乎没有降水，植被非常稀少。

食物链

能量沿食物链从植物向顶级食肉动物传递。

生物需要能量和营养物质来维持生命、活动及生长。科学家追踪能量和营养物质是如何沿着食物链从一种生物向另一种生物传递的。

生产者和消费者

食物链始于植物和其他能够进行光合作用的生物，它们是生产者。动物和其他异养生物是消费者。生产者收集营养物质和能量，并向处于食物链上级的消费者传递。

△ **生产者**
绿色植物利用阳光制造能量，是生产者。

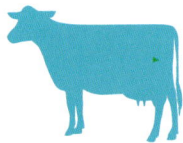

△ **初级消费者**
食草动物，如奶牛，只以生产者为食，位于食物链的第二营养级。

△ **次级消费者**
杂食动物，如浣熊，以生产者和小型初级消费者为食。

△ **顶级捕食者**
强大的捕食者位于食物链的终点，如鹰和鲨鱼。

△ **食腐生物**
蚯蚓、秃鹫和大多数真菌以其他生物的残骸和粪便为食。

能量金字塔

消费者摄入的大部分能量以热量的形式散发，而无法被处于食物链上级的消费者利用，因此只有较少的能量向上传递。造成的结果是，生物量（在一定时间内，生态系统中某些特定组分在单位面积上所产生物质的总量）也在减少。也因此，食物链呈金字塔结构：底层的生产者很多，越往上，消费者的数量就越少。

▷ **营养级**
科学家将食物链上的每一级定义为一个营养级。粗略估算，大约只有10%的能量能够传递给下一个营养级。

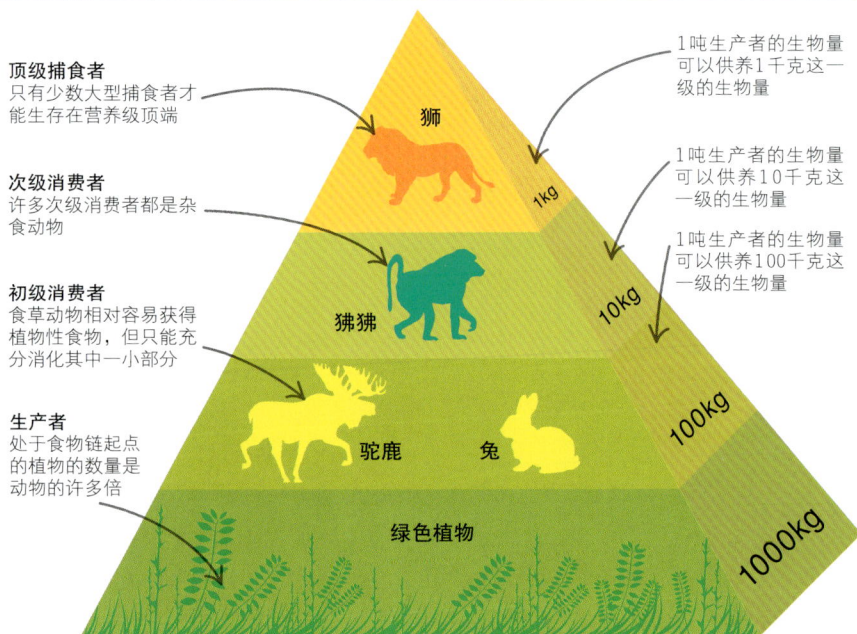

顶级捕食者
只有少数大型捕食者才能生存在营养级顶端

次级消费者
许多次级消费者都是杂食动物

初级消费者
食草动物相对容易获得植物性食物，但只能充分消化其中一小部分

生产者
处于食物链起点的植物的数量是动物的许多倍

狮

1kg

狒狒

驼鹿　兔

绿色植物

10kg

100kg

1000kg

1吨生产者的生物量可以供养1千克这一级的生物量

1吨生产者的生物量可以供养10千克这一级的生物量

1吨生产者的生物量可以供养100千克这一级的生物量

食物网

食物链无法独立存在。在实际的自然生物群落中，不同的食物链相互联结，形成食物网——生态系统的代表。在不同的栖息地，食物网的差异极大。它们可能包含一个关键性物种，许多营养物质都需要通过这个物种才能向后传递，换句话说，食物网中的许多物种都以这个物种为食。

▽ 北冰洋

尽管北极地区是地球上最寒冷的地区之一，但那里拥有复杂的食物网。名为浮游植物的微型藻类是生产者。北极鳕鱼是关键性物种，没有它们，很多捕食者都会饿死。

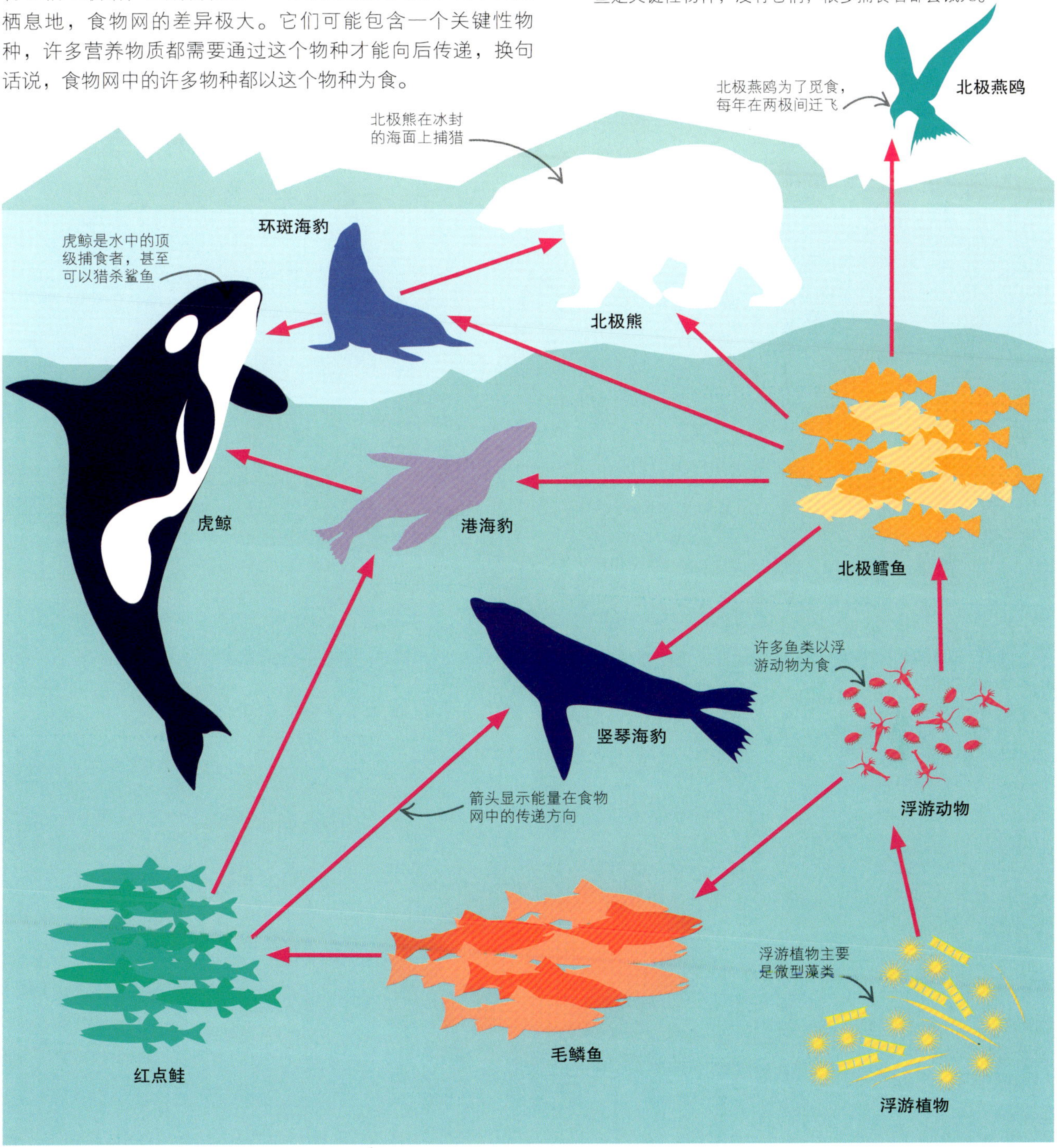

北极燕鸥为了觅食，每年在两极间迁飞

北极燕鸥

北极熊在冰封的海面上捕猎

环斑海豹

虎鲸是水中的顶级捕食者，甚至可以猎杀鲨鱼

北极熊

虎鲸

港海豹

北极鳕鱼

许多鱼类以浮游动物为食

浮游动物

竖琴海豹

箭头显示能量在食物网中的传递方向

红点鲑

毛鳞鱼

浮游植物主要是微型藻类

浮游植物

自然界中的循环

在自然界中，营养物质和其他物质是可以循环的。

生物需要很多营养物质来构建身体。而在自然界中，这些营养物质的存量是有限的，所以生物需要通过自然界中的生物、化学和物理过程——也包括人类活动——对营养物质循环再利用。

碳循环

碳对生命至关重要，是生物体内含量最多的元素之一，几乎在每个细胞中都能找到碳原子。植物进行光合作用时，固定（收集）大气中的二氧化碳，并将其转化为糖类和其他营养物质。然后这些物质被传递给动物和其他以植物为食的生物。最终，生物体内的碳以呼吸作用的产物二氧化碳的形式返回大气。

▷ **非生物因素**

碳元素不仅在大气和生物之间循环，岩石和化石燃料中也含有碳的化合物（参见第156~157页）。这些物质被埋在地下达数百万年之久。燃烧化石燃料产生的二氧化碳被释放到大气中。

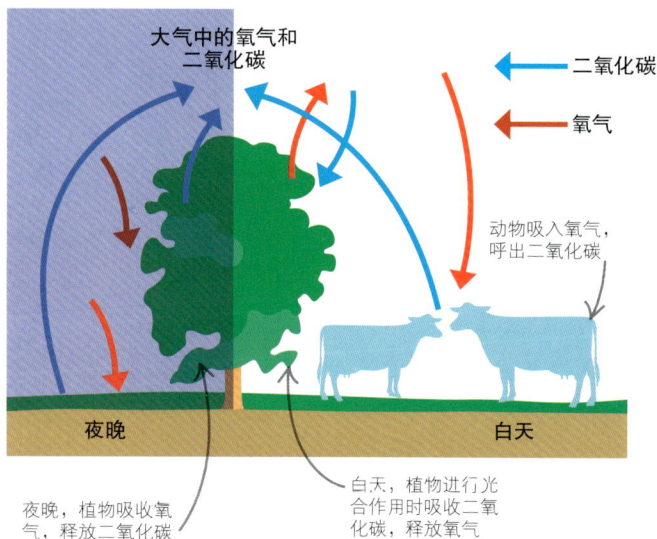

大气中的二氧化碳

绿色植物进行光合作用时吸收二氧化碳，进行呼吸作用时释放二氧化碳

细菌、蠕虫和真菌是分解者，在进食和呼吸时释放二氧化碳

动物通过食物获得碳元素，通过呼吸和排泄释放碳元素

在燃烧之前，化石燃料以煤、石油和天然气的形式存储碳元素

动植物的残骸增加了土壤中的碳元素

氧循环

几乎所有生物都需要氧气。进行呼吸作用时，生物吸入氧气，呼出二氧化碳，分解糖类释放能量的反应需要氧气的参与。不过氧气是不会耗尽的，因为植物的光合作用会不断制造氧气。在此过程中，二氧化碳作为合成葡萄糖的原料被吸收，氧气作为多余的产物被排出。

大气中的氧气和二氧化碳

二氧化碳

氧气

动物吸入氧气，呼出二氧化碳

夜晚

白天

夜晚，植物吸收氧气，释放二氧化碳

白天，植物进行光合作用时吸收二氧化碳，释放氧气

◁ **夜晚和白天**

二氧化碳作为光合作用的反应物（reactant）被植物吸收，氧气作为多余的产物被排出。植物只能在白天进行光合作用，所以氧气只在白天被释放到大气中。到了夜晚，植物会吸收氧气进行呼吸作用，但氧气消耗量远小于白天的氧气生产量。

氮循环

氮是组成氨基酸的基本元素之一，氨基酸是构成蛋白质的基本单位，蛋白质是所有生命体必需的物质。因此，所有生物都需要氮的化合物。动物本身无法制造大多数氨基酸，只能从食物中获取。植物利用从土壤中吸收的硝酸盐（一种氮氧化合物）制造氨基酸。土壤中的硝酸盐由细菌利用空气中的氮气制造。

现实世界
食虫植物

捕蝇草生长在缺乏硝酸盐的土壤中，因此它们需要通过捕猎获得硝酸盐。捕蝇草的叶似贝壳，能将昆虫困于其中。叶闭合后形成如胃部一样的封闭空间，分泌酶消化昆虫，吸收营养。

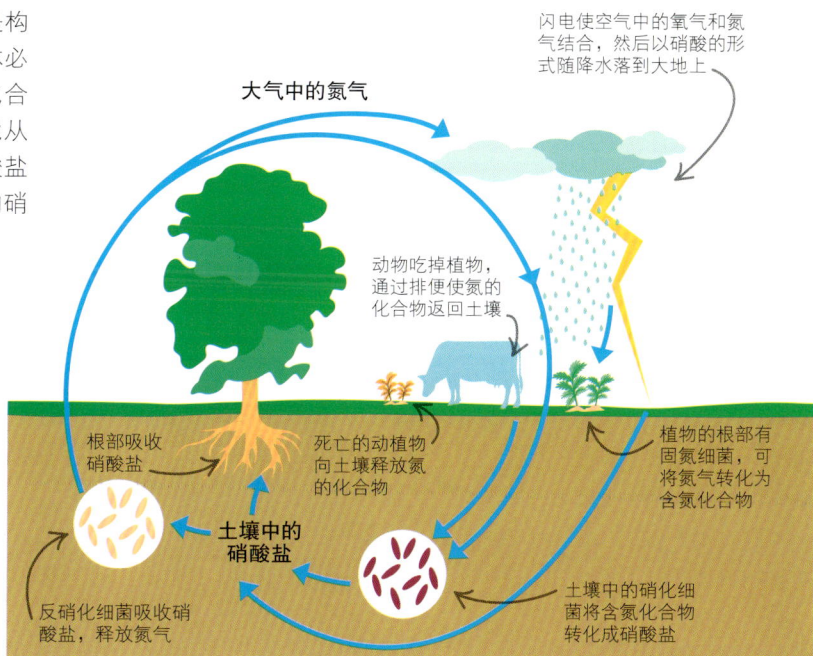

闪电使空气中的氧气和氮气结合，然后以硝酸的形式随降水落到大地上

大气中的氮气

动物吃掉植物，通过排便使氮的化合物返回土壤

根部吸收硝酸盐

死亡的动植物向土壤释放氮的化合物

植物的根部有固氮细菌，可将氮气转化为含氮化合物

反硝化细菌吸收硝酸盐，释放氮气

土壤中的硝酸盐

土壤中的硝化细菌将含氮化合物转化成硝酸盐

△ **硝酸盐**
氮不是非常活跃的元素，大多数氮元素以氮气的形式稳定存在于大气中。不过，某些细菌中所含的酶和高能的闪电却可以将氮气变成硝酸盐——能为生命体所用。

水循环

地球上的水一直在循环流动，海洋中聚集了大量的水，但只有极少的水流向荒漠地区。生命离不开水。水是通过光合作用制造葡萄糖的原料之一，也是细胞内新陈代谢的媒介。大多数生物主要由水构成，人体大约60%都是水。水是万物之源。

雨或雪降落到高地

风和山迫使云越升越高

阳光使江河湖海中的水蒸发

大气

水蒸气遇冷凝结成小水滴，聚集成云

雨水降落到海洋中

海水蒸发，上升到大气中

土地

地表水流回海洋

海洋

地下水从岩石和土壤中渗出，汇入江河湖海

◁ **水的流动**
地球上的大多数水资源储存在海洋里，不过水也会源源不断地进入大气中，以雨或雪等形式降落到大地上。一部分水在地表形成流动的淡水，一部分渗入地下，还有一部分在高山和极地地区结成冰。

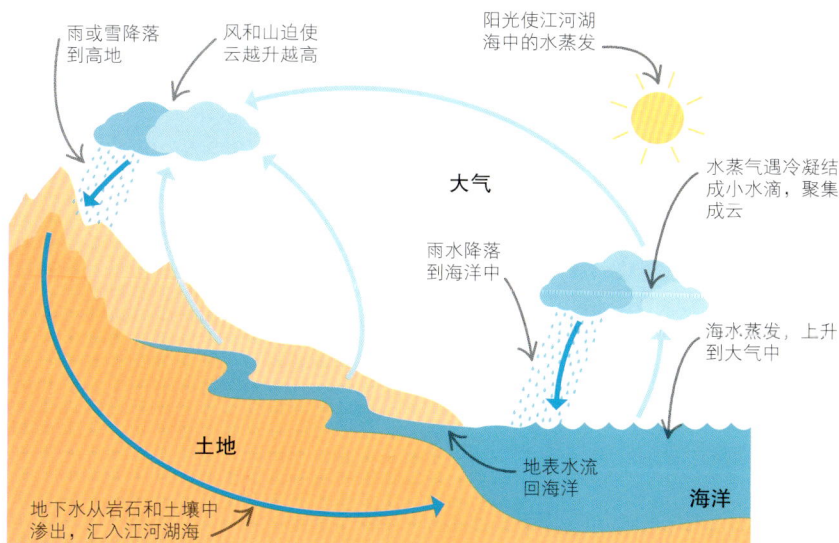

进化

最能适应环境的生物才最有可能继续生存繁衍。

1859年，英国博物学家查尔斯·达尔文提出以自然选择为核心的进化论，这也是有史以来最具争议的科学理论之一。现今，进化论已经被广泛接受，而且还补充了基因层面的解释。

生殖的动力

生物所做的一切都是为了尽可能多地产下后代并提高后代的存活率。这些后代不仅需要彼此争夺有限的资源，还需要与其他物种争夺食物、水和栖息地等。幸存者才能将自己的基因遗传给它们的后代。而淘汰者没有机会留下后代，因此它们的基因也无法延续。

▷ **增加的基因**

兔子的繁殖率非常高，一只雌兔一年内能产下70只幼崽。次年，它的后代可能产下近5000只幼崽。但实际上，兔子之间的竞争非常激烈，存活率远低于繁殖率。

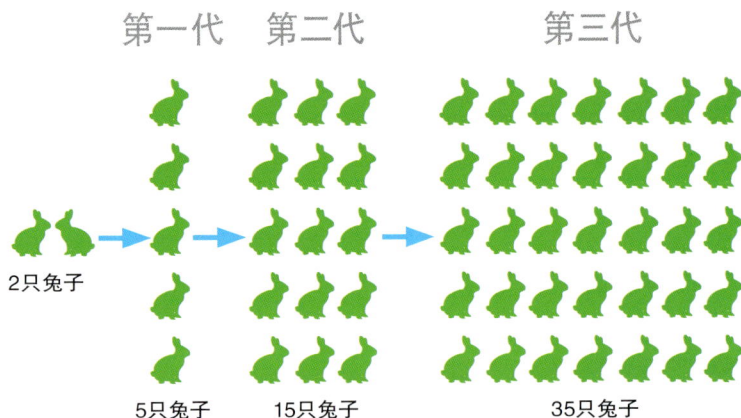

第一代　第二代　　　第三代

2只兔子

5只兔子　15只兔子　　35只兔子

自然选择

最成功或者说是最适应环境的后代所拥有的基因让它们击败了其他竞争者。当它们交配时，适合的基因被遗传给后代。这种现象称为自然选择（natural selection）。最终，同一物种中的每一只动物都拥有适合的基因，也就是说物种会随着时间逐渐进化。

桦尺蛾的后代有深色和浅色两种

△ **多样性增加**

动物的大部分变异是因有性生殖产生的。虽然每个后代都继承了双亲的部分基因，但是基因之间却存在着细微的差别。桦尺蛾后代的颜色有两种，这样当栖息地开始改变时，至少有一部分后代可以存活下来。

浅色的桦尺蛾很难被捕食者发现

△ **隐身的浅色桦尺蛾**

在工业革命之前，大多数桦尺蛾都是浅色的，这样它们就可以很好地藏身于生长在树干上的地衣中，而深色的桦尺蛾在此环境中非常醒目。

浅色的桦尺蛾更容易被捕食者发现，因此数量大幅减少

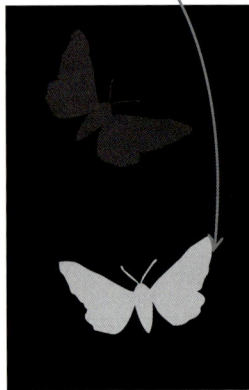

△ **浅色的桦尺蛾更显眼**

后来，从工厂冒出的烟尘杀死了地衣，导致树干颜色变深。浅色的桦尺蛾变得更容易被捕食，而深色的桦尺蛾变得更为常见。

第三次物种大灭绝发生在大约2.92亿年前，约90%的物种从此从地球上消失。

新物种的进化

物种是指外形相同、生存方式相同，并且在野生环境中可以繁殖、享有一个共同基因库的生物类群。尽管有些种类的蝙蝠看起来很像，并且生活在同一区域，但是它们却不是同一物种，因为它们吸引异性的方式不一样，而且彼此之间存在生殖隔离。物种形成是指形成新物种的过程，可以分成同域物种形成（新物种与固有物种在相同的地区生存）和异域物种形成（种群被地理隔离而形成新物种）。

现实世界

灭绝

大部分有关进化的知识来自对灭绝物种化石的研究。灭绝物种指的是那些成员无一幸存的物种。经过漫长的岁月，图中始祖鸟的身体逐渐被岩石中的矿物质取代，形成化石。我们通过化石了解现生物种的祖先长什么样。某一物种被由它进化而来的另一物种取代而造成的灭绝假象称为假灭绝。

同域物种形成

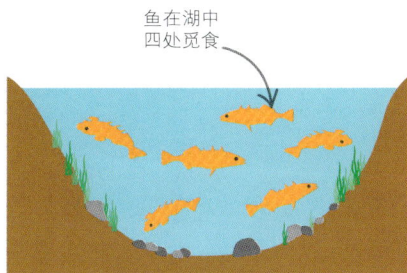

鱼在湖中四处觅食

这些鱼只吃浮游生物

这些鱼只吃栖居在湖底的甲壳动物

浮游生物捕食者

湖底生物捕食者

△ **1. 一种鱼**
湖中只生活着一种鱼。这种鱼主要以水中和湖底的小型动物为食。

△ **2. 因食物分化**
逐渐地，鱼分化成两个类群，以特定的生物为食。每个类群因食物种类不同，开始向着不同的方向进化。

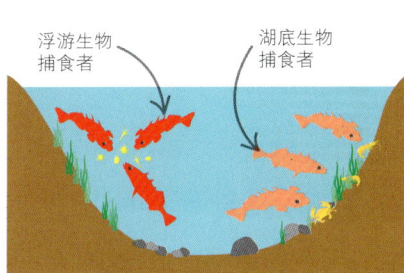

△ **3. 两个物种**
这两个类群很少混合，最终进化成两个新物种。这两个物种间存在生殖隔离。

异域物种形成

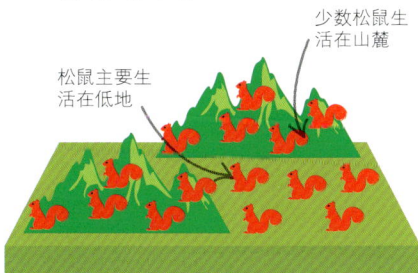

松鼠主要生活在低地

少数松鼠生活在山麓

松鼠能够适应不同的环境

水淹没了低地

在同一栖息地生活的两种松鼠相互竞争，适者生存

△ **1. 一种松鼠**
某种松鼠分布十分广泛。即使栖息地相距再远，来自不同栖息地的两只松鼠都可以繁育出后代。

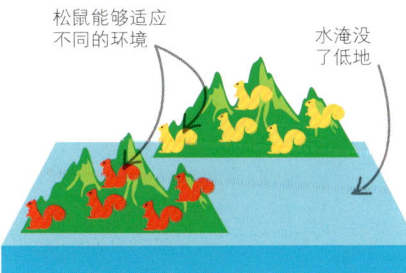

△ **2. 地理隔离**
海平面上升，使得栖息地被分隔成两座孤岛。岛上的松鼠适应了各自的栖息地，形成两个新物种。

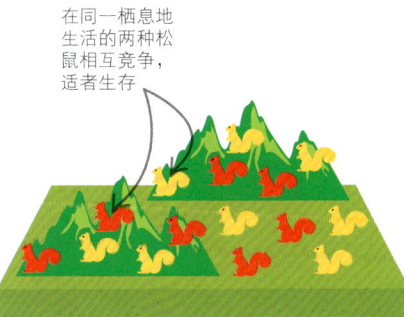

△ **3. 共享栖息地**
海平面下降，给松鼠创造了一片新的低地栖息地。两种松鼠共同生活在新栖息地，但彼此之间无法繁殖后代。

适应

为了生存，生物会随着时间发生变化。

适应是看得见的进化结果。自然选择改变了生物的身体结构和行为，使其能够适应新的生活方式。

适应辐射

适应辐射是指在较短时期内，由同一种祖先进化形成的各种不同的适应特定环境的新物种的过程。这些物种拥有很多共性，不过它们适应特定生活方式的方法各不相同。例如，啮齿动物从它们共同的祖先那儿遗传了长而锋利的门齿，不过地鼠的门齿适合挖洞，河狸的门齿适合咬断树木，松鼠的门齿适合剥开坚果的外壳。

▷ **达尔文雀**
从达尔文雀身上可以看到适应辐射，这种鸟以进化论的发现者达尔文的名字来命名。大多数雀类都吃种子，但是生活在厄瓜多尔加拉帕戈斯群岛的达尔文雀已经适应取食其他食物。

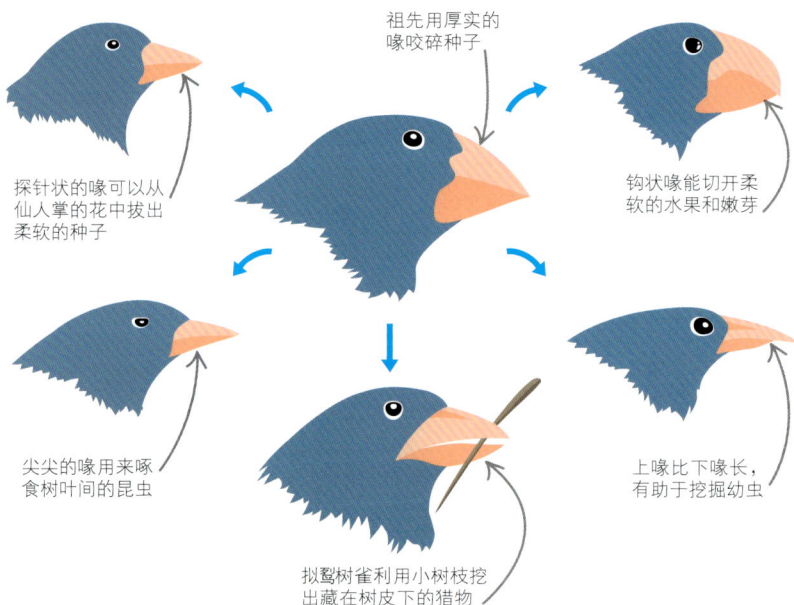

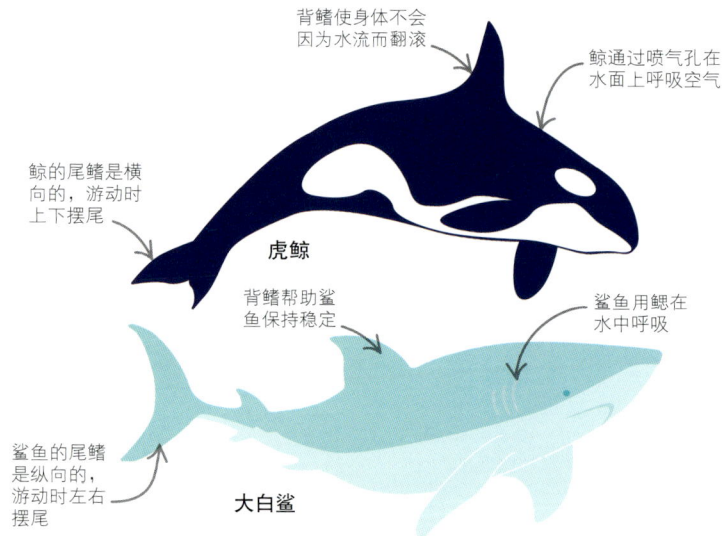

祖先用厚实的喙咬碎种子

探针状的喙可以从仙人掌的花中拔出柔软的种子

钩状喙能切开柔软的水果和嫩芽

尖尖的喙用来啄食树叶间的昆虫

拟鴷树雀利用小树枝挖出藏在树皮下的猎物

上喙比下喙长，有助于挖掘幼虫

背鳍使身体不会因为水流而翻滚

鲸通过喷气孔在水面上呼吸空气

鲸的尾鳍是横向的，游动时上下摆尾

虎鲸

背鳍帮助鲨鱼保持稳定

鲨鱼用鳃在水中呼吸

鲨鱼的尾鳍是纵向的，游动时左右摆尾

大白鲨

趋同进化

很多进化具有趋异性，为适应不同的环境，有亲缘关系的动物种群会出现越来越多的差异。不过，进化也可以是趋同的，不同物种在相似的环境中产生相似特征的进化过程称为趋同进化。例如，鸟类和蝙蝠都进化出了可以飞翔的翅膀。尽管两种生物翅膀的形状、结构和功能都非常相似，但是鸟类和蝙蝠只能算远亲，它们共同的祖先没有翅膀。

◁ **海洋猎人**
鲨鱼、海豚和虎鲸都是游速惊人的捕食者。尽管它们的外形相似，但是身体系统却相差极大——鲨鱼属于鱼类，而鲸类（包括海豚和虎鲸等）属于哺乳动物。

协同进化

有时候，两个物种会为了适应相互依存的生活方式而共同进化，这种进化方式称为协同进化。物种之间会产生微弱的影响，使得它们能够更好地适应彼此，共同生存。许多动物和开花植物都历经了协同进化。

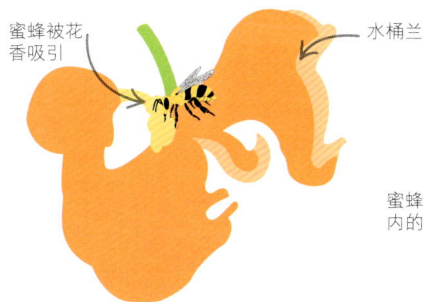

珊瑚与**微型藻类**协同进化——藻类生活在珊瑚丛中，为珊瑚提供食物作为回报。

蜜蜂被花香吸引

水桶兰

△ **水桶兰和蜜蜂**

水桶兰属于热带花卉，分泌的液体带有香气，可以吸引蜜蜂。蜜蜂落到花上时，会因踩到花上的液体打滑，摔入"水桶"中。

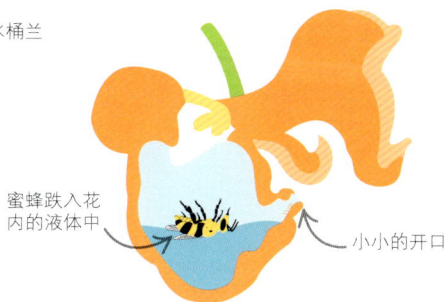

蜜蜂跌入花内的液体中

小小的开口

△ **逃生通道**

蜜蜂无法沿着水桶兰光滑的内壁爬出"水桶"，但是它们可以将花内的纤毛当作梯子，从侧壁上的小口逃生。

蜜蜂离开水桶兰时，背部粘满了花粉

△ **收集花粉**

蜜蜂通过出口逃脱时，背部粘满具有黏性的花粉。当蜜蜂跌入另一朵花时，就完成了传粉。

性选择

并非所有的适应都能提升生存竞争力。性选择可能导致不利于生存的特征出现，比如笨重的鹿角或不利于飞行的长尾羽。出现这种特征，是因为雌性倾向于选择具有特定特征的雄性。雌性会去选择特征最明显的雄性成为伴侣，正因如此，具有该特征的雄性能够将基因传递下去，进而增加具有这种特征的下一代的数量。

▽ **鸟尾的故事**

为了吸引配偶，雄雉需要展示它们的尾羽。雌雉喜欢尾羽长且干净的雄雉，因为这些特征说明雄雉非常强壮。由于性选择，雄雉的尾羽变得越来越长，越来越华丽。直到尾羽过长对雄雉产生不利影响时，这种进化才会停止。

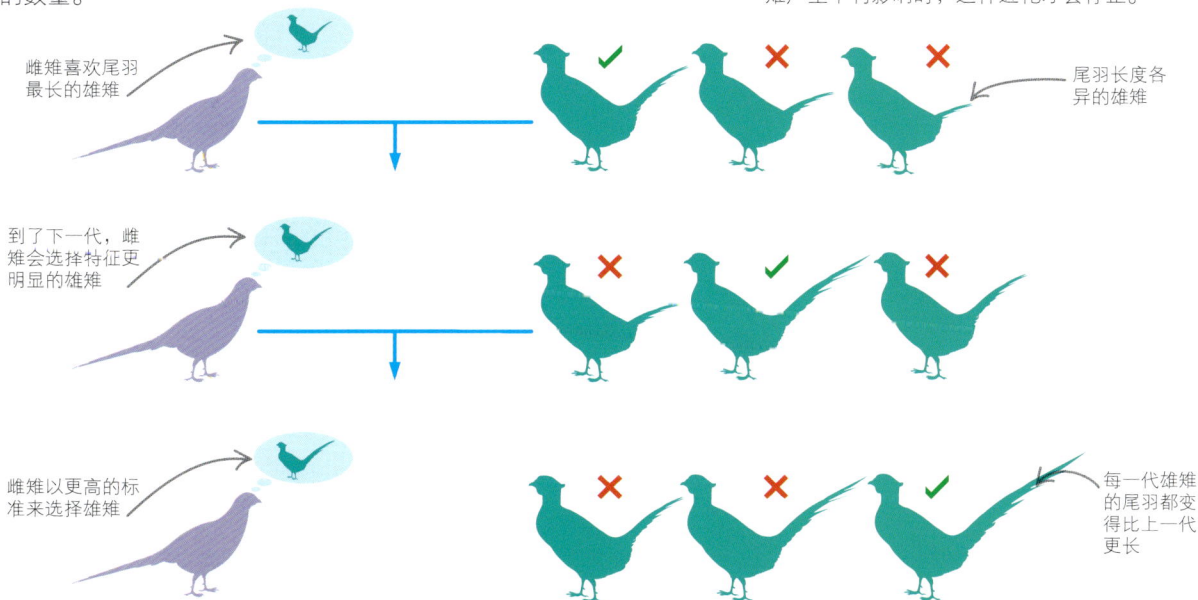

雌雉喜欢尾羽最长的雄雉

尾羽长度各异的雄雉

到了下一代，雌雉会选择特征更明显的雄雉

雌雉以更高的标准来选择雄雉

每一代雄雉的尾羽都变得比上一代更长

遗传学（一）

遗传学是研究基因的结构、功能及其变异、传递和表达规律的学科。

基因是构建生命体的指令。每个基因都与特定的特征相关，比如身高或眼睛的颜色。父母遗传给孩子一套完整的基因，因此孩子拥有许多与父母相同的特征。

染色体

DNA的长链上携带着基因。DNA储存在细胞核内的染色体上，染色体是基因的载体，基因代代相传。具有两组染色体的细胞或个体称为二倍体。精子和卵子各有一组染色体，我们称之为单倍体。

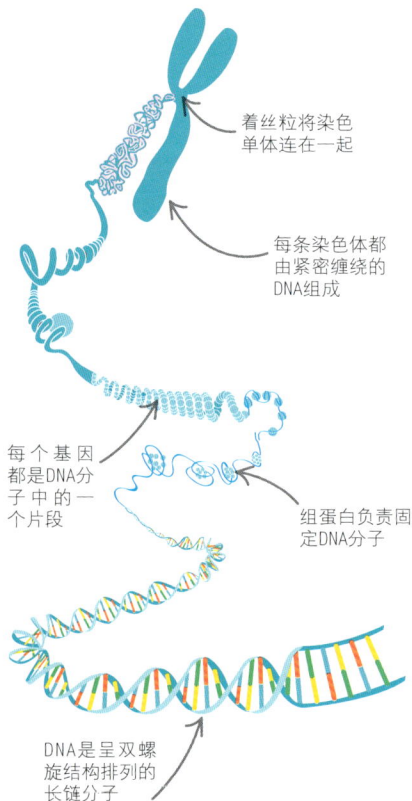

着丝粒将染色单体连在一起

每条染色体都由紧密缠绕的DNA组成

每个基因都是DNA分子中的一个片段

组蛋白负责固定DNA分子

DNA是呈双螺旋结构排列的长链分子

基因和等位基因

每个基因在染色体上都有固定的位置。每个个体都具有两组染色体——父母各提供一组。在一对同源染色体的同一基因座上的两个不同形式的基因即为等位基因。两个等位基因产生个体的基因型。一般说来，其中一个等位基因会比另一个（隐性基因）占优势，所以个体只表现出一种特征（人的表型）。

▽ **遗传概率**

在这个例子中，父母双方各遗传给孩子一个等位基因。棕眼睛的等位基因（B）为显性基因，而蓝眼睛的等位基因（b）为隐性基因。母亲的基因型中含有一个隐性基因，因此他们的孩子拥有棕眼睛和蓝眼睛的概率相同。

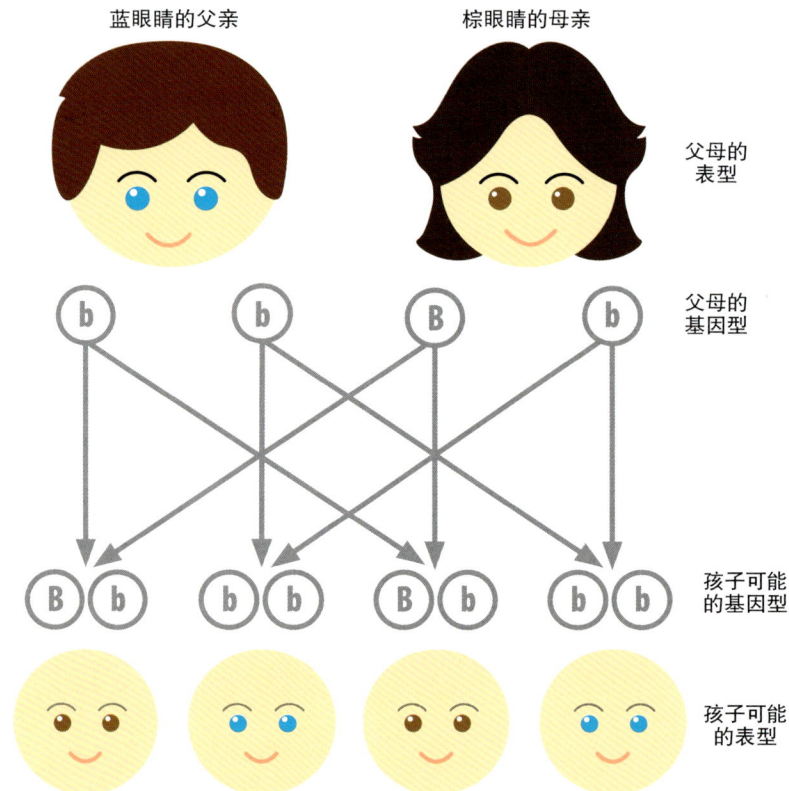

蓝眼睛的父亲　　　棕眼睛的母亲

父母的表型

父母的基因型

孩子可能的基因型

孩子可能的表型

共显性

并非所有的等位基因都是显性的或隐性的。有时，两个等位基因会同时同等地表现出相应的特征，这种现象称为共显性。下例中的红色亲本花有两个红色的等位基因（RR），而白色的亲本花有两个白色的等位基因（rr）。给这两种花授粉，所有子代的基因型都为Rr，共显性使得所有的花都呈粉色。然而，对两朵粉色的花授粉，则会产生红色、白色和粉色的子代花。

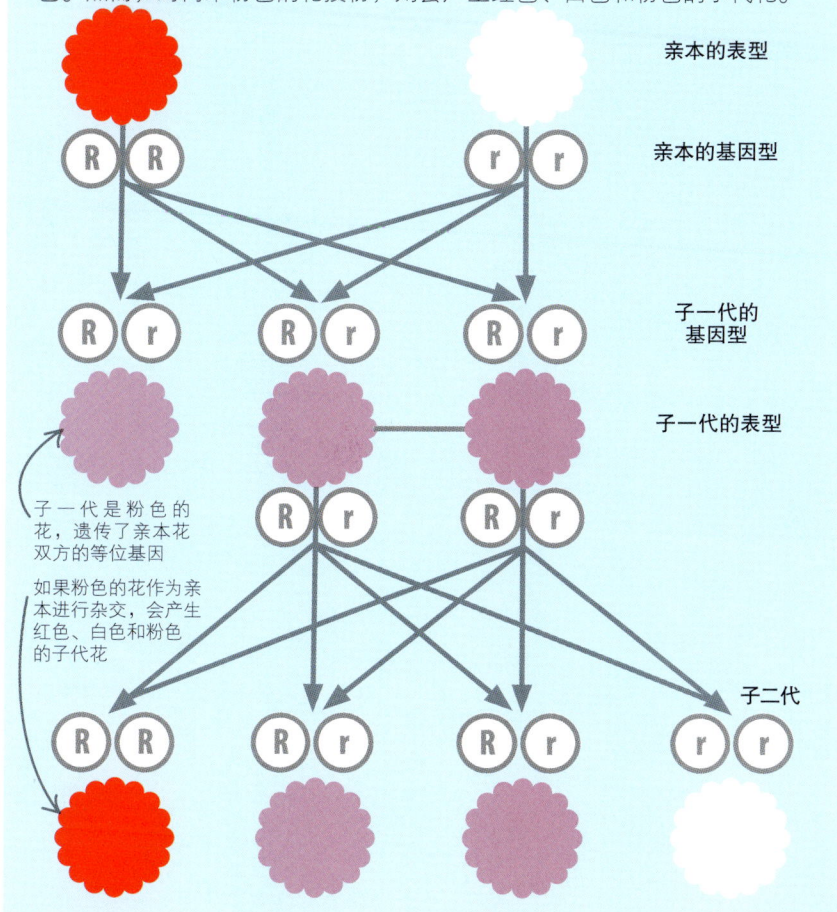

亲本的表型

亲本的基因型　R R　　r r

子一代的基因型　R r　　R r　　R r

子一代的表型

R r　　R r

子一代是粉色的花，遗传了亲本花双方的等位基因

如果粉色的花作为亲本进行杂交，会产生红色、白色和粉色的子代花

子二代

R R　　R r　　R r　　r r

性染色体

一个人的性别由继承自父母双方的特定的染色体决定。女性有两条X染色体；男性有一条X染色体和一条Y染色体，Y染色体比X染色体小，所以Y染色体含有较少的基因。卵子中含有X染色体，而精子中可能含有X染色体，也可能含有Y染色体。

▽ 确定性别
因为母亲只能提供X染色体，所以孩子的性别由精子决定。如果含有X染色体的精子使卵子受精，那么生下来的就是女孩；如果含有Y染色体的精子使卵子受精，那么生下来的就是男孩。

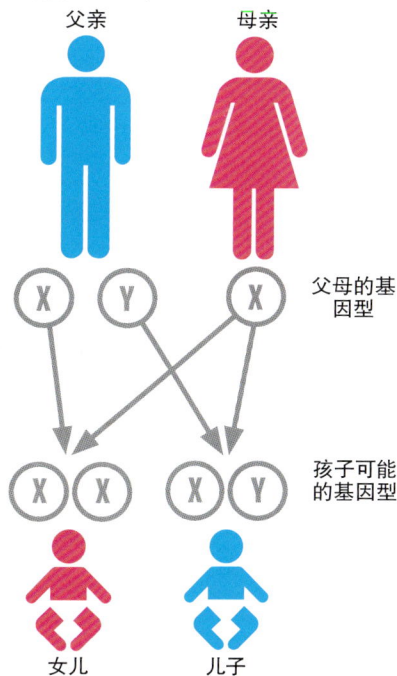

父亲　　　母亲

父母的基因型　X Y　　X

孩子可能的基因型　X X　　X Y

女儿　　　儿子

人类有 **46条染色体**，某些老鼠有 **92条染色体**，袋鼠只有 **16条染色体**。

X连锁隐性遗传病

男性色盲的概率更大，因为男性的X染色体上有一个缺陷基因，但是较短的Y染色体上没有等位基因。女性也有可能携带这种缺陷基因，但是女性的另一条X染色体上可能存在健康的等位基因，因此色盲的概率相对较小。

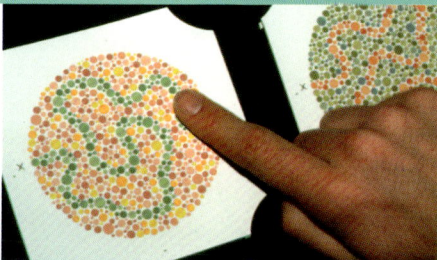

遗传学（二）

遗传密码可以指导合成人体必需的蛋白质。

基因信息以编码的形式存储在DNA分子中。这些编码被翻译为各种在细胞中发挥作用的蛋白质。一旦翻译过程中出现错误，就可能出现遗传病（genetic disease）。

双螺旋结构

DNA分子呈旋梯般的双螺旋结构。双螺旋的"两侧"主要是核糖，而"台阶"由4种碱基化合物构成。这4种碱基分别为胸腺嘧啶（T）、胞嘧啶（C）、腺嘌呤（A）和鸟嘌呤（G）。

▷ **碱基**
每级台阶都包含一对碱基。胸腺嘧啶总是与腺嘌呤配对，胞嘧啶总是与鸟嘌呤配对。大多数碱基对都不会被细胞"读取"，因为它们不包含基因指令。

胞嘧啶	鸟嘌呤
腺嘌呤	胸腺嘧啶

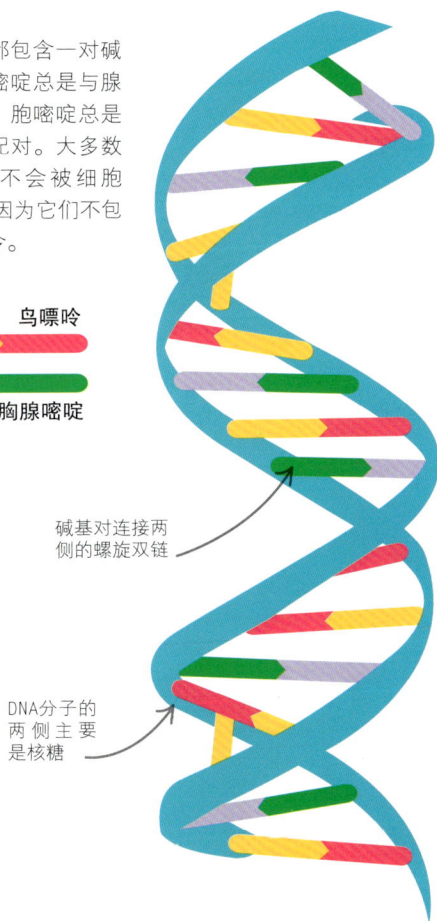

碱基对连接两侧的螺旋双链

DNA分子的两侧主要是核糖

转录

基因指导蛋白质合成的第一步是复制细胞中存储基因的DNA片段。这一步包括将DNA编码拷贝到RNA上，这一过程称为转录。DNA双链解开，变成两条单链，在其中一条单链旁边合成mRNA（信使RNA）。RNA也包含碱基，但没有胸腺嘧啶，而是将其替换成尿嘧啶（U）。mRNA拷贝DNA的编码后，接下来会进入核糖体中。

▷ **碱基**
mRNA上的碱基与DNA模板链上的碱基互补配对，因此DNA上的胞嘧啶与RNA上的鸟嘌呤配对，腺嘌呤与尿嘧啶配对。

尿嘧啶

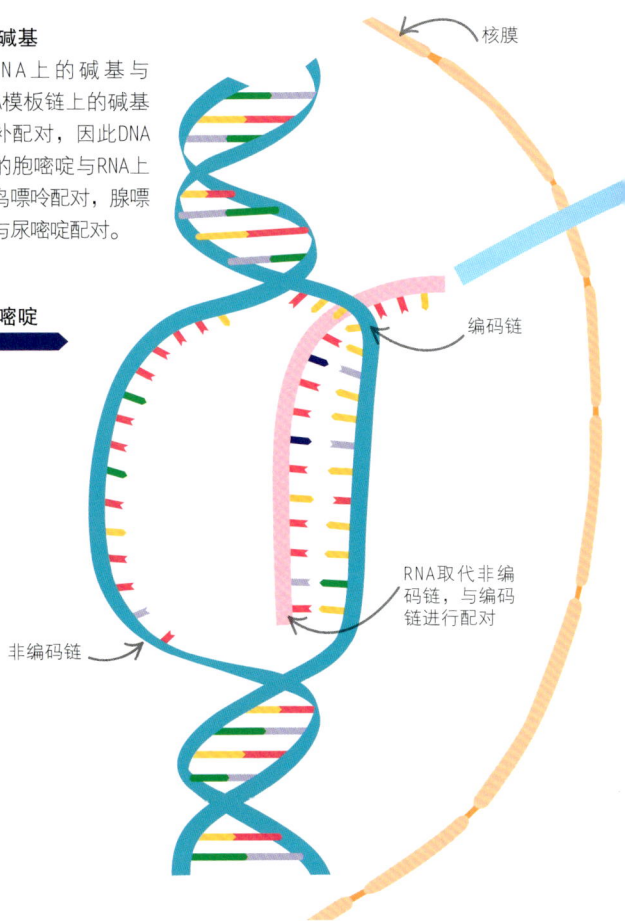

核膜

编码链

RNA取代非编码链，与编码链进行配对

非编码链

翻译

翻译是mRNA在核糖体内合成蛋白质的过程。核糖体这个微小的细胞器可以同时利用自身的3个碱基拉住mRNA。mRNA分子上每3个相邻的碱基为一组形成密码子——决定氨基酸的种类。蛋白质由氨基酸构成，而mRNA上的密码子告诉核糖体氨基酸的排列顺序。

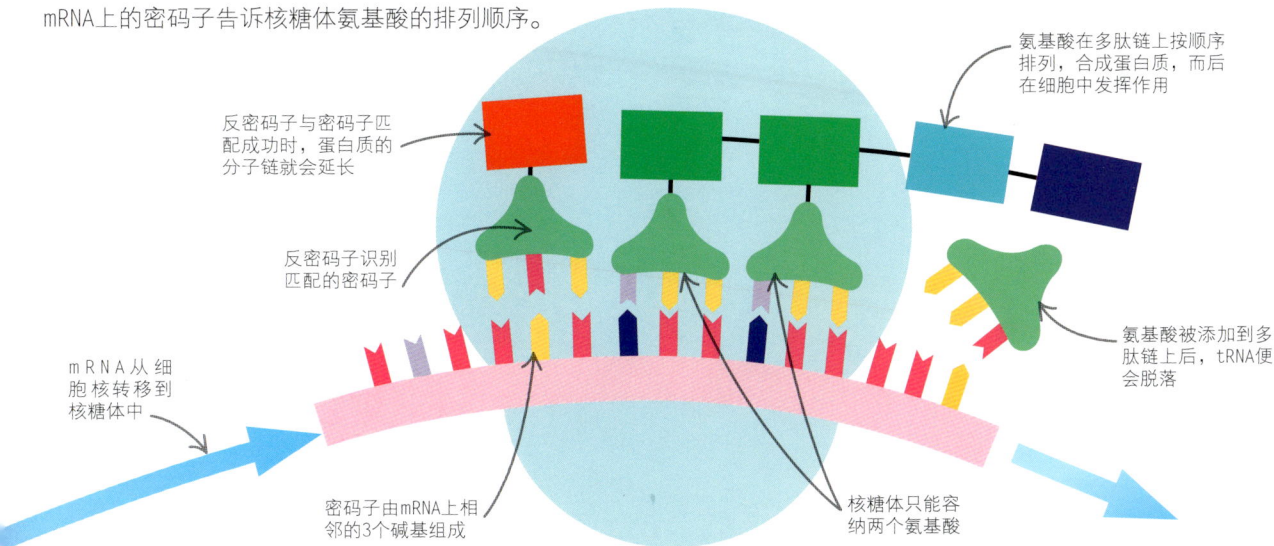

▽ 合成蛋白质

tRNA（转运RNA）上的反密码子将特定的氨基酸带入核糖体。当反密码子与mRNA上的密码子匹配时，反密码子将氨基酸添加到多肽链上，合成蛋白质。

氨基酸在多肽链上按顺序排列，合成蛋白质，而后在细胞中发挥作用

反密码子与密码子匹配成功时，蛋白质的分子链就会延长

反密码子识别匹配的密码子

mRNA从细胞核转移到核糖体中

氨基酸被添加到多肽链上后，tRNA便会脱落

密码子由mRNA上相邻的3个碱基组成

核糖体只能容纳两个氨基酸

突变

DNA被复制的过程中可能出现错误，这种情况称为突变。如果突变发生在未被读取的DNA片段上，就不会产生影响；如果发生在读取片段上，就可能导致细胞死亡。不过突变不全是坏事，有时能改善细胞和身体的运作方式。经过自然选择，那些能够产生积极影响的"错误"传播开来，推动进化。

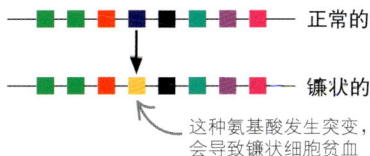

正常的

镰状的

这种氨基酸发生突变，会导致镰状细胞贫血

△ 遗传病

有些突变虽然不是致命的，但会引发疾病。例如，镰状细胞贫血就是由血红蛋白中一种结构不同的氨基酸引起的。由异型血红蛋白构成的红细胞呈镰刀形，失去了携带氧气的能力，导致患者贫血。

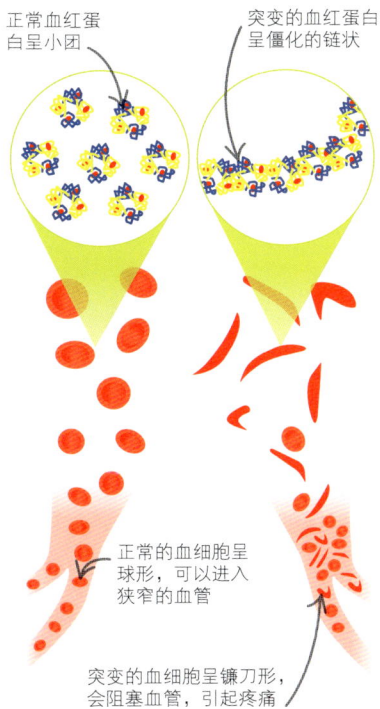

正常血红蛋白呈小团

突变的血红蛋白呈僵化的链状

正常的血细胞呈球形，可以进入狭窄的血管

突变的血细胞呈镰刀形，会阻塞血管，引起疼痛

现实世界

人类基因组计划

基因组是物种基因的完整集合。2003年，科学家对人类的基因组进行了完整的记录。他们大约确定25000个基因，并对30亿个碱基对进行排序。下图是基因组的一部分，每种碱基都用一个颜色标记。然而，遗传学家目前只弄清楚了少数基因的作用和其相应的等位基因。

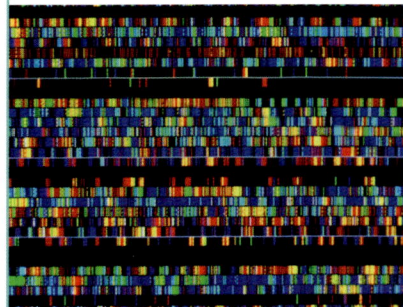

污染

人类活动产生的化学物质会影响地球的生态系统和未来。

当外来物质多到足以对环境产生不良效应时，就形成了污染。声音、光和热都可能造成污染，但最具破坏性的污染物是土壤、水和空气中的化学物质。

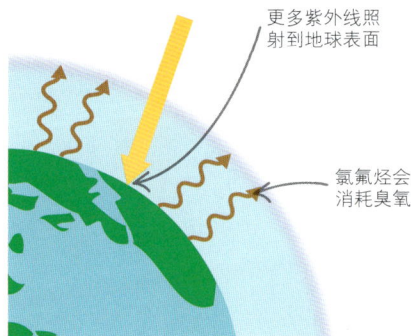

臭氧空洞

臭氧是氧元素的一种存在形式，位于大气层中，可以阻挡来自太阳的有害紫外线。氯氟烃曾被认为是不活泼气体，20世纪80年代，人们曾将大量氯氟烃应用于喷雾器和冰箱，导致许多氯氟烃被释放到空气中。氯氟烃与臭氧发生化学反应，积年累月，导致臭氧层的臭氧含量下降，尤其是两极上空的臭氧层。现在氯氟烃已被禁用，臭氧空洞也在不断缩小。

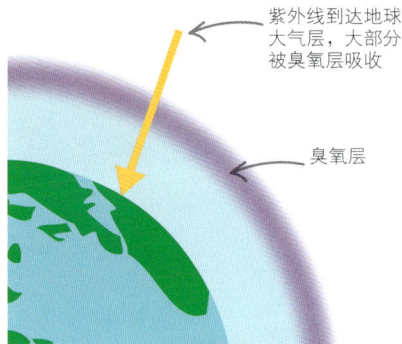

紫外线到达地球大气层，大部分被臭氧层吸收

臭氧层

更多紫外线照射到地球表面

氯氟烃会消耗臭氧

△ **安全的高度**
虽然仍有一部分紫外线能到达地球表面，但位于地球上空大约25千米的臭氧层已将大部分有害的紫外线反射回太空。

△ **高层**
氯氟烃与臭氧发生化学反应，将后者变成氧气，而氧气无法阻挡紫外线，这就意味着有更多紫外线到达地面。

全球黯化

化石燃料燃烧会释放导致全球变暖的二氧化碳。不过，燃烧过程释放的烟粒可能导致气温下降，这种现象称为全球黯化。空气中的微小黑色粒子反射阳光，减少到达地球表面的热量。

温室效应

大气中的温室气体（如水蒸气、二氧化碳和甲烷等）阻止热量向太空流失。如果没有这些气体，地球表面的平均温度将低于0℃。不过，人类活动如燃烧化石燃料和集约农耕使得温室气体的总量正在增加。温室效应使得地球表面的温度逐渐升高，导致洪水和干旱等极端天气气候事件增多。

由于**极端**的温室效应，**金星**成为最热的行星，它的地表温度足以使铅熔化。

▽ **被锁住的热量**
阳光被地表吸收，并使地表温度升高，同时地表也在以红外辐射的形式散发热量。一部分红外辐射被大气中的温室气体吸收。

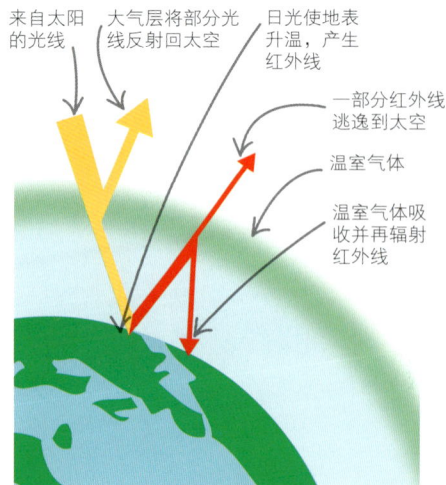

来自太阳的光线

大气层将部分光线反射回太空

日光使地表升温，产生红外线

一部分红外辐射逃逸到太空

温室气体

温室气体吸收并再辐射红外线

酸雨

所有的雨水都呈弱酸性。这是因为空气中的二氧化碳溶解在雨水中，形成了碳酸（也存在于碳酸饮料中）这种弱酸。然而，有时硫、氮等元素的氧化物会随着工业废气排放到大气中。它们溶解在雨水中以后，会形成酸性更强的酸雨。酸雨会对动植物造成危害。

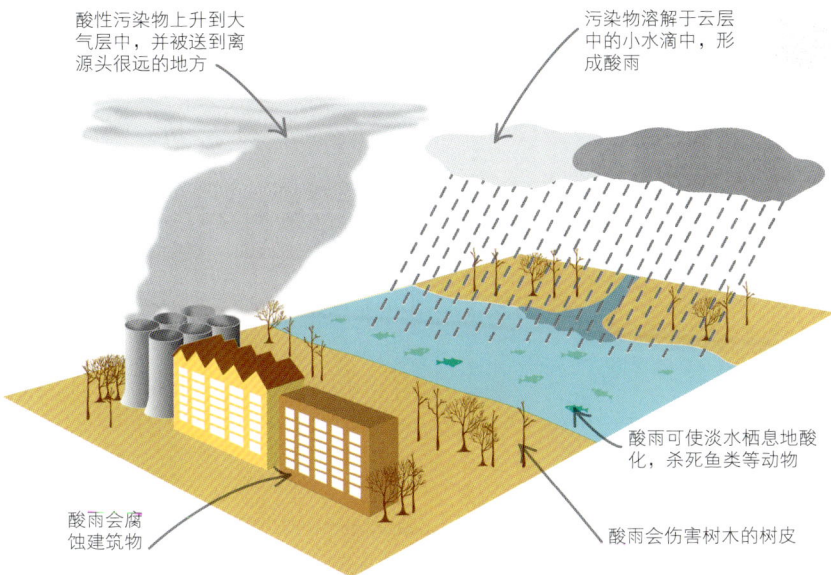

酸性污染物上升到大气层中，并被送到离源头很远的地方

污染物溶解于云层中的小水滴中，形成酸雨

▷ **气体排放**
火力发电站和燃油发动机排放的废气都会形成酸雨。酸雨通常会降落到远离源头的地区，能杀死动植物、腐蚀建筑物等。

酸雨会腐蚀建筑物

酸雨可使淡水栖息地酸化，杀死鱼类等动物

酸雨会伤害树木的树皮

富营养化

硝酸盐和磷酸盐等肥料为农作物生长提供营养。但是，一旦这些化合物被暴雨冲入湖泊和河流中，就会导致藻类大量繁殖，最终造成富营养化。而在这个过程中，藻类的富集会使水中生物窒息而亡。

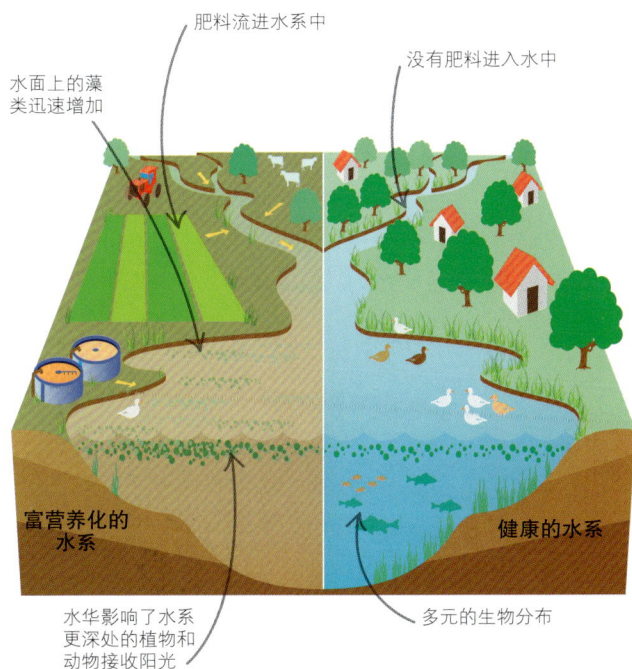

肥料流进水系中

没有肥料进入水中

水面上的藻类迅速增加

富营养化的水系

健康的水系

水华影响了水系更深处的植物和动物接收阳光

多元的生物分布

生物放大

即使当前污染物是微量的，但是有些污染物会通过生物放大产生影响。当生物无法分解某种化学物质时，这种物质就会储存在其体内，然后传递给任何吃掉该生物的动物。随着食物链的延长，这种物质在动物体内的浓度会逐渐增加，传递到顶级捕食者时达到破坏性水平。

▷ **DDT灾难**
20世纪四五十年代，美国广泛使用一种名为DDT（滴滴涕）的杀虫剂，它的生物放大作用让许多猛禽几乎灭绝。人们曾经误以为DDT对脊椎动物无害，但其实它会在鱼类和其他动物体内积累。DDT使鱼鹰和白头海雕等鸟类中毒，导致它们产下的卵壳极薄，许多卵还没孵化就破碎了。

DDT的浓度随食物链的延长而增加

鱼鹰

大鱼

小鱼

浮游动物

水体

人类的巨大影响

人类活动会使生态系统和其中的动植物发生改变。

自从地球上出现生命以来共上演过5次大灭绝，这些事件都是大自然导演的。现今，许多物种因为人类活动正濒临灭绝。一些科学家认为，我们现在正在经历第6次大灭绝。

栖息地丧失

人类有能力根据自身需求改变栖息地，将自然景观变成人造景观，比如开垦农田、建设城市。生活在原始栖息地的野生生物已有数百万年的进化史，都已适应了群落生活。它们无法在其他栖息地生存，因此当栖息地改变时，它们可能面临灭顶之灾。

▽ 顶级栖息地
顶级栖息地承载了最多的物种。这片热带雨林拥有独特的物种群落。

▽ 刀耕火种
人类需要土地种植庄稼，因此他们先砍伐树木，再用火烧光林地。燃烧后的灰烬作为肥料，滋养第一批作物。

▽ 肥沃的土壤
几年下来，林地变良田。然而，原始丛林的土壤并不能长期保持养分，最终导致作物产量下降。

▽ 次生林
被农民放弃的耕地经过自然演变，逐渐形成森林。不过，这里永远也无法恢复成最初的顶级栖息地。

栖息地碎片化

许多森林动物从未离开过栖息地。例如，东南亚长臂猿在地面上只能行走很短的距离，它们更适应通过从一根树枝荡到另一根树枝的方式在树林中长距离移动。即使是森林中的一条狭窄通道，比如林间小路，也足以永久地分割长臂猿群落。栖息地碎片化将森林动物分成更小的群体，使其生存更加艰难。

▷ 与亲戚一起生活
栖息地碎片化造成的最大问题是多样性的丧失和近亲繁殖。在小群体中，成员之间彼此有亲缘关系。而近亲具有相同的基因，它们的后代往往体弱多病。

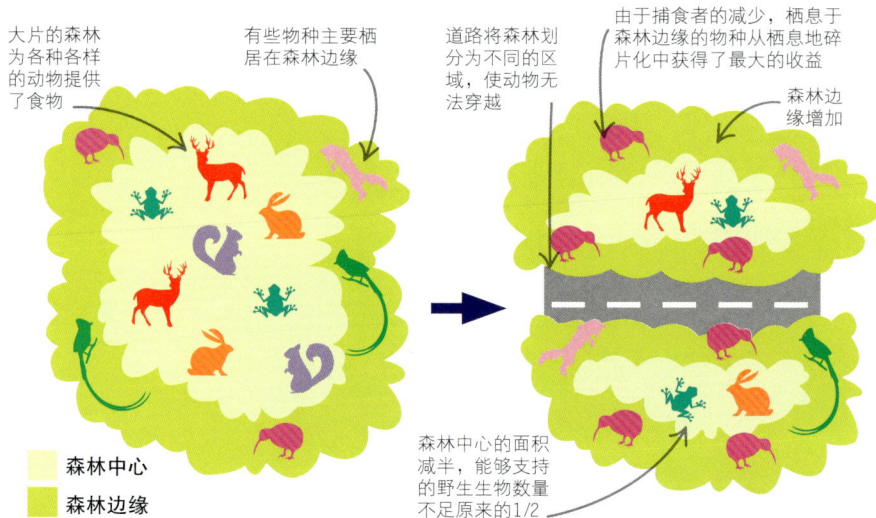

大片的森林为各种各样的动物提供了食物

有些物种主要栖居在森林边缘

道路将森林划分为不同的区域，使动物无法穿越

由于捕食者的减少，栖息于森林边缘的物种从栖息地碎片化中获得了最大的收益

森林边缘增加

森林中心的面积减半，能够支持的野生生物数量不足原来的1/2

森林中心
森林边缘

害虫防治

害虫是阻碍人类活动的动物。它们往往能生活在各种环境中，毁坏作物、传播疾病或侵扰居民。害虫防治通常需要使用化学物质，但是这些化学物质同时也会造成污染。相比之下，生物防治利用天敌和寄生虫来防治害虫，不会污染环境。

▽ **苍蝇虫害**
苍蝇是在马厩、农场和污水处理厂泛滥的害虫。它们将卵产在动物粪便和腐烂的食物中，幼虫以这些废物为食，长成成虫后可以传播疾病。

▽ **寄生蜂**
寄生蜂是一类寄生性昆虫，世界各地的人都用其来消灭苍蝇。这类蜂在苍蝇蛹中产卵。寄生蜂幼虫孵化后，便开始在苍蝇蛹内吞食营养物质。

▽ **长成成虫**
寄生蜂在空了的苍蝇蛹内化蛹。长成成虫后，寄生蜂在蛹上咬出一个洞，然后飞走。交配后，雌蜂在苍蝇蛹中产下更多的卵，直到所有苍蝇都死亡。

物种入侵

人类在全球范围活动时，偶尔会携带一些动物和植物。引入种会扰乱当地的生态系统平衡。地球上已经发生过数次这类灾难，比如巨型海蟾蜍被引入澳大利亚，又比如1890年在美国纽约市放飞的80只椋鸟。如今，北美洲有2亿只椋鸟，它们将很多本土鸟类推到了灭绝的边缘。

■ 当前巨型海蟾蜍的分布范围

△ **甲虫虫害**
澳大利亚东部热带地区有很多甘蔗种植园，本土甲虫的幼虫一度对这些种植园造成了严重的破坏。农民想找到一种小型天敌来控制甲虫的数量，从而保护甘蔗。

△ **巨型海蟾蜍**
为了解决甲虫虫害，1936年，澳大利亚从南美洲引进一种大个蟾蜍，即巨型海蟾蜍。巨型海蟾蜍的生命力非常顽强，它们几乎可以在任何地方生存，即使在海滨也能生存。

△ **遍布澳大利亚**
巨型海蟾蜍几乎吃光了包括甘蔗甲虫在内的所有东西，破坏了澳大利亚脆弱的生态系统。由于没有天敌，它们已经泛滥成灾。现在，澳大利亚有2亿多只巨型海蟾蜍。

现实世界
基因改造

数千年来，人类一直在通过选择性地繁殖具有所需特征的动植物来改变它们的基因。近年来，基因工程师正在进行给动物添加全新基因的实验。这种鱼能在黑暗中发光，是因为它们的体内被添加了深海水母的发光基因。

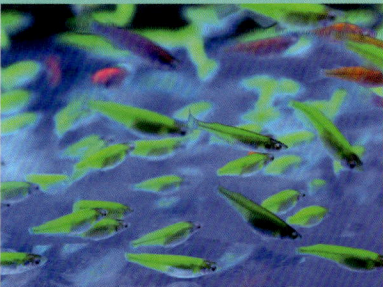

人类是唯一遍布**七大洲**的物种。1901年，人类甚至在南极建立了科学考察站。

化学

什么是化学?

化学是研究物质的性质,并探索物质是如何转变成其他物质的科学。

化学有时被称为中心科学,是因为它是连接物理学和生物学的桥梁。化学建立在物理学的基础上,并且推动了生物学的发展。

物质

无论是天然物质还是人工物质,如何描述它们的性质和结构,是化学家一直在探寻的。水是可以流动的液体,而盛水的塑料桶却是坚硬的固体,这是为什么?化学家在最微观的层面上找到了答案。每一种物质都由分子、原子等微观粒子构成,这些微观粒子的排列方式决定了物质的性质。

▽ 描述物质
化学家有很多种描述物质的方法,其中包括描述物质的状态是固态、液态或气态,还可描述物质的材质,如像螺钉那样的金属或像贝壳那样的非金属。

水:液态、非金属	气球中的氦气:气态、非金属	贝壳:固态、非金属	螺钉:固态、金属

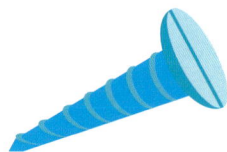

元素

宇宙中的任何一种物质都是由被称为元素的原材料组成的。自然界中已发现的元素有90多种。其中大多数元素相当稀少,比如金、汞。其他元素则大量存在,比如碳、氧、铁。自然界中很少有元素以单质(elementary substance)形式存在,它们通常与不同的元素结合,生成性质完全不同的物质,即化合物。例如,水是氢氧化合物。化合物中的各种元素可以被分离,但元素不能被分解成更简单的物质。

IVA 14

6 12.01

C

碳

碳元素

0 18

2 4.003

He

氦

氦元素

◁ 定义元素
化学家根据原子结构确定元素在元素周期表(参见第116~117页)中的位置。例如,根据碳原子的电子(electron,原子的组成部分之一)数量判断碳元素在元素周期表的第14列,同理,氦元素在第18列。

原子

原子是组成地球上和外太空中所有物质的最基本单位。它们是多种多样的。事实上，元素是具有相同核电荷数的一类原子的总称。所有原子的中心都有原子核（atomic nucleus），而原子核中又有带正电荷的质子（proton）。原子核周围环绕着带负电荷的电子。不同的元素拥有不同数量的电子和质子；反之，不同数量的电子和质子也使得每种元素具有不同的性质。

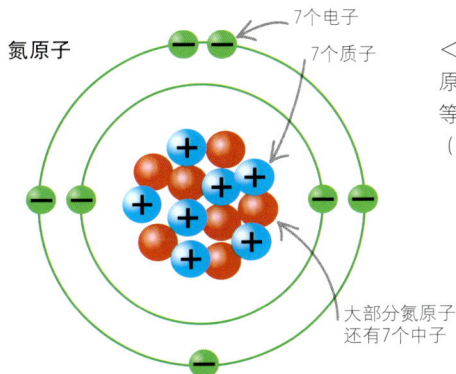

氮原子

7个电子
7个质子

大部分氮原子
还有7个中子

◁ 电荷平衡
原子的质子数与电子数通常是相等的，所以原子才不显电性。中子（neutron）是不带电的。

化学反应

化学家一直在研究单质和化合物在化学反应中的变化。在反应过程中，参加反应的物质即反应物，会转化成另外一些物质，即生成物。此外，化学反应会使原子重新排列，即反应物原有的化学键（chemical bond）断裂，形成新化学键，从而生成新物质。大部分生成物是不同于反应物的化合物，也有一些是单质。

钠（反应物）与水（反应物）反应，得到氢氧化钠溶液（生成物）和氢气（生成物）

◁ 化学反应与能量
化学反应过程中，既吸收能量，又释放能量，可能非常激烈。其中，爆炸和燃烧都是剧烈的放热反应（exothermic reaction）。

分析

化学家的职责之一是运用所掌握的单质及化合物的物理和化学性质方面的知识，推测某种未知物质的成分。这一过程即为分析。分析涉及多种实验，比如燃烧实验（通过火焰颜色判断未知物质的成分），通过研究与已知物质反应后的生成物，了解未知物质的成分。

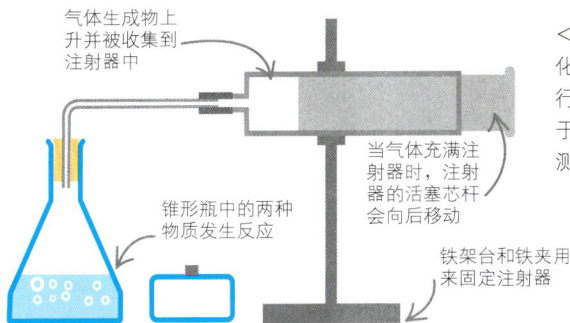

气体生成物上升并被收集到注射器中

当气体充满注射器时，注射器的活塞芯杆会向后移动

锥形瓶中的两种物质发生反应

铁架台和铁夹用来固定注射器

◁ 实验仪器
化学实验通常都在实验室中进行。实验室中有各种仪器，用于容纳和加热反应物，收集和测量生成物。

化学工业

通过化学反应还可以制造有用的物质，但化学品的工业化生产和实验室制备有很大不同。科学家运用他们所掌握的控制化学反应速率的专业知识，制定最佳生产工艺，进而以最低能耗和最少物耗生产最多的产品。

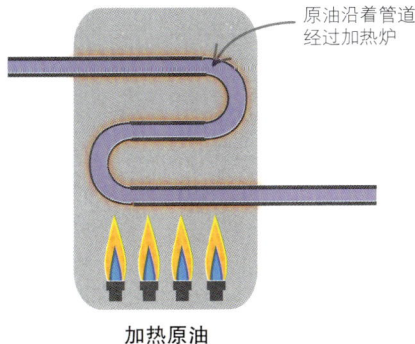

原油沿着管道经过加热炉

加热原油

◁ 石油化学品
从原油中可以提炼出数百种化学品，作为制造燃料、塑料、石蜡和药品等物品的原料。通过加热原油可以分离出不同的原料（参见第157页）。

物质的性质

通过观察物质的性质来了解物质。

每种物质都有其独特的性质，包括颜色、密度（density）、气味和可燃性等。化学家试图从物质的本质入手去探寻为什么物质的性质如此不同。

参见	
元素周期表	**116~117** 〉
氧化还原反应	**132~133** 〉
力和质量	**172~173** 〉
拉伸和形变	**174~175** 〉

质量与密度

所有的物体都有质量。质量是物质多少的量度，不是体积的指标。例如，铅块的质量大于相同体积的聚苯乙烯。这种质量上的差异是由一种叫作密度的性质决定的。密度是物体内部所含物质紧密程度的量度。可以通过质量除以体积计算密度，密度的基本单位是千克/米³，符号是kg/m^3，有时也使用克/厘米³，符号是g/cm^3。铅是一种密度很大的物质，一小块铅就含有大量的物质，非常重，而且易于操作，因此常用作砝码。

浮力

物体的密度是否大于水，可以通过将该物体放入水中测试。如果物体的密度大于水，它将沉底；如果密度小于水，它将漂浮在水面上。

现实世界

物理与化学

这辆自行车的辐条弯了。能否弯曲是由金属的物理性质决定的，而物理变化不会改变物质本身。自行车的一些零件已经锈蚀。能否生锈是由金属的化学性质决定的，与其他物质（空气和水）发生反应时，金属就转化为了另一种物质——锈。

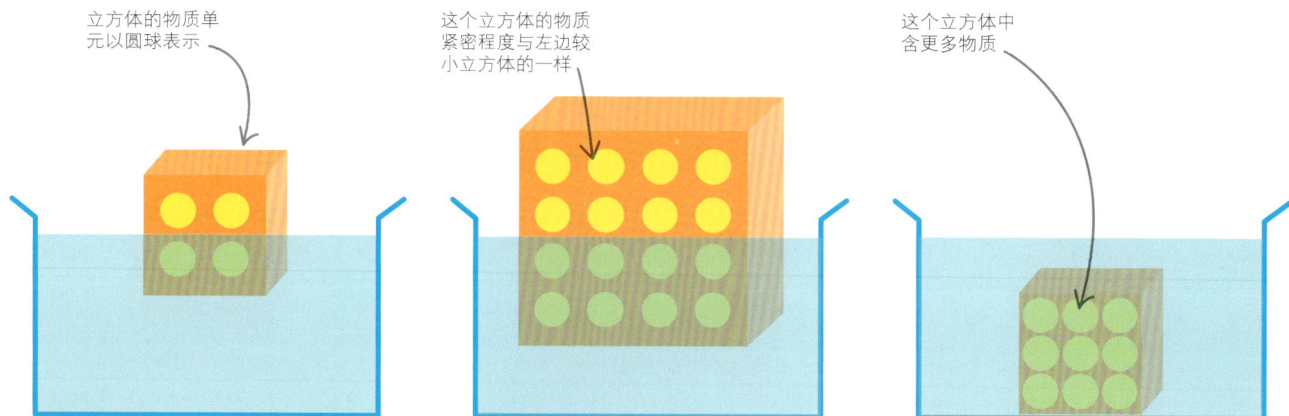

立方体的物质单元以圆球表示

这个立方体的物质紧密程度与左边较小立方体的一样

这个立方体中含更多物质

△ **低密度物体**
这个立方体的密度比水小。该立方体的物质排列比水的分散，所以它比同体积的水轻。

△ **较大的物体**
这个立方体的材料与第一个立方体相同，只是体积和质量都是第一个的4倍。因为它的密度与第一个立方体相同，所以它同样能漂浮在水面上。

△ **高密度物体**
这个立方体与第一个立方体大小相同，但密度比第一个立方体大，所以质量也更大。这个立方体比相同体积的水重，因此它会沉于水底。

性质比较

物质可以用其性质加以描述，不同的物质可以通过不同的性质加以区分。化学家通过比较物质的性质，从而发现不同物质之间的异同，然后在此基础上，研究为什么会存在这些异同。

物质	能漂浮在水上吗?	颜色	透明性	光泽度	溶解性	导电性	质地
铜	不能	红色	不透明	有光泽	溶于酸	导体（conductor）	光滑
天然白垩（碳酸钙）	不能	白色	不透明	无光泽	溶于酸	绝缘体（insulator）	粉状
铅笔芯（石墨）	不能	黑色	不透明	有光泽	不能溶解	导体	滑
松木	能	褐色	不透明	无光泽	只溶于特殊溶剂	绝缘体	纤维质
氯化钠晶体	不能	白色	半透明	有光泽	溶于水	固态时为绝缘体	沙砾质
玻璃	不能	多种颜色	透明	有光泽	只溶于特殊溶剂	绝缘体	光滑
滑石	不能	多种颜色	不透明	蜡质光泽	溶于酸	绝缘体	油脂质
金刚石	不能	多种颜色	透明	切割后闪闪发亮	不能溶解	绝缘体	光滑

硬度

我们通常用莫氏硬度来衡量矿物的硬度，这种方法以其发明者弗里德里希·莫斯（1773~1839）的姓氏命名。这种方法以10种天然矿物为标准。通过与这10种矿物进行比较，就可以确定物质的硬度。如果一种材料能在另一种材料表面留下划痕，那么前者的硬度更大。例如，一片普通玻璃能在磷灰石上留下划痕，但不能在正长石上留下划痕，所以玻璃的硬度介于5和6之间。

1 滑石
2 石膏
3 方解石
4 萤石
5 磷灰石
6 正长石
7 石英
8 黄玉
9 刚玉
10 金刚石

▷ **莫氏硬度表**
莫氏硬度表只是相对硬度的量度。实际上，金刚石的硬度并不是滑石的10倍。即便如此，莫氏硬度表仍然是人们检测硬度的首选，因为它快捷简便，结果也具有意义。

化学性质

可以用化学性质来描述物质。它可以是单质（由同种元素组成的纯净物），也可以是化合物（由两种或两种以上元素组成的纯净物），还可以用金属、非金属或半金属来描述。此外，化学家还会观察物质的化学行为，根据其参与的化学反应分类，并分析生成物。每一种物质都拥有一整套独特的化学和物理性质。

▷ **反应顺序**
每一种元素都有一定的反应性，反应性属于化学行为。常见金属通常是根据其活泼程度排序，这也就是反应顺序。右侧金属中，位于顶部的金属最活泼。钾就特别活泼，以至于自然界中几乎不存在单质钾。如果两种金属竞相与第三种物质反应，位置更靠上的金属，即更活泼的金属优先反应。

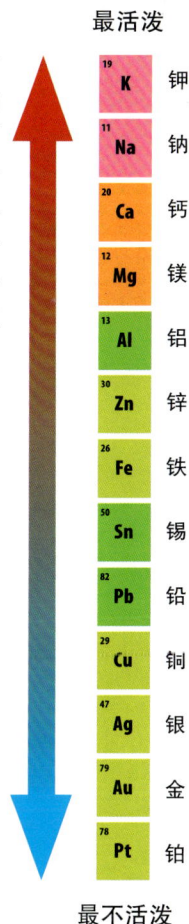

最活泼

19 K	钾
11 Na	钠
20 Ca	钙
12 Mg	镁
13 Al	铝
30 Zn	锌
26 Fe	铁
50 Sn	锡
82 Pb	铅
29 Cu	铜
47 Ag	银
79 Au	金
78 Pt	铂

最不活泼

物质的状态

物质有3种主要状态：固态、液态和气态。

物质的不同状态是由原子、离子和分子等微观粒子之间的作用力决定的。这种作用力受温度和压强（pressure）等因素影响。

物理差异

固体熔化变成液体或沸腾变成气体属于物理变化，物质3种状态的化学式是相同的。

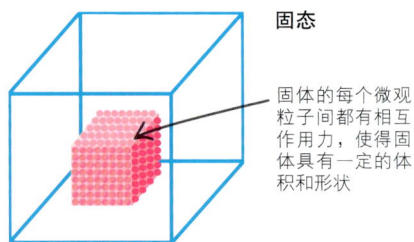

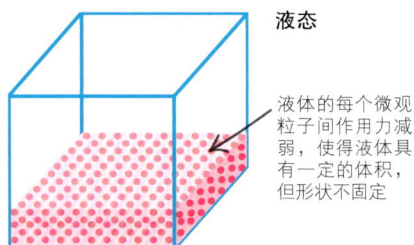

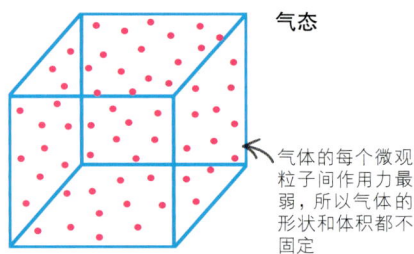

固态

固体的每个微观粒子间都有相互作用力，使得固体具有一定的体积和形状

液态

液体的每个微观粒子间作用力减弱，使得液体具有一定的体积，但形状不固定

气态

气体的每个微观粒子间作用力最弱，所以气体的形状和体积都不固定

△ **固态、液态和气态**

随着物质温度升高，微观粒子间作用力变弱，这时物体的微观粒子会逐渐变得无序，状态也会改变，从固态到液态再到气态。

固态

固态是物质最有序的状态，每个微观粒子之间都存在较强的相互作用力，使其具有一定的形状和体积。固体要么是晶体（crystal），要么是非晶体（amorphous matter），前者的结构单元按一定规律有序排列，后者的结构单元则随意排列。

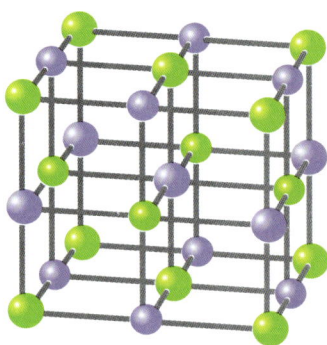

△ **氯化钠晶体**

结晶食盐这种矿物被称为石盐，其晶体的结构单元是由钠离子和氯离子构成的立方体。

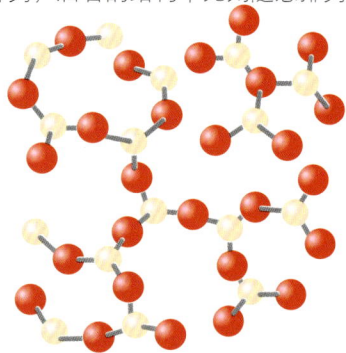

△ **无定形二氧化硅**

玻璃中就含有二氧化硅，沙子中也含有二氧化硅。二氧化硅是非晶体，它的构成单元是随意排列的。

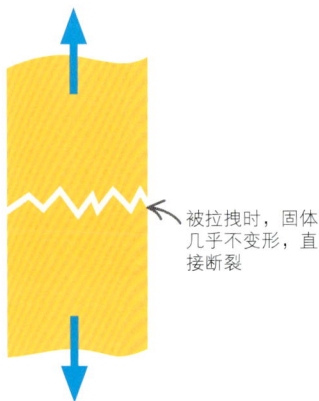

被拉拽时，固体几乎不变形，直接断裂

△ **脆性材料**

脆性材料为晶体结构。较小的外力基本不会改变固体的形状，但当外力大于微观粒子间作用力时，固体就会断裂。

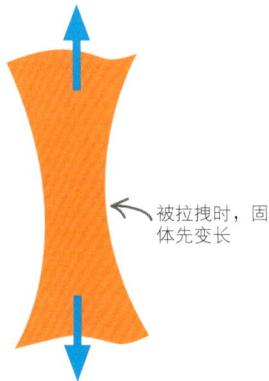

被拉拽时，固体先变长

△ **韧性材料**

其他一些材料可以被拉长而不发生脆性断裂。这是由于这些材料为无定形结构，微观粒子能够滑动。

液态

液体的大部分微观粒子间仍然存在一定的作用力，只是相对固体的要弱很多。所以，液体具有一定的体积和密度。即使挤压液体，它的体积也不会变小。液体的微观粒子比固体的移动更加自由。在重力作用下，液体能顺着斜面往下流动。液体会呈现容器的形状。

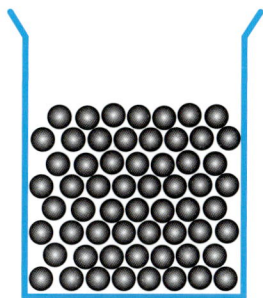

◁ **液体金属**

汞，俗称水银，是唯一一种在常温下以液态存在的金属，这是因为在金属元素中，汞原子之间的作用力最弱。

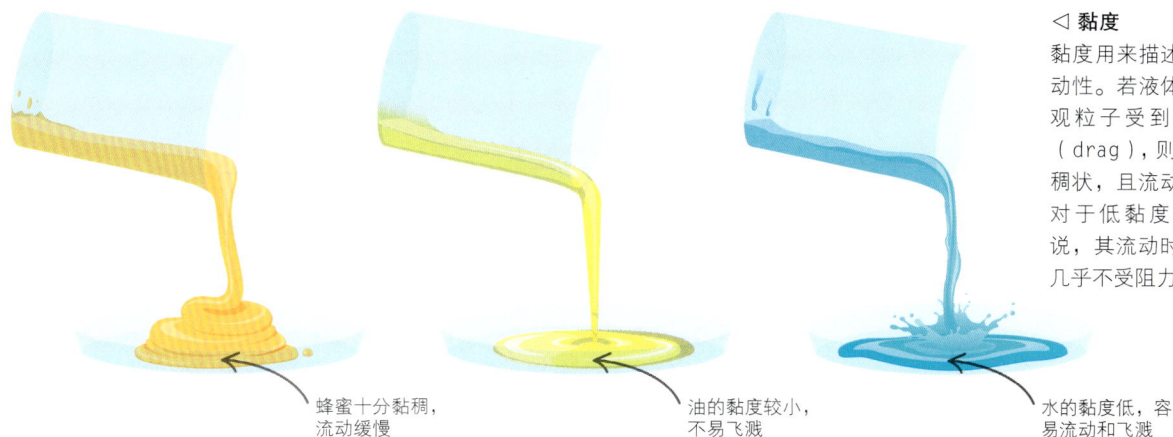

◁ **黏度**

黏度用来描述液体的流动性。若液体流动时微观粒子受到较大阻力（drag），则液体呈黏稠状，且流动缓慢。而对于低黏度的液体来说，其流动时微观粒子几乎不受阻力。

蜂蜜十分黏稠，流动缓慢

油的黏度较小，不易飞溅

水的黏度低，容易流动和飞溅

等离子体

极光是物质的第四种状态——等离子态。等离子体由大量带电粒子和中性粒子组成。极光是来自太阳的等离子流受到地球磁层的作用产生的现象。等离子流在进入极地上空的大气层时，创造了如此神奇的灯光秀。

气态

气体的微观粒子间作用力几乎不存在，微观粒子可以彼此独立地在任意方向上自由移动。也因此，气体的形状和体积均不固定，气体既可以被压缩到一个很小的空间中，也能扩散充满任何一种形状的容器。像液体一样，气体也可以从一个地方流动到另一个地方。

▷ **氦气**

氦气是由单原子分子组成的，所有我们既可以说氦气由氦分子组成，又可以说氦气由氦原子组成。在氦分子（原子）任意移动时，它们之间及与容器内壁都会发生碰撞。

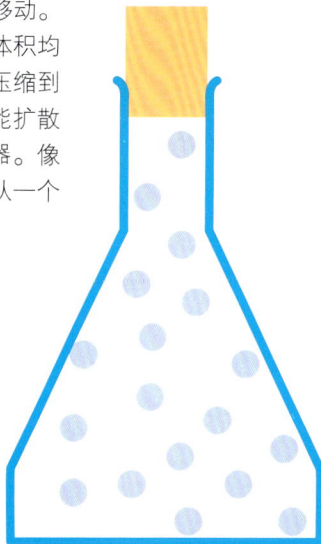

物态变化

当温度和压强发生变化时，物质会从一种状态变成另一种状态，
我们将物态变化过程称为相变（phase change）。

任何一种物质都有一种标准状态——物质在一个标准大气压下且温度为25℃时的状态。改变温度
或压强，可能引起相变。

状态与能量

相变过程中，物质所含能量会增加
或减少。随着能量的减少，气体会
变成液体，之后变成固体；能量增
加则相反。物质系统内部所包含的
能量即内能（internal energy）。
物质的内能随温度变化，温度升高
则内能增加，温度降低则内能减
少，但温度不变不代表内能不变，
比如晶体受热处于熔点时，虽然温
度不变，但内能在增加。

海凝胶是从海藻中提取的
海绵状固体。它很轻，可
在稀薄的空气中飘浮。

现实世界
撒上盐的冰

在冰上撒盐会让冰的熔点降低。冬季，当室外温度降
到0℃以下时，可以在公路上撒盐，防止路面结冰。这
是因为溶解于水中的离子（钠离子和氯离子）太大，阻
碍了水分子形成晶格，从而影响了水结冰。

▷ **熔点和沸点**
在一个标准大气压下，纯净物由固态变成
液态的温度为这种物质的熔点（melting
point），由液态变成气态的温度为沸点。
每种物质的熔点和沸点都是特定的。压强
改变会影响相变温度。

升华
固态物质不经过液态而直接变
成气态，这个相变过程即为升
华。干冰可以直接升华为二氧
化碳气体。如果空气十分干
燥，冰也可以直接变成水蒸气

凝华
与升华相反的相变过程即为
凝华——气态物质不经过液
态而直接变成固态的过程。
在非常寒冷的环境中，空气
中的水蒸气会直接凝华为冰

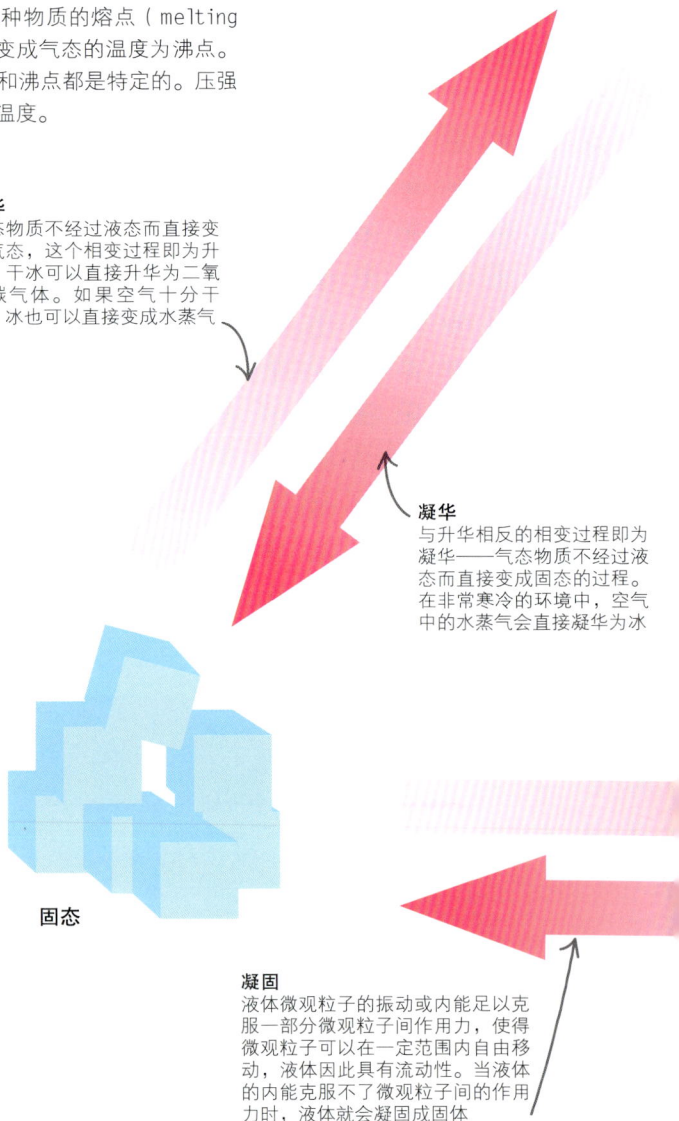

固态

凝固
液体微观粒子的振动或内能足以克
服一部分微观粒子间作用力，使得
微观粒子可以在一定范围内自由移
动，液体因此具有流动性。当液体
的内能克服不了微观粒子间的作用
力时，液体就会凝固成固体

潜热

能量既不会凭空产生，也不会无故消失。当物质液化或凝固时，它的组成单元会重新排列为较低能量的状态，多余的能量被释放出来，使物质周围的温度升高。当物质汽化或熔化进入更加活跃的状态时，需要从周围吸收能量。

▷ **恒温**

从这幅图中可以发现，物质A在熔化和汽化过程中，温度保持恒定，此时增加的能量即潜热。图中两个"平台"对应的温度分别是物质A的熔点和沸点。

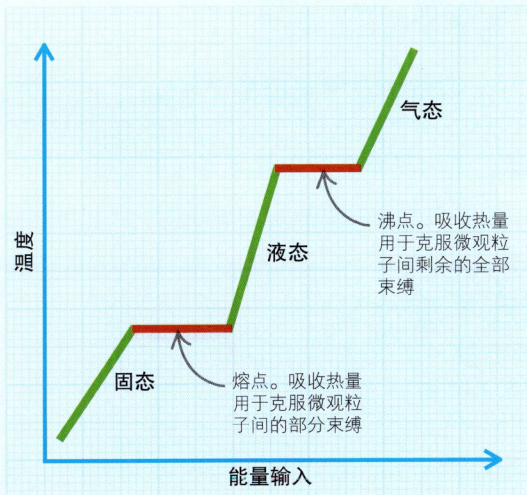

沸点。 吸收热量用于克服微观粒子间剩余的全部束缚

熔点。 吸收热量用于克服微观粒子间的部分束缚

液化
与汽化正好相反，当气体粒子不能再自由移动，并与附近的其他粒子产生一定的相互作用力时，微观粒子会逐渐聚集，凝结成液体，这个过程就叫液化

汽化
当液体具有足够的能量克服全部的微观粒子间作用力时，液体会沸腾变成气体，这个过程就叫汽化。变成气体后，微观粒子不再只是振动，它们可以朝着任意方向自由移动

熔化
固体微观粒子的振动太弱，无法打破微观粒子间的作用力。当微观粒子具有足够的能量克服一部分微观粒子间作用力时，固体会熔化变成液体。高熔点物质的微观粒子间作用力很大，所以需要吸收很大热量才能熔化

气态

液态

混合物的状态改变

混合物中包含具有不同熔点和沸点的组分。当一种固体溶解于一种液体时，混合物（比如盐水）即溶液的外观和表现都像液体一样。但是，当溶液被加热至沸点时，其中的溶质和溶剂就会分离。例如，盐水中的水蒸发后，会留下固态盐（盐在更高的温度下才会熔化）。

不化的巧克力碎

熔化的冰激凌

▷ **熔化的混合物**

撒了巧克力碎的冰激凌是冰、奶油和少量巧克力的混合物。当你拿到这种巧克力冰激凌时，它的几个主要组分都是固态的，但很快冰和奶油就会熔化。然而，巧克力却可以保持固态更久。

气体三定律

气体三定律反映了当环境改变时气体会有哪些变化。

气体三定律描述了理想气体处于平衡态时，体积、压强和温度间的关系。每条气体定律都以其发现者的姓氏命名。

玻意耳定律

这条气体定律是以罗伯特·玻意耳（1627~1691）的姓氏命名的。玻意耳出生于爱尔兰，是一名伟大的化学家。玻意耳定律提出，在气体温度恒定的条件下，气体的压强与体积成反比。换句话说，压缩气体体积，将导致气体压强增加。

p表示压强　这个符号表示"与……成比例"　v表示体积

$$p \propto 1/V$$

△ **玻意耳定律关系式**
这个关系式显示了气体的压强和体积之间的关系。压强增加，体积减小。

一个砝码使烧杯内的压强为p

气体分子均匀分布

△ **扩散**
气体中的分子均匀分布，可以充满任何容器，这就是扩散，也意味着气体分子倾向于从高度集中的地方向四周扩散。

两个砝码使烧杯内的压强变为$2p$

高压将气体挤压到原有体积的一半

△ **压强**
烧杯中的气体分子撞击烧杯内壁的一定区域产生的压力即压强。减小气体体积会使气体分子的活动空间缩小，这些分子撞击烧杯内壁的频率增加，压强随之增加。

现实世界

阿伏伽德罗定律

第4条气体定律是由意大利人阿莫迪欧·阿伏伽德罗（1776~1856）于1811年提出的，与气体三定律没有联系。这条定律指出，在相同的温度和压强下，等体积的不同种气体包含数量相等的分子，即一个烧瓶中的氢气与相同烧瓶中的氧气包含相同数量的分子，尽管氧气的重量大约是氢气的16倍。

罗伯特·玻意耳是一位炼金术士，他在探寻让铅变成黄金的方法时发现了玻意耳定律。

查理定律

查理定律的发现者是法国科学家雅克·查理（1746~1823），该定律揭示了气体的温度与体积成正比。所以，如果将气体充入一个体积可调节的容器（如气体注射器）中，提高气体温度会让气体体积增大。

$V \propto T$

V表示体积　　T表示温度

△ **查理定律关系式**
这个关系式显示气体的体积和温度之间的关系。温度升高，体积增大。

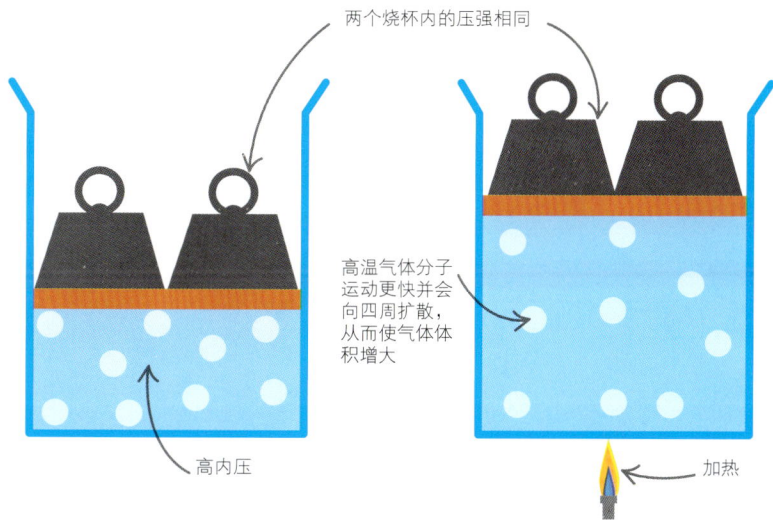

两个烧杯内的压强相同

高温气体分子运动更快并会向四周扩散，从而使气体体积增大

高内压

加热

△ **温度**
温度是热能（thermal energy）的量度，能够影响气体分子的热运动。增加气体温度会增加气体分子运动的速度。

△ **更活跃**
烧杯中的气体分子受热后，相互碰撞和撞击烧杯内壁的频率增加。这样的撞击就会向上推动可移动内壁，使得烧杯中的气体体积增大。

盖-吕萨克定律

这条定律是1808年以法国科学家约瑟夫·路易·盖-吕萨克（1778~1850）的姓氏命名的。这条定律提出，对于体积固定的气体来说，压强与温度成正比。换句话说，在气体体积不变的前提下，当气体的温度升高时，气体的压强随之升高。

$p \propto T$

p代表压强　　T代表温度

△ **盖-吕萨克定律关系式**
这个关系式显示气体的压强与温度之间的关系。提高温度会增大压强。

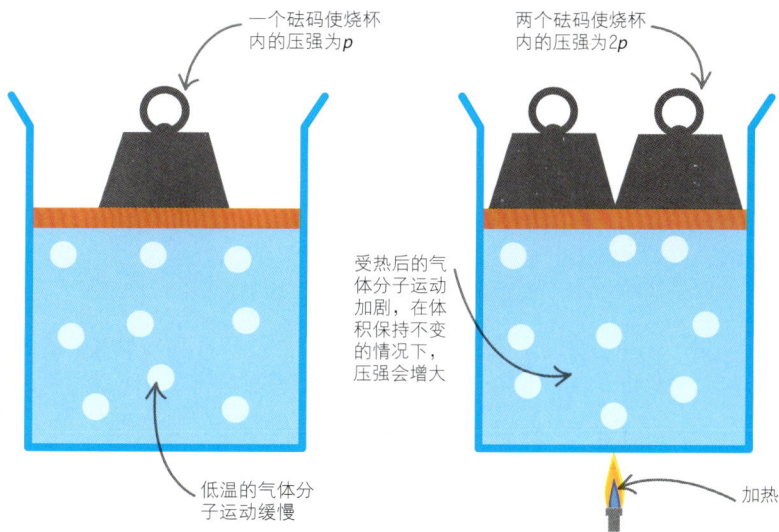

一个砝码使烧杯内的压强为p

两个砝码使烧杯内的压强为$2p$

受热后的气体分子运动加剧，在体积保持不变的情况下，压强会增大

低温的气体分子运动缓慢

加热

△ **较少的碰撞**
在低温状态下，烧杯中的气体分子运动缓慢，较少撞击烧杯内壁。总的来说，这种低频率、低强度的碰撞使得气体的压强处于较低水平。

△ **较多的碰撞**
加热气体后，气体分子运动加剧，撞击烧杯内壁的频率增加，力度变强，使得气体压强增大。

混合物

混合物是能用物理方法分离的数种单质或化合物混合而成的物质。

根据混合物中粒子的大小，可以将混合物分为溶液、胶体（colloid）和悬浮液（suspension）。混合物中的各组分之间不存在化学作用。

非均匀与均匀

混合物中至少有两种组分。第一种组分称为连续介质，混合在其中的第二种组分称为分散相。在均匀混合物中，分散相粒子均匀地分布在连续介质的粒子之间，所以混合物中每种组分的浓度是不变的。在非均匀混合物中，分散相在连续介质中的浓度不一致。一些物质（通常是液体）由于分子互斥而不能混合在一起，我们称这样的物质不互溶。

▽ 海水
在海水中，水是连续介质，盐（主要成分是氯化钠）是分散相。盐与水充分混合并且溶解后，从我们眼前消失得无影无踪。

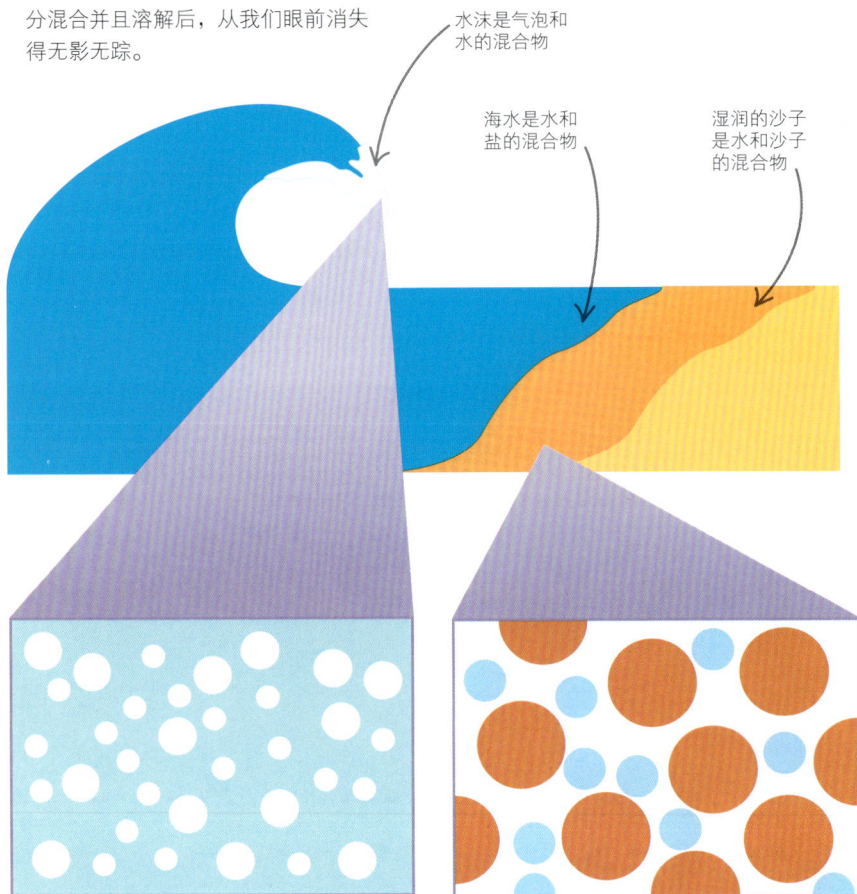

水沫是气泡和水的混合物

海水是水和盐的混合物

湿润的沙子是水和沙子的混合物

熔岩灯

熔岩灯使用的是两种不互溶的液体。其中，透明的液体是一种矿物油，带颜色的"熔岩"是蜡。灯被点亮以后，蜡受热熔化，密度减小并上升进入矿物油中。但因熔化后的蜡与矿物油不互溶，所以带颜色的蜡泡便会在熔岩灯中上下起伏。

△ 水沫
破碎浪花上的水沫是气泡和水的非均匀混合物。这种混合物的白色外观不同于两种组分的外观。

△ 湿润的沙子
沙子的直径远远大于周围水分子的直径，所以凑近看时，一粒粒沙子仍然清晰可辨。当沙子干燥以后，这种混合物中的水就会被空气替代。

溶液

均匀混合物通常被称为溶液。其中的连续介质叫溶剂，分散相叫溶质。虽然溶质溶解后就会消失不见，但可能会改变溶剂的颜色。

溶液			
溶剂	溶质	溶液	描述
氦气	氧气	深水潜水气瓶中的气体	氦气替代空气中的其他气体
空气	水	潮湿的空气	出现在天气温暖潮湿时
空气	烟	烟雾	空气污染
水	二氧化碳	苏打水	碳酸饮料
水	乙酸（醋酸）	醋	酸味烹饪调味品
水	盐	海水	咸味的水
钯	氢	钯合金	工业高科技合金
银	汞	银汞合金	用于补牙的软合金
铁	碳	钢	建筑用高强度合金

■ 固体　■ 液体　■ 气体

悬浮液

悬浮液是一种常见的非均匀混合物。悬浮液中分散相颗粒的直径大于1微米。常见的悬浮液有携带了泥沙的河水。

▷ **悬浮**
分散相悬浮着，它们的直径非常小，不会很快下沉。有3种方式可以分离悬浮液。

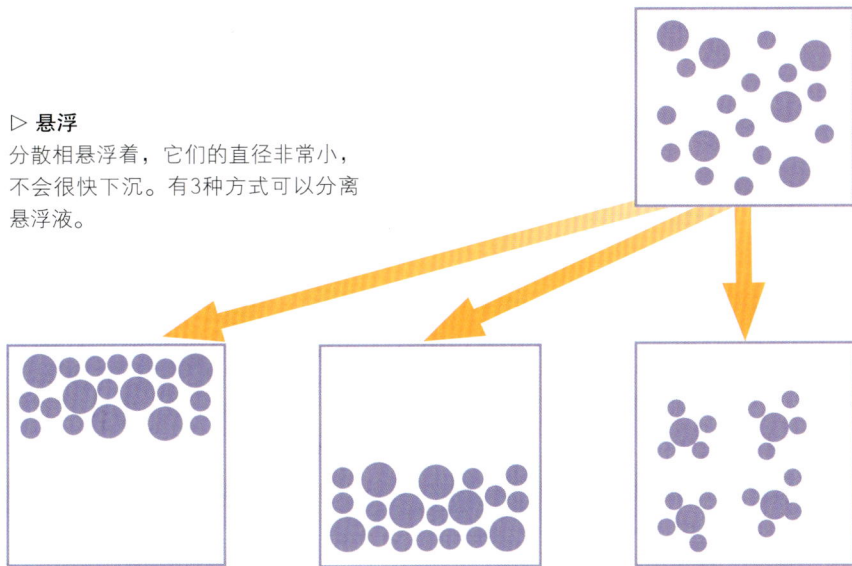

△ **分层**
如果颗粒密度小于连续介质，颗粒就会漂浮在连续介质表面，就像奶油漂浮在咖啡表面一样。

△ **沉降**
如果颗粒密度大于连续介质，颗粒就会逐渐沉降，在混合物底部形成沉积层。

△ **絮凝**
有时颗粒会聚集变大，甚至形成絮团。当环境改变或向混合物中加入其他物质时，悬浮液就会絮凝。

胶体

胶体是一种介于溶液和悬浮液之间的混合物，其分散相粒子的直径为1~1000纳米。用肉眼观察，分散相似乎呈均匀分布，但用显微镜观察，分散相与连续介质实际是非均匀混合状态。冰激凌、雾、牛奶都属于胶体。

▷ **云**
云是小水滴与空气混合而成的胶体。当水滴增大到一定程度时，它们就会变成雨下落。

脂肪和水不互溶，牛奶中的脂肪为微小的圆球

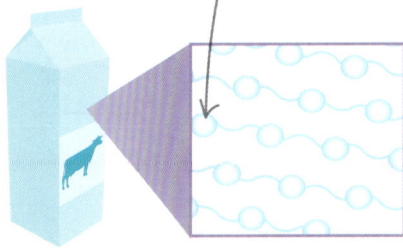

△ **牛奶**
牛奶是脂肪与水混合而成的胶体。胶体通常为白色，是因为当光通过混合物时，分散相中较大的颗粒会使光发生散射。

分离混合物

混合物是由可分离的不同物质构成的。

混合物中的组分不是以化学方式结合的。既然这些组分仍为原本的物质，因此用物理方法就能将它们分离开来。具体方法要根据混合物的类型而定。

蒸馏法

通过蒸馏法可以将溶质从溶液中分离出来，利用的原理是溶液中各组分的沸点不同，加热溶液，让沸点较低的溶剂变成蒸气逸出，留下的固态晶体就是溶质。盐就是用这种方法从海水中分离出来的。接下来，蒸气通过冷凝管被冷却成液体。通过蒸馏法也可以分离混合液体，只是过程要更复杂。

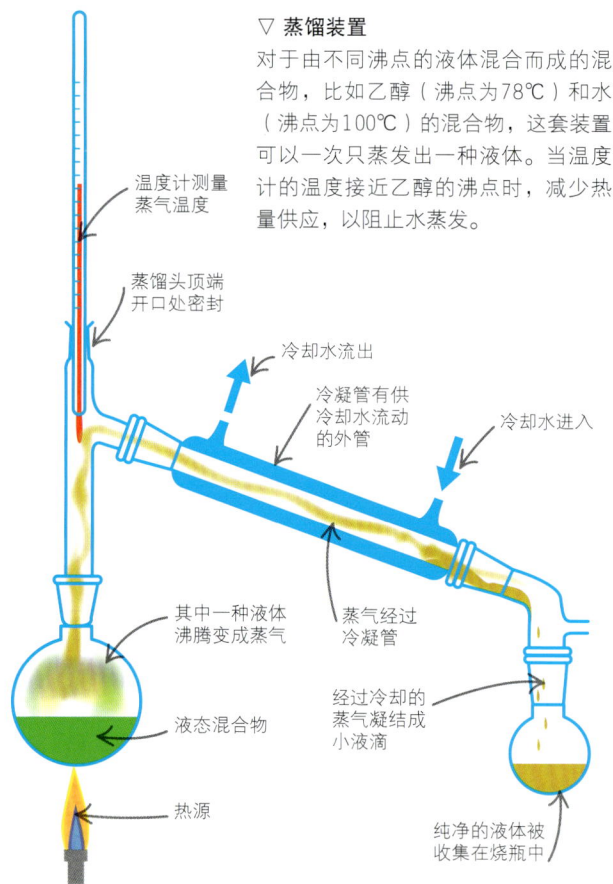

过滤法

挟带泥沙的河水是非均匀混合物，大且重的固体颗粒混入相较而言颗粒极小的连续介质中。这样的混合物可以通过过滤法分离。过滤器是一种可以让微粒通过但能阻止大颗粒通过的器材。实验室常见的过滤器有滤纸、金属丝网。

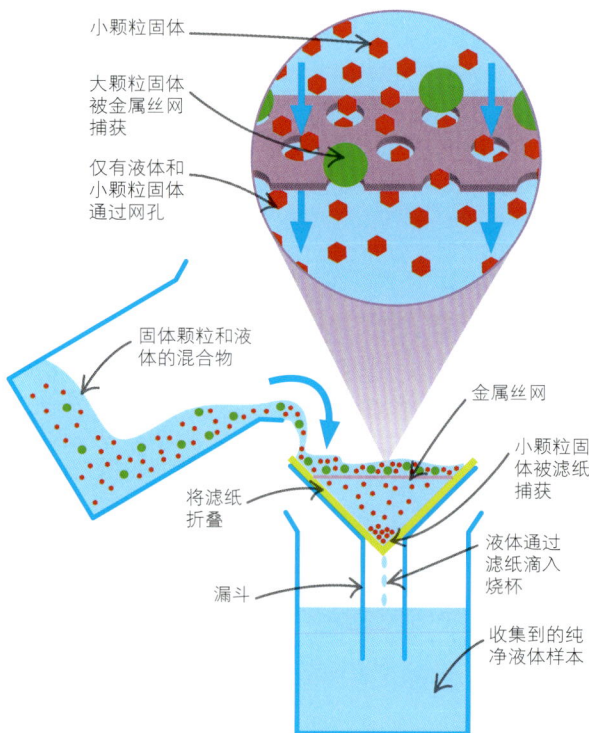

▽ 蒸馏装置

对于由不同沸点的液体混合而成的混合物，比如乙醇（沸点为78℃）和水（沸点为100℃）的混合物，这套装置可以一次只蒸发出一种液体。当温度计的温度接近乙醇的沸点时，减少热量供应，以阻止水蒸发。

温度计测量蒸气温度

蒸馏头顶端开口处密封

冷却水流出

冷凝管有供冷却水流动的外管

冷却水进入

其中一种液体沸腾变成蒸气

蒸气经过冷凝管

液态混合物

经过冷却的蒸气凝结成小液滴

热源

纯净的液体被收集在烧瓶中

小颗粒固体

大颗粒固体被金属丝网捕获

仅有液体和小颗粒固体通过网孔

固体颗粒和液体的混合物

金属丝网

小颗粒固体被滤纸捕获

将滤纸折叠

液体通过滤纸滴入烧杯

漏斗

收集到的纯净液体样本

△ 双重过滤器

以上实验使用了两种过滤器来分离两种不同尺寸的固体组分。第一重过滤器是金属丝网，水和小颗粒固体可以通过金属丝网，而大颗粒固体被拦截下来。第二重过滤器是滤纸，小颗粒固体被滤纸拦截下来。最后，只有纯净的液体滴入烧杯。

离心分离法

另一种分离非均匀混合物的方法是使用离心机。在悬浮液中，一些悬浮的固体颗粒很小，只凭重力作用无法沉降。因此，将混合物放入离心机中高速旋转，产生的离心力会让固体物质沉到试管底部。

搅乳器

奶油是从牛奶中分离出来的固态脂肪，可以通过搅乳器得到。用搅乳器搅动牛奶，使脂肪球逐渐聚集黏合，直到大到可以从牛奶中分离。牛奶通过搅乳器变成奶油和脱脂牛奶。

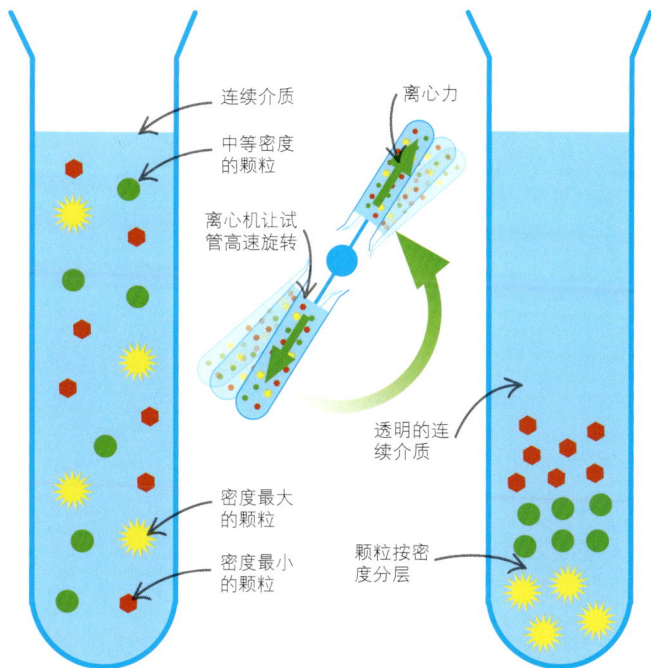

连续介质

中等密度的颗粒

离心力

离心机让试管高速旋转

透明的连续介质

密度最大的颗粒

密度最小的颗粒

颗粒按密度分层

△ 筛选分散相

离心力对混合物中密度最大的颗粒作用最强，所以它们最快被甩到试管底部。我们可将其应用于筛选悬浮颗粒——密度最大的颗粒在试管底层，按照密度不同，越往上，颗粒的密度越小。

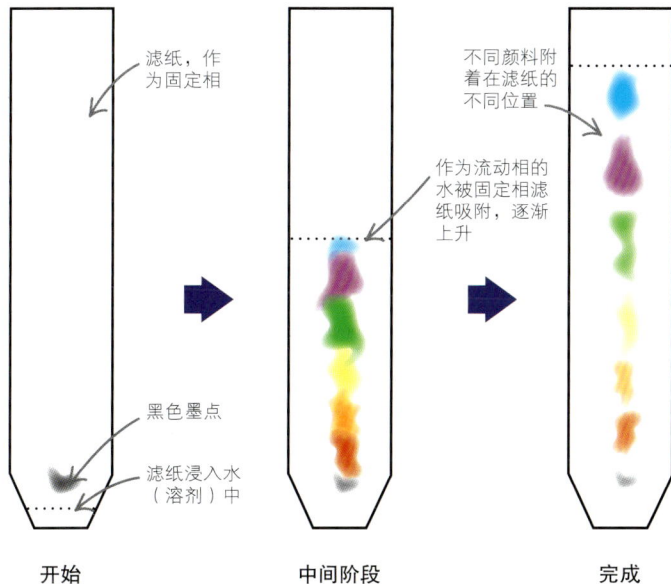

色谱法

当混合物中各组分的颗粒大小相似或沸点相近时，无法使用上述方法分离混合物，但是可以使用色谱法。将混合物溶解在溶剂中，然后让溶剂（即流动相）流过某种物质（即固定相，通常是滤纸），因为混合物中各组分流过固定相的速度不同，所以最终不同组分被吸附固定在固定相的不同位置，这样就得到每种物质的分离样本。

滤纸，作为固定相

不同颜料附着在滤纸的不同位置

作为流动相的水被固定相滤纸吸附，逐渐上升

黑色墨点

滤纸浸入水（溶剂）中

开始　　　　中间阶段　　　　完成

◁ 分离黑色墨水

黑色墨水是多种彩色颜料与水的混合物，可以通过色谱法分离不同颜色的颜料。实验最后，一滴墨变成了彩带。

元素和原子

一切事物都是由元素组成的。

在远古时期，人们认为我们的世界只由土、空气、火、水这些基本物质构成。现在化学家认识到，世界由90多种天然元素构成。

什么是元素?

元素是质子数（即核电荷数）相同的一类原子的总称。在物质发生化学变化时，原子的种类不变，元素也不会变。原子的结构决定了元素的物理和化学性质。

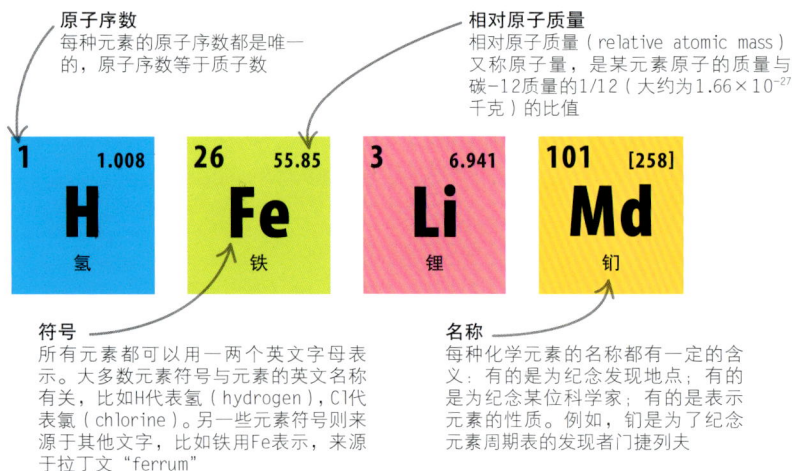

原子序数
每种元素的原子序数都是唯一的，原子序数等于质子数

相对原子质量
相对原子质量（relative atomic mass）又称原子量，是某元素原子的质量与碳-12质量的1/12（大约为1.66×10^{-27}千克）的比值

1	1.008	26	55.85	3	6.941	101	[258]
H		**Fe**		**Li**		**Md**	
氢		铁		锂		钔	

符号
所有元素都可以用一两个英文字母表示。大多数元素符号与元素的英文名称有关，比如H代表氢（hydrogen），Cl代表氯（chlorine）。另一些元素符号则来源于其他文字，比如铁用Fe表示，来源于拉丁文"ferrum"

名称
每种化学元素的名称都有一定的含义：有的是为纪念发现地点；有的是为纪念某位科学家；有的是表示元素的性质。例如，钔是为了纪念元素周期表的发现者门捷列夫

现实世界

亨尼希·布兰德

德国人亨尼希·布兰德（约1630~约1692）是第一个化学元素的发现者。1669年，他在研究尿液中所含物质的过程中发现了磷。磷在黑暗中能发光，让布兰德相信自己发现了一种神奇的物质。

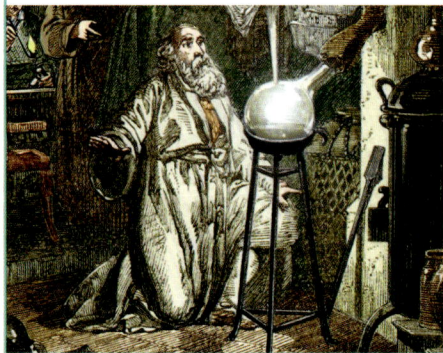

原子结构

原子的中心是带正电的原子核，周围是做无规则高速运动的电子，电子带负电。原子核内是带正电的质子和不带电的中子。每种原子都有特定数量的质子。虽然质子带正电，但原子通常呈电中性，这是因为质子的正电荷被带相同数量负电荷的电子中和了。

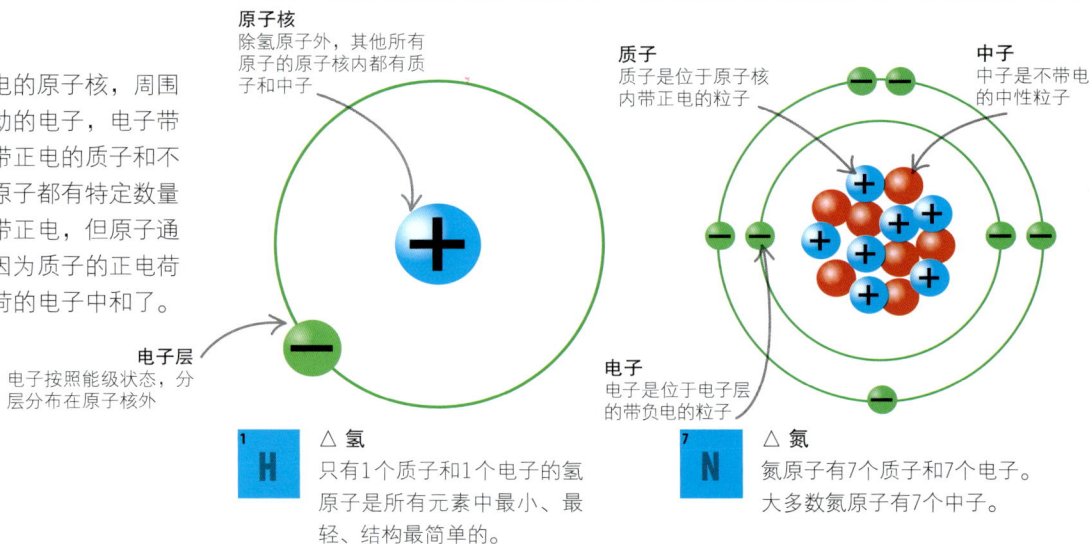

原子核
除氢原子外，其他所有原子的原子核内都有质子和中子

质子
质子是位于原子核内带正电的粒子

中子
中子是不带电的中性粒子

电子层
电子按照能级状态，分层分布在原子核外

电子
电子是位于电子层的带负电的粒子

H △ 氢
只有1个质子和1个电子的氢原子是所有元素中最小、最轻、结构最简单的。

N △ 氮
氮原子有7个质子和7个电子。大多数氮原子有7个中子。

电子排布

随原子序数增加，原子变得更大更重，变大是因为随着电子层增加，电子距离原子核越来越远。每个电子层可以容纳的电子数不同。第一电子层可容纳2个电子，第二层可容纳8个。虽然某些原子的第三电子层可以容纳8个以上的电子（参见第124页），但对于大多数原子来说，一旦第三电子层容纳了8个电子，多余的电子就开始往第四层排布。

电子层的形状
实际上，电子层并不是圆形的。科学家如此绘制它们，是为了便于观察和比较

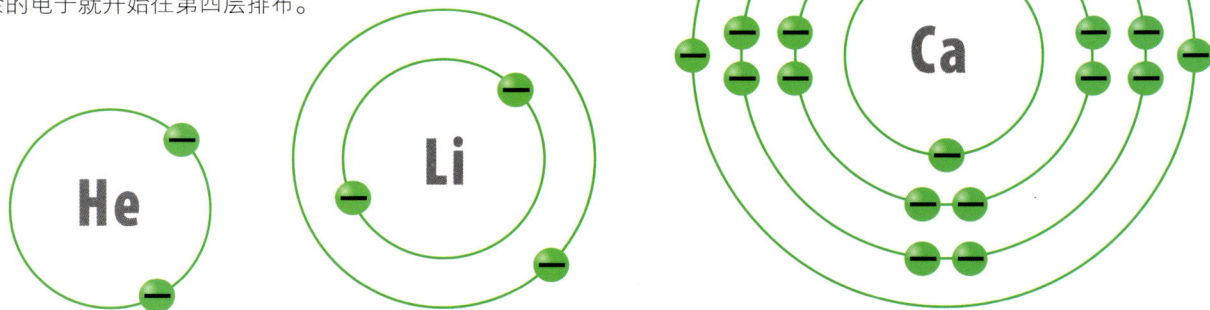

2 He	△ 氦
	氦的原子序数是2，有2个电子。这2个电子排布在同一个电子层。

3 Li	△ 锂
	锂的原子序数是3。它有3个电子，第一电子层饱和后，第3个电子排布在第二电子层。

20 Ca	△ 钙
	钙的原子序数是20，电子排布在4个电子层中。

最外电子层

原子的最外层电子可以转移或共享，使得原子与其他原子之间形成化学键。所以，我们可以通过原子的最外层电子数量，判断元素的物理和化学性质。原子通过发生化学反应，使最外电子层达到饱和状态（电子数达到该电子层所能容纳的最大数量），这样原子才能更稳定。下图仅显示了原子的最外电子层。

▽ **八隅规则**
除原子只有一个电子层的情况以外，当原子最外层有8个电子达到饱和的状态时，原子就会变得稳定，这就是八隅规则。原子必须通过获得电子使最外层达到8个电子，或者失去电子使饱和的次外层变成最外层。

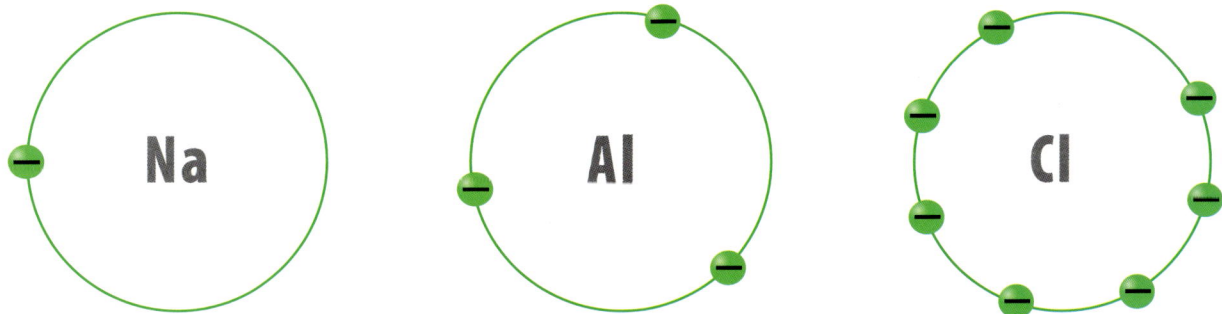

11 Na	△ 钠
	钠原子最外层只有1个电子。为了实现最外层饱和，它倾向于失去这个电子。

13 Al	△ 铝
	铝原子最外层有3个电子。它倾向于失去这3个电子，使自身变得更稳定。

17 Cl	△ 氯
	氯原子最外层有7个电子。只要再增加1个电子，它的最外层就能达到饱和状态。

化合物和分子

化合物是由不同元素组成的纯净物。

少数元素以单质形式存在，比如金。大多数元素与其他元素以化学方式连接在一起，形成化合物。

什么是化合物?

从水龙头里流出的水到砖石中的矿物质，再到人体内的物质，我们日常接触的几乎全部事物都由化合物组成。化合物是由不同元素组成的纯净物。混合物则由不同物质组成。

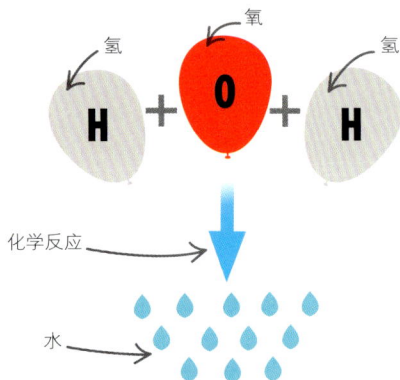

氧
氢　　　　　　　氢
化学反应
水

◁ **固定的比**
组成化合物的元素有固定的比。水中每2份氢对应1份氧。

◁ **化学反应**
当不同物质发生化学反应时，会形成新物质。

◁ **不同的性质**
化合物的性质与由单一元素组成的单质的性质不同。例如，水是液体，是由两种气体反应生成的。

化合物分子

分子是保持物质化学性质的一种微观粒子。如果将分子分解为更简单的物质，将导致该化合物不复存在。分子中的原子通过化学键相互连接。这些化学键的分布和强度决定了分子的形状和化学性质。

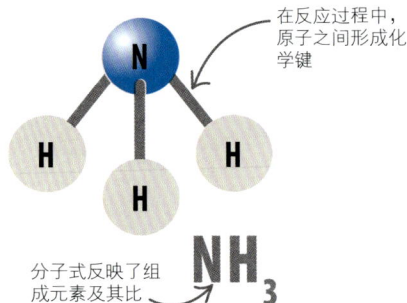

在**极高压**下，氧分子会转变为由8个氧原子组成的物质，这种物质是亮红色的。

在反应过程中，原子之间形成化学键

分子式反映了组成元素及其比 NH_3

△ **氨**
这个化合物的分子为1个氮原子上连接3个氢原子。它的分子结构是三角锥形。

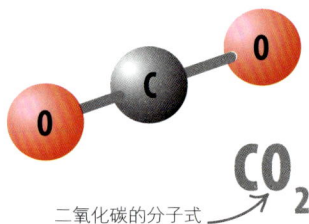

二氧化碳的分子式 CO_2

△ **二氧化碳**
正如它的名称那样，这种化合物为1个碳原子上连接2个氧原子。这3个原子在一条直线上。

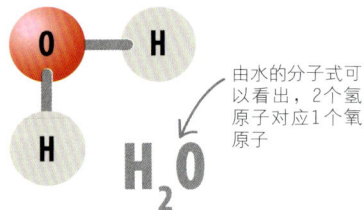

由水的分子式可以看出，2个氢原子对应1个氧原子 H_2O

△ **水**
有些常见化合物的名称是非科学名称，比如水。而其他化合物则是根据其所含元素命名的，比如二氧化碳。

单质分子

原子通过化学反应相互结合形成分子后会变得更稳定。因此，即使是单质，也极少以没有化学键连接的单原子形式存在。单质的分子由同种原子构成。

▷ **增强的稳定性**
空气中的氧气是以2个氧原子构成的分子形式存在的。当2个氧原子连接在一起时，会处于一种更稳定的状态。

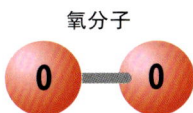

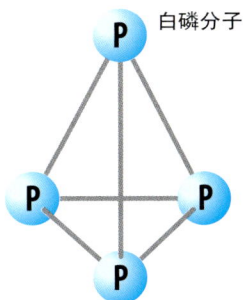

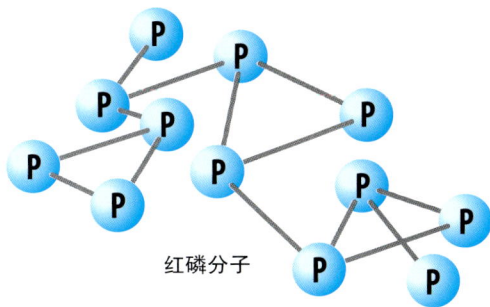

氧分子

白磷分子

红磷分子

△ **同素异形体**
有些元素可以形成不同分子结构、不同性质的单质，这些单质称为同素异形体。磷元素的同素异形体有红磷和白磷。两者相较，红磷中的化学键更强，所以红磷更稳定。白磷很容易发生反应，甚至一接触空气就会燃烧。

晶体

当大量微观物质单位（原子、离子或分子等）按一定规则有序重复排列时，便形成晶体。例如，金刚石是由重复的碳原子正四面体单元构成的。

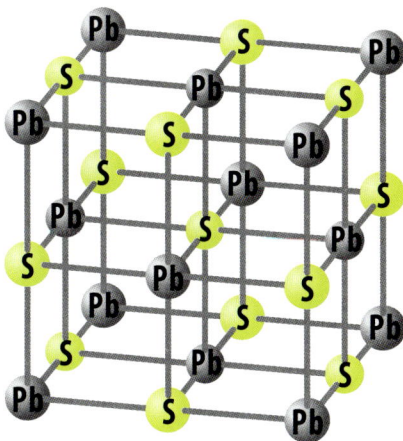

△ **方铅矿**
方铅矿是一种铅和硫的化合物。它的分子式很简单，为PbS。铅离子和硫离子排列形成立方体，方铅矿晶体由这些立方体单元构成。

金属键

金属中的金属原子容易失去最外层电子，变成阳离子（cation，参见第112页），在这些阳离子周围有大量共享电子环绕，形成了电子海。带负电的电子和带正电的阳离子之间相互吸引，形成金属键（metallic bond）。

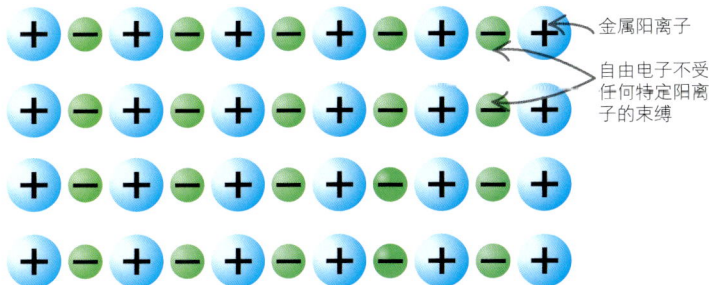

金属阳离子

自由电子不受任何特定阳离子的束缚

▽ **坚韧的材料**
自由电子可以被所有邻近的金属阳离子共享，并且能与阳离子相互滑动。这意味着金属在受到外力作用时会先产生形变（deformation），而不会马上断裂。

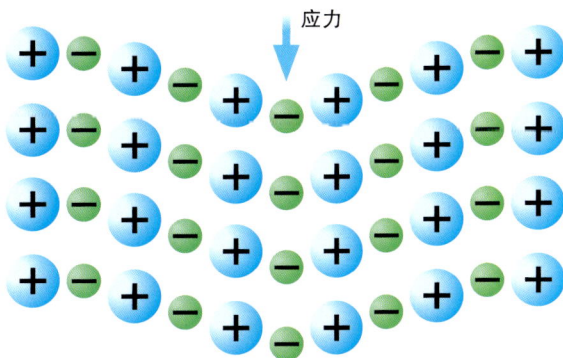

应力

离子键

离子键（ionic bond）是在不同的原子或原子团得到或失去电子时形成的化学键。

原子之间成键，使它们的最外电子层达到饱和。这样可使其更稳定。

什么是离子?

原子具有相同数量的质子和电子，因此原子不显电性。如果原子失去或得到电子，就会变成被称为离子的带电粒子。原子失去1个电子，变成带1个正电荷的阳离子；原子失去2个电子，变成带2个正电荷的阳离子。原子获得电子，变成带负电荷的阴离子（anion），即每获得1个电子就带1个负电荷。

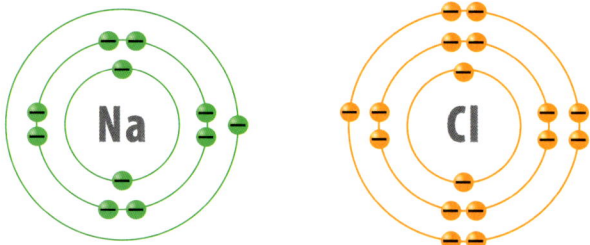

△ **钠原子**最外层有1个电子。氯原子最外层有7个电子，只差1个电子最外层就能饱和。

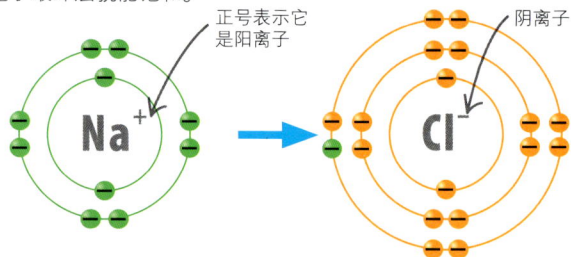

正号表示它是阳离子

阴离子

△ **钠失去最外层电子**，这个电子被氯获得。这样，两个离子都拥有了饱和的最外层。

钠的第二电子层现在成为钠离子饱和且稳定的最外层

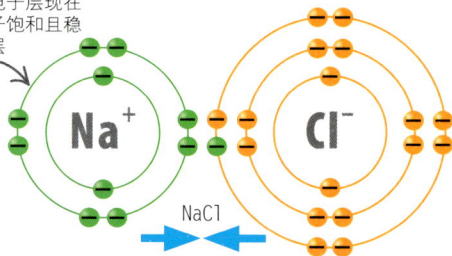

NaCl

△ **带正电荷的钠离子**与带等量负电荷的氯离子相互吸引，通过静电作用结合在一起，形成离子键，最终生成氯化钠。

八隅规则

除原子只有一个电子层的情况以外，当原子最外层有8个电子达到饱和状态时，原子就会变得稳定，这就是八隅规则。原子失去电子形成阳离子，又叫正离子；原子获得电子形成阴离子，又叫负离子。

阳离子（正离子）	阴离子（负离子）
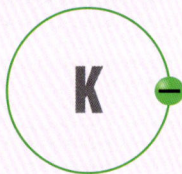 钾原子失去1个电子变成钾离子（K^+）	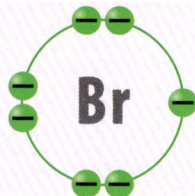 溴原子得到1个电子变成溴离子（Br^-）
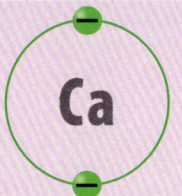 钙原子失去2个电子变成钙离子（Ca^{2+}）	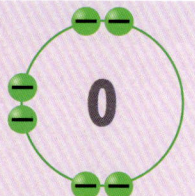 氧原子得到2个电子变成氧离子（O^{2-}）
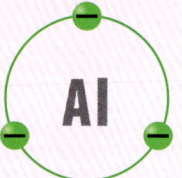 铝原子失去3个电子变成铝离子（Al^{3+}）	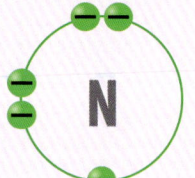 氮原子得到3个电子变成氮离子（N^{3-}）

△ **最外层电子**

最外层有1~3个电子的原子更容易失去电子，而最外层有5~7个电子的原子更容易获得电子。最外层达到饱和状态的原子最稳定，不会再失去或获得电子。

电荷平衡

离子间形成离子键的前提是正负电荷平衡，这样分子整体才不显电性。由于离子所带电荷不同，所以离子化合物中阴、阳离子的比并不总是1∶1，还存在其他的比。

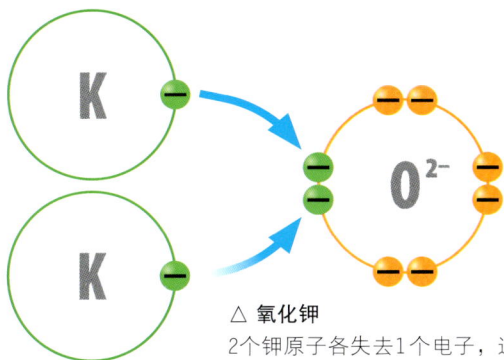

K_2O

△ 氧化钾
2个钾原子各失去1个电子，这2个电子被1个氧原子得到，生成氧化钾。

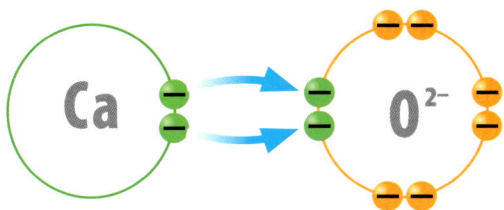

CaO

△ 氧化钙
1个钙原子失去2个电子，这2个电子被1个氧原子得到，生成氧化钙。

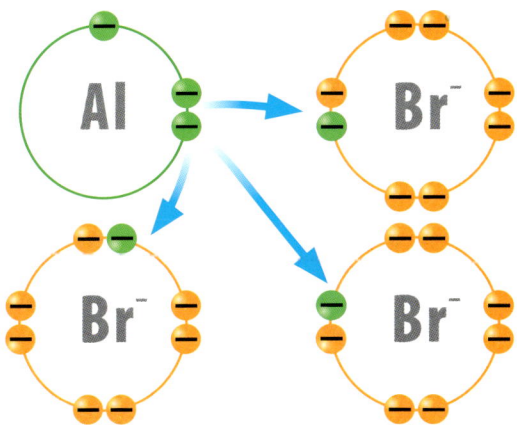

$AlBr_3$

△ 溴化铝
1个铝原子失去3个电子，这3个电子被3个溴原子得到，生成溴化铝。

化学反应性

金属原子会失去电子，所以才显电正性。非金属原子会得到电子，所以才显电负性。不同原子失去或获得电子的难易程度是不同的。

▽ 金属离子
镁和钠都有3个电子层，其中镁有2个最外层电子，钠只有1个最外层电子。失去1个电子比失去2个电子需要的能量少，因此钠的电正性更强。钾也只有1个最外层电子，但这个电子在第四电子层，距原子核较远，受到的吸引力较小，所以钾的电正性比钠强。

▽ 非金属离子
氧需要获得2个电子才能满足八隅规则，氮则需要获得3个电子。获得2个电子比获得3个电子需要的能量少，因此氧的电负性比氮强。磷同样需要获得3个电子，但它比氮多1个电子层。原子核对第三电子层的吸引力要弱于第二电子层，因此磷的电负性比氮弱。

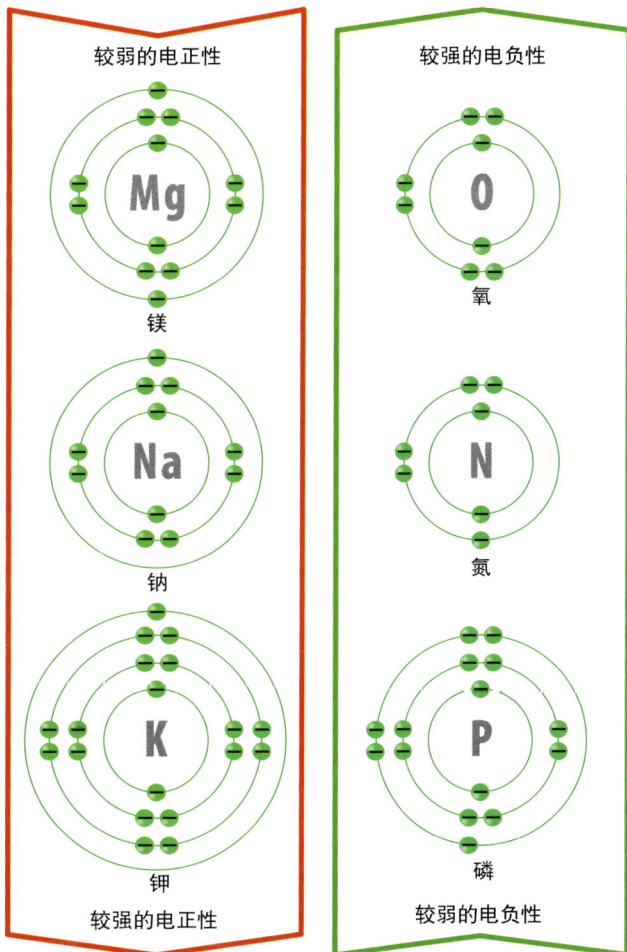

较弱的电正性

Mg
镁

Na
钠

K
钾

较强的电正性

较强的电负性

O
氧

N
氮

P
磷

较弱的电负性

共价键

共价键（covalent bond）是原子通过共用电子对形成的化学键。

有些原子是通过共享最外层电子的方式来实现最外层饱和的，而不是通过失去或获得电子。

共用电子对

共价键是通过成键原子各自提供最外层电子组成电子对形成的。这些共用电子对处于各原子的最外电子层，使每个原子（氢除外）的最外层都达到饱和的八电子状态并变得稳定。此时，原子并没有真正地失去电子，所以原子不显电性。

▽ 双键
氧气由氧分子组成。氧原子间的共用电子是2对而不是1对，这就是双键。

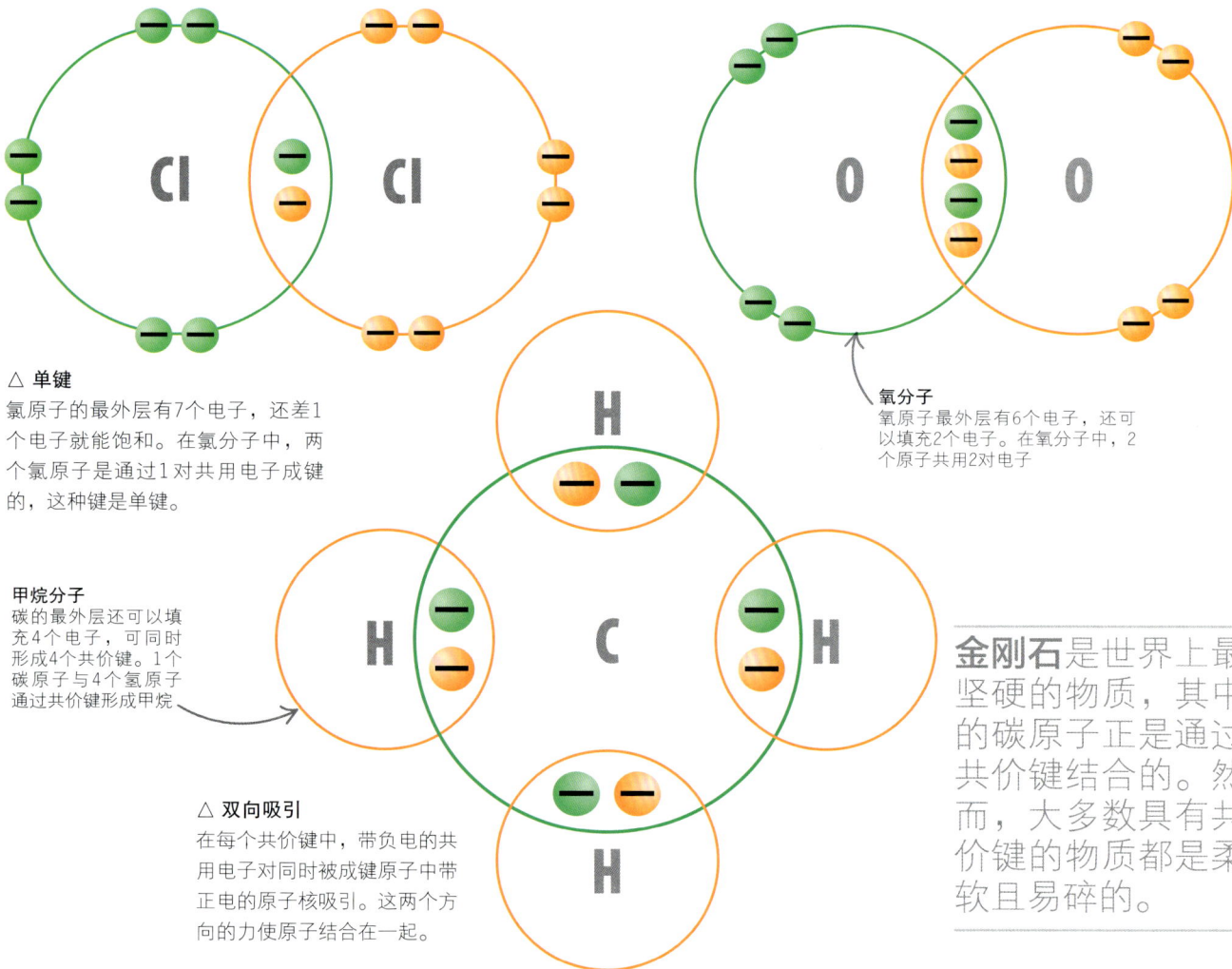

△ 单键
氯原子的最外层有7个电子，还差1个电子就能饱和。在氯分子中，两个氯原子是通过1对共用电子成键的，这种键是单键。

氧分子
氧原子最外层有6个电子，还可以填充2个电子。在氧分子中，2个原子共用2对电子

甲烷分子
碳的最外层还可以填充4个电子，可同时形成4个共价键。1个碳原子与4个氢原子通过共价键形成甲烷

△ 双向吸引
在每个共价键中，带负电的共用电子对同时被成键原子中带正电的原子核吸引。这两个方向的力使原子结合在一起。

金刚石是世界上最坚硬的物质，其中的碳原子正是通过共价键结合的。然而，大多数具有共价键的物质都是柔软且易碎的。

分子结构与键

在甲烷分子（参见第114页）中，碳原子的每个最外层电子都与1个氢原子形成1对共用电子，从而形成4个共价键。然而，在其他分子中，不是所有价电子（原子中容易与其他原子形成化学键的电子）都参与成键。我们把原子中没有参与成键的价电子叫作孤对电子。由这些孤对电子产生的电荷区域会排斥成键电子，并将成键电子推到一起。因此，成键电子和孤对电子的空间分布决定了分子结构。

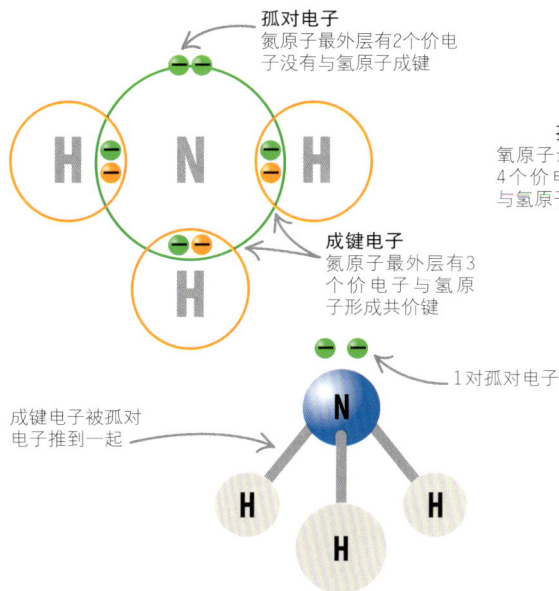

◁ **甲烷**
甲烷分子没有孤对电子，所以4个共价键对彼此的排斥作用是相同的。这就意味着4个氢原子均匀地围绕在碳原子周围，因此形成了正四面体结构。

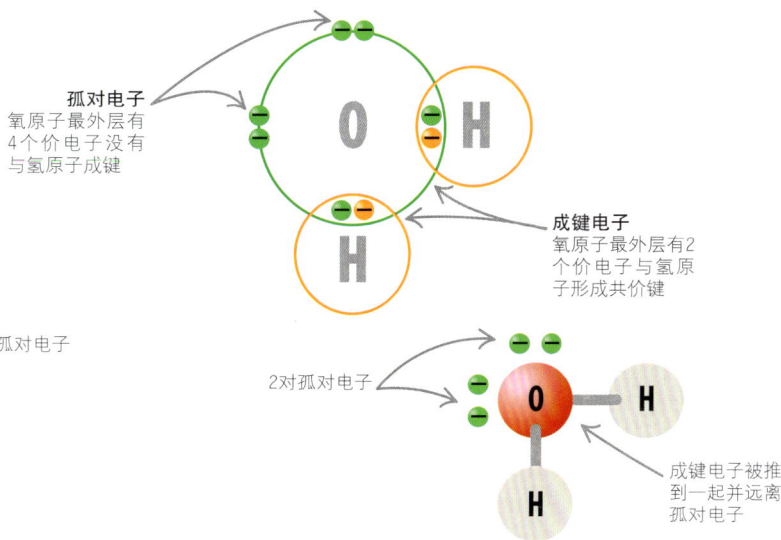

孤对电子
氮原子最外层有2个价电子没有与氢原子成键

孤对电子
氧原子最外层有4个价电子没有与氢原子成键

成键电子
氮原子最外层有3个价电子与氢原子形成共价键

成键电子
氧原子最外层有2个价电子与氢原子形成共价键

1对孤对电子

成键电子被孤对电子推到一起

2对孤对电子

成键电子被推到一起并远离孤对电子

△ **氨**
氮的1对孤对电子排斥另外3对成键电子，将它们推到一起。

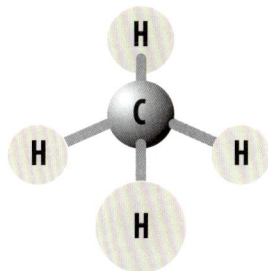

△ **水**
在水分子中，2对孤对电子使得分子呈V形。

分子间作用力

大多数简单的共价化合物都是气体，在常温常压下分子之间的距离较大。然而在液体或固体中，微弱的分子间作用力（又叫范德华力）可以将分子聚集到一起。偶极–偶极相互作用是一种常见的分子间作用力，发生在两个极性分子间。极性分子的一端带部分负电，另一端带部分正电，但是整体不显电性。一个极性分子带正电的一端与另一极性分子带负电的一端相互吸引，使两个分子紧靠在一起。

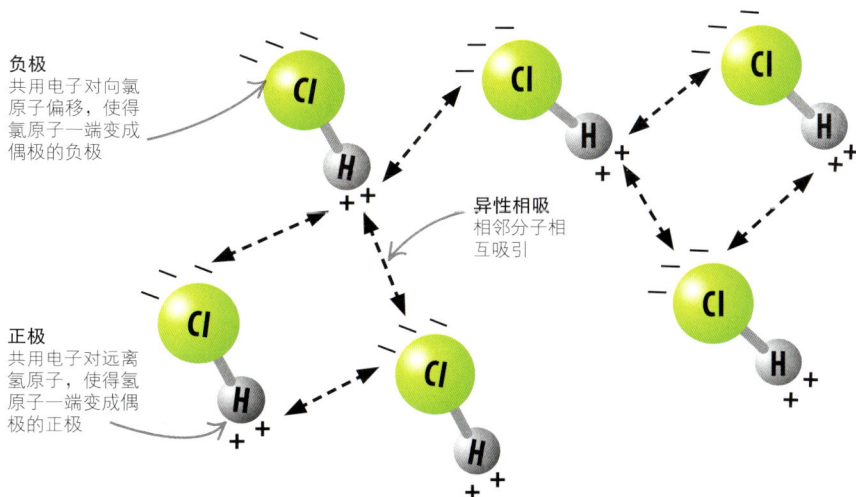

负极
共用电子对向氯原子偏移，使得氯原子一端变成偶极的负极

异性相吸
相邻分子相互吸引

正极
共用电子对远离氢原子，使得氢原子一端变成偶极的正极

元素周期表

化学家将各种化学元素排序组成元素周期表。

按照原子结构对元素进行分类和排列。性质相近的元素在元素周期表中的位置相近。

建立元素周期表

我们现在使用的元素周期表基于德米特里·门捷列夫1869年总结的周期表。元素按照原子序数由小到大排列。原子序数等于原子核内质子数。通过这样的方式排列元素，那些性质相近的元素在元素周期表中的位置相近。这样化学家就可以通过元素在元素周期表中的位置预测元素的性质。

周期
元素周期表有7个横行，每个横行称为1个周期

ⅠA族元素的最外层只有1个电子

▷ **元素条目**
用符号便于识别元素。原子序数等于原子核内质子数。

原子序数　相对原子质量

符号

名称

族
元素周期表有18个纵列，每个纵列称为1个族

现实世界

贵金属

金是人们最早已知的元素之一。它是以单质形式存在的少数元素之一，因此容易被发现。

金

第6和第7周期
这两个周期太长了，不适合元素周期表的宽度，所以其中的ⅢB族在下方单独显示

ⅠA 1								
1 1.008 **H** 氢	ⅡA 2							
3 6.941 **Li** 锂	**4** 9.012 **Be** 铍							
11 22.99 **Na** 钠	**12** 24.31 **Mg** 镁	ⅢB 3	ⅣB 4	ⅤB 5	ⅥB 6	ⅦB 7		
19 39.10 **K** 钾	**20** 40.08 **Ca** 钙	**21** 44.96 **Sc** 钪	**22** 47.87 **Ti** 钛	**23** 50.94 **V** 钒	**24** 52.00 **Cr** 铬	**25** 54.94 **Mn** 锰	**26** 55.8 **Fe**
37 85.47 **Rb** 铷	**38** 87.62 **Sr** 锶	**39** 88.91 **Y** 钇	**40** 91.22 **Zr** 锆	**41** 92.91 **Nb** 铌	**42** 95.94 **Mo** 钼	**43** [98] **Tc** 锝	**44** 101 **Ru** 钌
55 132.9 **Cs** 铯	**56** 137.3 **Ba** 钡	**57~71** **La~Lu** 镧系	**72** 178.5 **Hf** 铪	**73** 180.9 **Ta** 钽	**74** 183.8 **W** 钨	**75** 186.2 **Re** 铼	**76** 190. **Os** 锇
87 [223] **Fr** 钫	**88** [226] **Ra** 镭	**89~103** **Ac~Lr** 锕系	**104** [261] **Rf** 铲	**105** [262] **Db** 𬭊	**106** [263] **Sg** 𬭳	**107** [264] **Bh** 𬭛	**108** [26 **Hs** 𬭶

57 138.9 **La** 镧	**58** 140.1 **Ce** 铈	**59** 140.9 **Pr** 镨	**60** 144.2 **Nd** 钕	**61** [14 **Pm** 钷
89 [227] **Ac** 锕	**90** 232.0 **Th** 钍	**91** 231.0 **Pa** 镤	**92** 238.0 **U** 铀	**93** [23 **Np** 镎

划分区块

元素周期表可按照族（纵列）、周期（横行）、系划分。

3 从左到右 为一周期

从上到下 为一族

△ **周期**
同一周期的元素具有相同的电子层数。

△ **族**
同一族的元素具有相同数量的最外层电子。

▷ **系**
同一系元素的化学性质相似。

活泼金属

过渡金属

主要的非金属

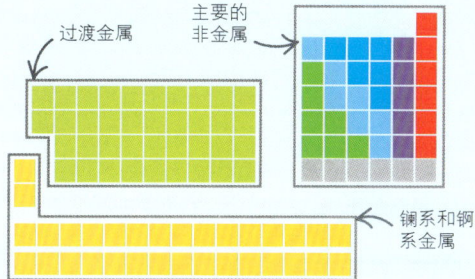

镧系和锕系金属

当**德米特里·门捷列夫**于1869年发表元素周期表时，表中仅有**63种**已知元素。

0族元素的最外层电子已排满

0 18

| 2 | 4.003 |
| **He** |
| 氦 |

备注

碱金属

碱土金属

过渡金属

镧系和锕系金属

其他金属

半金属

其他非金属

卤素

稀有气体

未知

IIIA 13	IVA 14	VA 15	VIA 16	VIIA 17
5 10.81 **B** 硼	6 12.01 **C** 碳	7 14.01 **N** 氮	8 16.00 **O** 氧	9 19.00 **F** 氟
13 26.98 **Al** 铝	14 28.09 **Si** 硅	15 30.97 **P** 磷	16 32.06 **S** 硫	17 35.45 **Cl** 氯

VIII

9　10　IB 11　IIB 12

| | | | | | | | | 10 20.18 **Ne** 氖 |
| 18 39.95 **Ar** 氩 |

7 58.93 **Co** 钴	28 58.69 **Ni** 镍	29 63.55 **Cu** 铜	30 65.41 **Zn** 锌	31 69.72 **Ga** 镓	32 72.64 **Ge** 锗	33 74.92 **As** 砷	34 78.96 **Se** 硒	35 79.90 **Br** 溴	36 83.80 **Kr** 氪
5 102.9 **Rh** 铑	46 106.4 **Pd** 钯	47 107.9 **Ag** 银	48 112.4 **Cd** 镉	49 114.8 **In** 铟	50 118.7 **Sn** 锡	51 121.8 **Sb** 锑	52 127.6 **Te** 碲	53 126.9 **I** 碘	54 131.3 **Xe** 氙
7 192.2 **Ir** 铱	78 195.1 **Pt** 铂	79 197.0 **Au** 金	80 200.6 **Hg** 汞	81 204.4 **Tl** 铊	82 207.2 **Pb** 铅	83 209.0 **Bi** 铋	84 [209] **Po** 钋	85 [210] **At** 砹	86 [222] **Rn** 氡
09 [266] **Mt** 鿏	110 [269] **Ds** 鿏	111 [272] **Rg** 铹	112 [277] **Cn** 鿔	113 [278] **Nh** 鿭	114 [289] **Fl** 铁	115 [288] **Mc** 镆	116 [289] **Lv** 鉝	117 [294] **Ts** 础	118 [294] **Og** 鿫

第117号元素
第117号元素是最新加入元素周期表的元素

| 2 150.4 **Sm** 钐 | 63 152.0 **Eu** 铕 | 64 157.3 **Gd** 钆 | 65 158.9 **Tb** 铽 | 66 162.5 **Dy** 镝 | 67 164.9 **Ho** 钬 | 68 167.3 **Er** 铒 | 69 168.9 **Tm** 铥 | 70 173.0 **Yb** 镱 | 71 175.0 **Lu** 镥 |
| 4 [244] **Pu** 钚 | 95 [243] **Am** 镅 | 96 [247] **Cm** 锔 | 97 [247] **Bk** 锫 | 98 [251] **Cf** 锎 | 99 [252] **Es** 锿 | 100 [257] **Fm** 镄 | 101 [258] **Md** 钔 | 102 [259] **No** 锘 | 103 [260] **Lr** 铹 |

新元素
这些元素的英文全称通常以发现它们的伟大科学家的姓氏命名。锘（nobelium）就是为了纪念阿尔弗雷德·诺贝尔（Alfred Nobel）而命名的

理解元素周期表

元素周期表是有规律的。

元素周期表中的元素是根据原子核外的电子排布排序的。这意味着性质相似的元素在元素周期表中的位置相近。

参见	
❮ 112~113	离子键
❮ 116~117	元素周期表
原子内部	168~169 ❯

原子大小

原子每增加一个电子层，元素周期表就可以向下开启一个新的周期。因此，元素周期表中的同族元素自上而下，原子半径依次增大。然而，同周期元素自左向右，原子半径随最外层电子增多而逐渐变小。这是因为随着原子序数的增加，原子核内的质子数和原子核外的最外层电子数都会增加，质子与最外层电子间的吸引力变大，将电子拉近原子核，使得原子半径变小。

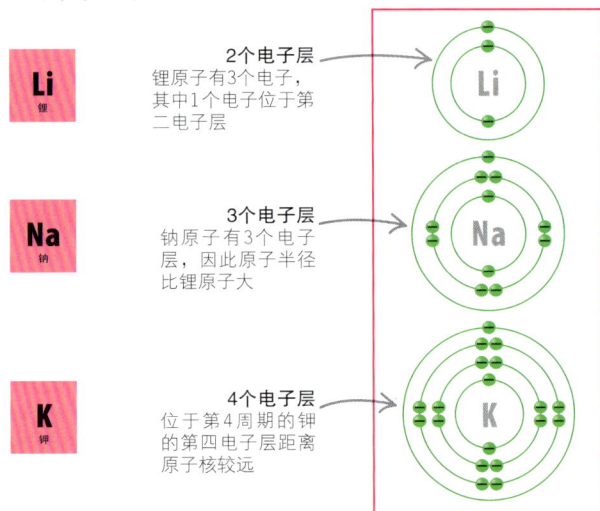

2个电子层
锂原子有3个电子，其中1个电子位于第二电子层

3个电子层
钠原子有3个电子层，因此原子半径比锂原子大

4个电子层
位于第4周期的钾的第四电子层距离原子核较远

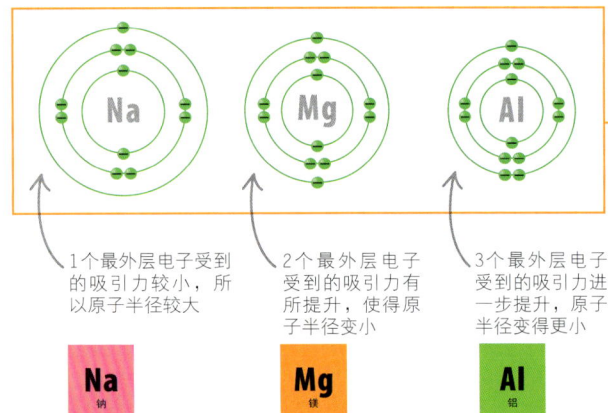

1个最外层电子受到的吸引力较小，所以原子半径较大

2个最外层电子受到的吸引力有所提升，使得原子半径变小

3个最外层电子受到的吸引力进一步提升，原子半径变得更小

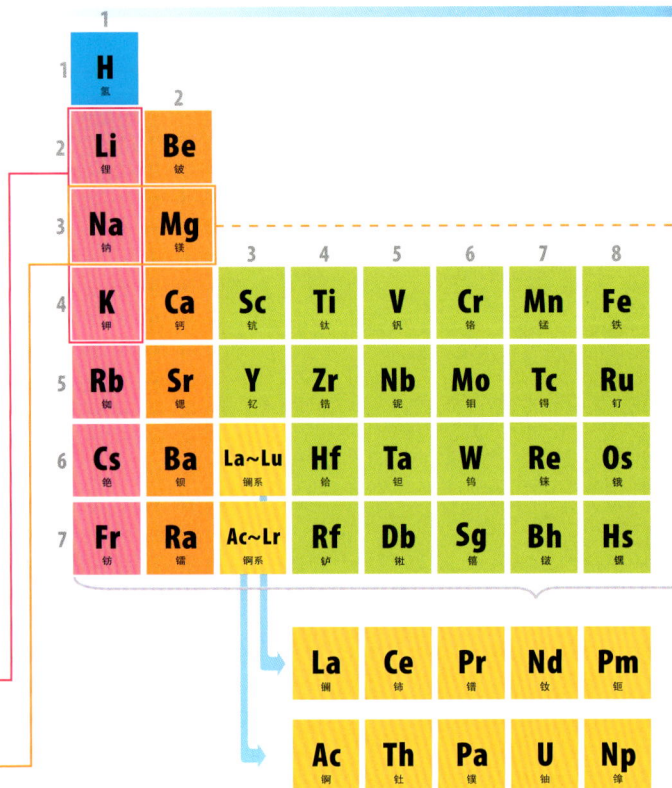

金属与非金属

元素周期表的左下方为金属元素，右上方为非金属元素。金属元素的原子容易失去最外层电子。非金属元素的原子则牢牢地束缚住最外层电子，它们与金属元素的性质完全不同。有7种元素为半金属元素，兼具金属和非金属的性质。

金属与非金属	
金属	**非金属**
导热	绝热
导电	绝缘
有延展性、强韧	脆且易碎
有金属光泽、不透明	无光泽、相对透明
密度较大	密度较小
低电离能	高电离能

◁ **金属与非金属**
金属元素因其独特的原子结构而具有某些性质。非金属元素的性质则几乎与金属元素完全相反。

原子半径变小，电离能变大，金属性减弱

半金属，又称准金属，在金属和非金属之间形成对角分界线。分界线的左边是金属元素，右边是非金属元素

18						
						He 氦
	13	**14**	**15**	**16**	**17**	
	B 硼	C 碳	N 氮	O 氧	F 氟	Ne 氖
	Al 铝	Si 硅	P 磷	S 硫	Cl 氯	Ar 氩

9	**10**	**11**	**12**						
Co 钴	Ni 镍	Cu 铜	Zn 锌	Ga 镓	Ge 锗	As 砷	Se 硒	Br 溴	Kr 氪
Rh 铑	Pd 钯	Ag 银	Cd 镉	In 铟	Sn 锡	Sb 锑	Te 碲	I 碘	Xe 氙
Ir 铱	Pt 铂	Au 金	Hg 汞	Tl 铊	Pb 铅	Bi 铋	Po 钋	At 砹	Rn 氡
Mt 䥑	Ds 鐽	Rg 錀	Cn 鎶	Nh 鉨	Fl 鈇	Mc 镆	Lv 鉝	Ts 鿬	Og 鿫

Sm 钐	Eu 铕	Gd 钆	Tb 铽	Dy 镝	Ho 钬	Er 铒	Tm 铥	Yb 镱	Lu 镥
Pu 钚	Am 镅	Cm 锔	Bk 锫	Cf 锎	Es 锿	Fm 镄	Md 钔	No 锘	Lr 铹

原子半径变大，电离能变小

电离能

电离能是指从处于基态的气态分子、原子或原子团中将一个电子移至无穷远处所需的能量。电离能与原子半径成反比。在元素周期表中，电离能从左到右是递增的。要让具有大量最外层电子的原子"失去"一个电子，需要更多的能量，因为它们的最外层离原子核更近，最外层电子被束缚得更牢。电离能从上到下是递减的，原子半径大的原子，其最外层电子距离原子核较远，所以"失去"电子更容易。

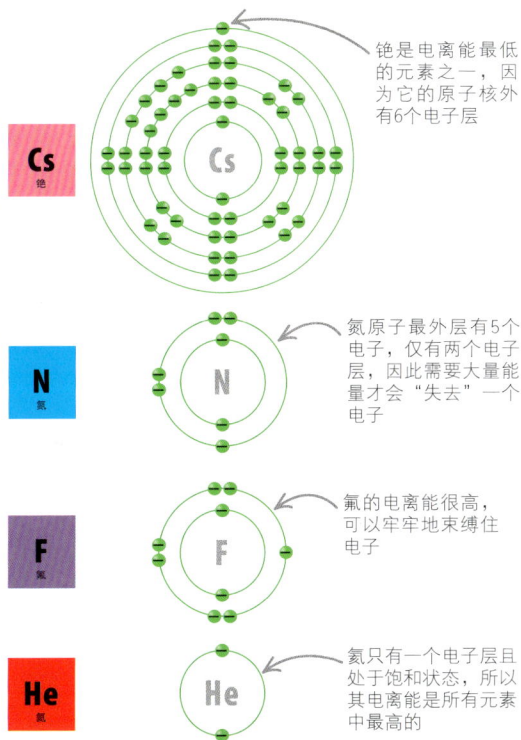

铯是电离能最低的元素之一，因为它的原子核外有6个电子层

Cs 铯

氮原子最外层有5个电子，仅有两个电子层，因此需要大量能量才会"失去"一个电子

N 氮

氟的电离能很高，可以牢牢地束缚住电子

F 氟

氦只有一个电子层且处于饱和状态，所以其电离能是所有元素中最高的

He 氦

不是所有元素都遵循元素周期表的规律。例如，尽管**铪**比**锆**多32个电子，但这两种原子的半径几乎相同！

现实世界

类硅元素

在创立元素周期表以后，德米特里·门捷列夫通过已知元素预测表中空着的、当时未知的一些元素的性质。他认为第32号元素是类硅元素，并且预测了这个元素的熔点、颜色、密度和化学性质。1886年，这种类硅元素被分离出来，并被命名为锗，与门捷列夫的预测吻合。

碱金属和碱土金属

元素周期表ⅠA族的6个元素被称为碱金属。ⅡA族的6个元素被称为碱土金属。

这些元素的最外层电子很少，很容易和其他元素发生化学反应。

活泼金属

在元素周期表中，ⅠA族元素只有1个最外层电子，ⅡA族元素有2个最外层电子。它们容易失去最外层电子变成阳离子，即容易发生化学反应，这说明它们非常活泼。ⅠA族元素失去1个电子相比ⅡA族元素失去2个电子要容易很多。

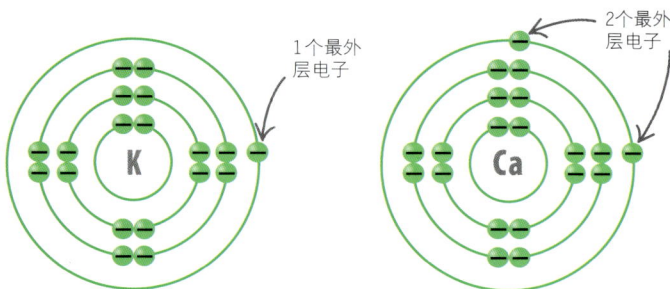

1个最外层电子

2个最外层电子

△ 钾（ⅠA族）

钾有4个电子层，在其第四电子层也就是最外层有1个电子。

△ 钙（ⅡA族）

钙也有4个电子层，它的最外层有2个电子。

释放氢气

这些金属都会与水发生剧烈反应，产生明亮、带颜色的火焰。金属与水中的氢置换，生成氢氧化物。被置换的氢生成氢气。例如，把钾放入水中，会生成氢氧化钾和氢气，反应方程式为：$2K(s)+2H_2O(l)=2KOH(aq)+H_2(g)$。

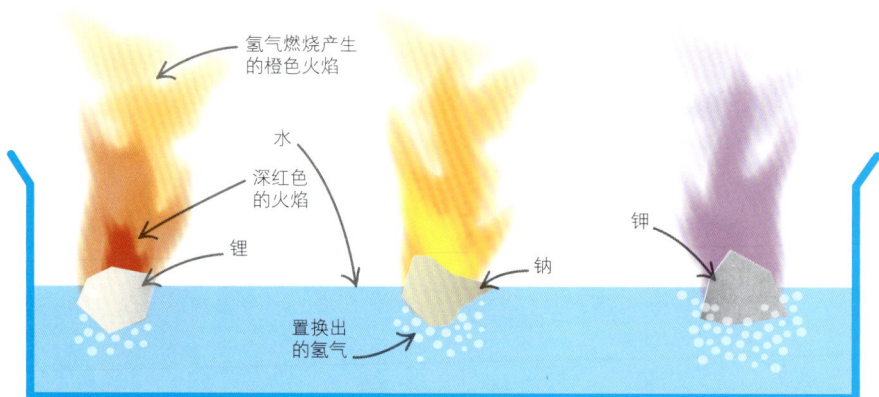

氢气燃烧产生的橙色火焰

水

深红色的火焰

锂

置换出的氢气

钾

△ 锂

把锂放入水中，锂燃烧产生深红色的火焰。释放出的氢气燃烧时，火焰为橙色。

△ 钠

钠燃烧时产生的火焰是橙色的。一部分路灯为钠灯，所以会发出这种颜色的光。

△ 钾

钾燃烧时产生淡紫色的火焰。钾的反应性比钠和锂都强，所以如果储存不当，钾极易爆炸。

现实世界

在生物体内

碱金属和碱土金属也存在于生物体内。钠离子和钾离子有助于产生可以刺激肌肉和神经的电脉冲，而钙的化合物普遍存在于骨骼、牙齿和软体动物的壳（如蜗牛壳）中。

蜗牛壳

氢和氦

氢元素位于ⅠA族，只有1个电子。但它不属于碱金属，因为氢的化学性质与其他同族元素完全不同。同样地，氦元素有2个电子，但不属于ⅡA族，反而是0族的稀有气体，具有与其他同族元素相似的化学性质。

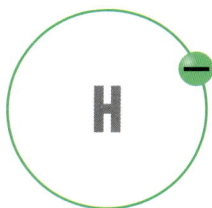

△ 氢
氢有1个电子，与同族元素相比，不易失去电子。

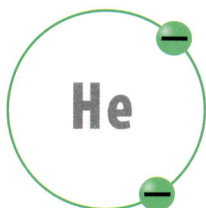

△ 氦
氦只有1个电子层，2个电子使电子层饱和。通常条件下，氦不参与化学反应。

同族元素的规律

ⅠA族和ⅡA族元素越往下，原子半径越大，也越容易发生反应。这是因为带负电的最外层电子与带正电的原子核距离越来越远，两者之间的吸引力也变得越来越弱。

▽ 碱土金属
碱土金属的化合物是从地壳中发现的。例如，铍元素就是从绿宝石中发现的。虽然碱土金属可以和水反应，但不如碱金属那么剧烈。

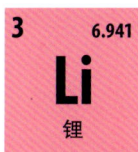

3	6.941
Li	
锂	

◁ 锂
锂是所有金属中密度最小的，甚至可以漂浮在水面上。

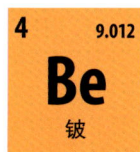

11	22.99
Na	
钠	

◁ 钠
钠是自然界中储量最丰富的碱金属，很多岩石中都含有钠的化合物。

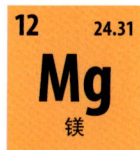

19	39.10
K	
钾	

◁ 钾
钾的英文"potassium"是根据钾碱的英文"potash"命名的。木头燃烧后的灰烬中所含钾的化合物就是钾碱。

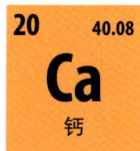

37	85.47
Rb	
铷	

◁ 铷
天气炎热时，铷会熔化，并且很容易在空气中自燃。

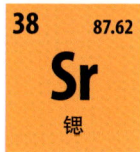

55	132.9
Cs	
铯	

◁ 铯
铯在28℃熔化，这个温度仅略高于室温。

87	[223]
Fr	
钫	

◁ 钫
这种放射性金属十分稀少，人们对它了解甚少。

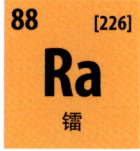

反应性增强

4	9.012
Be	
铍	

◁ 铍
铍的密度很小。它经常用于制造高速航空器和人造卫星。

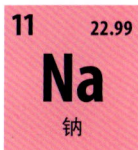

12	24.31
Mg	
镁	

◁ 镁
镁的英文"magnesium"是以希腊马格尼西亚地区的英文"magnesia"命名的，那里大量出产镁的化合物。

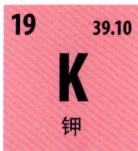

20	40.08
Ca	
钙	

◁ 钙
钙普遍存在于岩石中。天然的钙化合物就是石灰（氧化钙）。

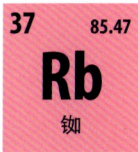

38	87.62
Sr	
锶	

◁ 锶
大部分锶的同位素（isotope）是稳定的，但有些锶的同位素具有放射性，很危险。

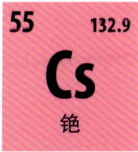

56	137.3
Ba	
钡	

◁ 钡
把钡的化合物添加在烟花中，爆炸时会产生绿色的火焰。

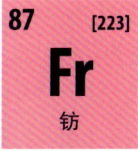

88	[226]
Ra	
镭	

◁ 镭
镭具有很强的放射性，会发出微弱的蓝光。

反应性增强

卤素和稀有气体

这些元素分别位于元素周期表的VIIA族和0族。

元素周期表的左下部分基本都是金属元素，右上部分——以VIIA族和0族为代表——都是非金属元素。这两族元素的化学性质差异巨大。

卤素

自然界中存在5种卤素。这一族元素的反应性是向下递减的。因为随着原子序数增加，原子半径也在增加，原子的最外电子层逐渐远离原子核，最外层电子受到的束缚逐渐减小，这里所说的电子也包括在化学反应时获得的电子。

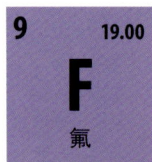

9	19.00
F	
氟	

◁ 氟
氟气是淡黄色的气体。氟是所有非金属元素中反应性最强的，极易形成化合物。牙膏中添加了氟化钠。

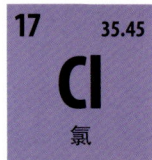

17	35.45
Cl	
氯	

◁ 氯
氯气是黄绿色的气体，用于生产很多种消毒剂和清洁产品，如漂白剂。很多游泳池用氯化物消毒。

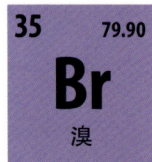

35	79.90
Br	
溴	

◁ 溴
溴是在常温常压下唯一呈液态的非金属元素。溴化物用于防火材料。

53	126.9
I	
碘	

◁ 碘
碘为紫黑色固体，常压下不会熔化为液体，而是直接升华为紫色气体。

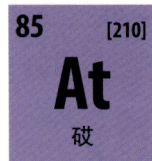

85	[210]
At	
砹	

◁ 砹
砹是最重的卤素，具有强放射性，并且十分稀少，因为砹会迅速衰变（decay）为其他元素。

反应性减弱

成盐元素

卤素在自然界都以典型的盐类存在，是成盐元素。这一族的原子最外层有7个电子，而最外层最多可以容纳8个电子。因此，所有卤素都有很强的电负性，这意味着它们容易吸引1个电子使最外层达到饱和状态，形成阴离子。它们通过和金属反应，形成稳定的离子化合物，这类物质称为盐类。

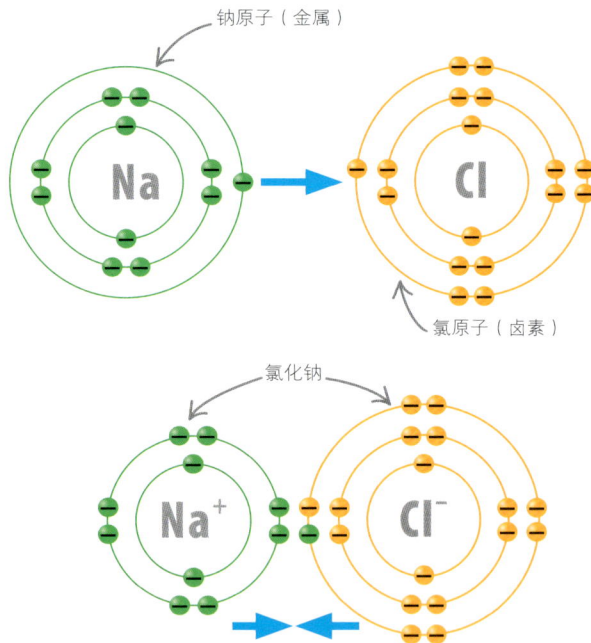

钠原子（金属）
氯原子（卤素）
氯化钠

△ 食盐
毫无疑问，食盐是最常见的盐类。食盐的主要成分是氯化钠，即卤素氯和金属钠反应生成的化合物。

置换

各种卤素可进行相似的反应，并生成类似的化合物家族。因此，反应性更强的卤素单质可以置换化合物中反应性较弱的卤素，这样两种卤素就可以交换位置，置换出的卤素是单质。

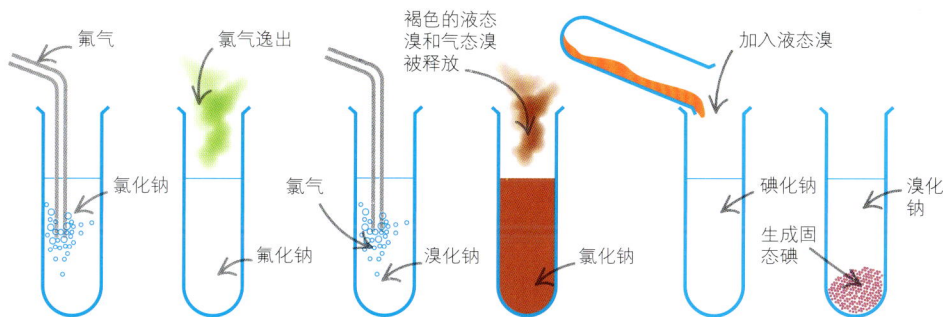

氟气 氯气逸出 褐色的液态溴和气态溴被释放 加入液态溴

氯化钠 氯气 氯化钠 碘化钠 溴化钠

氯化钠 溴化钠 氯化钠 生成固态碘

△ **氟置换氯**
氟气从氯化钠中置换出氯气。氟也可置换溴和碘。

△ **氯置换溴**
氯气从溴化钠中置换出溴。氯也可置换碘，但不能置换氟。

△ **溴置换碘**
溴从碘化钠中置换出碘。溴无法置换氯和氟。

稀有气体

稀有气体元素构成了元素周期表的0族。除了氦之外，其他0族元素的最外层都有8个电子且处于饱和状态，这使得它们的化学性质不活泼，不会与其他元素结合，甚至几乎不参与化学反应。它们的原子也不会彼此成键形成双原子分子，所以0族元素都是以单原子气体形式存在的。

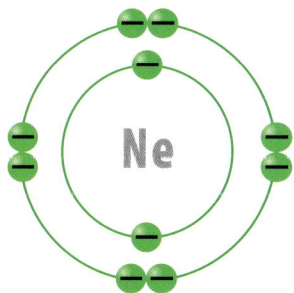

△ **氖的电子层**
与其他所有稀有气体一样，氖气不形成离子键——它的最外层没有空间再容纳其他电子。同理，氖原子也不会通过共用电子与其他原子形成共价键。

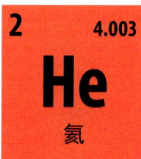

2	4.003
He	
氦	

◁ **氦**
氦的最外层有2个电子，它们填满了原子核外唯一的电子层。

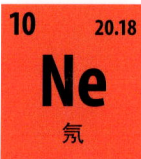

10	20.18
Ne	
氖	

◁ **氖**
氖气发现于1898年，其英文名的含义是"一种新元素"。

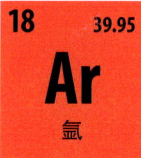

18	39.95
Ar	
氩	

◁ **氩**
氩气是地球上含量最多的稀有气体，约占大气的1%。

36	83.80
Kr	
氪	

◁ **氪**
氪气与氖气相比非常稀少，其英文名的含义是"一种隐秘的元素"。

54	131.3
Xe	
氙	

◁ **氙**
氙气的密度很大，如果气球里充满氙气，就会径直下落。

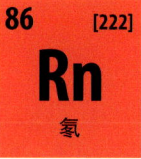

86	[222]
Rn	
氡	

◁ **氡**
所有氡原子都具有放射性。当岩石中的铀衰变时，就会产生氡气。

霓虹灯

稀有气体被加热后，会散发特殊颜色的光。氦气能发出与阳光类似颜色的光，因此其英文名"helium"源自希腊文中的太阳神"helios"。给其他稀有气体通电会产生相似的效果，所以它们被应用于霓虹灯。

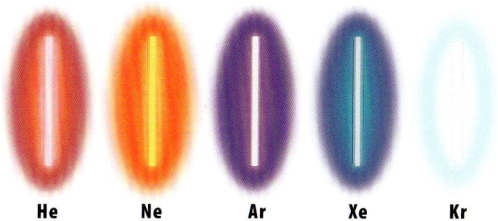

He　　Ne　　Ar　　Xe　　Kr

△ **发光气体**
在霓虹灯中，电流通过充满稀有气体的电子管时，一部分原子的电子会被激发至高能级。当这些电子由高能级回到基态时，会发出特殊颜色的光。

现实世界

氦气球

氦气是世界上第二轻的气体（氢气是最轻的气体）。所以，氦气球可在密度比它大的空气中飘向上空。不过因为氢气球和氢气飞艇都容易爆炸，而氦气球不会，所以氦气的应用更广泛。

过渡金属

过渡金属即过渡元素，位于元素周期表的中部。

过渡金属位于元素周期表中的第3～12列，即ⅠB～ⅦB族和Ⅷ族。由于它们的电子排列方式很独特，所以它们具有与主族金属元素截然不同的化学性质。

内层电子和外层电子

过渡金属的最外层仅有一两个电子，是因为它们能在次外层填充8个以上的电子。因此，位于这个区域的元素随着原子序数的增加，多出的电子不会填入最外层，而是填入次外层，次外层最多可容纳18个电子。

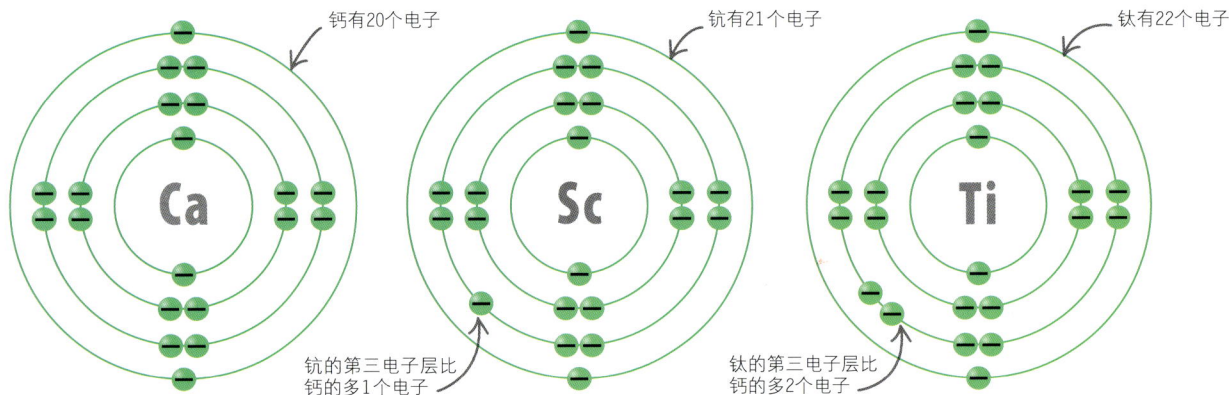

▽ 增加的电子

钙不属于过渡金属。它的最外层有2个电子，次外层（第三层）有8个电子。在元素周期表中，钙之后的元素是钪——第一个过渡金属。钪比钙多1个电子，但这个电子位于第三层，所以钪原子的最外层仍然只有2个电子。同样地，钛的最外层也只有2个电子，第三层却有10个电子。

钙有20个电子

钪有21个电子

钛有22个电子

Ca

Sc

Ti

钪的第三电子层比钙的多1个电子

钛的第三电子层比钙的多2个电子

不同的氧化态

和主族金属元素一样，过渡金属也容易失去最外层电子，变成阳离子。然而，过渡金属还可以继续失去次外层电子，变成带不同电荷数的阳离子，或者具有不同的氧化态（oxidation state，参见第132页）。氧化态表明了原子失去或得到电子后的电荷数。每失去1个电子，氧化态就+1，比如+2代表失去2个电子。以下是锰的化合物中常见的5种氧化态。

氧化态	锰失去电子的情况
+2	2个最外层电子
+3	2个最外层电子和1个次外层电子
+4	2个最外层电子和2个次外层电子
+6	2个最外层电子和4个次外层电子
+7	2个最外层电子和5个次外层电子

现实世界

非常有用的金属

过渡金属的反应性低于碱金属和碱土金属。因此从数千年以前，过渡金属就被用于工业制造。铁是最常见的过渡金属，是非常坚韧的建筑材料。另一种过渡金属镍可用于铸造硬币。

络合物的色彩

络合物的中心为离子（或中性原子），通过配位键与周围一定数量的分子或阴离子结合。过渡金属离子可以与水、氨和氯离子等结合形成络合物。这些络合物的结构复杂且差异巨大，它们吸收和发出的光的波长也差异巨大，呈现出五彩缤纷的色彩。

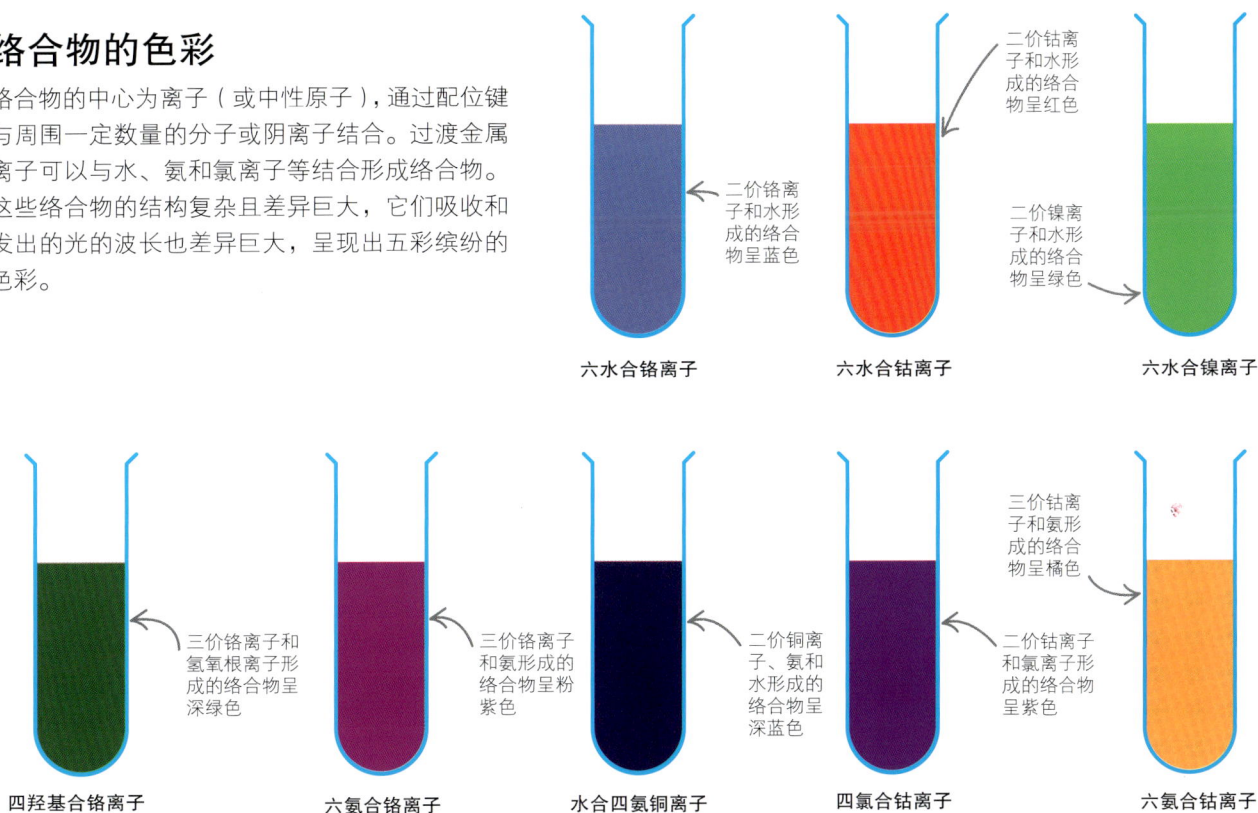

二价铬离子和水形成的络合物呈蓝色

二价钴离子和水形成的络合物呈红色

二价镍离子和水形成的络合物呈绿色

六水合铬离子　　**六水合钴离子**　　**六水合镍离子**

三价铬离子和氢氧根离子形成的络合物呈深绿色

三价铬离子和氨形成的络合物呈粉紫色

二价铜离子、氨和水形成的络合物呈深蓝色

二价钴离子和氯离子形成的络合物呈紫色

三价钴离子和氨形成的络合物呈橘色

四羟基合铬离子　**六氨合铬离子**　**水合四氨铜离子**　**四氯合钴离子**　**六氨合钴离子**

镧系和锕系金属

镧系和锕系金属通常位于元素周期表的底部，因为第6和第7周期排不下它们。它们的电子排列方式与过渡金属相似。从第6周期开始，镧系和锕系金属将多余的电子填充至内层，不同的是镧系和锕系金属不止填充次外层，还填充倒数第三层。它们的第四和第五电子层都可容纳32个电子。

▽ **巨大的原子**

镧系元素可用于制造高科技合金，所有的锕系元素都具有放射性。铀和钍可用于制作核燃料。

| La 镧 | Ce 铈 | Pr 镨 | Nd 钕 | Pm 钷 | Sm 钐 | Eu 铕 | Gd 钆 | Tb 铽 | Dy 镝 | Ho 钬 | Er 铒 | Tm 铥 | Yb 镱 | Lu 镥 |
| Ac 锕 | Th 钍 | Pa 镤 | U 铀 | Np 镎 | Pu 钚 | Am 镅 | Cm 锔 | Bk 锫 | Cf 锎 | Es 锿 | Fm 镄 | Md 钔 | No 锘 | Lr 铹 |

镧系和锕系是根据每个周期的第一个元素命名的

很多种锕系元素都非常不稳定，仅能在实验室中存在几秒

放射性

处于不稳定状态时，原子核可能会分裂并射出高能粒子和辐射。

放射性原子通常很大，原子核内具有与稳定原子不同数量的中子，我们将其称为元素的放射性同位素。

放射性衰变

不稳定的原子核分裂或衰变时会产生辐射。γ 射线就是辐射的一种，是电磁波谱中最强的能量波。有时原子核会射出高速粒子。失去这些粒子会改变原子核的结构，并生成新元素。α 粒子的构成与氦原子核相同，包含2个质子和2个中子。β 粒子通常是电子。

▽ **α 衰变**

当 α 衰变发生时，不稳定原子核会自发地放射1个 α 粒子，原子序数减2。例如，放射性铀（原子序数为92）发生 α 衰变后变成钍（原子序数为90），原子质量数（质子和中子数之和）减4。

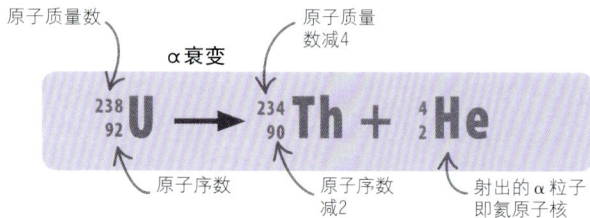

原子质量数

α 衰变 ⟶ 原子质量数减4

$$^{238}_{92}U \rightarrow {}^{234}_{90}Th + {}^{4}_{2}He$$

原子序数

原子序数减2

射出的 α 粒子即氦原子核

▽ **β 衰变**

当 β 衰变发生时，不稳定原子核会自发地放射1个 β 粒子，原子序数增加1，但原子质量数不变。例如，放射性碳（原子序数为6）发生 β 衰变变成氮（原子序数为7）的过程中，放射性碳原子核中少了1个中子，但多了1个质子，所以原子质量数保持不变。

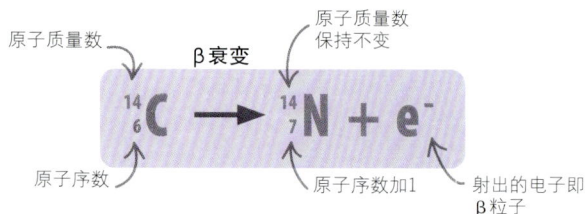

原子质量数

β 衰变 ⟶ 原子质量数保持不变

$$^{14}_{6}C \rightarrow {}^{14}_{7}N + e^{-}$$

原子序数

原子序数加1

射出的电子即 β 粒子

危险的辐射

放射性辐射相当危险，因为其具有很强的能量，可以撞出活体组织中原子的电子，使其离子化。这会影响细胞的正常功能，造成细胞大量死亡，甚至可能引发癌症。α 粒子只能通过饮食进入人体，它们一旦进入人体会对人体产生极大危害。γ 射线可以直接穿透人体，基本不会撞击到原子造成危害。

▽ **穿透力**

α 粒子虽然会造成放射性烧伤，但可以被皮肤阻挡；β 粒子可以被金属薄片弹回；要想阻隔 γ 射线，则需要很厚的铅板。

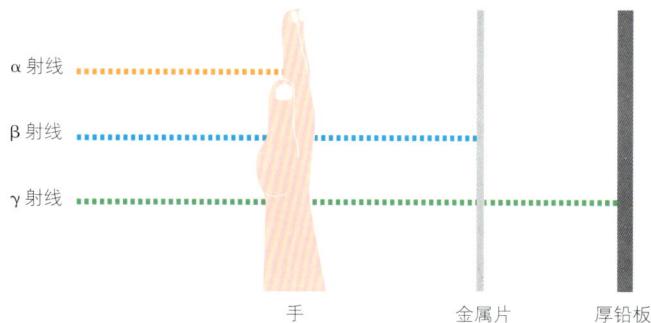

α 射线

β 射线

γ 射线

手　　　　金属片　　　　厚铅板

现实世界

烟雾报警器

家用烟雾报警器中包含微量但安全的镅——一种由实验室制造的放射性元素。镅可将报警器内的空气离子化，使电池产生的电流通过空气。当烟雾进入报警器后，报警器里的空气去离子化，电流受阻，触发警报。

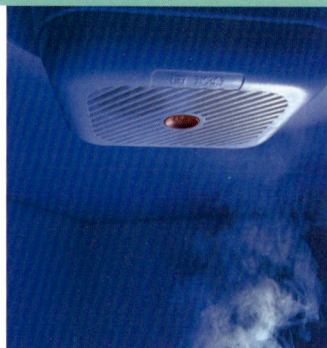

半衰期

放射性同位素以固定的速率衰变，该速率以半衰期计量。半衰期即放射性元素的原子核有半数发生衰变时所需的时间。每种放射性同位素都有特定的半衰期。放射性越强的同位素，半衰期越短。

▷ **固定的衰变率**

无论放射性物质是多是少，其半衰期都是一样的。如果一种放射性物质的半衰期是8天，那么8天后就只剩一半样本，再过8天，只剩25%，以此类推。

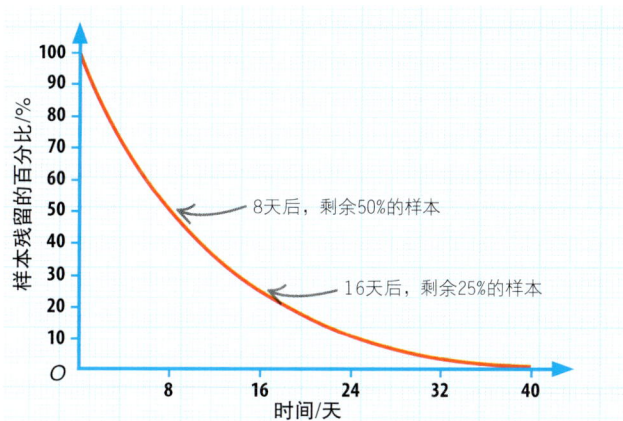

8天后，剩余50%的样本

16天后，剩余25%的样本

样本残留的百分比/%

时间/天

衰变系

放射性同位素经常衰变为同样具有放射性的子原子，因此衰变会继续进行，直到最后生成稳定的原子才会停止。衰变系中一些元素存在的时间不超过1秒，而另外一些元素大概可以存在几年，然后逐渐衰变成序列中的下一种元素。

▷ **$^{238}_{92}$U衰变系**

$^{238}_{92}$U是最常见的铀的同位素。它在进行一系列衰变的过程中，会释放α粒子和β粒子，生成一系列放射性同位素，直到变成稳定的$^{206}_{82}$Pb。其中每种同位素的衰变速率不同，所以半衰期也不同。

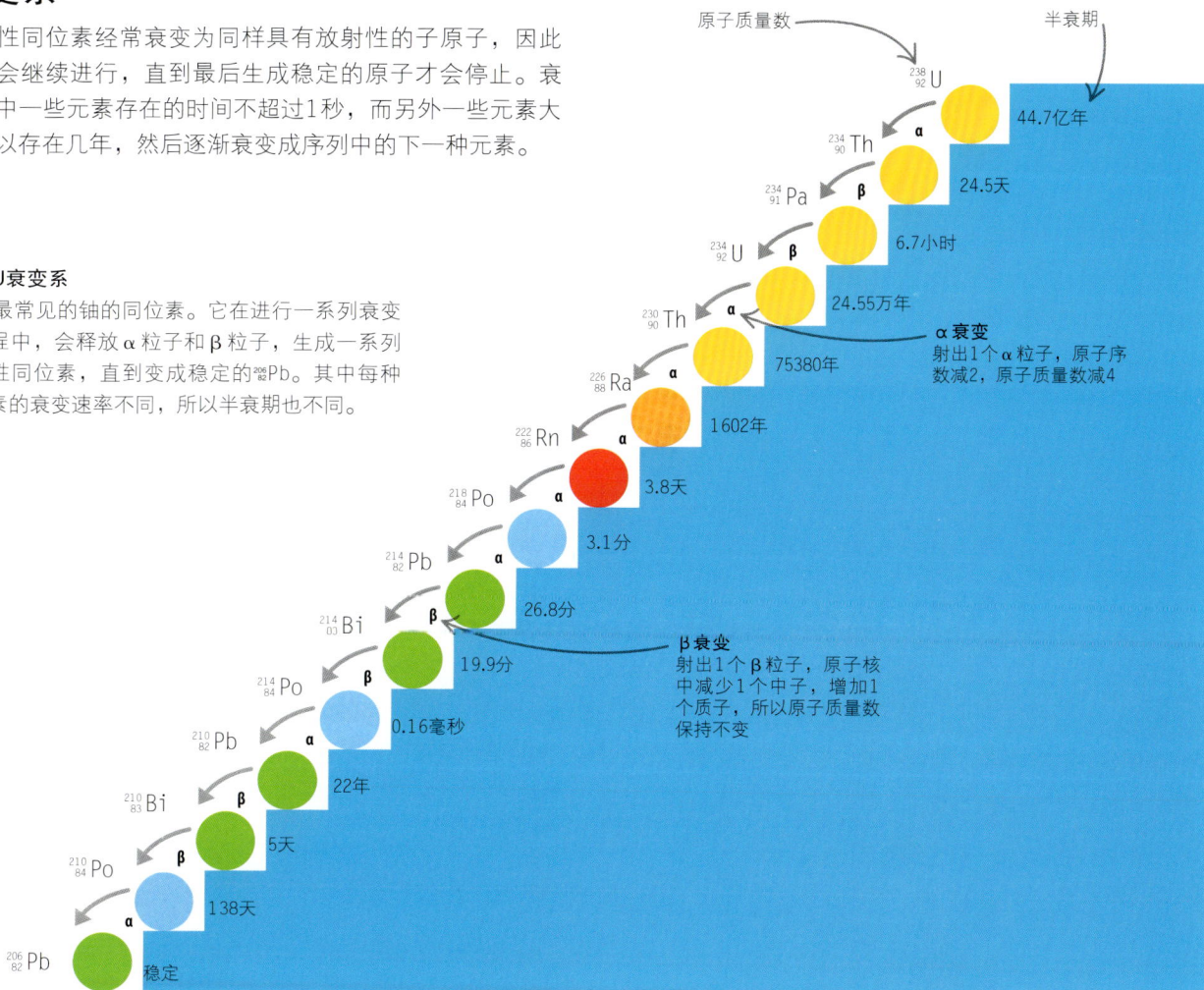

原子质量数

半衰期

$^{238}_{92}$U — 44.7亿年

$^{234}_{90}$Th — α

$^{234}_{91}$Pa — β — 24.5天

$^{234}_{92}$U — β — 6.7小时

$^{230}_{90}$Th — α — 24.55万年

α衰变
射出1个α粒子，原子序数减2，原子质量数减4

$^{226}_{88}$Ra — α — 75380年

$^{222}_{86}$Rn — α — 1602年

$^{218}_{84}$Po — α — 3.8天

$^{214}_{82}$Pb — α — 3.1分

$^{214}_{83}$Bi — β — 26.8分

β衰变
射出1个β粒子，原子核中减少1个中子，增加1个质子，所以原子质量数保持不变

$^{214}_{84}$Po — β — 19.9分

$^{210}_{82}$Pb — α — 0.16毫秒

$^{210}_{83}$Bi — β — 22年

$^{210}_{84}$Po — β — 5天

$^{206}_{82}$Pb — α — 138天

稳定

化学反应

化学反应就是一种物质变为另一种物质的过程。

在化学反应中，原有的化学键被打破，形成新化学键，同时原子重新组合，生成新物质。

起点和终点

化学反应的起点是反应物。大多数反应至少有2种反应物，不过有的反应只有1种反应物。反应物可以是化合物，也可以是单质。当反应物相互接触时，它们的离子、原子或原子团重新组合，形成被称为生成物的新物质——反应的终点。

自发粉通过化学反应产生气泡，可用于制作松软的蛋糕。

▷ **活化反应**

在反应过程中，反应物的化学键被打破后重新构建，形成生成物。右侧的例子就是两种反应物经过化合反应（combination reaction，参见第129页）生成一种生成物。

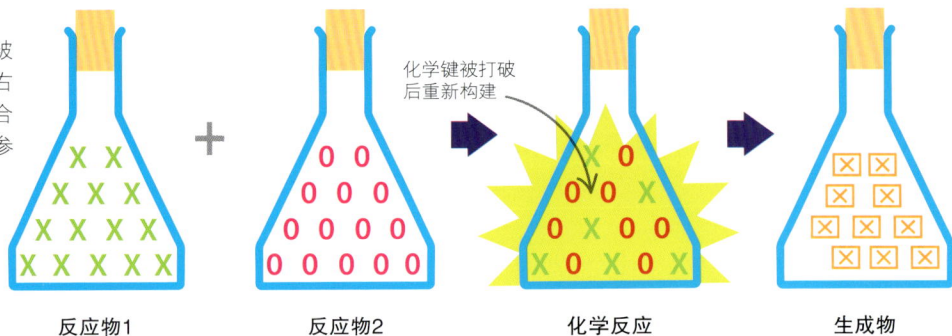

化学键被打破后重新构建

反应物1　　　反应物2　　　化学反应　　　生成物

物质守恒定律

在化学反应中，原子（或其他任何形式的物质）既不会凭空创造，也不会凭空消失。即使化学反应会放热和产生火焰，反应物的每个原子也都存在于生成物中，遵循物质守恒定律。

▷ **反应物**
钠和水反应，生成氢氧化钠和氢气。

以火焰的方式释放热和光

钠

水

1千克

▷ **生成物**
生成物氢氧化钠和氢气的质量之和，与反应物的质量相等。

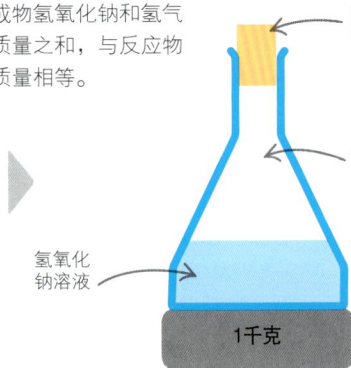

塞子防止气体外泄

氢气

氢氧化钠溶液

1千克

现实世界

碳酸饮料

拧开碳酸饮料瓶时，会产生气泡并伴有嘶嘶声，这些气泡是分解反应（decomposition reaction，参见第129页）产生的。溶解在水中的碳酸分解生成二氧化碳气体和水。

化学方程式

化学家用化学方程式表示化学反应。反应物的化学式写在方程式的左侧，生成物写在方程式的右侧，等号代表物质守恒。

▽ 元素符号

用元素符号代表元素，而不是使用元素的名称。

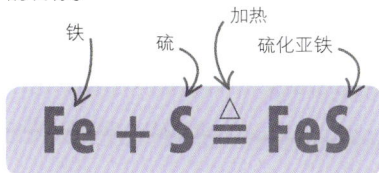

铁　硫　加热　硫化亚铁

$$Fe + S \overset{\triangle}{=} FeS$$

▽ 配平的化学方程式

反应物的原子数量与生成物的原子数量相等。

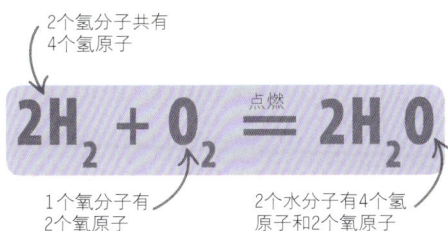

2个氢分子共有4个氢原子

$$2H_2 + O_2 \overset{点燃}{=} 2H_2O$$

1个氧分子有2个氧原子

2个水分子有4个氢原子和2个氧原子

▽ 反应条件

化学方程式还包含其他反应信息，如反应物和生成物的状态、反应条件。

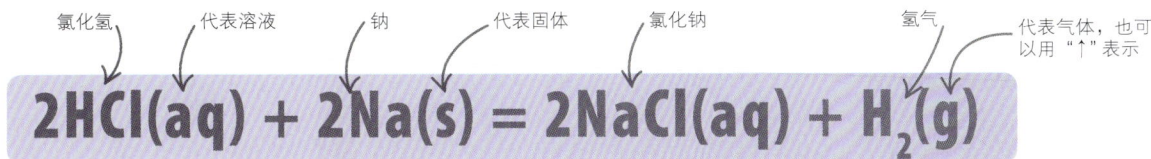

氯化氢　代表溶液　钠　代表固体　氯化钠　氢气　代表气体，也可以用"↑"表示

$$2HCl(aq) + 2Na(s) = 2NaCl(aq) + H_2(g)$$

反应类型

化学反应主要有3种类型。分解反应，一种化合物反应生成两种或两种以上新物质；化合反应，两种或两种以上的物质反应生成一种新物质；置换反应（displacement reaction），一种单质与一种化合物反应生成另一种单质与另一种化合物。

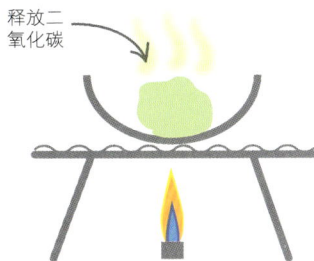

释放二氧化碳

◁ 分解反应

碳酸钙经过加热，可分解成氧化钙和二氧化碳。

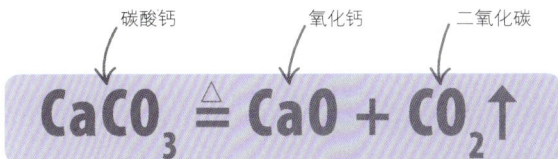

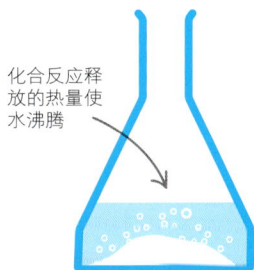

碳酸钙　氧化钙　二氧化碳

$$CaCO_3 \overset{\triangle}{=} CaO + CO_2\uparrow$$

化合反应释放的热量使水沸腾

◁ 化合反应

氧化钙粉末和水发生化合反应，生成的氢氧化钙溶解在剩余的水中。

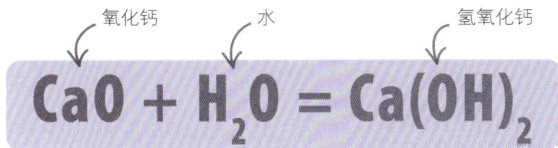

氧化钙　水　氢氧化钙

$$CaO + H_2O = Ca(OH)_2$$

括号表示每个钙离子与2个氢氧根离子结合

缓慢注入氟气，水中产生气泡

◁ 置换反应

缓慢注入氟气后，水中的氧原子被氟气置换，从而生成氢氟酸和氧气。

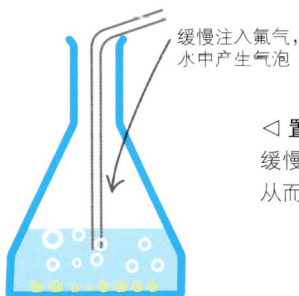

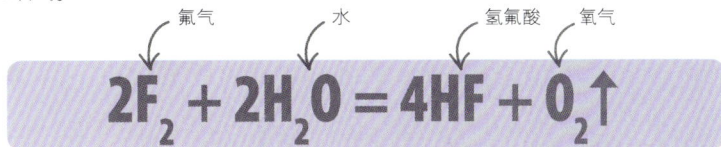

氟气　水　氢氟酸　氧气

$$2F_2 + 2H_2O = 4HF + O_2\uparrow$$

燃烧

燃烧是以火焰或爆炸的形式发光发热的化学反应。

大多数燃烧反应都需要氧气、热量和燃料。这3个要素保证了燃烧反应可以持续进行。

热和光

火焰是燃烧反应释放的灼热气体区域。例如，将烛芯浸在作为燃料的高温液态蜡中燃烧，其实就是蜡与空气中的氧气发生燃烧反应，生成二氧化碳和水蒸气，释放的炽热气体会短暂地发光。

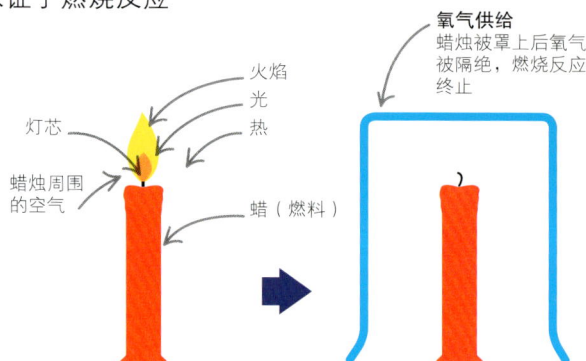

氧气供给
蜡烛被罩上后氧气被隔绝，燃烧反应终止

火焰
光
热

灯芯

蜡烛周围的空气

蜡（燃料）

气体实验

化学实验中产生的气体常常看起来是一样的。尽管这些气体具有特殊的气味，但通过直接嗅闻来辨别气体是十分危险的。化学家通过燃烧实验辨别3种最易混淆的气体，即氢气、氧气和二氧化碳，这种方法相对安全很多。点燃实验室专用干木条，使其接触每种气体样本，通过气体燃烧的特征即可辨别气体。

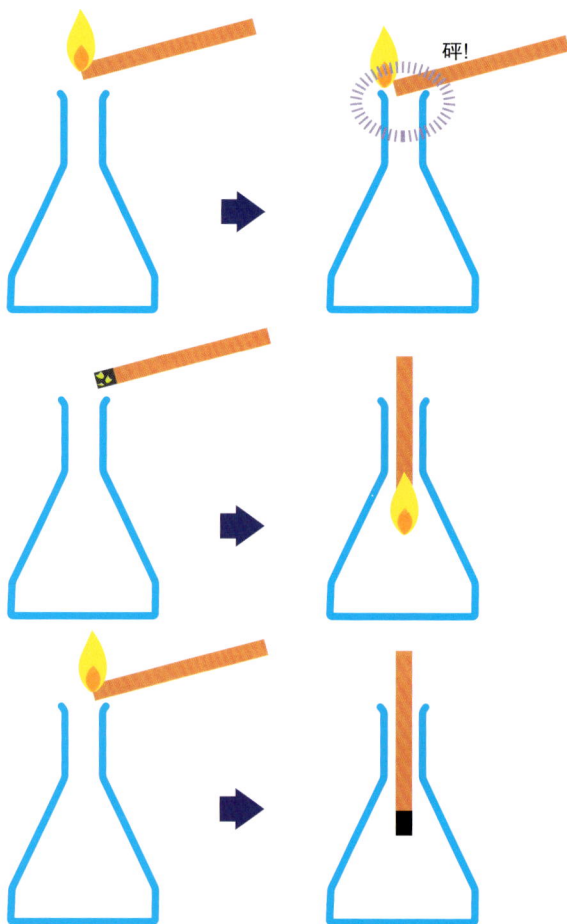

燃烧和燃烧产生的火焰是人类最早掌握的化学反应。

砰！

◁ 氢气

氢气极易燃，且燃烧速度很快。当燃烧的木条只是移至瓶口时，氢气就会冲向火焰，形成淡蓝色的火焰，同时发出砰的一声。

◁ 氧气

氧气是助燃气体。如果将阴燃（没有火焰的缓慢燃烧现象）的木条放入充满氧气的锥形瓶中，木条将再次被点燃，并形成火焰。

◁ 二氧化碳

二氧化碳是大多数燃烧反应的生成物，但其本身不可燃。当把燃烧的木条放入充满二氧化碳的锥形瓶中时，火焰会熄灭。

燃料

燃料是以热能形式释放有用能量的易燃物质。大多数燃料都是碳的化合物。所有燃料都需要被小心对待，以防燃烧过快。失控的燃烧会在很短的时间内释放大量的能量，从而引发爆炸。

△ **木材**

人类最早使用的燃料可能就是木头，其中含有大量由碳的化合物构成的纤维素。大多数干木头的燃点大约为300℃，当然也有一些木头具有更高的燃点。当木头燃烧时，除了会发光发热以外，还会以烟的形式释放一些物质。

△ **煤炭**

煤炭是一种易燃的矿物，是古代植物埋在地下，在高温高压的环境中经历复杂的化学变化形成的。它的主要成分是碳，还包含硫等许多杂质。大部分煤炭的燃点约为700℃。

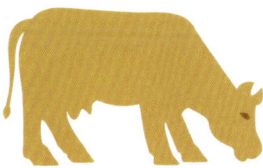

△ **甲烷**

甲烷（天然气的主要成分）是由碳氢化合物（hydrocarbon，参见第158页）构成的纯净气体。甲烷储存在地底的天然气田中，也可在沼泽地和草食动物的胃里产生。甲烷因储量丰富，已成为十分普遍的燃料。

△ **汽油**

汽油是由碳氢化合物构成的易燃液体，主要成分是辛烷。它是从原油（参见第157页）中提炼的。汽油便于贮存在油罐中。它比其他燃料都更易燃，即使火花只是接触了汽油表面的油气，都会点燃汽油。

△ **石蜡**

石蜡是一种从原油中提炼的固体物质。固态石蜡不易燃，但当石蜡熔化为液态时就会变得易燃。石蜡一旦被点燃，燃烧释放的热量可让更多的石蜡由固态熔化为易燃的液态，燃烧就会自动持续下去。

消防

消防员运用燃烧反应的相关知识来灭火。下方带火焰的三角形标识中的三边分别代表燃烧三要素：氧气、热量和燃料。拿走其中任何一个要素，都会使燃烧反应终止，火焰熄灭。

▷ **氧气**

氧气是燃烧反应的反应物。消防员灭火时就是用泡沫、沙子或毯子来阻断氧气供给的。

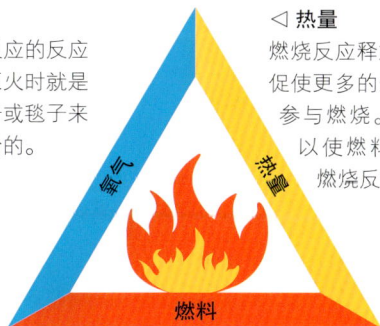

◁ **热量**

燃烧反应释放的热量会促使更多的燃料和氧气参与燃烧。添加水可以使燃料降温，使燃烧反应终止。

△ **燃料**

火需要燃料。消防员在找到最安全高效的灭火方式之前，必须先弄清楚燃料是什么。

▽ **灭火器**

灭火器有好多种，可用于应对不同种类的燃料引发的火灾。例如，燃烧的液体不可以用水扑灭，因为液体燃料会浮到水面上，使水沸腾并将燃烧的燃料喷溅到空气中。

燃料	灭火器			
	水	泡沫	二氧化碳	干粉
纸、木头、布料和塑料	✔	✔		✔
易燃液体		✔	✔	✔
易燃气体				✔
电气设备			✔	✔

氧化还原反应

在氧化还原反应（redox reaction）中，电子从一个原子转移至另外一个原子。

在氧化还原反应中，一个反应物的氧化态升高，另一个反应物的氧化态就会降低，以达到平衡。氧化态，也叫氧化数，是物质中原子氧化程度的量度。

氧化态

化学反应的发生是因为大多数原子的最外层不饱和，造成原子处于不稳定状态。为了使最外层饱和，原子在与其他原子形成化学键时，会获得或失去电子。氧化态是原子为了达到稳定状态变成离子时的电荷数（参见第112~113页）。未成键原子的氧化态为0。

						氧化（失去电子）	还原（得到电子）
+3							
+2	Cu^{2+}	Zn^{2+}					
+1			Na^+				
0	Cu	Zn	Na	O	Cl		
-1					Cl^-		
-2				O^{2-}			

△ **是正是负？**
在单质和化合物中，所有元素氧化态的代数和等于0。在单质中，原子的氧化态为0。在离子化合物中，离子或原子团的氧化数等于该离子或离子团的电荷数。在共价化合物中，将共用电子对人为地分配给电负性大的原子或原子团，它们带负电荷，氧化态等于电荷数。

氧化态的改变

当离子、原子或原子团发生化学反应时，它们的氧化态会改变。例如，钠失去1个电子后，氧化态从0变为+1。钠失去1个电子使次外层变为最外层，从而实现最外层饱和，相较于获取7个电子最外层才能饱和要容易得多。另一方面，氯的氧化态变为−1，因为它的最外层需要获得1个电子才能达到饱和。

钠的最外层有1个电子

氯的最外层还差1个电子就达到饱和

$$Na + Cl = Na^+Cl^-$$

△ **氯化钠**
钠和氯是生成化合物的完美组合，因为钠的最外层电子正好可以提供给氯。

氧化和还原

在化学反应中，离子、原子或原子团失去电子即被氧化。氧化最初是指氧气与其他物质化合，现在泛指反应中失去电子的情况。离子、原子或原子团获得电子即被还原。所有氧化还原反应都是成对发生的，即还原反应发生的同时，都有对应的氧化反应发生。

钠被氧化

氯被还原

$$Na + Cl = Na^+Cl^-$$

还原剂

氧化剂

氯化钠呈电中性

△ **氧化剂和还原剂**
在氧化还原反应中，获得电子的反应物是氧化剂，失去电子的反应物是还原剂。

电化学

化学电池利用氧化还原反应中的电子交换过程产生电流。当氧化反应释放的电子经过外电路被还原反应吸收，便形成电子流。在这项实验中，将一片金属锌浸入硫酸锌溶液，一片金属铜浸入硫酸铜溶液，并用导线连接这两片金属，再在两种溶液之间搭建盐桥。这样，硫酸盐溶液中就有了能够自由移动的离子，可以导电（参见第148页）。

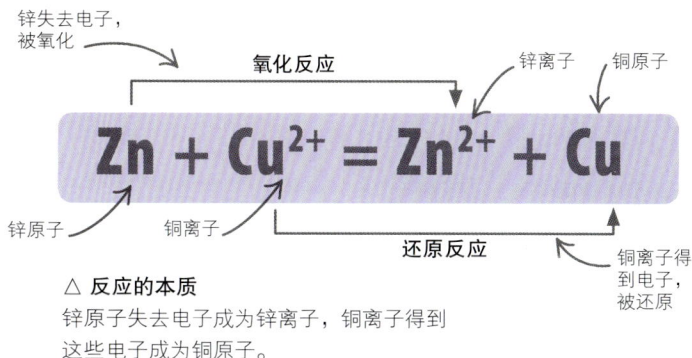

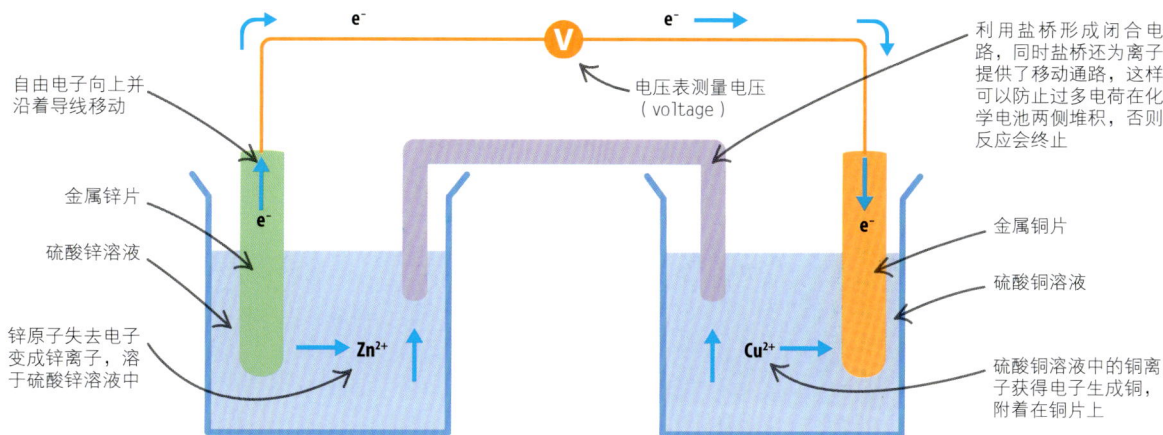

锌失去电子，被氧化

氧化反应

锌离子　铜原子

$$Zn + Cu^{2+} = Zn^{2+} + Cu$$

锌原子　铜离子

还原反应

铜离子得到电子，被还原

△ 反应的本质

锌原子失去电子成为锌离子，铜离子得到这些电子成为铜原子。

自由电子向上并沿着导线移动

电压表测量电压（voltage）

利用盐桥形成闭合电路，同时盐桥还为离子提供了移动通路，这样可以防止过多电荷在化学电池两侧堆积，否则反应会终止

金属锌片

硫酸锌溶液

锌原子失去电子变成锌离子，溶于硫酸锌溶液中

金属铜片

硫酸铜溶液

硫酸铜溶液中的铜离子获得电子生成铜，附着在铜片上

△ 氧化反应

化学电池的左侧发生氧化反应。金属锌失去电子生成锌离子。自由电子向上并沿着导线移动到化学电池发生还原反应的一侧。同时，锌离子溶于硫酸锌溶液中。

△ 还原反应

化学电池的右侧发生还原反应。硫酸铜溶液中的铜离子向铜片移动，获得来自电池左侧的2个电子后变成铜原子，附着在铜片上。

腐蚀

腐蚀是一种常见的氧化还原现象，金属等材料都可以被腐蚀。腐蚀发生在潮湿环境中，被腐蚀物会与氧气或二氧化碳发生反应，偶尔也会与硫化氢这种空气污染物发生反应。

▷ 腐蚀的类型

如生锈这类反应的生成物会导致原本的物质褪色，变脆弱。

金属	腐蚀	化学名称	描述
铁	铁锈	水合氧化铁	易剥落的片状铁锈使铁膨胀开裂
铜	铜绿	碳酸铜	使铜制品变为灰绿色
铝	矾土	氧化铝	在铝表面形成没有光泽的氧化层
银	失去光泽	硫化银	银变得暗淡，失去光泽
金	不被腐蚀	无	金总是保持光泽

能量和反应

本主题的重点是思考能量是如何参与化学反应的。

所有的化学反应都需要能量参与。能量是打破和重组化学键所必需的。大部分反应物在发生反应之前需要被注入能量。

活化能

活化能是发生化学反应所必需的能量。对反应物而言，活化能就如同它们不得不翻越的一座小山。强酸和强碱的中和反应（neutralization reaction）只需要很低的活化能。当反应物被混合在一起时，分子就已经具备了足够的能量参与反应。煤炭燃烧则需要较高的活化能，所以煤炭需要先加热（增加能量）一段时间后才会起火。

▷ **能量曲线**
我们可以将整个反应过程中的能量变化用曲线来表示，曲线上会出现一个山包，这就是反应物开始反应时必须跨越的能垒，即活化能。

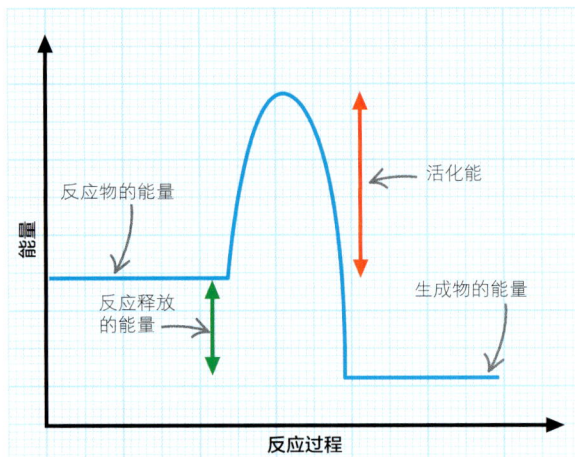

放热反应

化学反应刚开始时需要能量，但在反应物重组变成生成物的过程中会释放能量。释放的能量高于活化能的反应是放热反应。放热反应（如燃烧燃料）释放的能量会使周遭温度升高。

▽ **释放能量**
在放热反应中，生成物的能量低于反应物。这是因为在反应过程中，能量以热量形式释放。

▷ **酸和碱**
放热反应，如氢氧化钠和盐酸的中和反应，释放的能量使生成物（氯化钠溶液）的温度比反应物高。

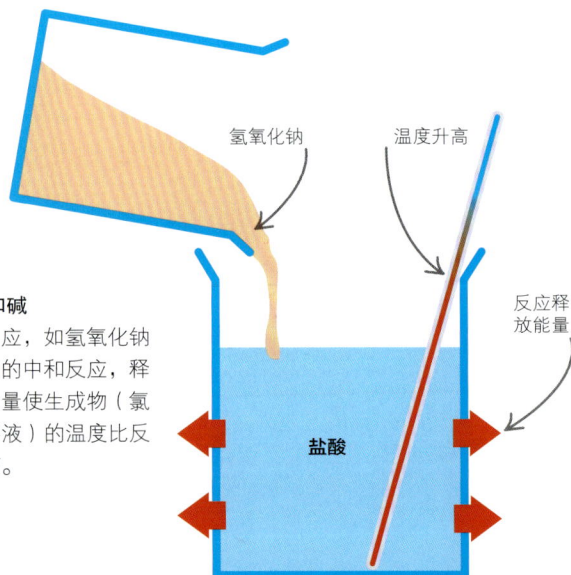

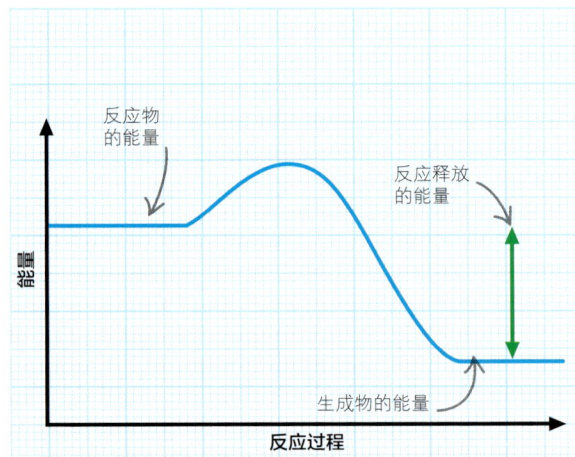

吸热反应

释放的能量低于活化能的反应是吸热反应。化学反应刚开始时需要的能量高于反应进行时释放的能量，随着反应的进行必须继续吸收能量，所以反应体系的温度降低，同时周遭温度也会降低。

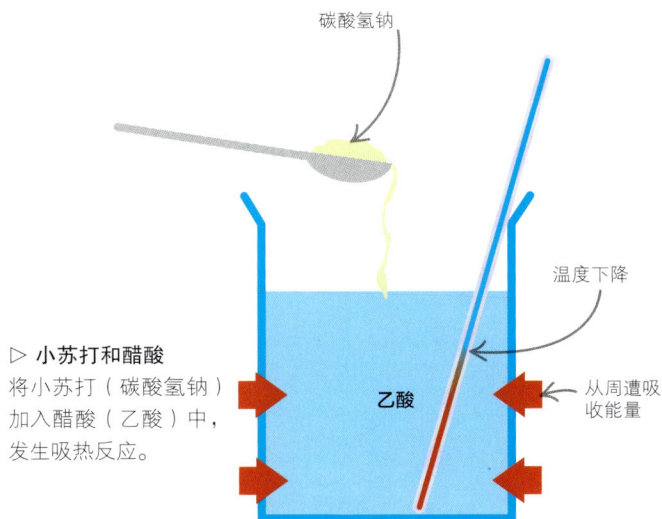

▷ **小苏打和醋酸**
将小苏打（碳酸氢钠）加入醋酸（乙酸）中，发生吸热反应。

碳酸氢钠

温度下降

乙酸

从周遭吸收能量

▽ **获取能量**
在吸热反应中，生成物的能量高于反应物。这是因为在反应过程中，反应物从周遭获取了能量。

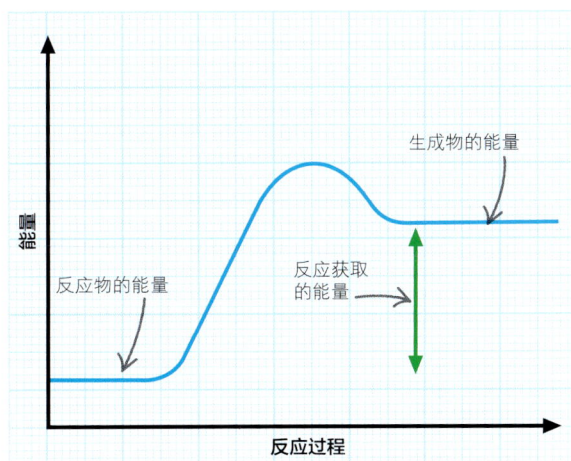

能量

反应物的能量

生成物的能量

反应获取的能量

反应过程

热量计

化学反应的能量可以通过热量计测量。化学反应在热量计的反应室中进行，反应室的四周被水包裹，整个热量计装置与外界完全绝热，所以水温的变化（升高或下降）是化学反应的能量变化造成的。

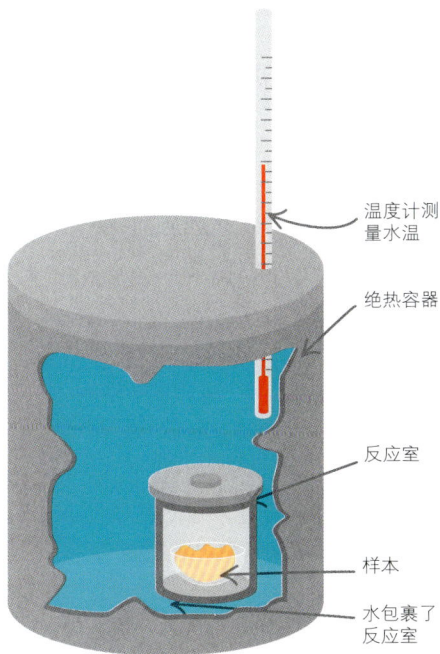

▷ **弹式热量计**
这套装置用于测量物质（包括各种食物）的能量。样本在纯氧环境中燃烧，所释放的能量与水温上升的度数成正比。

温度计测量水温

绝热容器

反应室

样本

水包裹了反应室

现实世界

暖手宝

放热反应是产生热量的便捷途径。暖手宝中有两种单独包装的反应物。对折暖手宝后，反应物的包装破损，两种反应物混合在一起。它们反应产生无害的生成物并释放充足的热量，在寒冷天气可以用来暖手。

反应速率

反应物变成生成物的速率各不相同。

反应速率由反应物决定。炸药被点燃后瞬间就会爆炸，而铁钉生锈需要几年。

测量反应速率

为了了解哪些因素会影响反应速率，化学家必须先测量反应速率，即化学反应进行的快慢。因为同一反应的每种生成物的生成速率是相同的，所以只须测量其中一种生成物的生成速率。

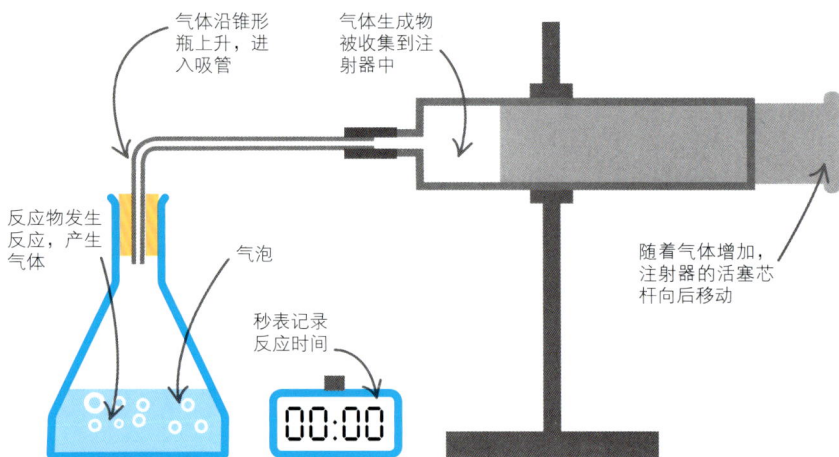

△ 用注射器测量气体

用注射器测量气体生成物的体积是一种相对简单的方法。通过秒表计时，定期记录注射器中气体的体积。气体体积的变化与反应速率成正比。

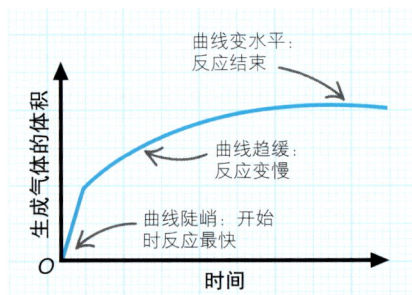

△ 反应速率曲线

利用气体体积的测量值与对应的时间绘制反应速率曲线。初始阶段曲线陡然升高，表明开始时反应速率很快，但之后反应逐渐变慢。

反应速率与温度

所有化学反应都需要活化能。对于活化能较低的反应，室温条件就能提供足够的活化能，其反应速率比活化能较高的反应要快。给反应物加热或加压，可以增加能量，提高反应速率。

▷ 水中的镁条

在冷水中，镁的反应速率很慢，会逐渐生成氢氧化镁，并产生氢气泡。将水加热到接近沸腾可以加速反应进行，生成的氢气泡在水中嘶嘶作响。

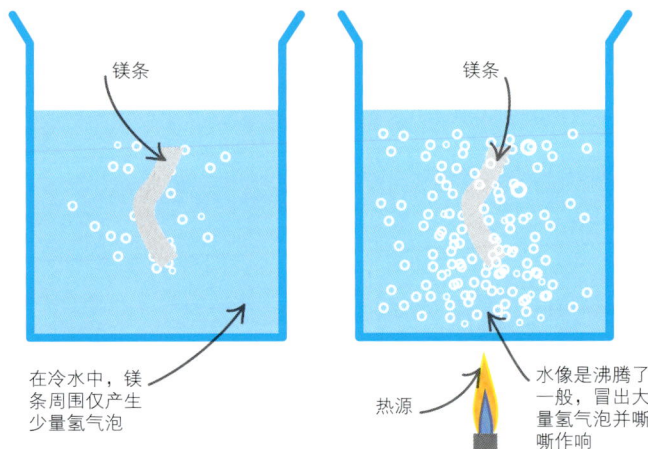

在冷水中，镁条周围仅产生少量氢气泡

热源

水像是沸腾了一般，冒出大量氢气泡并嘶嘶作响

反应速率与浓度

浓度用来表示单位体积内所含溶质的量。反应速率与反应物的浓度正相关。即使一种反应物大量存在，只有增加其他反应物，反应速率才会增加。

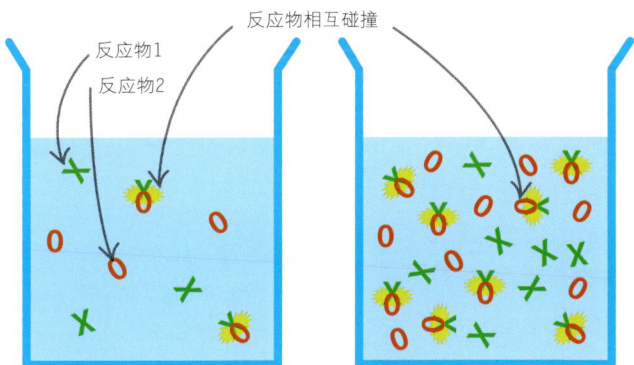

反应物相互碰撞

反应物1
反应物2

△ **低浓度**
反应物必须相互碰撞才能发生反应。如果反应物的浓度较低，平均间距就比较大，相互碰撞的概率较小，反应速率较慢。

△ **高浓度**
如果反应物的浓度较高，平均间距就比较小，相互碰撞的概率较大，反应速率加快。

反应速率与颗粒大小

把固体反应物加入液态或溶解的反应物中，碎成粉末的固体要比成块的固体反应得快。液体反应物与固体反应物表面的物质接触并发生反应，粉末状反应物的接触面积显然比块状大得多。

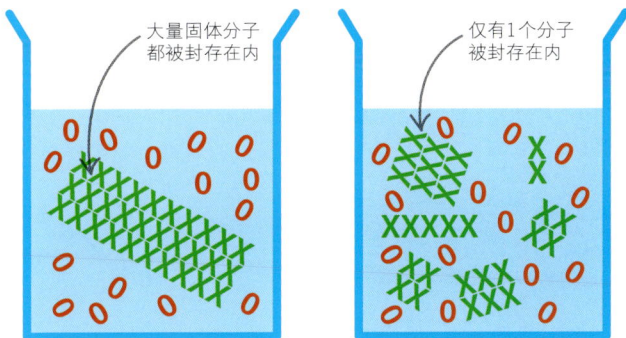

大量固体分子都被封存在内

仅有1个分子被封存在内

△ **大块固体的接触面积小**
如果固体反应物是很大一块，液体反应物与它发生反应的机会就会比较少。这是因为大量固体分子被封存在内，无法与液体反应物接触，反应速率较慢。

△ **小颗粒固体的接触面积大**
如果将固体反应物打碎，反应就会加快。这是因为碎成小块的固体反应物的表面积增加，与液体反应物的接触面积也随之增加，有更多的分子可以有效地参与反应，反应速率加快。

光化学反应

有些反应暴露在强光或其他高能电磁波（如紫外线）下，可加快反应速率。反应物吸收特定波长光线的能量，为反应提供了充足的活化能，这样的反应称为光化学反应。光合作用就是光化学反应，植物将二氧化碳和水转化为葡萄糖的过程需要光照。如果没有光，反应基本停滞。

阳光

氧分子分解
1个氧分子被紫外线照射后，分解成2个氧原子

高速移动的氧原子
自由的原子，即自由基，具有强反应性

反应
1个氧自由基与1个氧分了反应，生成1个臭氧分子

▷ **臭氧层**
高能光线照射到大气层时发生化学反应，通常会产生臭氧——由3个氧原子组成。臭氧层位于大气层，可以吸收阳光中有害的紫外线。

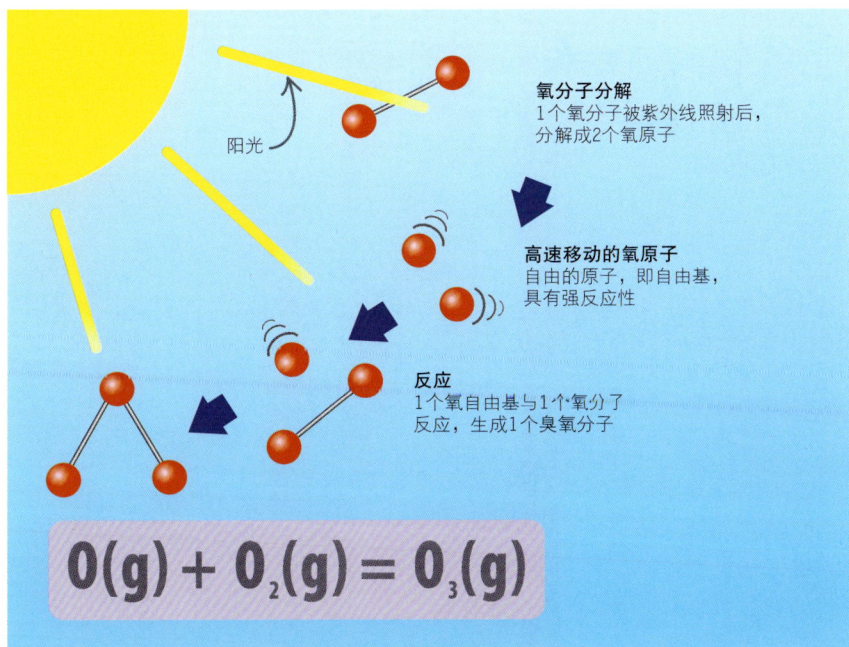

$$O(g) + O_2(g) = O_3(g)$$

催化剂

通常情况下，催化剂（catalyst）可降低化学反应的活化能，使反应加速。

不同种类的催化剂被应用于实验室和工业生产中，以加速化学反应并促进反应性较弱的物质参与反应。控制细胞中生化反应的酶就是催化剂。

需要更少的能量

很多化学反应因为所需活化能太高，以至于难以自动反应，或者反应慢到让人难以察觉。催化剂可降低活化能，促进反应。

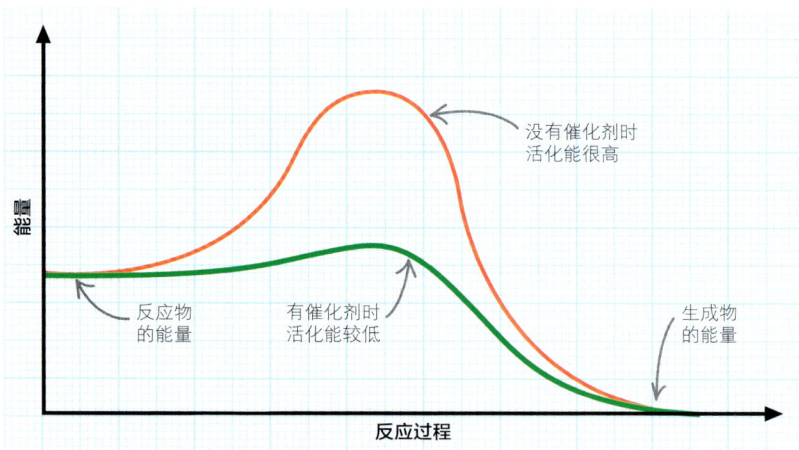

▷ **能量曲线**
催化剂降低了反应物与生成物之间的能垒。在工业生产中，催化剂可降低生产成本。

没有催化剂时活化能很高

反应物的能量

有催化剂时活化能较低

生成物的能量

能量

反应过程

催化剂如何作用？

催化剂的种类众多。很多催化剂都是多孔物质，反应物被吸附到催化剂上，聚集在其上的小孔中进行反应，这样反应所需能量不用太多。催化剂的作用机理不尽相同，但通常都是通过形成反应物与生成物之间的中间态促进反应发生，如右图所示。催化剂本身的质量和化学性质在化学反应前后都不变。

催化剂的英文来源于希腊文，意思是"解开"。

反应物1　　反应物2　　催化剂　　生成物

▷ **反应物1与催化剂成键**
反应物1暂时和催化剂成键，生成络合物。

▷ **反应物2参与进来**
络合物再与反应物2成键，将反应物1和2聚集在一起。

▷ **生成物产生**
通过这种方式，反应物反应所需的能量大幅下降。生成物更容易产生。

▷ **催化剂脱离**
生成物与催化剂脱离，催化剂未发生变化，还可继续使用。

酶

如果没有酶的催化作用，生物体内的大多数生化反应都无法进行。酶是一种蛋白质，其分子经过高度折叠变成特殊的结构，可以催化不同的反应。我们把酶的特殊结构区域称为酶的活性位。反应物（生物化学称其为底物）是具有复杂结构的分子。它们在酶的活性位反应。酶在消化过程中扮演了重要角色，将食物中的大分子分解成小分子。

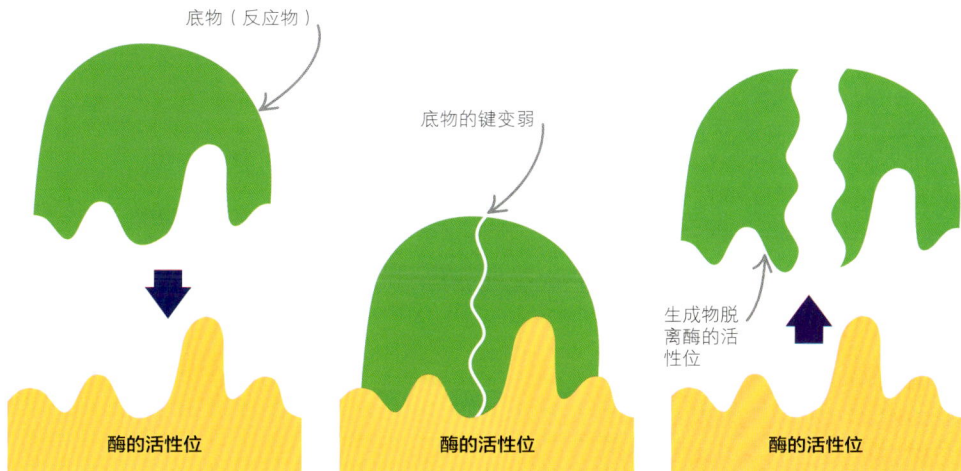

底物（反应物）

底物的键变弱

生成物脱离酶的活性位

酶的活性位

酶的活性位

酶的活性位

△ 活性位
只有特定的底物可与特定酶的活性位结合，好比一把钥匙配一把锁。

△ 催化反应
与酶结合后便可以发生生化反应。底物的键变弱。

△ 生成物产生
底物分解为2种生成物。生成物脱离酶的活性位，这样酶就可以继续收集底物。

催化转化器

汽车基本都安装了催化转化器。发动机排出的废气要先通过催化转化器处理，再排放到空气中。这种装置的内部是覆盖了一层薄薄的铂铑合金的蜂窝状陶瓷，铂铑合金是催化剂。这种装置将废气中的一氧化碳、一氧化氮和未燃烧的碳氢化合物等有害气体，转变成二氧化碳、氮气和水蒸气这些较为无害的气体。

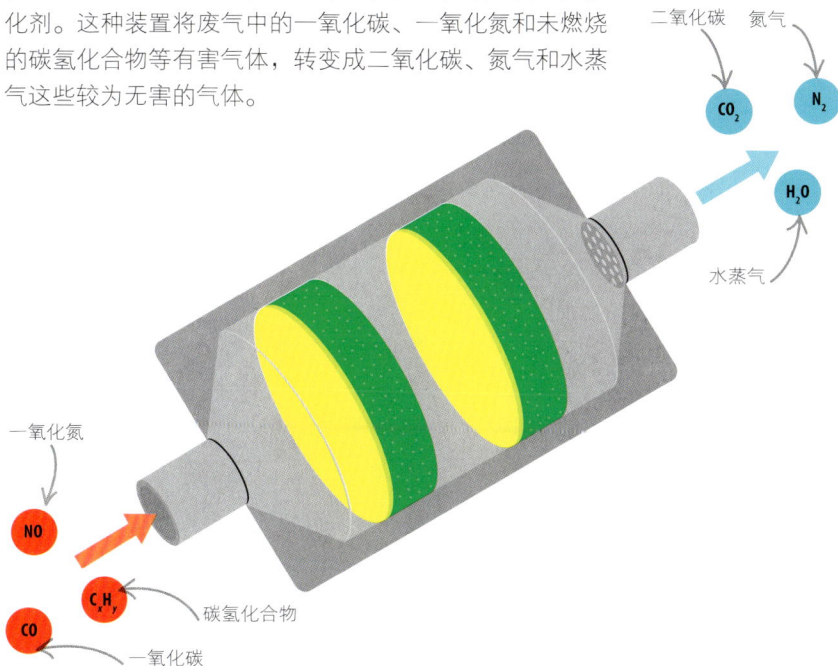

二氧化碳　氮气

CO_2　N_2

H_2O

水蒸气

一氧化氮

NO

C_xH_y　碳氢化合物

CO

一氧化碳

现实世界

珠酯

制造珠酯（即人造奶油）需要使用催化剂。原料是植物油，其成分为由碳氢构成的不饱和长链分子，分子上可以加更多氢原子。将氢气通入植物油，它们在镍催化剂表面发生反应，植物油分子的饱和度提高，生成奶油状的珠酯。

可逆反应

有些反应是可逆的。

化学反应通常是朝单一方向进行的。让生成物变回反应物需要的能量太高，因此逆向反应（backward reaction）很难进行。然而，有些反应却是可逆的。

可逆反应

可逆反应（reversible reaction）是指相同条件下，既能向生成生成物方向进行又能向生成反应物方向进行的反应。前者叫正向反应（forward reaction），后者叫逆向反应。虽然正向反应和逆向反应需要的能量不等，但差异并不大。

▷ **碘化氢**
碘化氢是无色气体，被存储在密闭容器中，加热会生成无色气体氢气和紫黑色固态碘。碘易升华成紫色气体。而与此同时，氢气和碘也在反应，生成碘化氢。

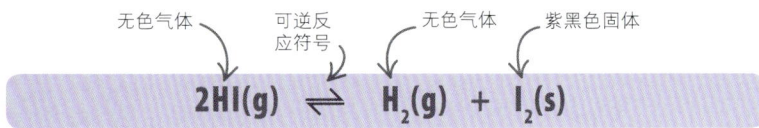

无色气体   可逆反应符号   无色气体   紫黑色固体

$$2HI(g) \rightleftharpoons H_2(g) + I_2(s)$$

动态平衡

可逆反应并不是先发生正向反应，然后再发生逆向反应，而是两个方向的反应同时进行。两个方向的反应速率共同决定产率（生成目的生成物所消耗的反应物的量与参加化学反应的反应物量的百分比）。当两个方向的反应速率相等时，反应就达到了平衡状态。

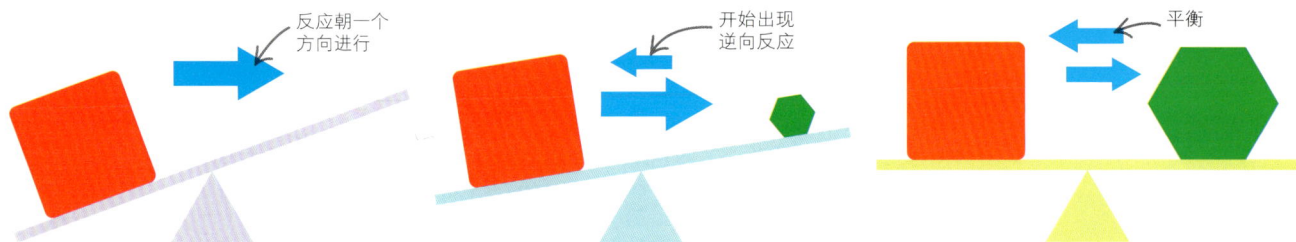

■ 反应物   ⬡ 生成物

△ **单向**
刚开始反应时，生成物还很少，所以反应朝着一个方向进行。高浓度的反应物使得反应速率很大。

△ **大部分单向**
随着反应的进行，虽然反应物的浓度依然比较高，但已经开始出现逆向反应。不过生成物整体还是呈增长趋势。

△ **动态平衡**
生成物产生的速率与变回反应物的速率相等，而反应仍在继续。这个阶段称为动态平衡。

温度与平衡

如果温度改变，原本处于平衡状态的可逆反应的正向反应速率和逆向反应速率也会改变。所有可逆反应都包含一个放热方向（释放能量）和一个吸热方向（获取能量）。如果受热，可逆反应中的吸热反应就会加速，以抵消温度改变带来的影响。

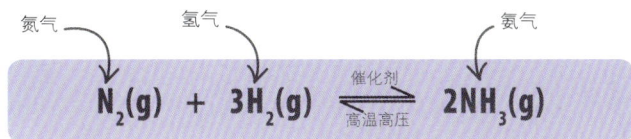

$$N_2(g) + 3H_2(g) \underset{高温高压}{\overset{催化剂}{\rightleftharpoons}} 2NH_3(g)$$

氮气　　　氢气　　　　　　　　氨气

▷ **合成氨**
氮气和氢气反应生成氨气的过程放热。加热会降低氨气的产率，因为温度升高会促使更多氨气分解成氢气和氮气。

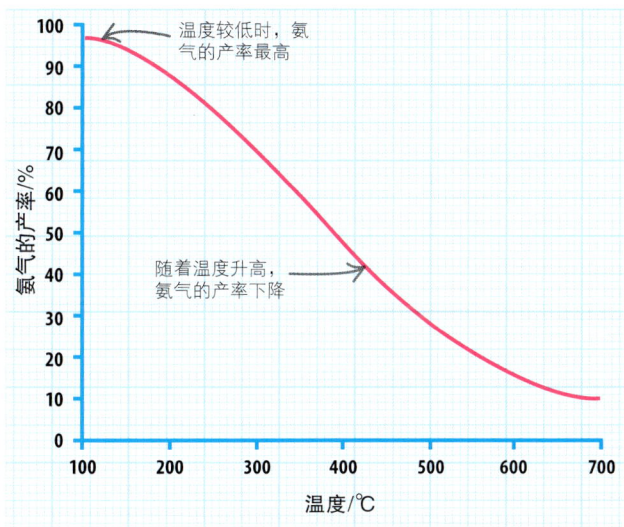

温度较低时，氨气的产率最高

随着温度升高，氨气的产率下降

纵轴：氨气的产率/%　横轴：温度/℃

压强与平衡

压强会影响反应物或生成物中有气体的可逆反应的平衡。压强是由气体分子撞击单位面积的容器内壁产生的。气体分子越多，容器内的压强就越大。对可逆反应加压，会使平衡朝着减少气体分子的方向移动。在合成氨的化学方程式中，有4个反应物分子（1个氮分子和3个氢分子）和2个生成物分子（2个氨分子）。加压会促进正向反应，即生成更多氨气。

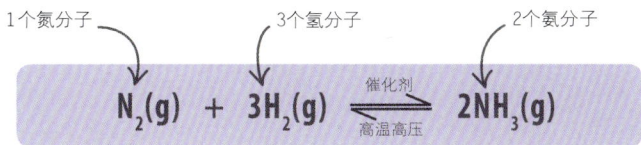

$$N_2(g) + 3H_2(g) \underset{高温高压}{\overset{催化剂}{\rightleftharpoons}} 2NH_3(g)$$

1个氮分子　　3个氢分子　　2个氨分子

4个分子　氮分子　氢分子

△ **反应物**
加压促使氮分子和氢分子聚集在一起，相互反应生成氨分子。

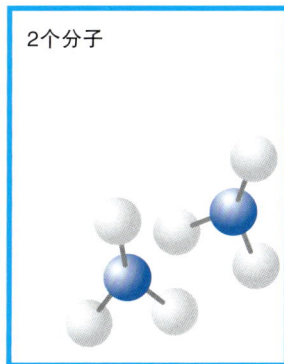

2个分子

△ **生成物**
只生成2个氨分子，比反应物分子数少，对容器内壁的撞击频率减少，压强下降。

光合作用不是可逆反应。当进行光合作用的植物细胞中含有过多的糖和氧时，植物就会通过光呼吸，将一部分糖和氧重新转化为二氧化碳和水。不过，光呼吸只是光合作用的副反应。

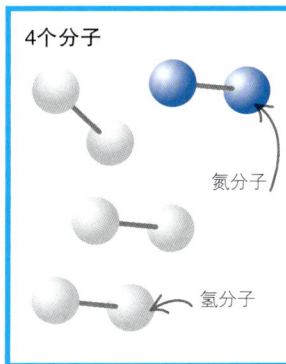

现实世界

生石灰

煅烧石灰石（主要成分为碳酸钙）得到生石灰（主要成分为氧化钙）。二氧化碳是另一种生成物。而这两种生成物可以重新合成碳酸钙。为了防止发生逆向反应，要将二氧化碳从煅烧窑中抽出。

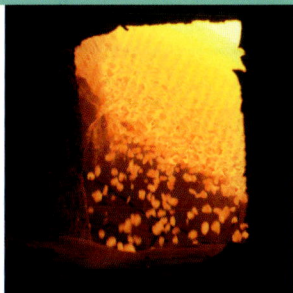

水

1个氧原子和2个氢原子化合生成水。

水是少有的在自然环境中以液态形式存在的物质。它的性质来自其中的氧原子。

氢键

除了水分子中存在连接氢原子和氧原子的共价键之外，在水分子间还存在着较强的作用力。氢氧共价键的共用电子对更偏向氧原子，使得氧原子相对显负电性，氢原子相对显正电性。水分子中相对显负电性的氧原子与邻近水分子中相对显正电性的氢原子相互吸引，形成氢键（hydrogen bond）。

▷ 偶极
水分子中氢氧键的共用电子对偏移，我们称这样的共价键为极性共价键。分子的正、负电荷中心不重合，而使分子表现出极性。

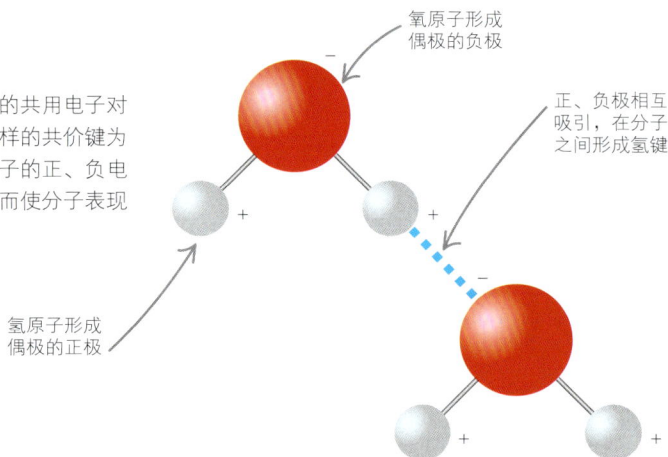

氧原子形成偶极的负极

正、负极相互吸引，在分子之间形成氢键

氢原子形成偶极的正极

水的状态

地球上的水主要以液态形式存在，水覆盖了地球表面的大约70%。然而，其他状态的水也很常见，如两极地区覆盖的冰、大气中的水蒸气。和其他所有气体一样，水蒸气的密度小于水。然而独特的是，当水凝固成冰时，体积变大，密度变小，这种情况在自然物质中几乎是唯一的。因此，冰能漂浮在水面上。如果是其他物质，其固态密度往往大于液态密度，所以固体会沉入液体中。

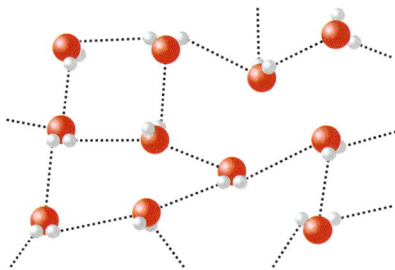

水在4℃时的密度最大，这个温度是洋底最深处的温度。

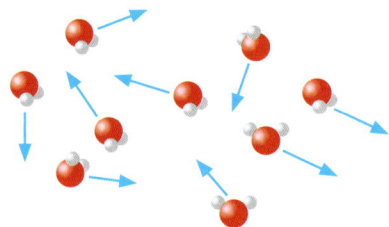

◁ 冰
水分子因氢键有序排列形成冰晶。当晶体形成时，分子间距变大，以便每个分子都与另外3个分子形成氢键。

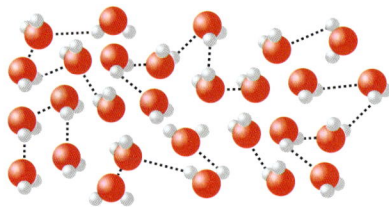

◁ 液态水
液态水中的氢键使得分子之间可以靠得更近，分子间距小。氢键时而断裂时又重新生成，使得水分子可以在附近自由移动。

◁ 水蒸气
在气态时，水分子间不存在氢键，可以自由移动。水在沸点之下就可以蒸发，但达到沸点（在标准大气压下为100℃）时才会沸腾。

常用溶剂

水是常用溶剂，许多物质都可以在水中溶解。水有这个性质是因为水分子是极性分子。离子化合物中的阴离子与阳离子通过离子键结合。把它们加入水中以后，阴、阳离子分离，并分别被水分子的正、负极吸引，形成水合离子，溶解在水中。

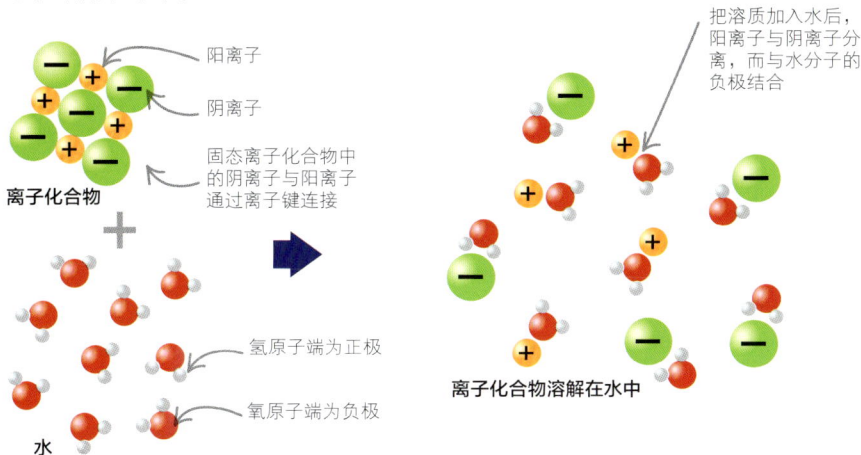

阳离子

阴离子

固态离子化合物中的阴离子与阳离子通过离子键连接

离子化合物

氢原子端为正极

氧原子端为负极

水

把溶质加入水后，阳离子与阴离子分离，而与水分子的负极结合

离子化合物溶解在水中

死海

物质溶于水后会增加水的密度。海水的密度比淡水大，因为海水的含盐量更大。死海的盐分很高，使得死海的密度甚至大于人体。因此，人在死海中游泳时，可以轻松地漂浮在水面上。

水硬度

水硬度用来描述水中钙盐和镁盐的含量，是表征水体性质的一项质量指标。暂时硬度与水中溶解的碳酸氢钙有关。水被加热时，碳酸氢钙会分解成二氧化碳、水和固体碳酸钙。这种固体就是水垢，会在锅炉、水壶内壁沉积。其他钙（和镁）的化合物决定了水的永久硬度，会影响饮用水的口感和肥皂的去污能力。硬水软化器用钠离子置换硬水中的钙离子和镁离子，以降低水硬度，经过软化的水不会再产生上述问题。

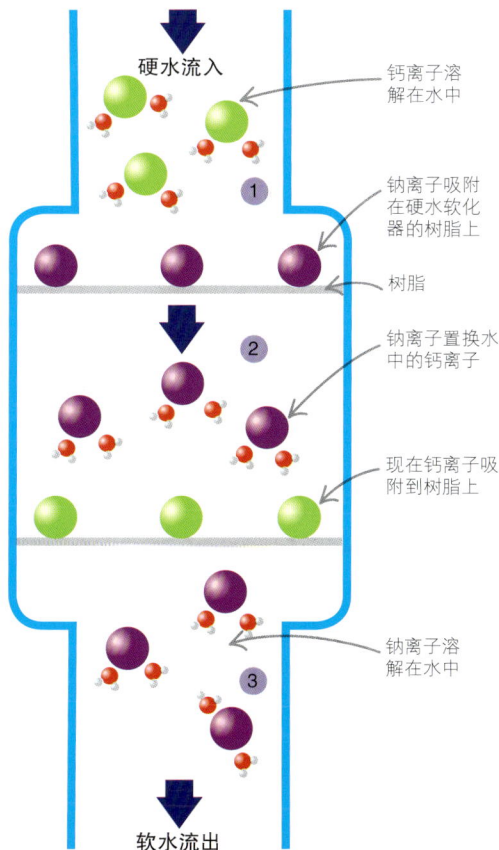

硬水流入

钙离子溶解在水中

钠离子吸附在硬水软化器的树脂上

树脂

钠离子置换水中的钙离子

现在钙离子吸附到树脂上

钠离子溶解在水中

软水流出

● 钙离子　　● 钠离子

1. 硬水流入

溶解在水中的钙离子会增加水硬度。硬水在被输送到水龙头之前，要先用硬水软化器处理。

2. 硬水软化器的内部

硬水软化器内有吸附钠离子的多孔树脂。当硬水流过时，反应性较弱的钙离子被钠离子置换。

3. 软水流出

从硬水软化器流出的水包含钠离子，而钙离子被留在第二层树脂上。硬水软化器中的树脂需要定期更换或使用饱和食盐水清洗，使其重新吸附满钠离子。

酸和碱

酸和碱在化学上既对立又有联系。

酸和碱的化学作用受氢离子驱动。酸是产生氢离子的物质；碱是通过接受氢离子可与酸发生反应的物质。

什么是酸？

酸溶于水时会释放出带正电的粒子，即氢离子。这些氢离子具有强反应性，可与其他物质反应并腐蚀它们。酸的强弱由可释放的氢离子数量决定。

DNA是一种携带基因密码的酸性化学物质。

▽ 强酸

大多数强酸都是极性共价键化合物。强酸溶于水时，可完全电离出氢离子和其他离子，因此释放出了大量游离的氢离子。

名称	化学式	所在之处
盐酸	HCl	胃
硫酸	H_2SO_4	汽车蓄电池
硝酸	HNO_3	制造化肥的过程

▽ 弱酸

弱酸具有共价结构，不易电离出离子。弱酸的分子较复杂，但有的连接氢离子的共价键较弱，使得少量氢离子可以被释放。

名称	化学式	所在之处
柠檬酸	$C_6H_8O_7$	柠檬汁
乙酸	CH_3COOH	醋
甲酸	$HCOOH$	蚂蚁的螫针

什么是碱？

碱是可以与酸反应并接受氢离子的化合物。大部分碱都可溶于水。当碱溶于水时，会释放出氢氧根离子。氢离子和氢氧根离子极易结合生成水，所以酸和碱的反应往往很剧烈。

▽ 常见的碱

在水溶液中能电离出氢氧根离子的化合物皆为碱。在工业生产中，碱用于生产肥皂。把碱加入废物中，有助于废物快速腐烂分解。

名称	化学式	所在之处
氢氧化钠	$NaOH$	烤箱清洁剂
氢氧化镁	$Mg(OH)_2$	治疗消化不良的药
氢氧化钾	KOH	肥皂

中和

酸和碱作用生成盐和水的反应称为中和反应。盐是酸中的氢离子被金属离子（或铵根离子）取代而形成的离子化合物。

▽ 通用化学方程式

酸和碱的反应总是生成盐和水。当盐酸与氢氧化钠反应时，可生成氯化钠，即食盐。

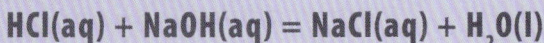

$$酸 + 碱 = 盐 + 水$$
$$HCl(aq) + NaOH(aq) = NaCl(aq) + H_2O(l)$$

酸度测量

酸度可以通过pH计量。pH代表水溶液中氢离子的活度。像纯水这样的中性物质，pH为7。酸性物质的pH小于7，碱性物质的pH大于7（最大为14）。pH每减1，代表所测溶液的氢离子浓度是之前的10倍。例如，一种物质的pH为6，就表示它的溶液中所含氢离子浓度是水的10倍。

▷ **酸碱指示剂**

用于检测物质酸碱度的化学试剂叫作酸碱指示剂。石蕊是最早用来测定pH的指示剂。它遇酸呈红色，遇碱呈蓝色。但是它的颜色变化有限，难以精确测量pH。有一种被称为通用指示剂的染料更加实用，它的颜色变化丰富，可较为精确地测量pH。

现实世界

治疗消化不良的药

助消化的胃酸进入食管会造成消化不良。当胃酸接触喉咙柔软的内膜时，会产生灼烧感。抗酸片含有碱性物质（通常是氢氧化镁），可将胃酸中和成对人体无害的盐。

雨水有微弱的酸性，是因为二氧化碳溶解其中形成碳酸。

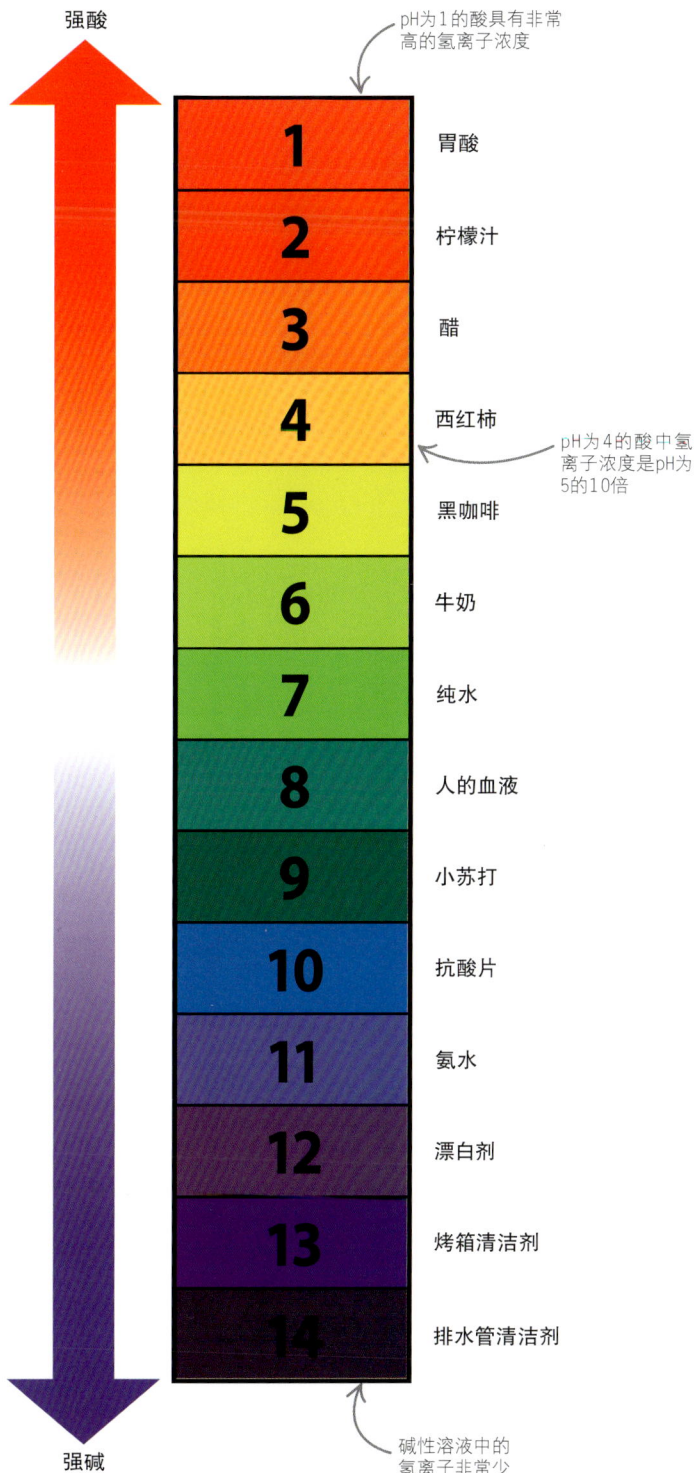

强酸

pH为1的酸具有非常高的氢离子浓度

pH	物质
1	胃酸
2	柠檬汁
3	醋
4	西红柿
5	黑咖啡
6	牛奶
7	纯水
8	人的血液
9	小苏打
10	抗酸片
11	氨水
12	漂白剂
13	烤箱清洁剂
14	排水管清洁剂

pH为4的酸中氢离子浓度是pH为5的10倍

碱性溶液中的氢离子非常少

强碱

酸的反应

酸可以与一系列物质按照我们预期的方式发生反应。

尽管酸有许多种类型，但是它们的反应方式相同。往任何一种酸中加入金属、氧化物或其他化合物，会生成同一系列的生成物。

酸和金属反应

如果某一金属的反应性比酸中的氢强，金属就会和酸反应，生成盐和氢气。大多数活泼金属都能与酸反应，有的反应性很强的金属甚至可以与含氢的中性纯水反应，比如钾就可以与水反应。但是对于反应性较弱的金属，比如铜、金，它们的反应性比氢弱，所以它们与大多数酸都不反应。

▽ **通用化学方程式**

铁可以置换硫酸中的氢，生成硫酸亚铁——离子化合物。氢没有再参与其他反应，因此以气态形式释放。

$$酸 + 金属 = 盐 + 氢气$$
$$H_2SO_4(aq) + Fe(s) = FeSO_4(aq) + H_2(g)$$

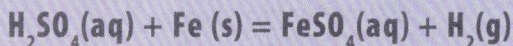

▽ **把铁加入硫酸**

把固态铁加入硫酸中，混合物开始冒氢气泡。生成物硫酸亚铁溶解在水中，形成绿色溶液。

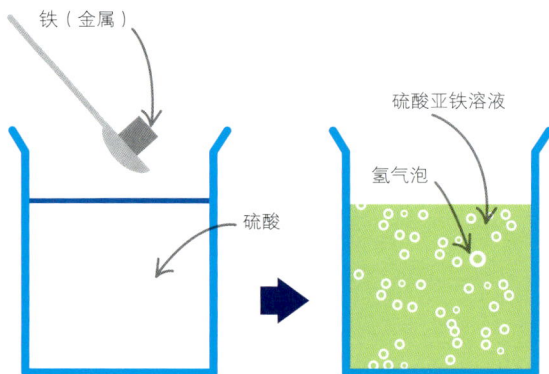

铁（金属）

硫酸

硫酸亚铁溶液

氢气泡

金属的反应			
名称	和水反应	和大多数酸反应	反应性
钾	可以	可以	强
钠	可以	可以	
锂	可以	可以	
钙	可以	可以	
镁	可以	可以	
铝	不可以	可以	
锌	不可以	可以	
铁	不可以	可以	
锡	不可以	可以	
铅	不可以	可以	
铜	不可以	不可以	
汞	不可以	不可以	
银	不可以	不可以	
金	不可以	不可以	不反应

现实世界

酸雨

因为空气中的二氧化碳气体可以溶解在雨水中，生成具有弱酸性的碳酸，所以雨水也呈弱酸性。当酸雨落到某些岩石上，就会发生化学反应，逐渐侵蚀岩石，这种现象称为风化作用。

酸和氧化物反应

酸和氧化物（氧的化合物）反应生成盐和水。酸的氢离子和氧化物的氧离子反应生成水分子。氧化物的阳离子（通常是金属离子）和酸根离子（酸的阴离子）反应生成盐。

▽ 通用化学方程式

酸和氧化物的反应如同酸碱中和反应一样，也会生成盐和水。

酸 + 氧化物 = 盐 + 水
$$H_2SO_4(aq) + CuO(s) = CuSO_4(aq) + H_2O(l)$$

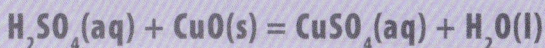

▽ 硫酸中加入氧化铜

把黑色的氧化铜粉末加入无色的硫酸中，生成的硫酸铜溶于水中，形成蓝色溶液。

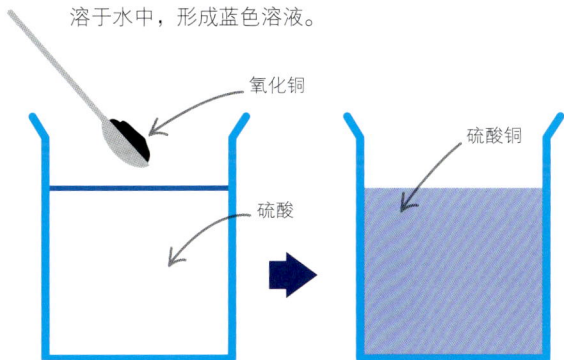

氧化铜

硫酸铜

硫酸

酸和碳酸盐反应

酸和碳酸盐反应生成盐、二氧化碳和水。碳酸盐是酸根离子为碳酸根离子的离子化合物。酸和碳酸盐反应时，碳酸根离子被酸的酸根离子置换，然后与氢离子反应，生成水和二氧化碳气体。

▽ 通用化学方程式

酸和碳酸盐反应生成盐、二氧化碳气体和水。

酸 + 碳酸盐 = 盐 + 二氧化碳 + 水
$$H_2SO_4(aq) + CaCO_3(s) = CaSO_4(aq) + CO_2(g) + H_2O(l)$$

▽ 硫酸中加入碳酸钙

把白色的碳酸钙粉末加入硫酸中，生成二氧化碳气体、硫酸钙和水。硫酸钙微溶于水，所以会形成沉淀。

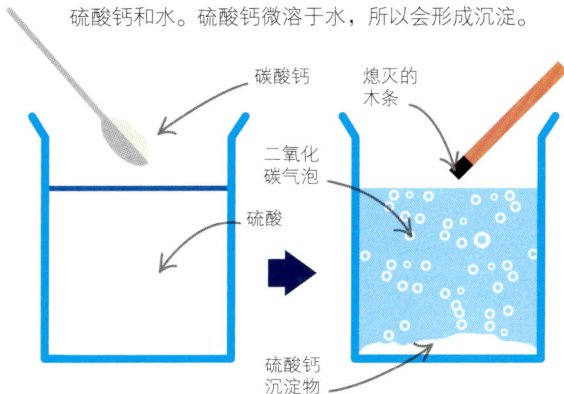

碳酸钙

熄灭的木条

二氧化碳气泡

硫酸

硫酸钙沉淀物

酸和亚硫酸盐反应

亚硫酸盐是由至少一个阳离子（通常是金属阳离子）和一个亚硫酸根离子构成的化合物。亚硫酸盐和酸反应，生成盐、二氧化硫和水。亚硫酸盐的亚硫酸根离子置换酸的酸根离子，然后与氢离子反应，生成水和二氧化硫气体。

▽ 通用化学方程式

酸和亚硫酸盐的反应与酸和碳酸盐的反应非常相似，只是前者生成的是二氧化硫气体，而不是二氧化碳气体。

酸 + 亚硫酸盐 = 盐 + 二氧化硫 + 水
$$2HCl(aq) + CuSO_3(s) = CuCl_2(aq) + SO_2(g) + H_2O(l)$$

▽ 盐酸中加入亚硫酸铜

把蓝色的亚硫酸铜晶体加入透明的盐酸中，生成氯化铜并溶解于水中，形成绿色的溶液，同时还生成带臭味的二氧化硫气体。

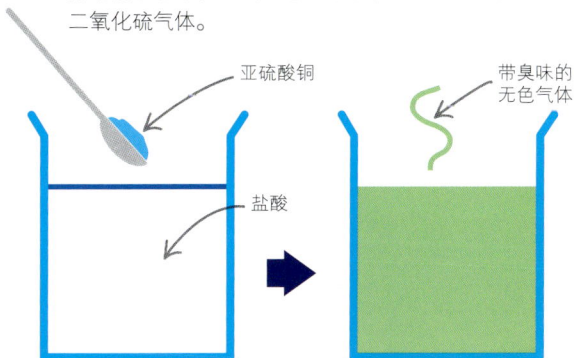

亚硫酸铜

带臭味的无色气体

盐酸

电化学

电和化学反应相互作用，可以改变化合物或转移材料。

电流所携带的能量可以作用于化学反应。电流通常用于电解化合物，即将离子变成单质。

电解质

电解质是指能在一定条件下电离出阴、阳离子而导电的一类化合物。它一定呈液态——熔融状态或溶液，因为这样离子才能自由移动。将电源与两个部分浸入电解质中的电极相连。通电后，一个电极（阳极）会带正电荷，另一个电极（阴极）会带负电荷。电解质中的阴、阳离子分别朝着带相反电荷的电极移动，附着在电极上，失去或获得电子。离子在电解质中的定向移动形成了电流。

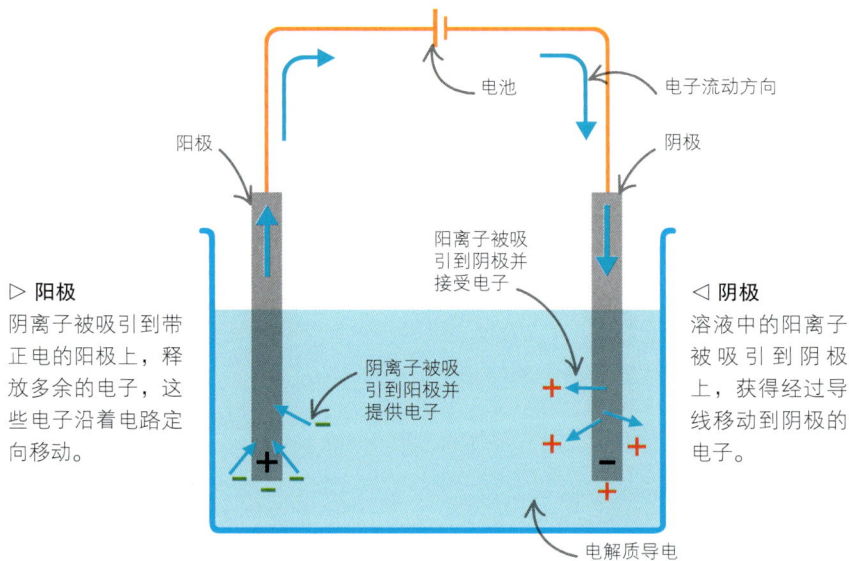

电池

电子流动方向

阳极

阴极

阳离子被吸引到阴极并接受电子

▷ **阳极**
阴离子被吸引到带正电的阳极上，释放多余的电子，这些电子沿着电路定向移动。

阴离子被吸引到阳极并提供电子

◁ **阴极**
溶液中的阳离子被吸引到阴极上，获得经过导线移动到阴极的电子。

电解质导电

电解

电流通过离子化合物时，可以把化合物分解成单质，这个过程属于电解。早期很多新元素都是通过电解首次被分离出来的。开启电源后，化合物的阴、阳离子分别被吸引到带相反电荷的电极上。阳离子在阴极获得电子，阴离子在阳极失去电子，最终离子变成不显电性的原子。在电极处，单质逐渐增加。水可以被电解为氢气和氧气。

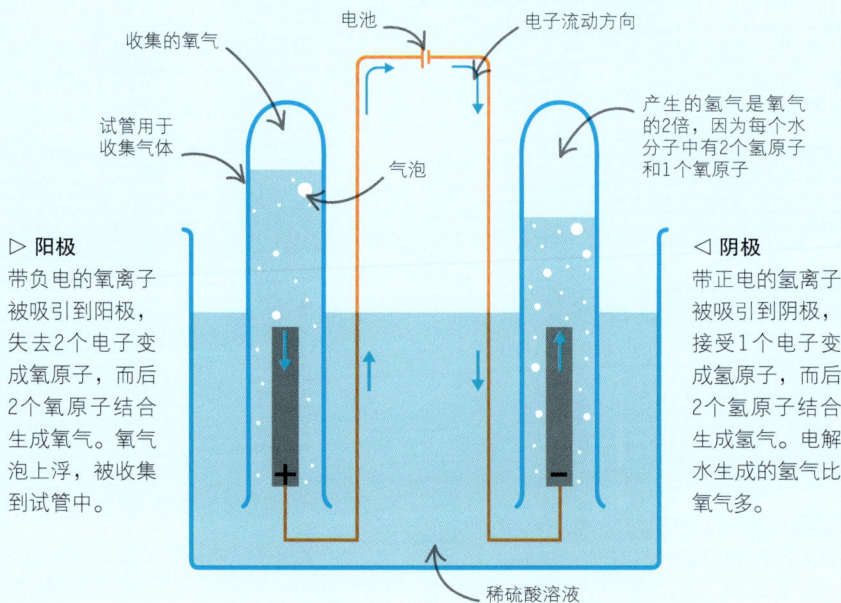

收集的氧气

试管用于收集气体

电池

电子流动方向

气泡

产生的氢气是氧气的2倍，因为每个水分子中有2个氢原子和1个氧原子

▷ **阳极**
带负电的氧离子被吸引到阳极，失去2个电子变成氧原子，而后2个氧原子结合生成氧气。氧气泡上浮，被收集到试管中。

◁ **阴极**
带正电的氢离子被吸引到阴极，接受1个电子变成氢原子，而后2个氢原子结合生成氢气。电解水生成的氢气比氧气多。

稀硫酸溶液

金属提纯

电化学可用于移除金属中的杂质，获得纯度极高的样品。把一块掺杂质的金属作为阳极，一块纯金属作为阴极。开启电源后，掺杂质金属中的金属变成金属阳离子，而后脱离阳极，溶解在盐溶液（包含金属阳离子）中。金属阳离子向阴极移动，在阴极获得电子，变回金属原子。

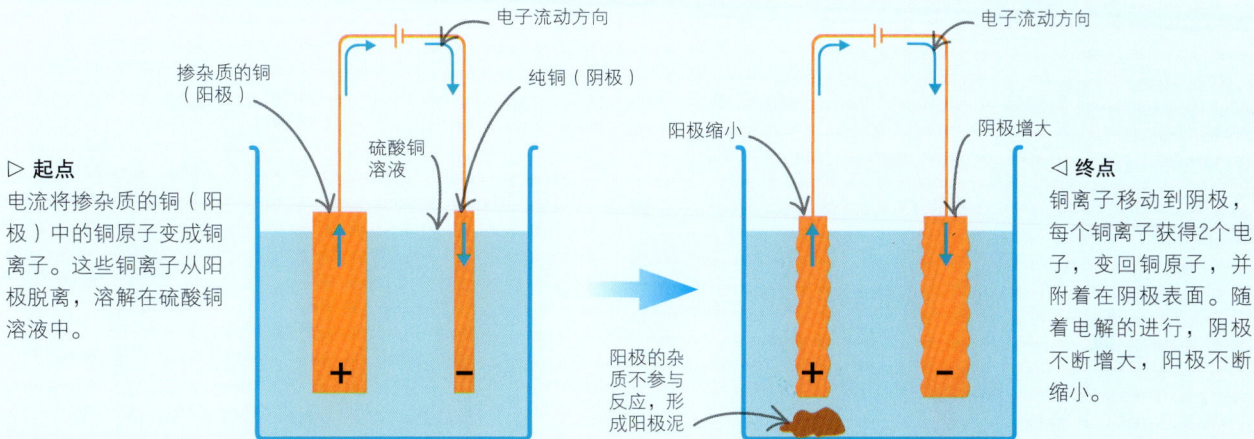

电解脱毛就是用电将毛发中的盐转变成碱——破坏毛囊——以达到脱毛的效果。

电子流动方向

掺杂质的铜（阳极）　纯铜（阴极）

硫酸铜溶液

阳极缩小　阴极增大

电子流动方向

▷ **起点**
电流将掺杂质的铜（阳极）中的铜原子变成铜离子。这些铜离子从阳极脱离，溶解在硫酸铜溶液中。

◁ **终点**
铜离子移动到阴极，每个铜离子获得2个电子，变回铜原子，并附着在阴极表面。随着电解的进行，阴极不断增大，阳极不断缩小。

阳极的杂质不参与反应，形成阳极泥

电镀

在外加电压下，使贵金属阳离子在作为阴极的普通金属表面还原，形成贵金属沉积层的过程就是电镀。将一块金或银之类的贵金属作为阳极，需要电镀的金属作为阴极。电解质中包含贵金属阳离子。电流使阳极逐渐溶解，贵金属阳离子移动到阴极，变回贵金属原子并附着在阴极表面。

现实世界

镀锌

在钢表面镀一层锌制成镀锌钢，这样的钢不易生锈。镀锌钢的抗腐蚀性超过铁（钢的主要成分）。

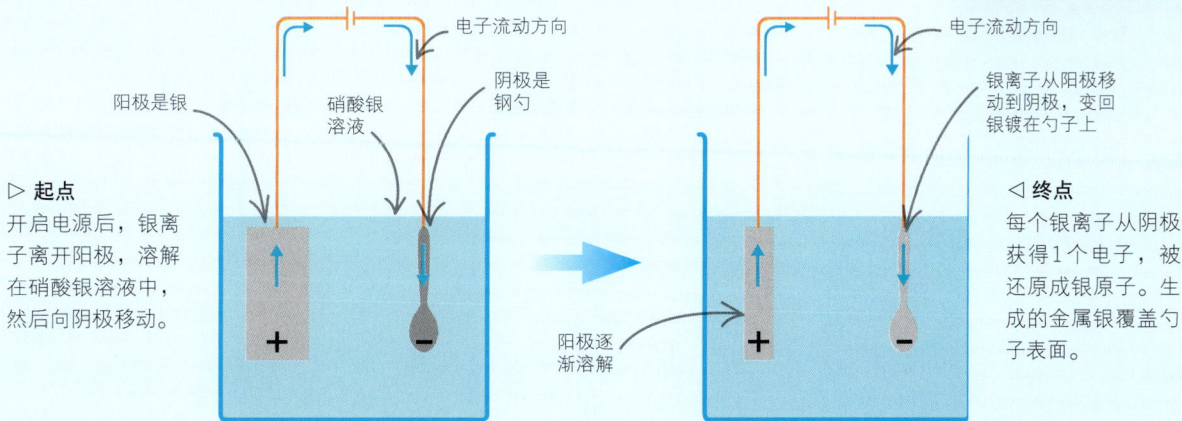

电子流动方向

阳极是银　硝酸银溶液　阴极是钢勺

银离子从阳极移动到阴极，变回银镀在勺子上

电子流动方向

▷ **起点**
开启电源后，银离子离开阳极，溶解在硝酸银溶液中，然后向阴极移动。

阳极逐渐溶解

◁ **终点**
每个银离子从阴极获得1个电子，被还原成银原子。生成的金属银覆盖勺子表面。

实验器材和方法

本主题介绍的是化学实验室中的基本仪器和操作方法。

每个化学实验室里都有一些基本仪器，它们有的用来加热，有的用来观测反应，有的用来发现物质的更多性质。

本生灯

这种简单的煤气灯是19世纪后半期由德国化学家罗伯特·本生（1811~1899）设计的。它是化学实验最主要的加热设备之一。这种灯有两种主要的火焰加热模式，通过开关位于基座的空气阀进行调节。当空气阀关闭时，本生灯产生橙黄色的火焰；当空气阀打开时，更多的空气进入，本生灯产生带呼啸声的高温蓝色火焰。

外焰的温度最高

橙黄色火焰

燃烧的气体可发出声响

打开空气阀后形成的火焰很集中且温度很高

空气阀阻止空气进入，所以火焰不集中

气体入口

▷ **不同的火焰**
这种带呼啸声的蓝色火焰可用于加热反应物和烧沸液体。橙黄色的火焰虽然更高，但温度却不高，可在气体检验实验中用来点燃木条（参见第130页）。

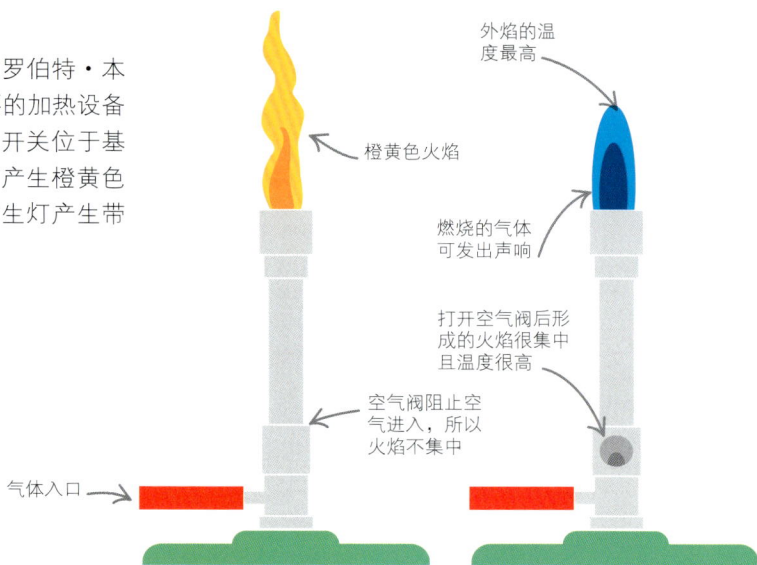

测量液体体积

测量液体体积时，必须注意液体表面不是平面，而是边缘弯曲的弯月面。水等大多数液体的表面都是凹弯月面，而水银等液体的表面则是凸弯月面。

凹弯月面：视线应与弯月面底部在同一水平线

凸弯月面：视线应与弯月面顶部在同一水平线

▷ **视线的高度**
测量液体体积时，视线要与弯月面在同一水平线。

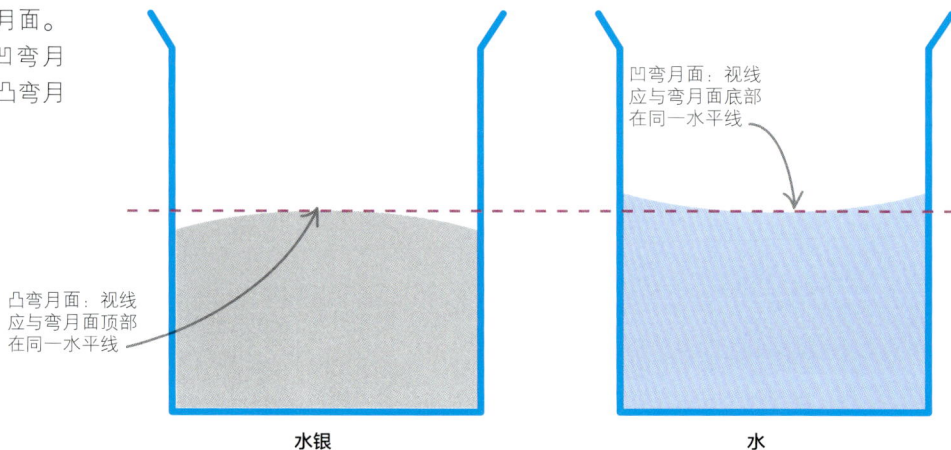

水银

水

摩尔

化学家以摩尔为单位计量反应物和生成物的量。摩尔是物质的量的标准单位。1摩尔就是12克碳−12所包含的原子数。1摩尔任何原子都包含相同的原子数（阿伏伽德罗常数，约为6.02×10^{23}），但因为每种元素的相对原子质量不同，所以其摩尔质量也不同。单质和化合物有相对分子质量，即1个分子中各组成元素的相对原子质量的总和。

元素	相对原子质量
氢	1
碳	12
氧	16
钠	23
硫	32
铁	56
金	197

△ **相对原子质量**

不同元素的相对原子质量不同，所以每摩尔不同元素的质量也不同。例如，1摩尔碳的质量是1摩尔氢的12倍。

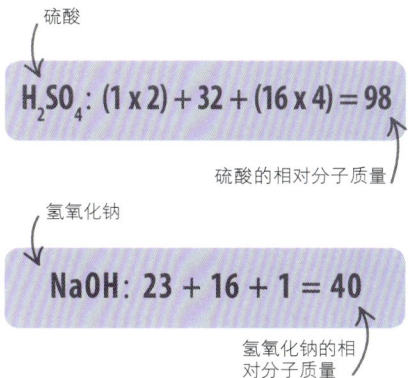

硫酸

$$H_2SO_4 : (1 \times 2) + 32 + (16 \times 4) = 98$$

硫酸的相对分子质量

氢氧化钠

$$NaOH : 23 + 16 + 1 = 40$$

氢氧化钠的相对分子质量

△ **相对分子质量**

单质和化合物的相对分子质量是分子中各组成元素相对原子质量之和。

装置图

化学家经常需要绘制实验使用的装置图，以便其他科学家验证实验。为了方便辨别，装置用简单的平面图形表示。试管、烧杯、锥形瓶和其他玻璃器皿用于盛放需要加热的反应物。它们通常被放置在三脚架上，把本生灯放在三脚架下，有的玻璃器皿需要垫石棉网。

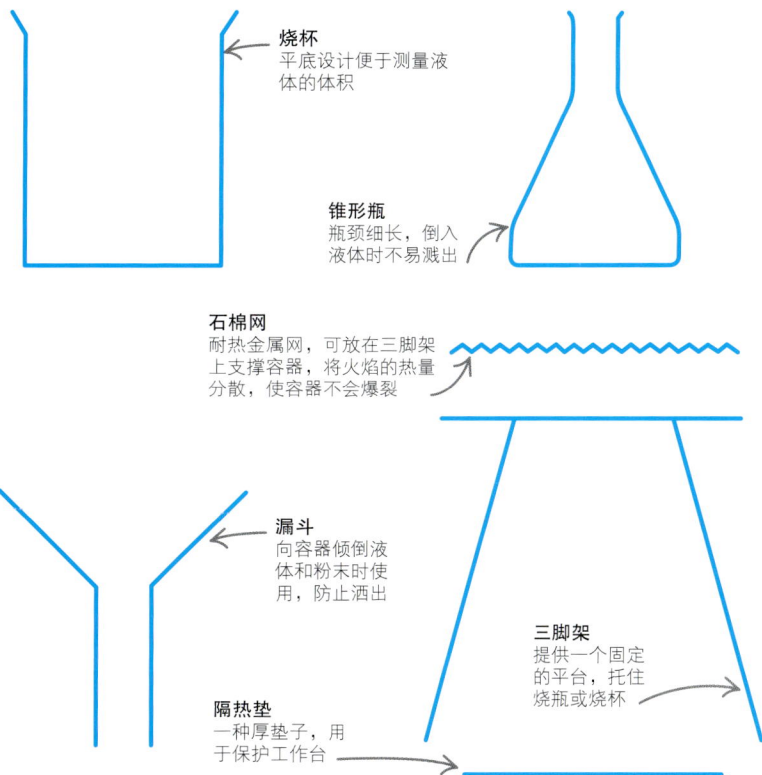

烧杯
平底设计便于测量液体的体积

锥形瓶
瓶颈细长，倒入液体时不易溅出

石棉网
耐热金属网，可放在三脚架上支撑容器，将火焰的热量分散，使容器不会爆裂

试管
用于盛装少量液体

本生灯
用作热源

漏斗
向容器倾倒液体和粉末时使用，防止洒出

三脚架
提供一个固定的平台，托住烧瓶或烧杯

隔热垫
一种厚垫子，用于保护工作台

提炼金属

通过化学加工，可以从矿石中提炼出纯金属。

自然界中几乎没有纯金属存在。大多数金属元素以化合物
形式存在于矿石中，需要使用化学方法提炼。

铁的冶炼

最常见的铁矿石是铁的氧化物，如赤铁矿
（化学成分为氧化铁）。去除矿石中氧的过
程称为冶炼，这个过程需要通过高炉完
成。还原剂是一氧化碳。通过不完全燃烧
焦炭可以生成一氧化碳气体，燃烧焦炭释
放的热量还可为高炉中的多种反应提供活
化能。矿石中的二氧化硅等杂质也可在此
过程中被去除。

碎矿石（赤铁矿）、焦炭和石灰石从高炉顶部加入

高炉

热空气进入，提高炉内温度

密度更大的铁水沉在底部

流出铁水（熔化的单质铁）

矿渣漂浮在铁水上

1. $2C(s) + O_2(g) \xrightarrow{\text{高温}} 2CO(g)$

焦炭的主要成分是单质碳。它在炉底附近燃烧，
生成二氧化碳。二氧化碳接着与更多的碳反应，
生成一氧化碳。

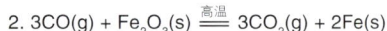

2. $3CO(g) + Fe_2O_3(s) \xrightarrow{\text{高温}} 3CO_2(g) + 2Fe(s)$

一氧化碳上升，在高炉中部与高温矿石反应。因
为气体中的碳比铁更活泼，所以碳夺取了矿石中
的氧，生成纯铁和二氧化碳。

3. $CaCO_3(s) \xrightarrow{\text{高温}} CaO(s) + CO_2(g)$

碳酸钙也被加入高炉。在高炉底部燃烧
焦炭产生的热量使得碳酸钙分解为氧化
钙和二氧化碳。

4. $CaO(s) + SiO_2(s) \xrightarrow{\text{高温}} CaSiO_3(s)$

氧化钙落到高炉底部，这里还有铁水。氧
化钙的反应性很强，可以与铁中的二氧化
硅等杂质反应，生成废物——矿渣。

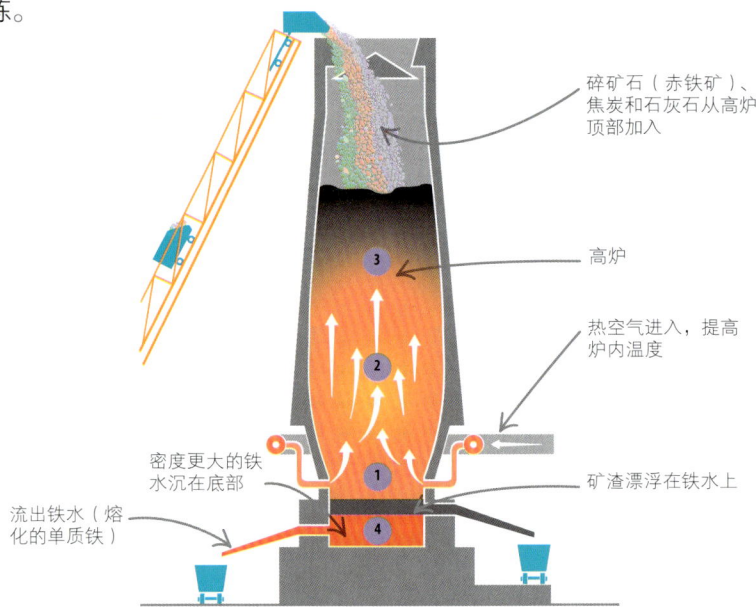

铝热法

另一种从铁矿石中提炼纯铁
的方法是将铁矿石和纯铝一
起燃烧，这种方法称为铝热
法，属于放热反应。铝的反
应性比铁强，因此可以夺取
铁矿石中的氧，生成单质铁
和氧化铝。

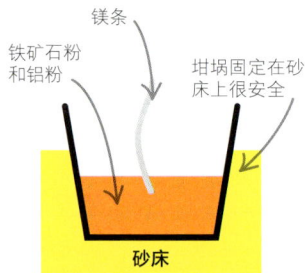

镁条

铁矿石粉和铝粉

坩埚固定在砂床上很安全

巨大的火焰和迸溅的火花

熔化的铁

灰色的渣滓

砂床

砂床

砂床

△ 反应前

将铁矿石粉和铝粉混合在一
起，放入耐热的坩埚中。镁条
被点燃后产生白色的高温火
焰，可激活铝热反应。

△ 反应中

铝与氧化铁中的铁置换，生
成氧化铝和铁。反应产生火
花和火焰，释放大量热量。

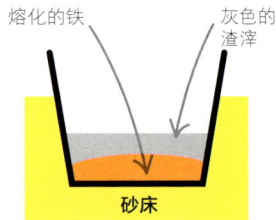

△ 反应之后

热量使铁熔化，铁水沉到坩
埚底部，上方是灰色的氧化
铝晶体。

铝的生产

铝不像铁那样容易冶炼。铝的反应性太强，没有适合的还原剂还原铝的氧化物。不过，铝这种应用极其广泛的金属可以通过电解（参见第148页）的方式从铝矿石中提炼出来，这种铝矿石通常是铝土矿（主要成分为氧化铝）。这种矿石可溶解在熔化的冰晶石（钠、铝、氟的化合物）中。电解质的温度超过1000℃，被置于内层为石墨的电解槽中。内层石墨作为阴极，更多的石墨块作为阳极，阴极和阳极用导线与电源连接。

在19世纪80年代之前，电解法还没出现，那时**纯铝比黄金还昂贵**。

▷ 霍尔–埃鲁法

这种方法是以马丁·霍尔（1863~1914）和保罗·埃鲁（1863~1914）的姓氏命名的。19世纪80年代末，他们各自独立创造了这种方法。开启电源前，铝矿石电离出带正电的铝离子和带负电的氧离子，这些离子都可以自由移动。

1. $Al^{3+}(l) + 3e^- = Al(l)$

带正电的铝离子被吸引到阴极，每个铝离子在阴极获得3个电子变成铝原子。液态铝沉到电解槽底部，并定期排出。

2. $2O^{2-}(l) + C(s) = CO_2(g) + 4e^-$

带负电的氧离子被吸引到阳极，每个氧离子在阳极失去2个电子变成氧原子，然后与阳极的碳反应，生成二氧化碳气体，并以气泡形式排出。随着碳的消耗，阳极逐渐被腐蚀，必须定期更换。

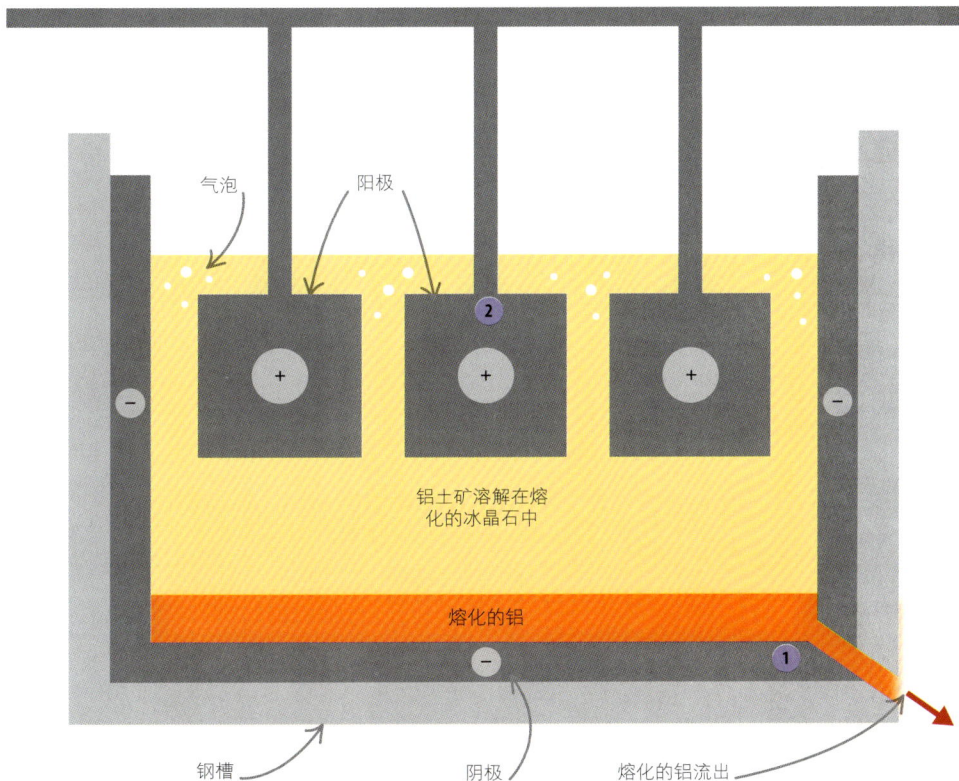

气泡　　阳极

②

铝土矿溶解在熔化的冰晶石中

熔化的铝

①

钢槽　　　　阴极　　　熔化的铝流出

合金

两种或两种以上元素（至少一种是金属）混合形成合金。合金具有各组成元素的某些性质，因此应用范围十分广泛。人类最早制造的金属工具使用的金属是青铜——一种铜锡合金。这两种金属很容易从矿石中提炼出来。

常见的合金				
名称	主要金属	其他元素	性质	用途
碳钢	铁	碳	高强度	建筑
不锈钢	铁	铬	耐腐蚀	餐具
青铜	铜	锡	易加工	青铜器
黄铜	铜	锌	不被腐蚀	拉链、钥匙
焊锡	锡	铅	低熔点	焊接
因瓦合金	铁	镍	加热时不膨胀	精密制品
银汞齐	汞	银	最初较软，逐渐变硬	补牙材料

化学工业

一些化学反应可应用于工业生产，以制造大量有价值的物质。

人类需要的许多原料存在于自然界。这些原料可以从矿石中提炼或从海水等混合物中分离。但是，有些化合物需要在工厂中利用化学反应生产。

哈伯-博施法

使用这个方法可将氮气和氢气变成氨。氨可用来制造农肥和炸药，比如TNT炸药。氮气是地球大气中含量最多的气体，约占空气的78%，但是非常不活泼。哈伯-博施法要使用催化剂（参见第138页）促进反应进行。

1. 气体混合
将氢气和氮气混合泵入反应器中。参照氨的氢氮比（3:1），泵入氢气的量是氮气的3倍。

2. 在反应器中
在450℃和200个标准大气压的条件下，催化剂铁可促使混合气体反应合成氨。

3. 生成物分离
氨离开反应器后进入冷凝器，被冷却成液氨，从冷凝器中流出。

4. 反应物循环
不是所有的反应物都参与了反应。未反应的氮气和氢气通过冷凝器，回到反应器中继续参加反应。

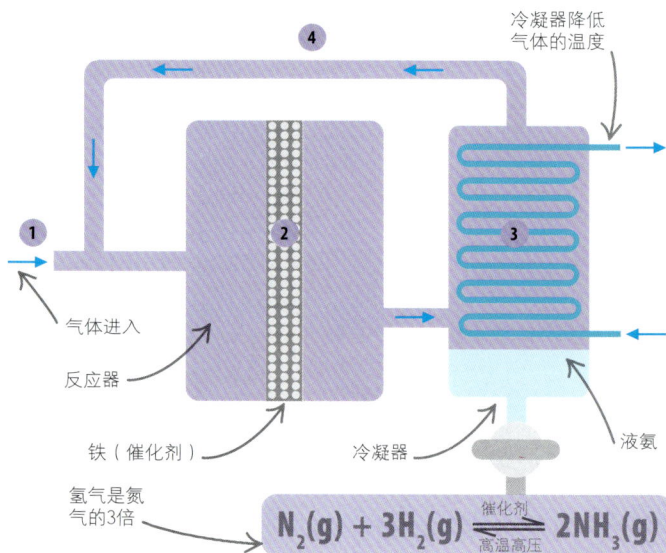

冷凝器降低气体的温度

气体进入

反应器

铁（催化剂）

冷凝器

液氨

氢气是氮气的3倍

$$N_2(g) + 3H_2(g) \underset{\text{高温高压}}{\overset{\text{催化剂}}{\rightleftharpoons}} 2NH_3(g)$$

硝酸的生产

氨是制造硝酸的原料之一。硝酸与碱反应生成硝酸盐——植物制造蛋白质必需的化合物。硝酸主要用于制造化肥，还可用于制造火箭燃料。此外，浓盐酸和浓硝酸按体积比3:1组成的混合物——王水是少见的可以与金反应的物质。

1. 转化器
在转化器中，氨和氧气在800℃、以铂为催化剂的条件下发生反应，生成一氧化氮和水。

2. 氧化室
输入氧化室的气体被冷却至100℃。通入氧气，一部分氧气和一氧化氮反应生成二氧化氮。

3. 吸收塔
气体上升时，水从塔顶滴落并穿过石英晶体。二氧化氮、水和剩余的氧气反应，生成硝酸。

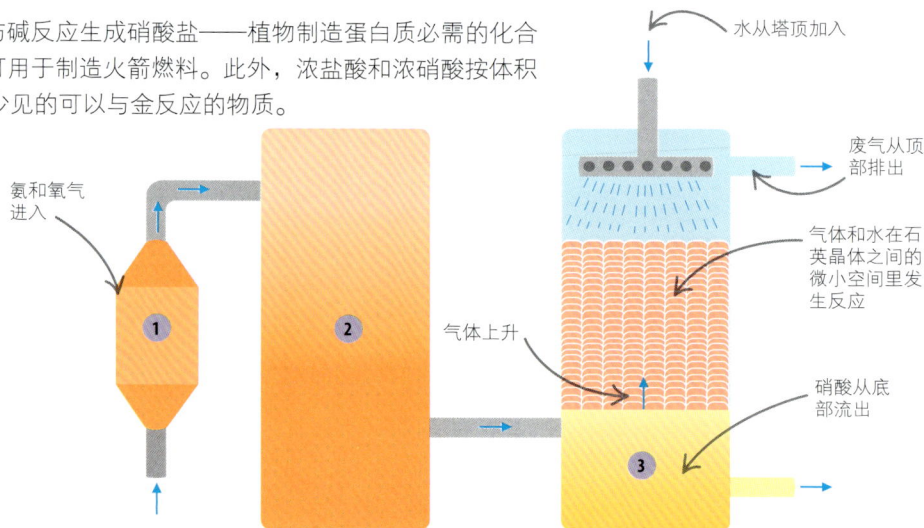

氨和氧气进入

水从塔顶加入

废气从顶部排出

气体和水在石英晶体之间的微小空间里发生反应

气体上升

硝酸从底部流出

接触法制硫酸

这是工业制硫酸的流程。硫燃烧生成二氧化硫气体，然后利用催化剂使二氧化硫继续与氧气反应生成三氧化硫，最后三氧化硫与水反应生成硫酸。硫酸是强酸，可用于制造汽车蓄电池和造纸。硫酸盐可用作化肥。

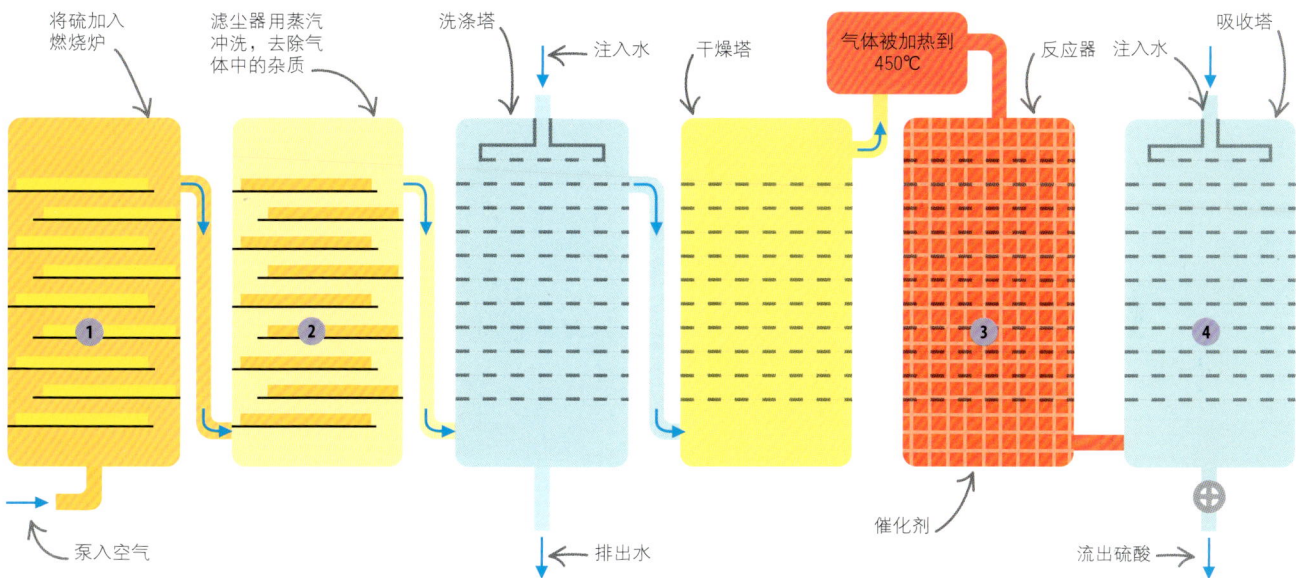

1. 燃烧炉
在燃烧炉中，硫在空气中燃烧，生成二氧化硫。

2. 净化气体
在接下来的3个容器中，气体分别经过过滤、洗涤和干燥，目的是去除任何可能影响催化剂的杂质。

3. 反应器
氧化钒作为催化剂，可促使二氧化硫和更多氧气反应，生成三氧化硫。

4. 吸收塔
用少量硫酸吸收三氧化硫，然后加水稀释硫酸，得到最终产品。

将硫加入燃烧炉

滤尘器用蒸汽冲洗，去除气体中的杂质

洗涤塔

注入水

干燥塔

气体被加热到450℃

反应器

注入水

吸收塔

泵入空气

排出水

催化剂

流出硫酸

唐斯电解槽

电解氯化钠可以得到氯气和金属钠。工业生产需要用到一个巨大的名为唐斯电解槽的反应器。氯化钠被加热到600℃以上就会熔化，将液态氯化钠加入唐斯电解槽，作为电解质。液态氯化钠电离出钠离子和氯离子，当电流通过时，钠离子和氯离子分别向阴极和阳极移动，在电极处变成原子，原子再变成单质被收集起来。

1. 在阴极（铁）： $2Na^+(l) + 2e^- = 2Na(l)$
带正电的钠离子向阴极移动，在阴极处获得电子变成钠原子。金属钠的密度低于液态氯化钠，所以钠漂在上面，在电解质表面就可以收集到金属钠。

2. 在阳极（碳）： $2Cl^-(l) = Cl_2(g) + 2e^-$
带负电的氯离子向阳极移动，在阳极处失去电子变成氯原子，而后形成氯气，从电解质中冒出。

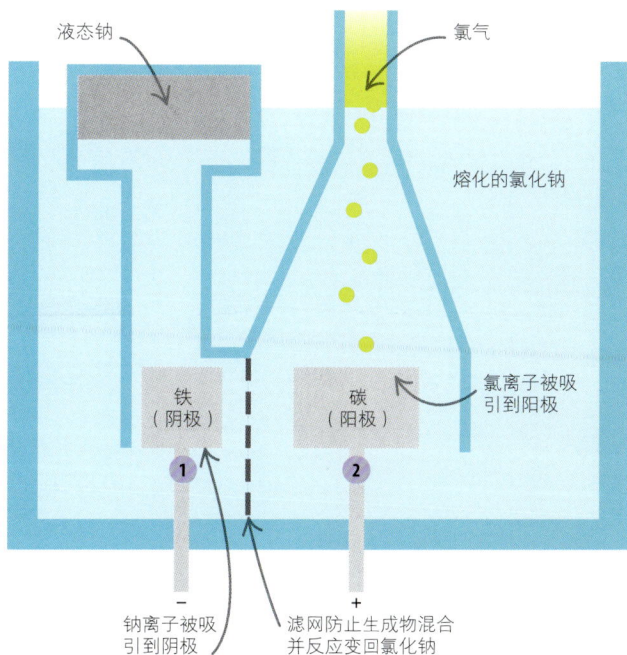

液态钠

氯气

熔化的氯化钠

铁（阴极）

碳（阳极）

氯离子被吸引到阳极

钠离子被吸引到阴极

滤网防止生成物混合并反应变回氯化钠

碳和化石燃料

碳和碳的化合物是化石燃料的主要成分。

碳是生物体内四大元素之一。生物死后遗骸被埋入地下。数百万年以后，它们变成用处极大的富含碳的化合物，我们称之为化石燃料。

碳的形态

纯碳以不同的形态存在，或者说碳存在同素异形体（参见第111页）。每种同素异形体中碳原子的排列方式不同，使得它们的性质差异很大。金刚石可以制作钻石，非常坚硬且闪闪发光。而石墨中碳原子的排列方式使其为带光泽的灰黑色固体，常用于制作铅笔芯。

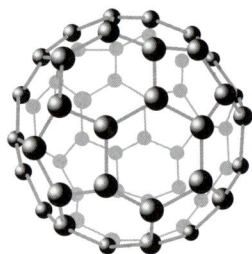

△ **金刚石**
每个碳原子与相邻的4个碳原子形成正四面体，如此，形成立体网状晶体结构。金刚石的硬度极大。

△ **富勒烯**
碳原子彼此连接形成球形中空箱笼结构。1个富勒烯分子可能包含100、80或60个碳原子。

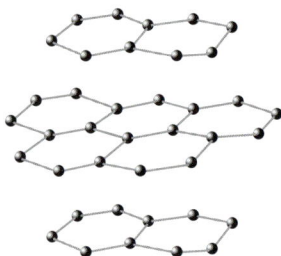

△ **石墨**
6个碳原子组成正六边形并延展形成片层结构。层与层之间靠范德华力维系，所以片层之间可以滑动。

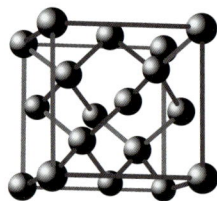

△ **炭黑**
这种同素异形体的碳原子无规律排列。当化石燃料燃烧不完全时就会产生炭黑。

煤

煤是由树木遗骸形成的富含碳的沉积岩。我们现今挖掘的大部分煤都是大约3亿年前的森林形成的。植物处于缺氧环境中，大量有机沉积物被保存下来，逐渐形成了煤。

▷ **煤的形成**
煤的形成始于植物残存的部分沉入浸满水的沼泽地中。因为缺氧，植物遗骸不再腐烂。这些遗骸逐渐形成厚厚的土壤，即泥煤——干燥后可以作为燃料。随着时间的流逝，泥煤逐渐被深埋，在高压下脱水变成褐煤（松软的棕色矿石）。接着，褐煤不断向下沉积，高温使其硬化，最终变成煤。

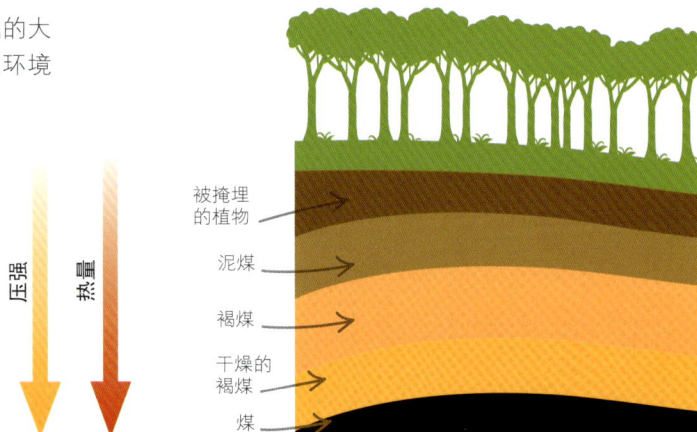

压强

热量

被掩埋的植物

泥煤

褐煤

干燥的褐煤

煤

石油

石油的意思是"岩石的油"，它是由多种天然碳氢化合物（又称烃——只含有碳和氢两种元素的化合物）组成的混合物。石油由远古时代海底的微生物遗骸形成，这些遗骸形成厚厚的淤泥覆盖远古海床，之后再被其他沉积物覆盖埋没。经过数百万年，有机物逐渐被分解为烃。

▷ **油田和气田**
石油和天然气都是自然产物，它们可以通过多孔岩石渗透到地表。当石油（或天然气）的上升通路被非渗岩石堵塞时，就会堆积形成油田（或气田）。

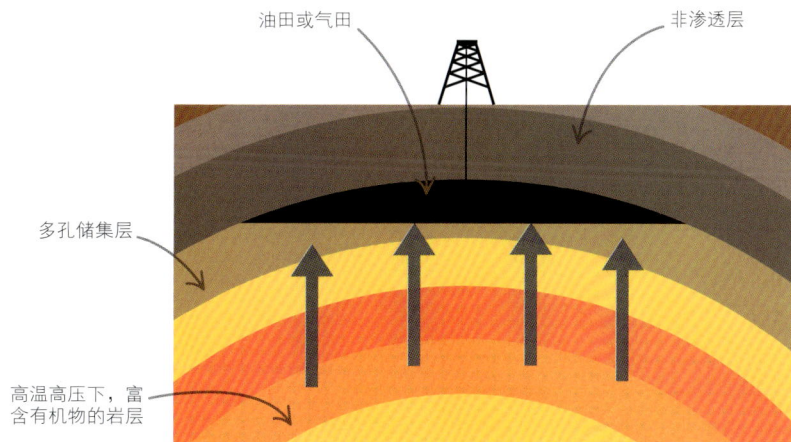

油田或气田　　非渗透层

多孔储集层

高温高压下，富含有机物的岩层

原油分馏

从地底蕴藏的石油中抽取的烃的混合物称为原油。原油中包含上千种液态化合物，所释放的气体即为天然气。原油通过分馏分离出不同的有用馏分——沸点相近的化合物，分子量也相近。

▷ **分馏**
原油在分馏塔中分馏。经过加热，大部分原油沸腾，变成蒸气上升。蒸气在上升过程中被冷却，不同馏分会在塔内的特定高度液化。

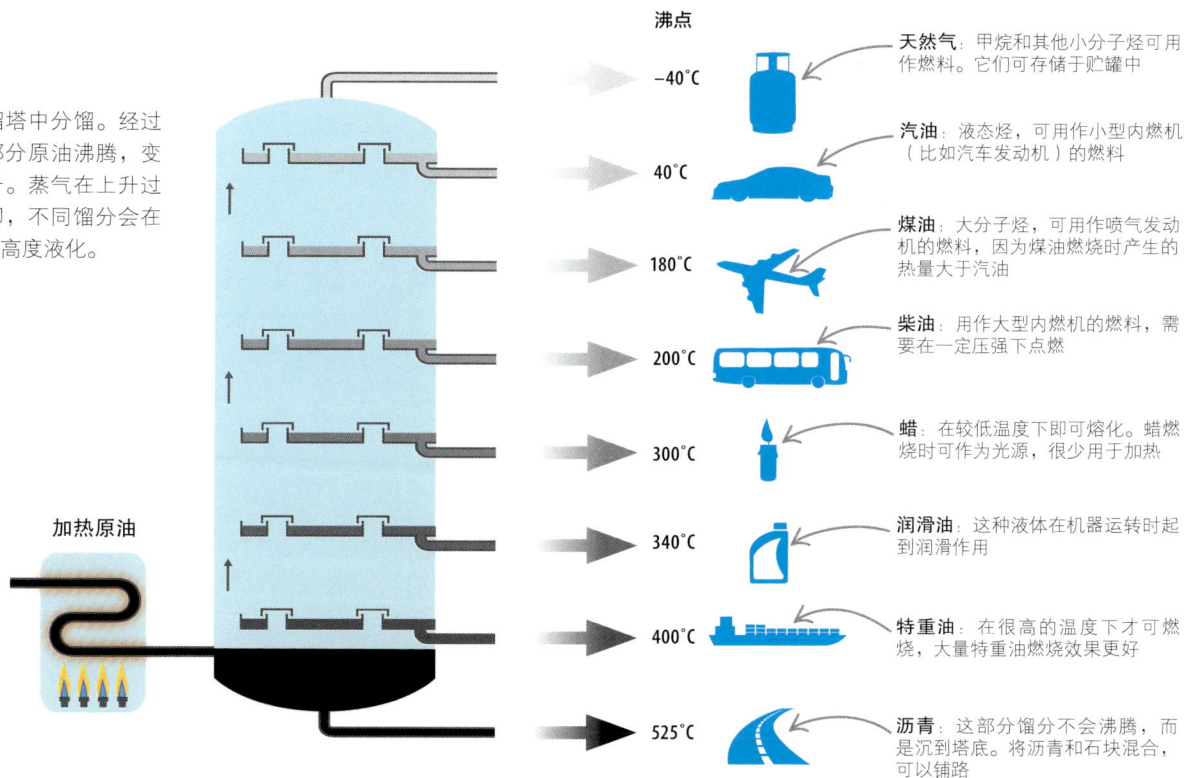

沸点

加热原油

−40℃　**天然气**：甲烷和其他小分子烃可用作燃料。它们可存储于贮罐中

40℃　**汽油**：液态烃，可用作小型内燃机（比如汽车发动机）的燃料

180℃　**煤油**：大分子烃，可用作喷气发动机的燃料，因为煤油燃烧时产生的热量大于汽油

200℃　**柴油**：用作大型内燃机的燃料，需要在一定压强下点燃

300℃　**蜡**：在较低温度下即可熔化。蜡燃烧时可作为光源，很少用于加热

340℃　**润滑油**：这种液体在机器运转时起到润滑作用

400℃　**特重油**：在很高的温度下才可燃烧，大量特重油燃烧效果更好

525℃　**沥青**：这部分馏分不会沸腾，而是沉到塔底。将沥青和石块混合，可以铺路

烃

仅由碳元素和氢元素组成的化合物都是烃。

烃是生物体内最简单的化合物。研究生物体内化学物质的科学称为有机化学。

碳氢链

碳原子最多可以形成4个共价键，这使得碳可以构成复杂的烃分子。碳原子之间通过共价键形成长链，碳原子与氢原子通过共用电子对成键。当氢原子不足时，两个碳原子之间可形成双键甚至三键。

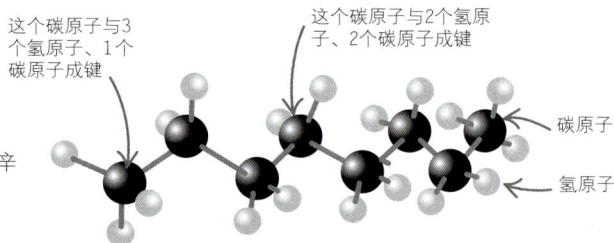

这个碳原子与3个氢原子、1个碳原子成键

这个碳原子与2个氢原子、2个碳原子成键

碳原子

氢原子

▷ 链状分子
右侧这种烃是辛烷（C_8H_{18}）。

◁ 结构式
这是用元素符号C（碳）和H（氢）表示辛烷分子的结构式。

单键用1条线段表示

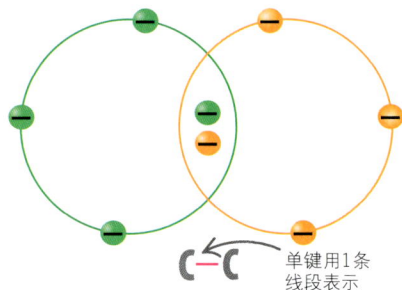

△ 单键
单键是碳与碳之间最常见的共价键，其中包含一对共用电子。

单键用1条线段表示

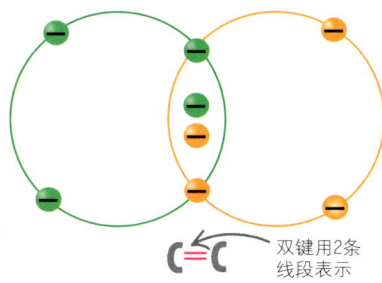

△ 双键
2个碳原子之间有2对共用电子，就会形成双键。双键的稳定性低于单键。

双键用2条线段表示

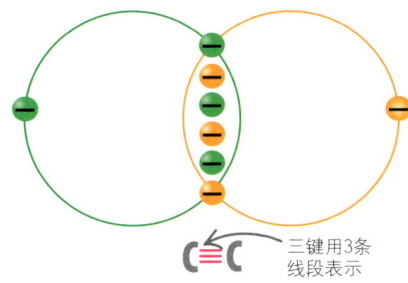

△ 三键
三键是非常不稳定的共价键，其中包含3对共用电子。

三键用3条线段表示

系统命名法

链状烃类被称为脂肪烃。我们将含碳原子最多的碳链作为主链，其他碳链作为支链。给脂肪烃命名时要参考主链上的碳原子数。例如，主链上只有1个碳原子的烃类叫甲烷。给支链命名时，把它看作直链烷烃的烷基衍生物。例如，甲基就是含1个碳原子的支链。

前缀	碳原子数
甲	1
乙	2
丙	3
丁	4
戊	5
己	6

△ 前缀
碳原子数在10以内时，依次用天干（甲、乙、丙……）来代表碳原子数，在10以上时直接用中文数字如十一、十二……来代表碳原子数。

CH_4

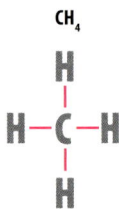

△ 甲烷
甲烷是最简单的烃。它是天然气的主要成分。

C_2H_6

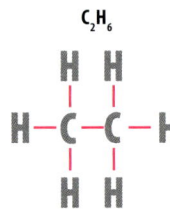

△ 乙烷
乙烷有2个碳原子，是制造聚乙烯塑料的原料。

C_3H_8

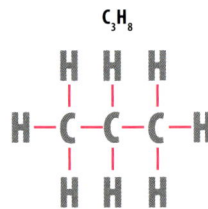

△ 丙烷
丙烷有3个碳原子，可储存在贮罐中，用作野营燃料。

烷烃、烯烃和炔烃

烃分为饱和烃和不饱和烃。主链上的碳原子彼此以单键连接的饱和烃为烷烃；主链上存在双键的不饱和烃为烯烃；主链上存在三键的不饱和烃为炔烃。

词根	包含
烷	碳碳单键
烯	碳碳双键
炔	碳碳三键

◁ **词根**
化合物名称的词根表明它们属于哪一类烃。

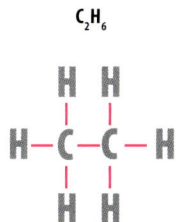

C_2H_6

◁ **乙烷**
乙烷中的碳碳单键使其相对稳定且不易反应。

C_2H_4

◁ **乙烯**
碳碳双键结构使乙烯比乙烷更易燃。

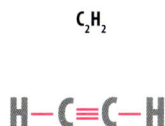

C_2H_2

◁ **乙炔**
碳碳三键非常不稳定。乙炔和其他所有炔烃都非常易燃，且反应性强。

反应性增强 →

异构体

不同化合物可以具有相同的分子式，即原子组成相同，但是它们的原子排列方式或立体结构不同，这些化合物互为异构体（isomer）。支链会改变异构体的性质，使得异构体的反应性、熔点和沸点等都存在差异。

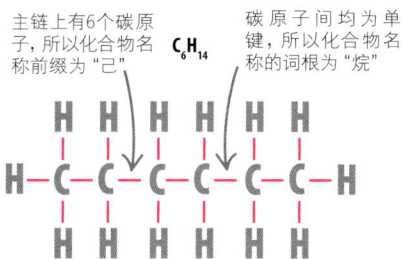

主链上有6个碳原子，所以化合物名称前缀为"己"

碳原子间均为单键，所以化合物名称的词根为"烷"

C_6H_{14}

△ **己烷**
己烷是含有6个碳原子的液态直链烷烃。它是汽油的成分之一，有4种异构体。

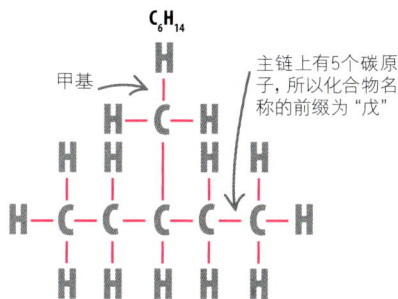

C_6H_{14}

甲基

主链上有5个碳原子，所以化合物名称的前缀为"戊"

△ **3-甲基戊烷**
这种烷烃的主链上有5个碳原子，所以叫戊烷。甲基连接戊烷的第3个碳原子。

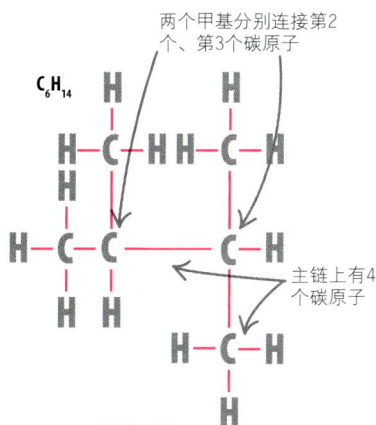

两个甲基分别连接第2个、第3个碳原子

C_6H_{14}

主链上有4个碳原子

△ **2，3-二甲基丁烷**
在这种异构体的主链上有4个碳原子，所以叫丁烷。两个甲基分别连接丁烷的第2个和第3个碳原子。

芳香烃

烃也可形成环形分子结构，我们将含有至少1个离域苯环结构的有机物称为芳香烃。其中结构最简单的是苯。苯的6个碳原子组成正六边形，碳原子间可视为以单键和双键交替的方式连接，但其实双键上的共用电子对可以在苯环上自由移动，且被6个碳原子共用，构成环状离域键。

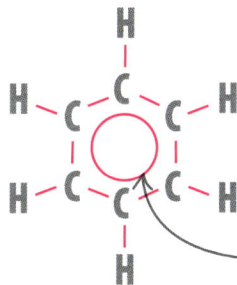

◁ **苯环**
环状离域键使得苯环的形状为正六边形。

非定域电子形成环状离域键

官能团

烃的氢原子可以被其他原子或原子团取代，生成烃的衍生物。

参见	
❮ 28~29	呼吸作用
❮ 78~79	自然界中的循环
❮ 144~145	酸和碱

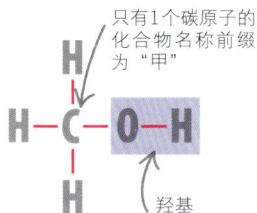

这些新加入的原子或原子团称为官能团（functional group）。它们主导了化合物的化学性质。

醇

醇是烃分子中的1个或几个氢原子被羟基替代的有机物。乙醇含有2个碳原子，是酒精饮料的成分之一。它由谷物自然发酵产生，可以在人体内代谢。但是除乙醇以外，其他醇的毒性都很强。

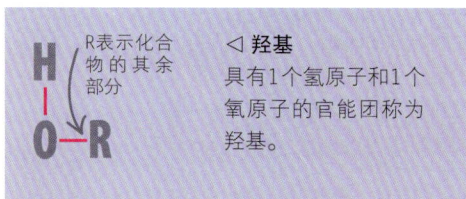

只有1个碳原子的化合物名称前缀为"甲"

羟基

△ 甲醇
甲醇是最简单的醇，可用作防冻剂和溶剂。

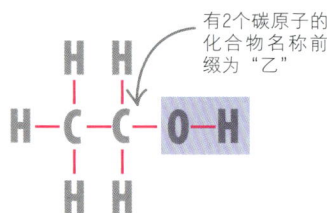

有2个碳原子的化合物名称前缀为"乙"

△ 乙醇
乙醇存在于啤酒和葡萄酒中，可提纯得到酒精。

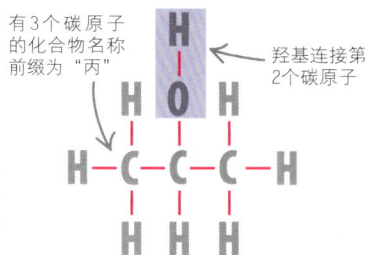

R表示化合物的其余部分

◁ 羟基
具有1个氢原子和1个氧原子的官能团称为羟基。

有3个碳原子的化合物名称前缀为"丙"

羟基连接第2个碳原子

△ 异丙醇
这种化合物的官能团连接第2个碳原子。

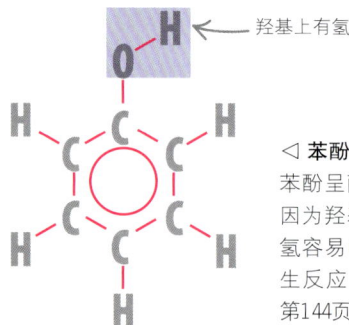

羟基上有氢

◁ 苯酚
苯酚呈酸性，因为羟基上的氢容易电离发生反应（参见第144页）。

羧酸

羧酸中含有羧基，羧基上的氢可以电离，与碱或金属反应。电离后，分子的剩余部分形成带1个负电荷的羧酸根离子。羧酸与碱或金属反应生成的盐称为羧酸盐。大多数羧酸的酸性都比较弱，最低pH在3到4之间。

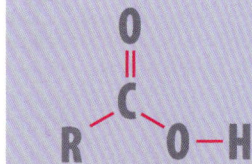

◁ 羧基
位于碳链末端的碳原子与1个氧原子以双键连接，同时与1个羟基连接，这构成了羧基。

CFC即氯氟烃，是一种有机卤化物，会破坏臭氧层。

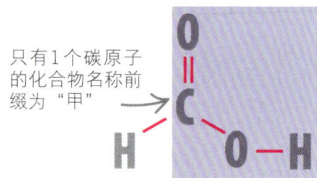

只有1个碳原子的化合物名称前缀为"甲"

△ 甲酸
甲酸是最简单的羧酸，用于将兽皮鞣制成皮革。

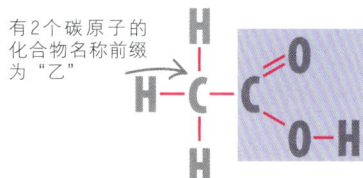

有2个碳原子的化合物名称前缀为"乙"

△ 乙酸
乙酸也称醋酸，它是使醋有酸味的成分。乙醇在细菌作用下可以自然生成乙酸。

酯

羧酸与醇发生反应，生成的有机物为酯。酯的官能团将两种反应物的分子连接在一起。生物体内的油脂都是酯，如形成细胞膜的脂质。肥皂也是酯。

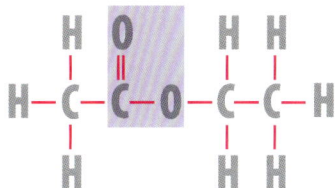

△ **官能团**
醇上的氧原子与羧酸内羧基上的碳原子连接。

△ **乙酸乙酯**
乙酸乙酯带有强烈的梨香，可用于制作洗甲水。

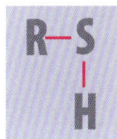

硫醇和胺

硫醇与醇相似，不过硫醇的官能团用硫原子代替了醇的氧原子。硫醇的英文"thiol"在拉丁文中是硫和醇这两个词的结合。硫醇的气味十分刺鼻。胺是另一类有臭味的有机化合物。氨分子中的一个或多个氢原子被烃基取代后的有机物就是胺。胺与羧酸反应生成氨基酸——形成蛋白质的单体。

△ **硫醇的气味**
大蒜和臭鼬放出的臭屁都含有硫醇。硫醇的官能团称为巯基。

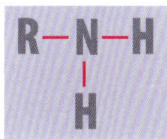

△ **胺的气味**
鱼腥味源于一种称为三甲胺的化合物。三甲胺的官能团中包含氮原子。

现实世界

蚂蚁的螯针

有些昆虫的毒液，比如火蚁，含有甲酸。火蚁受到攻击时会喷出甲酸，给攻击者造成面积小但疼痛的灼伤。因此，甲酸俗称蚁酸。

有机卤化物

像氢原子一样，卤素（参见第122页）在化学反应中仅生成单键，但它们的反应性更强。卤素替代烃中的氢原子，生成有机卤化物。

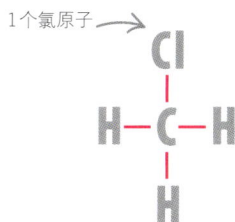

1个氯原子 →

◁ **氯甲烷**
氯甲烷仅包含1个氯原子，是这一类化合物中反应性最强的。它的用途之一是制造硅橡胶。

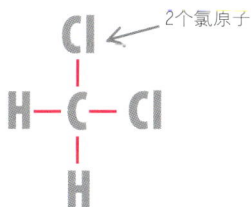

2个氯原子 ←

△ **二氯甲烷**
二氯甲烷是一种带芳香气味的液体，可用于制作去漆剂、喷雾剂，还能去除咖啡中的咖啡因。

3个氯原子 ←

△ **三氯甲烷**
三氯甲烷更为人熟知的名称是氯仿，这种化合物是最早使用的麻醉剂之一。

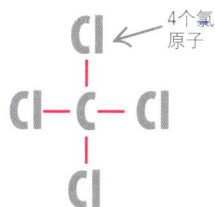

4个氯原子 ←

△ **四氯化碳**
四氯化碳是一种有毒液体，在一些国家已被明令禁用。

聚合物

由许多小分子以共价键相连接的长链状化合物称为聚合物（polymer）。聚合物的相对分子质量通常在10000以上。

塑料和人造纤维（如尼龙）是我们所熟悉的聚合物。不过，这种长链分子在自然界中也广泛存在。许多食物中的成分都是聚合物。

单体

形成聚合物中重复单元的小分子化合物称为单体。聚合物中可包含1种重复单元，也可包含2种或2种以上的重复单元。包含2种或2种以上重复单元的聚合物称为共聚物。单体之间以共价键（参见第114页）连接。很多人造聚合物都是由烯烃单体聚合而成的，烯烃单体的双键可以打开，然后单体之间再形成共价键生成长链分子。

▷ 乙烯单体
最常见的塑料是由乙烯单体聚合而成的。乙烯分子是最简单的烯烃分子。它的聚合物称为聚乙烯。

双键连接2个碳原子

聚合物生成的第一步是打开双键

单体

聚合物中的重复单元

▷ 聚乙烯聚合物
乙烯是气体，而聚乙烯是透明的固体，它由许许多多（没有个数限制）的乙烯单体聚合而成。

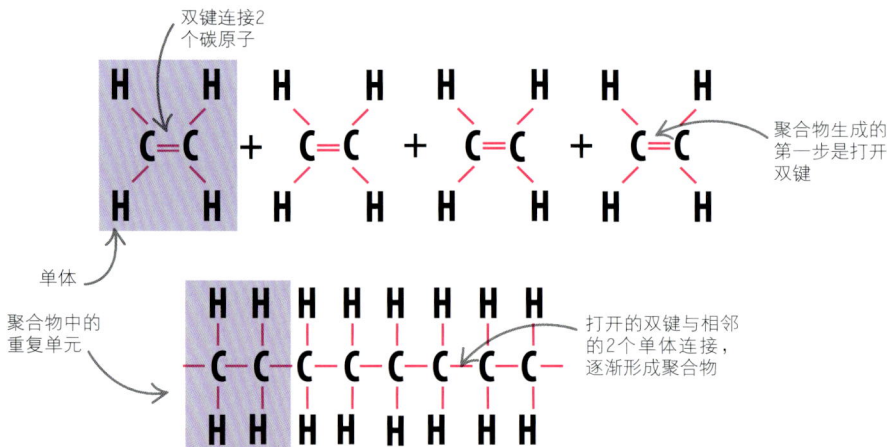

打开的双键与相邻的2个单体连接，逐渐形成聚合物

天然聚合物

自然界中存在许多聚合物。生物通常以这些聚合物为食，想要消化食物首先需要把聚合物分解成单体。单体可以被生物吸收，然后在生物体内重新聚合，生成生物所需的聚合物。

△ 蛋白质
生物的肌肉和其他很多组织都由蛋白质构成。蛋白质是由氨基酸单体聚合而成的。

△ DNA
DNA是复杂的共聚物。它的双链由脱氧核苷酸单体聚合而成，两条长链上的含氮碱基通过碱基互补以氢键相连。

△ 纤维素
保护植物细胞的细胞壁的主要成分是由葡萄糖单体聚合而成的纤维素。纤维素形成坚韧的纤维，纤维是木材和纸张的主要成分。

△ 淀粉
马铃薯和面包都含有淀粉，淀粉也是由葡萄糖单体聚合而成的。不一样的是，淀粉中的单体聚合成球状而非纤维状。

塑料

塑料被大量生产。它是一种用途十分广泛的材料，受热时可以被塑造成任意形状，冷却后变回固体。此外，塑料还能被拉成薄膜，用来作为防护膜。合成塑料的单体来源于原油。

▽ 常见的塑料
有几种塑料由于应用极为广泛，在近几十年来被人们所熟悉。

聚合物	单体	聚合物的性质
聚乙烯（PE）	乙烯	制造有弹性的塑料，作为电线的绝缘皮
聚苯乙烯（PS）	苯乙烯	制造泡沫塑料，也可添加到其他聚合物中，制造防水材料
聚氯乙烯（PVC）	氯乙烯	制造工程塑料，不会被强化学品腐蚀，是良好的绝缘体
特氟龙（聚四氟乙烯，PTFE）	四氟乙烯	非常光滑的材料，可作为不粘锅的涂料

塑料的性质

塑料受热或熔化为液体后，很容易塑形。塑料有两种主要类型：一种是热塑性塑料，它在一定温度下可以反复熔化、塑形；另一种是热固性塑料，它仅有一次塑形机会，一旦冷却定型，再被加热只会燃烧而不会熔化。

▷ 聚合物的性质
聚合物的性质是由其单体结构决定的。热固性聚合物在固化过程中形成交联结构，使得聚合物分子具有固定的位置。

现实世界

橡胶

橡胶树的树皮可产生一种称为乳胶的油性液体，其中含有异戊二烯。向乳胶中加入酸，可使异戊二烯聚合生成固体橡胶，在其变干之前可任意塑形。

拉伸前	拉伸中	拉伸后
无支链的直链	分子间发生少许滑动	聚合物保持拉伸后的形状
有支链的直链	分子间容易滑动	聚合物保持拉伸后的形状
卷曲的长链	分子伸长且相互之间有滑动	聚合物会缩短，但比拉伸前要长
交联的卷曲长链	分子伸长，但相互之间没有滑动	聚合物恢复原状
交联的直链	分子间有微小的滑动	聚合物恢复原状

物理学

什么是物理学?

物理学是探究并揭示宏观宇宙及微观世界运转规律的科学。

物理学的英文出自古希腊文,意思是"自然"。物理学家研究的是宇宙中最根本的问题,比如能量、空间和时间的本质。

物理学是基石

物理学是所有自然科学知识的基石。化学、生物学和其他自然科学都建立在物理学知识的基础上。例如,物理学家揭示了原子结构,化学家利用这些知识研究化学反应是如何进行的;物理学还解释了能量转换的规律,这方面知识对于生物学家理解生物是如何生存的具有决定性意义。有些物理学家比如阿尔伯特·爱因斯坦和艾萨克·牛顿举世闻名,是因为他们的伟大发现对科学的发展具有深远的影响。

▷ **下落的物体**
物理学解释了许多日常现象。例如,牛顿万有引力定律(参见第178页)解释了为什么苹果和其他所有物体会落到地上。

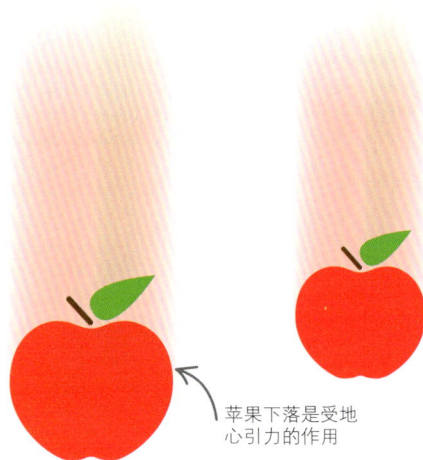

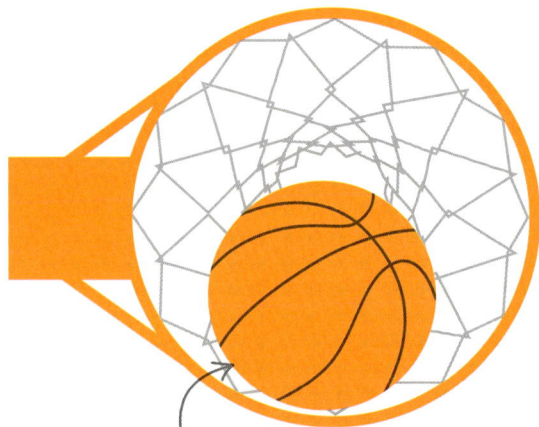

苹果下落是受地心引力的作用

能量、质量、空间和时间

物理学可以用质量、能量和力来描述宇宙中的一切事物——从巨大恒星的运行到云中雨滴的坠落。质量是受力物体。力的作用本质上是将能量从一个物体传递给另一个物体,表现是改变物体的运动状态或形状。例如,投篮球或拉橡皮筋都需要用力,甚至光照在物体上时也对物体施加了微小的作用力。

◁ **运动**
篮球运动员可能没有意识到,他们打篮球时也运用到了物理学知识。他们沿着正确的方向抛出篮球,力度也要准确,才能将篮球投入篮筐。

篮球运动员投篮时,用力抛出篮球,使篮球向着篮筐的方向以一定的速度飞行(希望篮球入篮)

机械

人类运用物理学知识，制造出了利用力和能量的传递来完成工作的机械。机械就是可以通过某些方式改变力来完成任务的设备。事实上，机械并不需要很复杂，一台高科技机器，如机器人或发动机，实际上只是一系列简单机械分工协作的结果。简单机械包括杠杆、轮子、螺钉、斜面和滑轮等。机械通过放大力的作用使工作更容易完成。

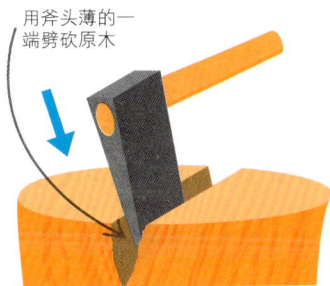

用斧头薄的一端劈砍原木

◁ **将力集中**
斧子也是一种机械。在斧柄上施力，力沿斧柄传递，最后集中于锋利的斧刃，所以斧头才能劈开原木。

辐射

人们经常对"辐射"一词产生困惑，以为辐射是指核反应放射的危险粒子。在物理学中，"辐射"是指波（机械波或电磁波）或大量微观粒子（如质子或 α 粒子）从它们的发射体出发，在空间或介质中向各个方向传播的过程。辐射也可以指波的能量或大量微观粒子本身。电磁波构成了电磁波谱——几乎包含所有常见的辐射类型。除了可见光以外，电磁波谱还包含无线电波、红外线、紫外线、X射线和 γ 射线。

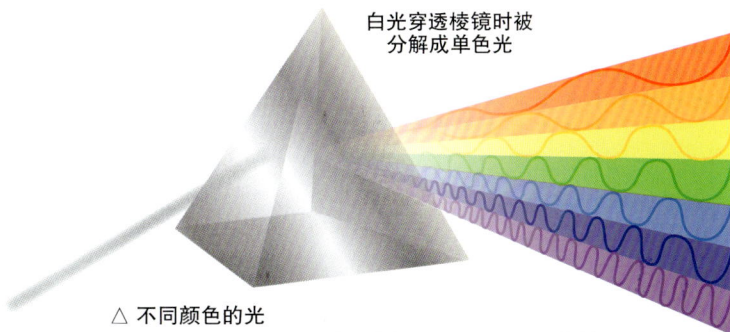

白光穿透棱镜时被分解成单色光

△ **不同颜色的光**
物理学家已经解释了为什么我们可以看到不同颜色的光。红光的波长比紫光的长，其他颜色光的波长介于这两者之间。

电磁学

物理学家通过对电和磁的研究，将大多数机器设计成由电流提供动力。这两方面的研究始于古代，早期的科学家发现具有磁性的石头可以相互吸引。经过几个世纪后，科学家发现电和磁是紧密联系在一起的，于是将这个领域称为电磁学。电磁学还包括对原子结构和辐射来源的研究。

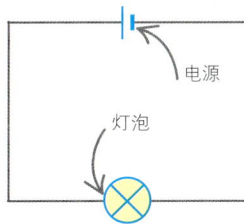

电源

灯泡

◁ **电路**
由不同组件构成的电路通电后开始工作。例如，接通电源时，灯泡便将电流转换成光。

天文学

古人在很久很久之前就开始观察太阳、月亮和行星的运动轨迹，天文学可以称得上是最早的自然科学。现代天文学的研究工作仍然包括天体观察，不过会用到高科技望远镜，收集来自遥远太空中的光和其他辐射。就我们目前的认知来说，在地球上发现的物理定律同样适用于宇宙中的其他天体。因此，天文学家运用已有知识去了解太空中许多能够观察得到的天体，甚至推算宇宙是如何形成的。

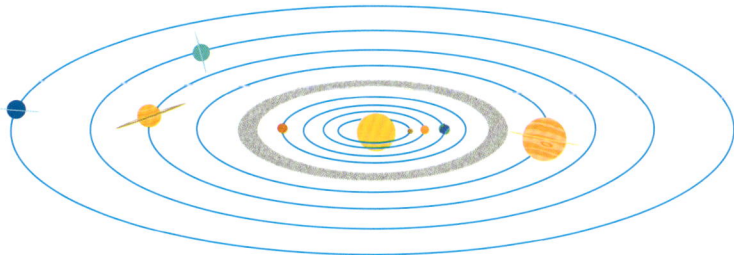

我们所在的太阳系

△ **遇见邻近的行星**
通过观察太阳系的八大行星，我们对世界的了解越发深刻。天文学家正在探索更远的恒星周围是否存在类地行星。

原子内部

原子太小，肉眼无法看见，需要借助放大倍数很大的电子显微镜观察。

从星球到我们自己的身体，我们能够看到的宇宙中的一切事物都是由原子构成的。

什么是原子?

自然界中存在90多种原子，还有一些不稳定的原子是科学家在实验室中制造的。元素是具有相同核电荷数的同一类原子的总称，自然界中的所有物质都由元素构成。我们熟悉的元素有氢、碳和铅等。

▽ 不同的原子
每种元素的原子都具有独特的大小和质量。原子质量取决于原子核中质子和中子的数量。

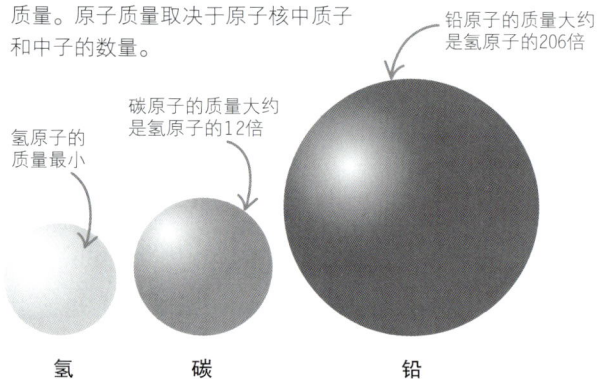

铅原子的质量大约是氢原子的206倍

碳原子的质量大约是氢原子的12倍

氢原子的质量最小

氢　　　碳　　　铅

亚原子结构

原子由质子、中子和电子这些更小的粒子组成。每种原子中的粒子数量和粒子排列方式都是唯一的，这些决定了元素的性质。质子带正电，数量与带负电的电子相同，因此原子不显电性。

原子核
原子核由质子和中子组成，这个微小的内核包含了原子的大部分物质

质子
质子带正电，可吸引带负电的电子围绕原子核做无规则运动

中子
中子不带电。中子贡献了原子的一部分质量，比质子稍重

△ 碳原子
所有碳原子的原子核内都有6个质子，还有6个电子围绕原子核运动。大多数碳原子有6个中子。

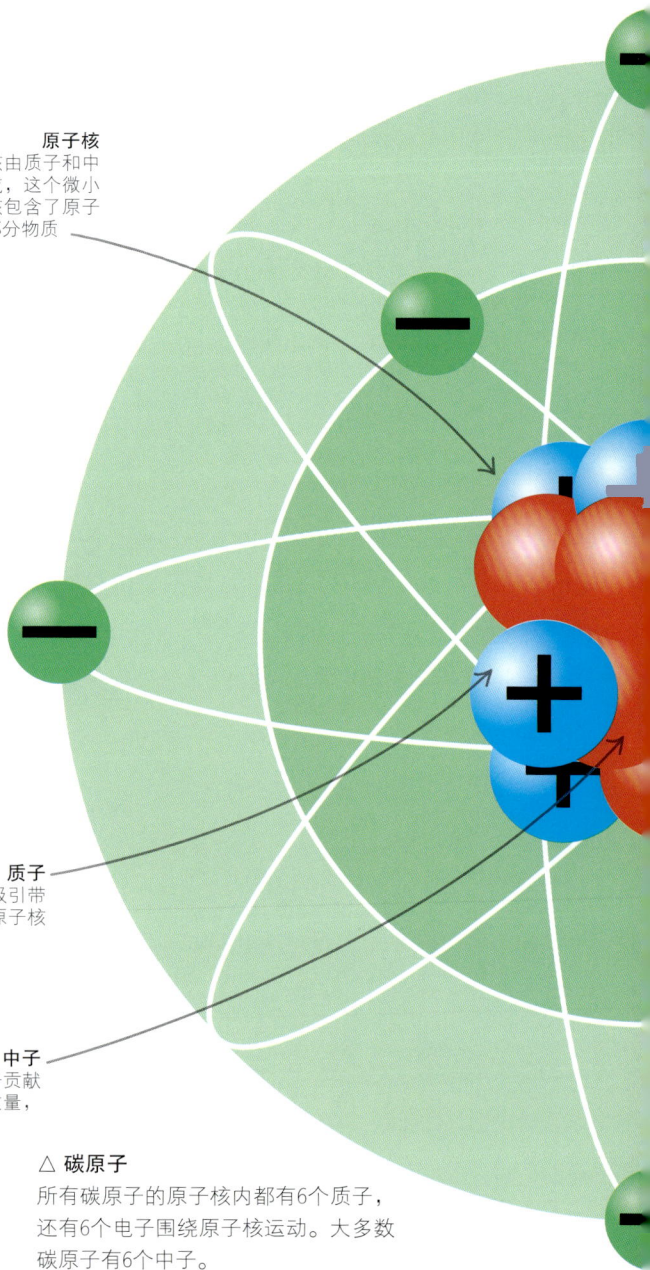

同位素

有的元素有不同的原子形式。同一种元素的质子数是固定的，但中子数可能不同。我们将这些不同的原子形式称为同位素。同位素的原子质量不同。

△ **氕**
氢的主要同位素，原子核内没有中子。

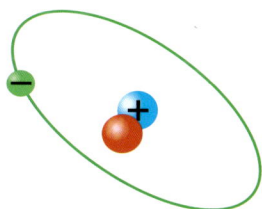

△ **氘**
氘有1个中子，质量大约是氕的2倍。

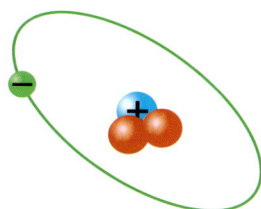

△ **氚**
氚有2个中子，质量大约是氕的3倍。

电子层
电子在不同的电子层中围绕原子核做无规则运动。一个电子层可容纳的电子数是固定的。大多数情况下，当一个电子层填满后，才开始向离原子核更远的下一个电子层填充电子

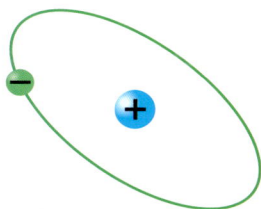

电子
电子带负电，数量与质子相等，质量与质子相比简直微不足道

现实世界

放射性碳定年

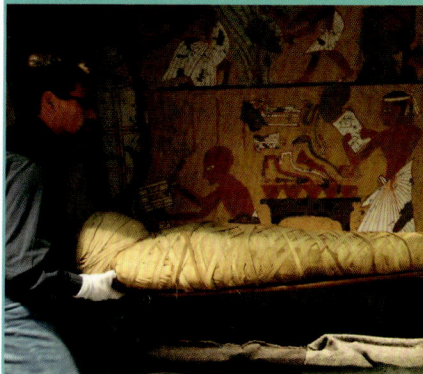

科学家检测文物中木或棉等有机物中碳-14的含量，以此推测文物年代。包裹木乃伊的棉纱中有一定数量的碳-14。这种碳的同位素按照缓慢但固定的速率衰变，检测现今棉纱中碳-14的数量，就能知道木乃伊的制作年代。

原子内的力

原子内存在3种基本力：第一种是强相互作用力，将原子核内的粒子聚集在一起；第二种是电子与原子核之间的电磁力，作用范围至原子之外更远的距离；第三种是弱相互作用力，可将粒子推出原子核。

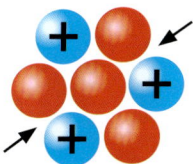

△ **强相互作用力**
这是自然界最强的力，但只作用于微距内。

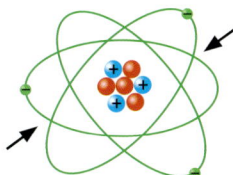

△ **电磁力**
电磁力包含光和电的作用，可将原子内的粒子聚集在一起。

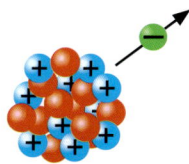

△ **弱相互作用力**
弱相互作用力可引发放射性衰变。

能量

我们的世界依靠能量运转。

能量使事物发生变化。它无处不在，能使物体移动或发光发热。

测量能量

对物体做功可使其能量增加。对物理学家而言，"功"即移动物体所需要的能量，等于力与沿力的方向移动距离的乘积。力的基本单位是牛顿，符号是N；距离的基本单位是米，符号是m。因此，功的基本单位是焦耳，符号是J（1J=1N·m）。

▽ **1焦耳的能量**
1牛顿的力作用在物体上，使物体在力的方向上移动1米，物体获得的能量为1焦耳。1焦耳差不多等于将一个苹果提起1米所做的功。

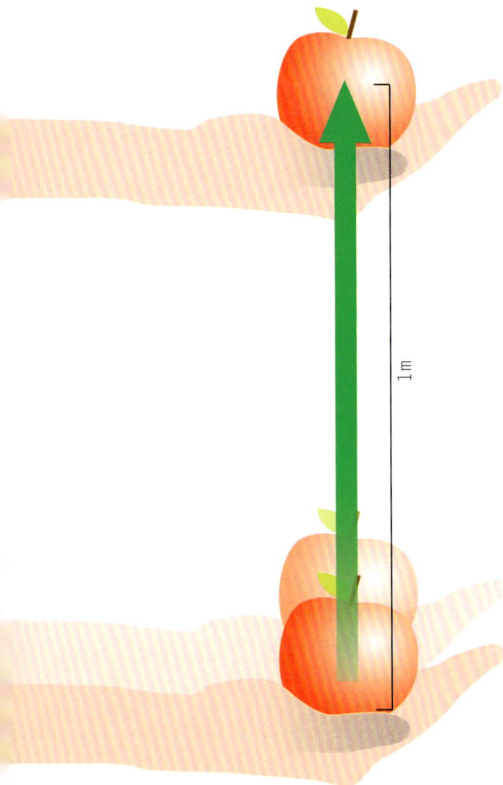

1m

能量的类型

能量有许多不同的表现形式。从恒星爆炸释放的能量到一个跳动的皮球所具有的能量，它们被赋予不同的名称。但所有类型的能量都密切相关，并且可以相互转换。

◁ **动能**
动能（kinetic energy）是运动的物体所具有的能量。当物体做加速运动时，说明物体获得了更多的动能。

◁ **热能**
吹风机中吹出的是热风，这是因为电能转换成了热能。

◁ **电能**
电能是通过电流运载的能量，为各种设备的运行提供能量。

◁ **化学能**
化学能是与化学键及分子间作用力相关的能量。在化学反应中表现出来。

◁ **辐射能**
辐射能（radiant energy）是光和其他类型的电磁波辐射的能量。

◁ **核能**
核能（nuclear energy）是原子核分裂（核裂变）或结合（核聚变）时释放的能量。

◁ **声能**
声能（acoustic energy）是物体使介质（如空气）振动产生的能量。

◁ **势能**
站在高台上的跳水运动员具有势能（potential energy）。跳水运动员跳向水里的过程中，势能转换为动能。

一部分能量转换为热能，使骑行者感觉热了

上坡时，动能转换为势能；下坡时，势能重新转换为动能

骑行者肌肉中的化学能促使两腿运动

动能通过自行车踏板和链条传递到车轮

一部分动能转换成热能——当轮胎与地面摩擦时，轮胎会发热

能量守恒

热力学第一定律揭示了能量不能创造，也不会消失，但可以从一个物体转移到另一个物体，或者转换成不同形式的能量。

△ **能量循环**
骑行者通过踩动踏板使自行车前进。当自行车不断加速时，获得了更多的动能。骑行者肌肉中的化学能转换成使腿部踩动踏板所需的能量。有需要时，骑行者也可以通过肌肉中的化学能使自行车停下来。

所有机器都会逐渐损失能量，因此**永动机是不可能存在的。**

永动机

一直以来，发明家都在尝试设计出一种可以永远运转的机器。右图的机器是德国人乌尔里希·冯·克拉纳赫于1664年设计的，由落入右侧巨大转轮中的铁球提供驱动力。铁球离开转轮后进入曲线轨道，后被送入阿基米德螺旋装置的底部。铁球在离开转轮时获得的动能使铁球能够回到起始位置。然而和其他所谓的永动机一样，这些构思精巧的机器始终无法克服摩擦力（friction force）。

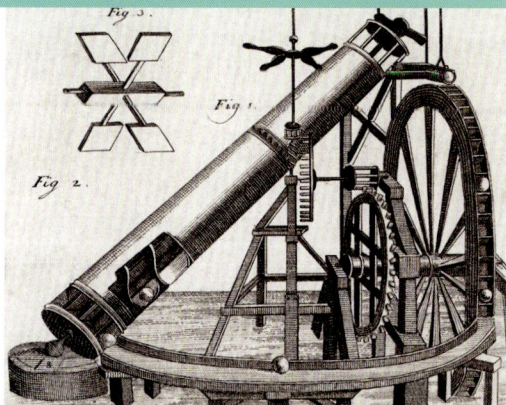

力和质量

所有运动性质的改变都是由力作用于物体上引起的。

力的效果取决于物体的质量。物体的质量越大，加速度（acceleration）就越小。

什么是力？

力能够以不同的方式影响物体：第一，力可以改变物体的速度，使其运动变快或变慢；第二，力可以改变物体的运动方向；第三，力可以改变物体的形状。1牛顿的力作用在质量为1千克的物体上1秒，可以使物体的速度达到1米/秒。

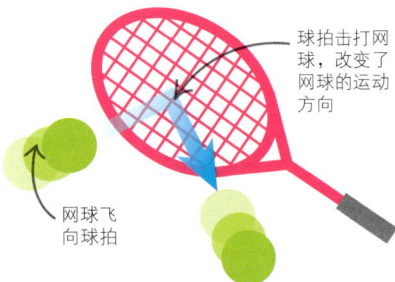

高尔夫球受到球杆的力而飞出

球杆击球

◁ **改变速度**
球杆击打在高尔夫球上的力，使高尔夫球从静止状态瞬间变成高速状态，飞向球洞。

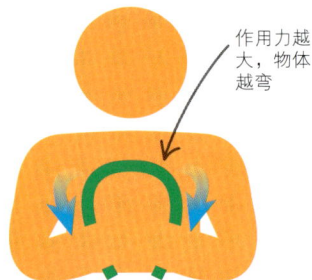

球拍击打网球，改变了网球的运动方向

◁ **改变方向**
球拍作用在网球上的力，改变了网球的运动方向。

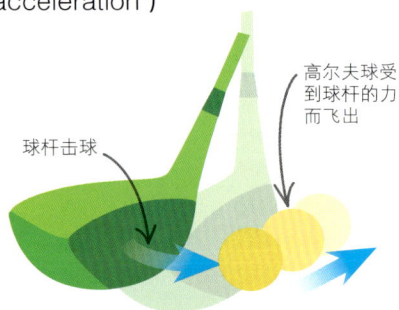

网球飞向球拍

作用力越大，物体越弯

◁ **改变形状**
根据自身硬度和作用力的大小，受力物体形变的程度不一。

什么是质量？

质量可以被看作物体抵抗外力的量度。在相同的作用力下，质量大的物体获得的加速度小于质量小的物体。

国际千克原器用**铂铱合金**制成，现被保存在法国巴黎。

桌布在光滑的桌面上滑动

瓷器的质量可以抵抗桌布滑动对其产生的作用力，使瓷器保持在原位

双手猛地一拉桌布，使桌布在桌面上快速滑动

◁ **惯性**
物体保持静止状态或匀速直线运动状态的性质称为惯性（inertia）。惯性是物体的一种固有属性。

摩擦力和阻力

自然界中没有绝对光滑的物体，所以当两个相互接触的物体发生相对滑动时，不光滑的表面会对物体产生与运动方向相反的力，这个力就是摩擦力。阻力与摩擦力有相似之处，当物体在水中或空气中运动时就会受到阻力。阻力的方向与物体的运动方向相反。

△ **摩擦力**
即使是物体表面微小的凹陷或凸起，都可以阻碍另一个表面不光滑的物体移动。

表面A
表面B

由于摩擦力的存在，两物体之间不会轻易发生相对滑动

△ **润滑**
使用润滑剂可以减少摩擦力。润滑剂提供了一道屏障，减少两物体之间的接触。

表面A
润滑剂
表面B
相对滑动变容易

船在水上行进时，水向船的两侧运动，形成弧形波浪

弧形波浪形成层层涟漪

△ **水的阻力**
船在水中行进，必须推开前方的水。水会产生抵抗，上升形成弧形波浪。

现实世界

轮胎的胎面

如果没有摩擦力，人们将无法出行。例如，汽车轮胎的粗糙胎面可以增加车轮和路面之间的摩擦力，防止车辆打滑。跑鞋粗糙的鞋底也具有同样的效用。

合力

几个不同的力可以同时作用在同一个物体上，但物体不会对每个力单独做出反应。这种情况下，将不同的力合并在一起产生一个合力（resultant force），物体向着某个方向移动就是合力作用的结果。

升力
重力

▷ **盘旋**
两个力同时作用于直升机，方向相反且大小相等——升力与重力相互抵消。

合力为0，所以直升机可以在空中盘旋

升力
合力向上
重力

▷ **上升**
升力大于重力时，直升机上升。

升力
重力、升力、推力和阻力的合力使直升机向右下方飞行

阻力
推力

▷ **降落**
重力大于升力时，直升机下降；推力大于阻力时，直升机向前飞行。

重力

拉伸和形变

力除了可以将物体从一个地方移动到另一个地方之外，还可以改变物体的形状。

当力作用在一个不能移动的物体上时，或者当许多不同的力作用于不同的方向时，会使物体的微观粒子间距缩小或扩大，造成整个物体的形状发生变化。

形变的类型

一个物体的形变类型取决于作用在该物体上的力的数量、方向和大小，还取决于该物体的结构和组成。许多物体受到强力时，容易折断或碎裂。而那些不易折断或碎裂的物体被称为可变形体，如黏土。

石墨烯是已知**强度最高、弹性最大**的材料之一，是由碳原子组成的六边形二维结构。

△ **压缩**

当作用在一个物体上的力有两个或更多，且力位于同一条直线上又都指向物体时，该物体在受力方向上被压缩，而在其他方向上膨胀。

△ **拉伸**

当两个或更多的力沿着相反的方向作用于一个物体并对该物体进行牵拉时，物体内部就会产生张力，弹性物体会被拉长。

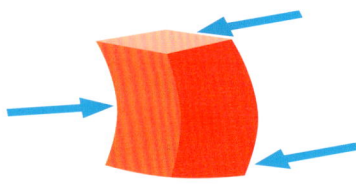

△ **弯曲**

当几个力作用于一个物体上的不同位置时，如果物体是易碎的，就会折断，如果物体具有弹性，就会弯曲。很多材料，如木头，只能轻微弯曲，受力过度就会折断。

△ **扭转**

转矩（torque）或旋转的力沿着相反的方向作用于一个物体的不同位置，会使该物体扭曲。

△ **切变**

当力沿着相反的方向作用于一个不能自由旋转的物体两端时，物体受力的两端将向着相反的方向移动。

形变

可以改变物体形状的力称为应力（stress），受力后物体发生的形变称为应变（strain）。当物体受到应力作用时，可能出现3种情形：一是物体发生形变，应力消除后恢复原样（弹性形变）；二是物体的形状发生永久性改变（塑性形变）；三是物体断裂。

▷ **应力–应变曲线**

很多材料在受到外力作用时，一开始会产生微小形变，表现出一定弹性，然后表现出塑性，最后发生断裂。所需外力的大小由材料决定。

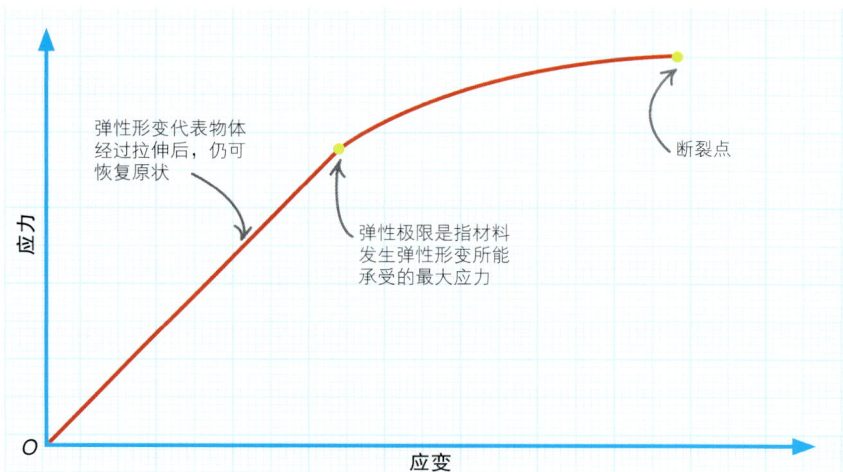

弹性形变代表物体经过拉伸后，仍可恢复原状

弹性极限是指材料发生弹性形变所能承受的最大应力

断裂点

应力

应变

O

胡克定律

英国科学家罗伯特·胡克发现了弹性定律。胡克定律提出，弹簧（或其他可拉伸物体）的应变与应力成正比。但只有在弹簧没有到达弹性极限的情况下，这条定律才成立。如果超过弹簧的弹性极限，弹簧就无法恢复原状了。

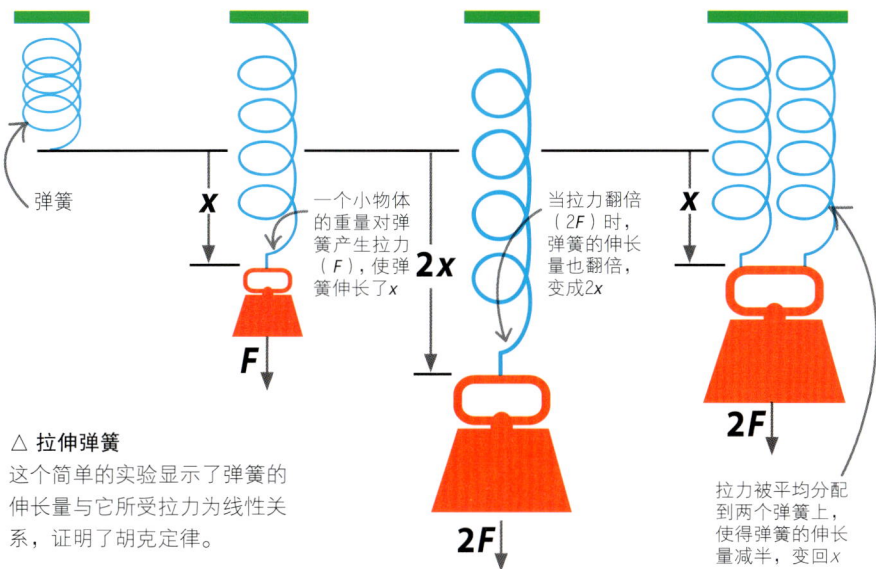

一个小物体的重量对弹簧产生拉力（F），使弹簧伸长了x

当拉力翻倍（$2F$）时，弹簧的伸长量也翻倍，变成$2x$

弹簧

x　**$2x$**　**x**

F　**$2F$**　**$2F$**

△ 拉伸弹簧
这个简单的实验显示了弹簧的伸长量与它所受拉力为线性关系，证明了胡克定律。

拉力被平均分配到两个弹簧上，使得弹簧的伸长量减半，变回x

杨氏模量

物体的弹性取决于它的形状、大小和结构。英国博学家托马斯·杨（1773~1829）发明出测量固体弹性的方法，材料在弹性形变范围内，应力与应变的比值为杨氏模量。

材料的杨氏模量/GPa	
橡胶	0.01~0.1
尼龙	3
橡木	11
黄金	78
玻璃	80
不锈钢	215.3

△ 杨氏模量的测量
杨氏模量的常用单位是吉帕斯卡，符号是GPa。杨氏模量的数值越大，说明材料的刚度越大，弹性越差。

材料的性质

材料的很多性质都与它们在应力作用下的应变有关。这些性质部分取决于组成材料的微观粒子，部分取决于材料内部物质单位的形状和大小，如晶体或纤维。

对在应力作用下材料的描述	
坚硬的	很难刻划或出现凹陷
坚韧的	很难折断或变形
有塑性的	受应力作用后会产生永久性改变
有弹性的	应力消除后，可复原
脆性的	在应力作用下会突然断裂，几乎不变形
韧性的	能拉成细丝
可锻造的	能捶打成型

△ 对材料的描述
上方表格中的词语用于描述材料在应力作用下的表现。很多材料的性能会随温度变化而改变。例如，温度较高时橡胶的弹性很大，但温度很低时橡胶是脆性的。

速度和加速度

这些物理量告诉我们物体运动得有多快。

运动物体的速率或方向发生改变时，可用速度和加速度描述。

速率和速度

速率是描述物体运动快慢的物理量，常用单位是千米/时（符号是km/h）和米/秒（符号是m/s）。速度也用来描述物体运动的快慢，还包含了运动的方向。热力学家和核物理学家使用更多的是速率，而不是速度。

$$V = \frac{s}{t}$$

速度 ← 位移
时间

30km/h　　　　　　　　　　60km/h

◁ **提高速度**
汽车的行驶速度增加说明汽车在加速。恒定的外力可使汽车的速度稳步提高。

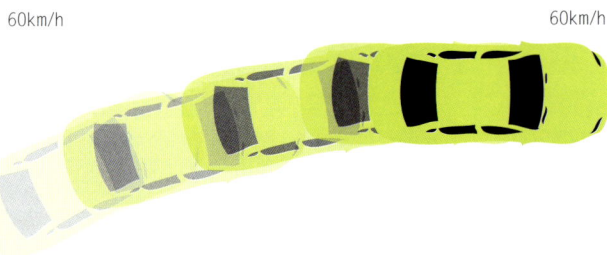

60km/h　　　　　　　　　　60km/h

◁ **改变方向**
汽车以60千米/时的速度匀速行驶，接着变换了车道。此时汽车的速率不变，但速度变了。

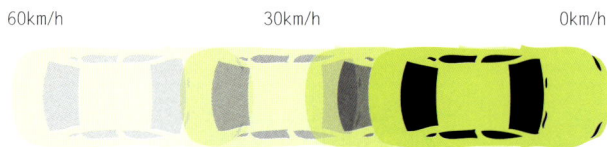

60km/h　　　30km/h　　　0km/h

◁ **减慢速度**
汽车行驶速度减慢，说明汽车在减速。

相对速度

相对速度指的是以非地面参考系所测量的速度。本例中有两名在同一路线上跑步的人，以跑者B作为参考系，用相对速度来描述跑者A运动的快慢。跑者A的相对速度等于跑者A与跑者B的速度之差。

▷ **相对速度为0**
跑者A与跑者B的速度相同，所以跑者A的相对速度为0。

跑者A的速度是7千米/时　　　跑者B的速度是7千米/时

▷ **追赶**
跑者A将超过跑者B，因为跑者A的相对速度为1千米/时。

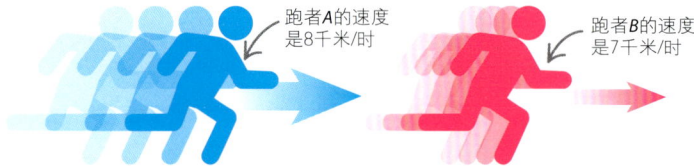

跑者A的速度是8千米/时　　　跑者B的速度是7千米/时

▷ **迎面相遇**
跑者A和跑者B相向奔跑。跑者A的相对速度为14千米/时。

跑者A的速度是7千米/时　　　跑者B的速度是−7千米/时

速度改变

加速度是描述物体运动时速度变化快慢的物理量，表示物体需要多少时间可从一个速度增加（或减少）到另一个速度。加速度的计算方法是用最终速度（v_2）减去起始速度（v_1）得到速度的变化量，再除以发生这一变化所用的时间。

$$a = \frac{v_2 - v_1}{\triangle t}$$

- 加速度
- 速度的变化量
- 速度变化所用的时间

▷ **摩托车对卡车**
此图表明，摩托车和卡车可以达到相同的行驶速度，但摩托车的加速度大于卡车的加速度。

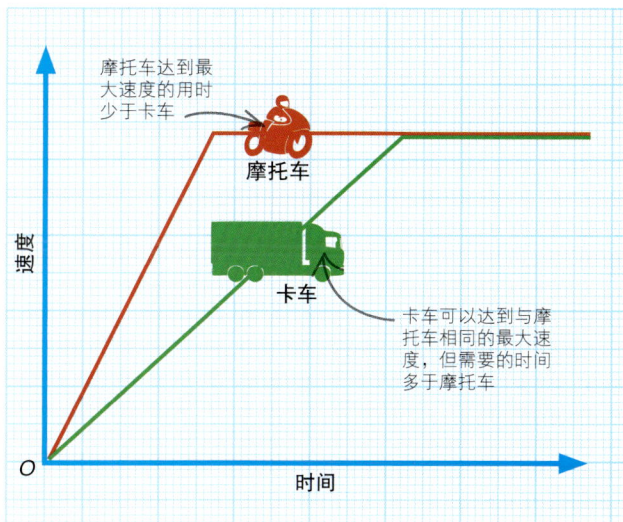

摩托车达到最大速度的用时少于卡车

摩托车

卡车

卡车可以达到与摩托车相同的最大速度，但需要的时间多于摩托车

速度

时间

O

机械振动

振动是指物体在其平衡位置附近做有规律的往复运动。无论是钟摆的左右摆动、挂在弹簧上重物的弹跳，还是固体中分子的振动，都是加速和减速运动有规律地交错进行。因为物体回归静止后会回到平衡位置，所以振动的平均速度为0。振动的成因是，物体离开平衡点时就会受到指向平衡点的力，从而减速、静止、加速向平衡点运动。当物体经过平衡点后，相同的过程再次发生。

计时

做机械振动的物体完成一次全振动所需的时间叫作振动周期。钟摆的振动周期是固定的。老式落地钟钟摆的振动周期是2秒。钟摆的摆动推动齿轮转动，让表盘上的指针以适当的速率转动。

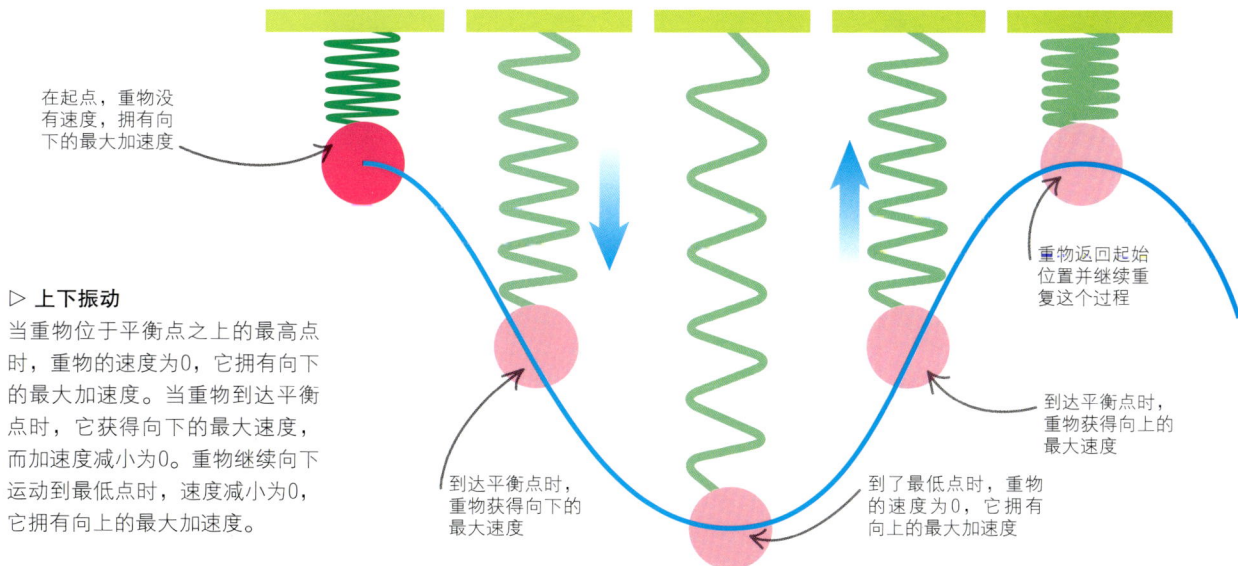

在起点，重物没有速度，拥有向下的最大加速度

重物返回起始位置并继续重复这个过程

▷ **上下振动**
当重物位于平衡点之上的最高点时，重物的速度为0，它拥有向下的最大加速度。当重物到达平衡点时，它获得向下的最大速度，而加速度减小为0。重物继续向下运动到最低点时，速度减小为0，它拥有向上的最大加速度。

到达平衡点时，重物获得向下的最大速度

到了最低点时，重物的速度为0，它拥有向上的最大加速度

到达平衡点时，重物获得向上的最大速度

万有引力

万有引力（universal gravitation）作用于宇宙中的万事万物。

万有引力不仅使我们能够站在地面上，还使行星围绕恒星公转。地球对其他物体的这种作用力叫作地心引力。

吸引

万有引力属于吸引力。尽管任意两个物体都会相互吸引，但地球上物体之间的万有引力十分微小，人们通常难以察觉。但是艾萨克·牛顿发现万有引力总是存在于所有具有质量的物体之间。

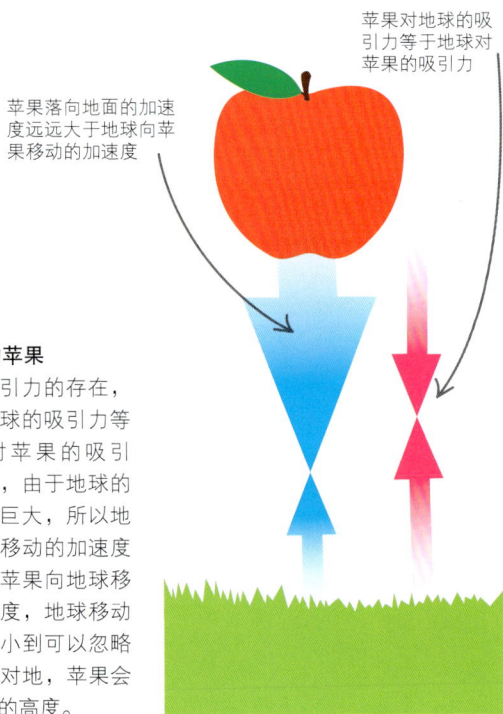

苹果对地球的吸引力等于地球对苹果的吸引力

苹果落向地面的加速度远远大于地球向苹果移动的加速度

▷ **下落的苹果**
因为万有引力的存在，苹果对地球的吸引力等于地球对苹果的吸引力。然而，由于地球的质量过于巨大，所以地球向苹果移动的加速度远远小于苹果向地球移动的加速度，地球移动的距离微小到可以忽略不计，相对地，苹果会下落很大的高度。

有物理学家认为，传递万有引力的是一种**名为"引力子"的微观粒子**，但至今还未发现引力子存在的证据。

万有引力定律

艾萨克·牛顿发现，宇宙中万事万物之间都存在万有引力。他提出，任意两个物体（比如行星）之间的万有引力由两物体的质量和距离决定，大小与它们质量的乘积成正比，与它们距离的平方成反比。牛顿还提出，可以把球形物体（比如地球）看作质点来计算万有引力。

△ **吸引**
所有物体之间都存在万有引力。上图中两个质量相同的小球因为万有引力的作用相互吸引。

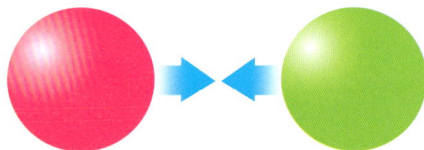

△ **两倍的质量**
如果两个小球的质量都翻倍，则两者之间的万有引力变为原来的4倍。

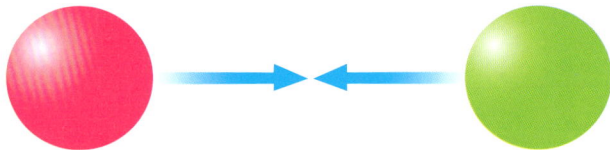

△ **间距增加**
将两个小球之间的距离增加到原来的2倍，它们之间的万有引力变成原来的1/4。

重量和质量

重量和质量是两个完全不同的物理量。质量是物体所含物质的总量，而重量则是物体由于地球或其他天体的吸引受到的重力的大小。物体的质量是一定的，但重量却不一定，主要取决于作用在物体上的万有引力。

同一个物体在太阳上的重量约是地球上的28倍。

在地球上，一个人可举起10千克的杠铃

在月球上，同一个人使出相同的力能举起60千克的杠铃

△ **在地球上**
这个人需要对杠铃施加一个大于杠铃重量的力才能举起杠铃。他正在举起一个质量为10千克的杠铃。

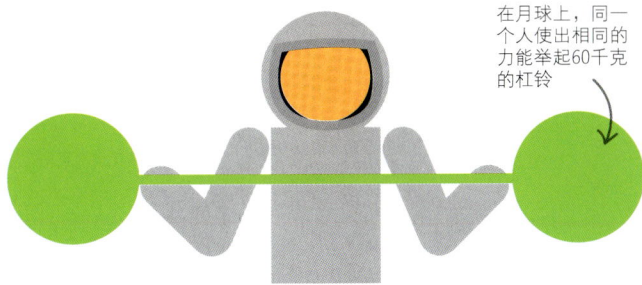

△ **在月球上**
月球上的万有引力是地球上的1/6。所以用在地球上举起10千克杠铃的力可以在月球上举起60千克的杠铃。

弹道学

投掷出去的物体在万有引力的作用下最终会落回地面。同时，物体在向前运动的过程中因受到空气阻力而逐渐减速。如果没有大气层，物体就可以飞行更远的距离。

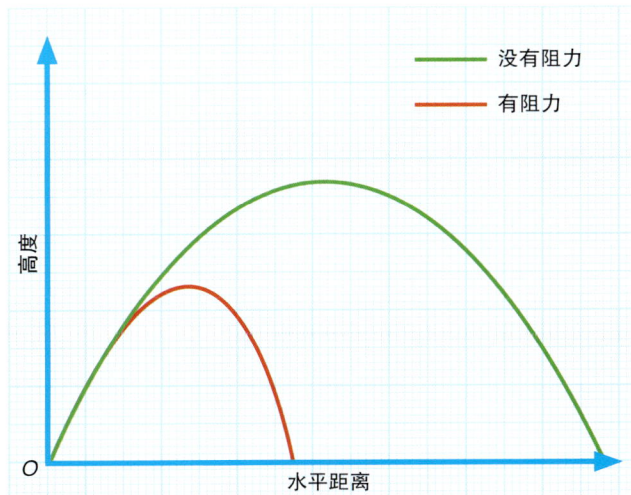

没有阻力
有阻力

高度
水平距离
O

△ **空气阻力和运动**
在地球上，空气阻力会阻碍物体运动，使物体的速度减慢（红线）。在没有空气阻力的地方，如月球上，抛出的物体依然沿抛物线运动（绿线），但在落地前物体在水平方向上的速度保持不变。

沿轨道飞行

物体被抛出得越用力，在落地之前它运动得就越快越远。如果物体所受的力足够大，物体就可获得足够快的速度，它所受的地心引力刚好等于沿着圆周轨道运动所需的向心力，这样物体就不会落地，而是围绕地球公转。

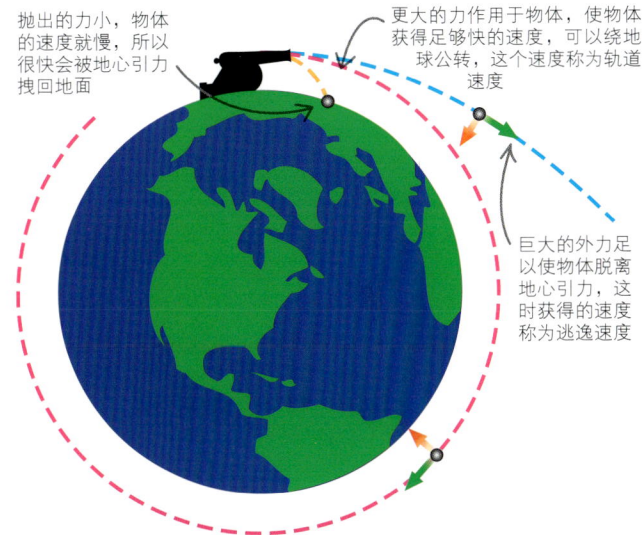

抛出的力小，物体的速度就慢，所以很快会被地心引力拽回地面

更大的力作用于物体，使物体获得足够快的速度，可以绕地球公转，这个速度称为轨道速度

巨大的外力足以使物体脱离地心引力，这时获得的速度称为逃逸速度

△ **牛顿对人造卫星的设想**
上图展示了艾萨克·牛顿提出的一个设想。他认为，当一枚炮弹被足够大的力推射出去，获得的速度足够大时，炮弹可以实现围绕地球公转，甚至完全脱离地球。

牛顿运动定律

牛顿运动定律解释了力对物体的影响。

当力作用于自由运动的物体时，物体的运动遵循牛顿运动定律。

物理学的新方向

1687年，艾萨克·牛顿发表三大运动定律，影响了之后两个世纪的物理学发展方向。牛顿提出：当作用于物体的力平衡时，物体的速度不变；当力不平衡时，就会产生一个合力，从而改变物体的速度。他还强调，在摩擦力和空气阻力的影响下，物体和力之间的关系可能十分复杂。如果没有这些影响，物体的运动就会变得简单。因此，牛顿运动定律更适用于在太空中运动的物体，如行星和航天器。

现实世界

发射！

牛顿运动定律可解释火箭升空的过程。一开始，火箭没有受到推力时处于静止状态。接下来，当火箭点火后，产生的推力使火箭上升并脱离发射台。高温气体向下喷射时产生的反向推力将火箭推向高空。

牛顿第一定律

牛顿第一定律又叫惯性定律：一切物体总保持匀速直线运动状态或静止状态，除非作用在它上面的力迫使它改变这种状态。所以，足球被踢之前保持静止状态，被踢之后开始运动，最后又在外力作用下停下来。

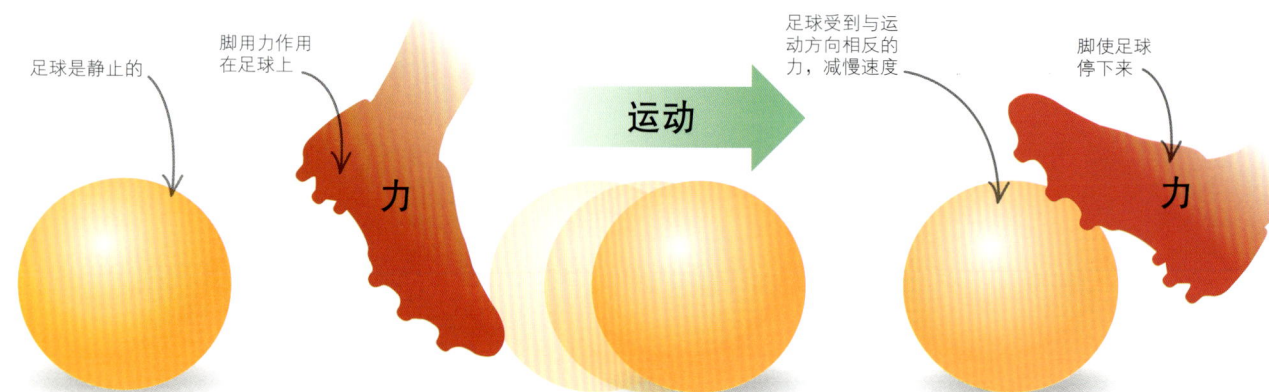

足球是静止的

脚用力作用在足球上

力

运动

足球受到与运动方向相反的力，减慢速度

脚使足球停下来

力

△ **处于静止**
虽然足球受到地心引力的作用，但地面阻止足球向地心运动，所以足球保持静止状态。

△ **受力增加**
脚对足球施力。当脚接触足球时，足球将获得速度向前滚动。

△ **滚动停止**
足球一开始滚动，便在地面摩擦力和空气阻力的作用下做减速运动。当遇到静止的物体（脚）时，足球就会停下来。

牛顿第二定律

牛顿第二定律：物体加速度的大小跟它受到的作用力成正比，跟它的质量成反比，加速度的方向跟作用力的方向相同。

$$F = ma$$

物体所受合力　物体的质量　加速度

▷ **小质量，小作用力**
1牛顿的力作用在1千克的物体上，将产生1米/秒²的加速度，即每过1秒，物体的速度增加1米/秒。

小作用力　1牛顿　质量为1千克　加速度为1米/秒²

▷ **小质量，中等作用力**
2牛顿的力作用在1千克的物体上，将产生2米/秒²的加速度。

中等作用力　2牛顿　质量为1千克　加速度为2米/秒²

▷ **质量翻倍，大作用力**
8牛顿的力作用在2千克的物体上，将产生4米/秒²的加速度。

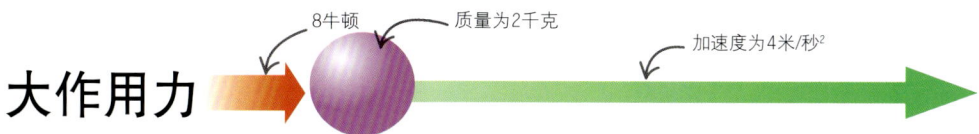

大作用力　8牛顿　质量为2千克　加速度为4米/秒²

牛顿第三定律

牛顿第三定律：两个物体之间的作用力和反作用力总是大小相等，方向相反，作用在同一条直线上。右图中，两个质量相等的人站在滑板上，滑板可减小摩擦力。当两人同时推对方时，因为反作用力，他们将向着远离对方的方向运动。

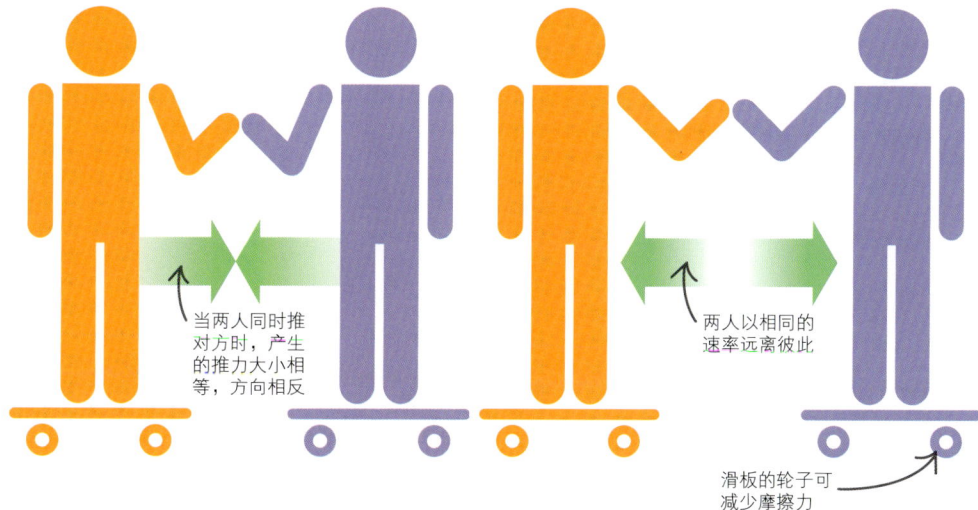

当两人同时推对方时，产生的推力大小相等，方向相反

两人以相同的速率远离彼此

滑板的轮子可减少摩擦力

△ **作用力**
当一个力作用在两个物体之间时，牛顿第三定律就会生效。即使第二个人没推第一个人，他的身体也会在第一个人的推力作用下，向远离第一个人的方向运动。

△ **反作用力**
当两个站在滑板上的人同时推对方时，作用在两个人身上的反作用力大小相等，方向相反。如果两人体重相同，他们就会以相同的速率远离彼此。

认识运动

力可以传递能量，使物体运动。

物体往往同时受多个力的作用，且这些力的方向各有不同，极少出现只有单独一个力作用于物体的情况。想要理解物体如何运动，需要运用下面介绍的概念。

动量

运动的物体可以保持运动状态是因为它具有动量（momentum）。除非有外力作用于物体，否则物体将保持运动。例如，当你接球时，必须对球施力，以消除球的动量，才能让它停止运动。但是在手和球碰触的瞬间，球对手产生作用力，这时手的动量将改变。手获得的动量与球失去的动量相等。动量等于物体的质量乘速度，因此物体的质量越大、速度越快，动量就越大。右图中的实验证明了动量会在物体间传递。

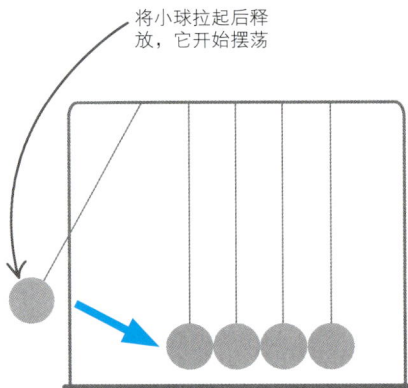

将小球拉起后释放，它开始摆荡

第一个小球的撞击力让最后一个小球荡起

△ **碰撞作用**
当最左侧的小球碰到相邻的小球时，最左侧小球的速度减小至0，动量也降至0。

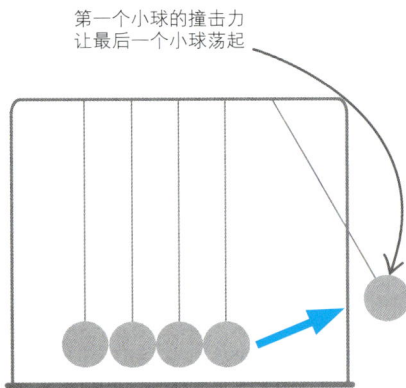

△ **运动的反作用**
最左侧小球的动量沿着相邻的小球依次向右传递，最后传递给最右侧的小球，使最右侧的小球荡起。

动能

动能是运动的物体所具有的能量。速度越快的物体，动能越大。有些物体的质量相对较小，但动能很大。例如，小行星的质量虽然相对较小，但撞击地球时的速度约为30000米/秒，其动能相当于100万辆高速列车的动能之和。所以，小行星会对地球造成巨大冲击，这可能就是6600万年前恐龙灭绝的原因。

发动机的作用是将燃料或电池的能量转换为动能。

▷ **云霄飞车**
在A点时，静止在轨道上的飞车动能为0。当飞车在重力作用下加速向下俯冲时，它的动能也在增加。到达B点时，飞车处于爬升小斜坡的状态，其速度因重力作用而减慢，动能也将减小。

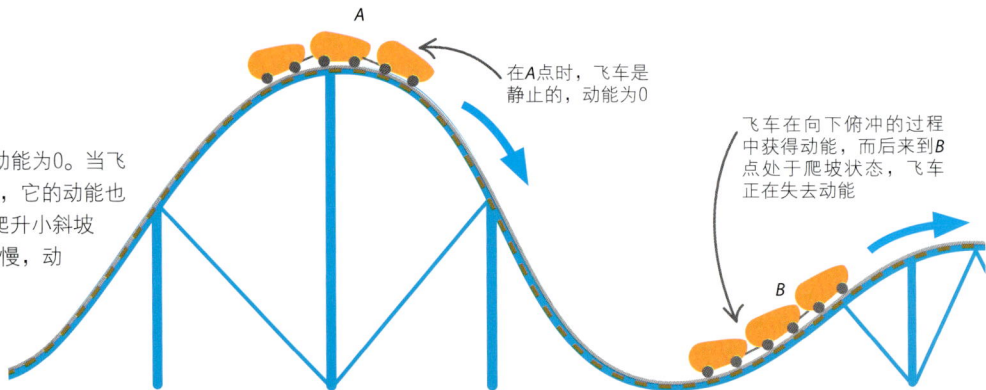

在A点时，飞车是静止的，动能为0

飞车在向下俯冲的过程中获得动能，而后来到B点处于爬坡状态，飞车正在失去动能

转矩

转矩使物体转动，而不是沿直线运动。转矩等于力和力臂（即施力点与旋转中心或转轴之间的距离）的乘积。相同的力作用在物体上，力臂越大，转矩就越大。

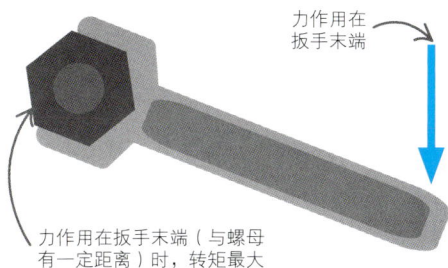

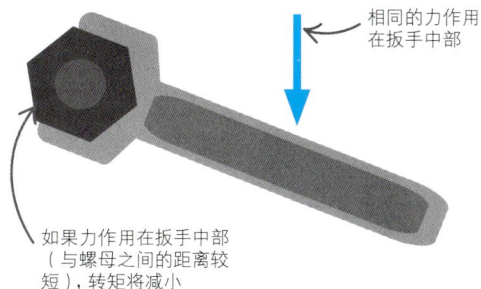

> 伟大的古希腊数学家阿基米德曾经论证过，如果给他一根足够长的杠杆，他就能撬动地球。

力作用在扳手末端

力作用在扳手末端（与螺母有一定距离）时，转矩最大

△ **大转矩**
作用在扳手末端的力使转矩达到最大，拧动螺母时更省力。

相同的力作用在扳手中部

如果力作用在扳手中部（与螺母之间的距离较短），转矩将减小

△ **小转矩**
相同的力作用在扳手中部，转矩只有原来的一半，所以拧动螺母需要更大的力量。

转动

当物体做圆周运动时，同时受到两种力的作用。一种是向心力，将物体向旋转中心的方向牵拉，比如卫星所受万有引力便充当了向心力。另一种是离心力，拉着物体远离旋转中心。

▷ **旋转中**
向心力使得旋转中的小球趋向旋转中心加速，而小球在一个假想力的作用下达到平衡状态。这个假想力便是离心力，它可以对抗向心力，从而阻止小球向旋转中心运动。

向心力牵拉着小球趋向旋转中心

旋转的方向

旋转中心

假想力，即离心力，将物体拉离旋转中心

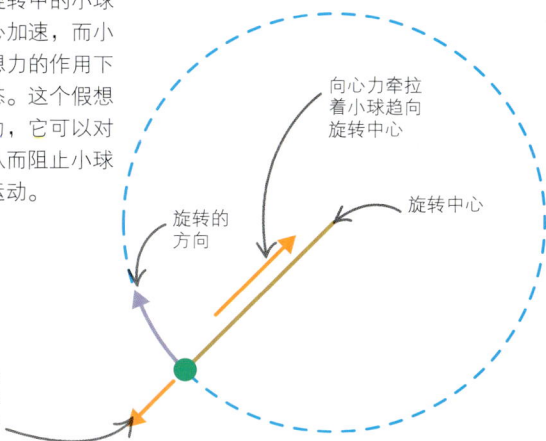

角动量

所有旋转的物体都具有角动量。角动量与物体的质量、旋转速度、物体到旋转中心（或转轴）的平均距离成正比。花样滑冰选手运用角动量控制自己的旋转速度。当她伸展双臂时，就将自身质量分散到了更大的范围，使得旋转速度变慢；当她收起双臂时，质量则向旋转轴集中，旋转速度就会变快。

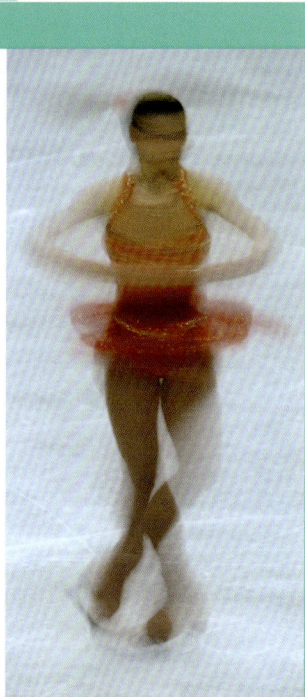

压强

压力是一个物体按压在另一个物体表面上产生的作用力。

压力可以直接作用在物体表面，也可以通过介质作用，介质包括空气和水等。

什么是压强？

物体单位面积上所受的压力为压强，单位为牛/米²，它有一个专用名称叫帕斯卡，符号是Pa。压强的计算公式如下：

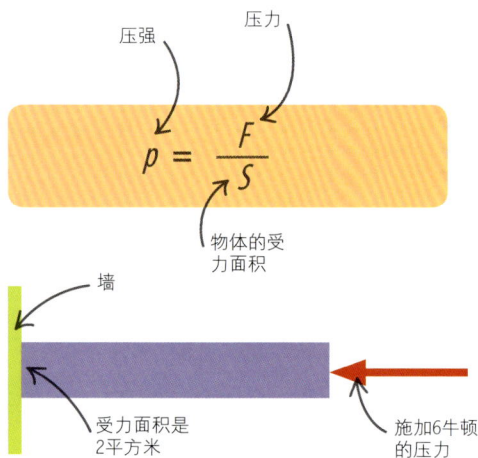

$$p = \frac{F}{S}$$

压强　压力

物体的受力面积

墙

受力面积是2平方米

施加6牛顿的压力

△ 较大的受力面积，压强较小

6牛顿的压力作用在2平方米的表面上，产生的压强可以通过6除以2计算得到，为3帕斯卡。

墙

受力面积是1平方米

施加6牛顿的压力

△ 较小的受力面积，压强较大

6牛顿的压力作用在1平方米的表面上，产生的压强可以通过6除以1计算得到，为6帕斯卡。这就是钉子带尖头的原因——尖头使得受力面积尽量小，这样压强就可以更大，使得钉子更容易刺穿材料。

气压

在地球表面，大气作用在所有物体上的压强约为101 000帕斯卡。我们之所以感受不到气压，是因为我们体内有一个与气压大小相同但方向相反的压强，消除了气压对我们的影响。在不同的天气条件和不同的海拔下，气压会发生变化，可以用气压计测量。

▽ 海拔和气压

气体分子不断地运动，并且相互碰撞。当气体分子撞击其他分子或容器内壁时，就会对其产生压强。距离地面较近的气体分子在大气层底部活动，而其他气体分子都压在底层气体之上。因此，距离地面越近，气压越高，空气分子越密集。地球表面的空气随着海拔增加，逐渐变得稀薄。

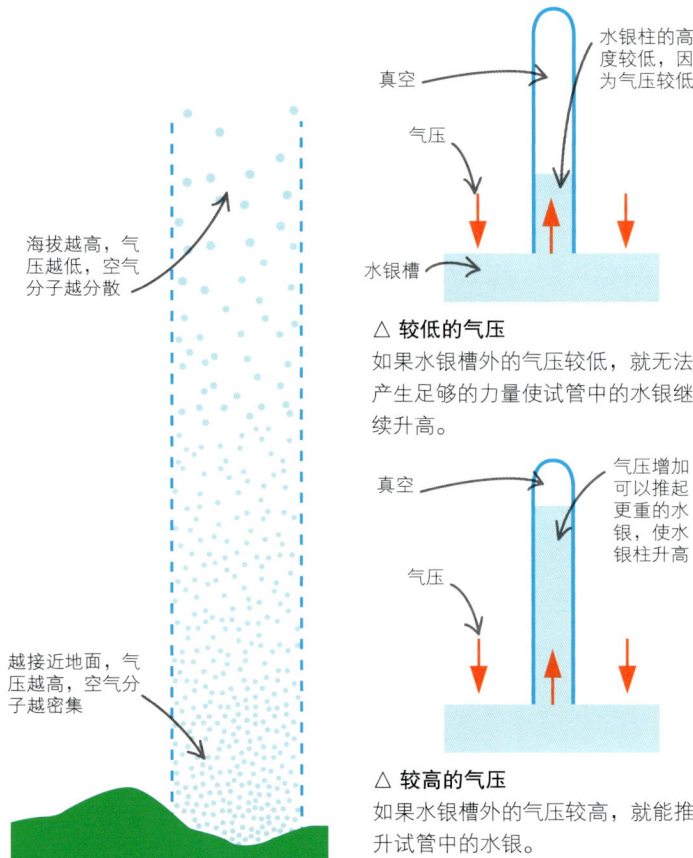

海拔越高，气压越低，空气分子越分散

越接近地面，气压越高，空气分子越密集

真空

水银柱的高度较低，因为气压较低

气压

水银槽

△ 较低的气压

如果水银槽外的气压较低，就无法产生足够的力量使试管中的水银继续升高。

真空

气压增高可以推起更重的水银，使水银柱升高

气压

△ 较高的气压

如果水银槽外的气压较高，就能推升试管中的水银。

水压

水的密度远大于空气。如果将一物体投入水中，随着物体下沉，水压会迅速增加。在地球上，水深每增加10米，水压就会增加大约1个标准大气压（在标准大气条件下海平面的气压）。因此，水深20米处的水压约为2个标准大气压，水深30米处的水压约为3个标准大气压，以此类推。

这个小孔之上只有少量的牛奶，所以水压最小

盒子中部的水压是底部的一半

盒子底部的水压最大

水压随深度增加而变大

▷ **在水压作用下**
在牛奶盒中，水压向盒底方向逐渐增加，所以牛奶盒底的水压大于盒顶，从底部小孔中喷出的牛奶更远也更多。

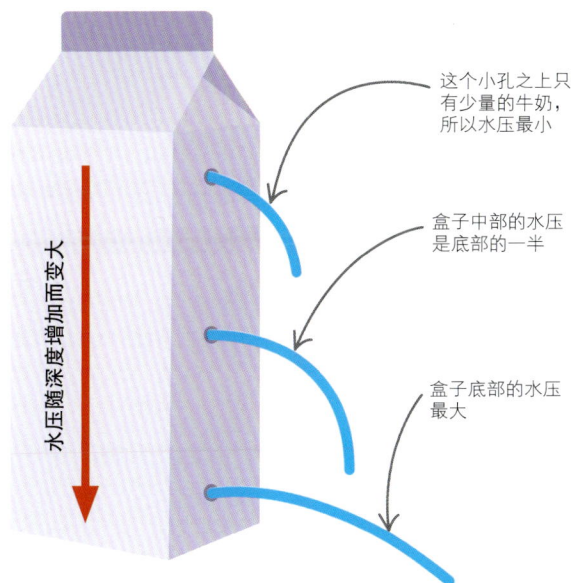

伯努利效应

压强会因介质运动而改变。流体（液体和气体的总称）速度加快时，物体与流体接触界面上的压强减小，反之压强增加，这就是伯努利效应。飞机机翼的上表面比下表面弧度更大，因此气流流过机翼上表面的速度更快。

气流流过机翼上表面的速度更快，所以上表面的压强较小

机翼上下的压差使飞机上升

机翼上表面的弧度较大，使得空气流动更快

气流流过机翼下表面的速度较慢，所以下表面的压强较大

▷ **飞行**
在飞行过程中，飞机机翼上表面的压强小于下表面。机翼上下的压差使飞机上升。

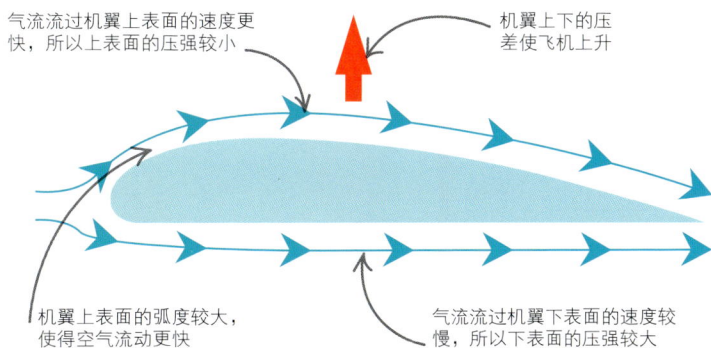

水力学

在液压系统中，液体（通常是矿物油）可用于传递力。通常，液压系统还能将一处较小的力转换成另一处更大的力。液压系统利用了液体几乎不能被压缩的特性。如果液体受到压力，体积不会减少，而是将力传递出去，使得如活塞这样的组件移动。

只要在狭窄的管道施加一个相对较小的力，将活塞向下推动较长的距离，就能使右侧的汽车被托起少许高度

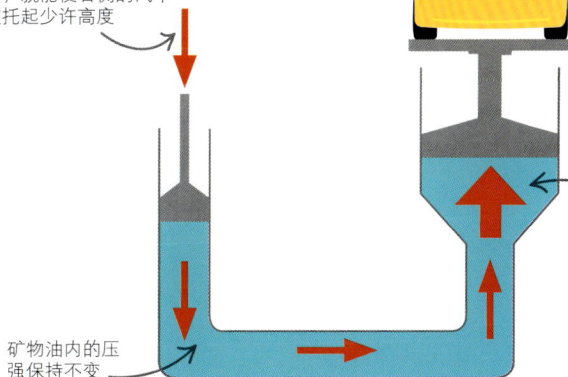

◁ **液压不变**
液压系统使力放大的倍数可以通过管道两端的面积（此例为活塞的横截面积）计算。如果一端的面积是另一端的2倍，传递的力也将增加为原来的2倍。

液压管道的右侧比左侧宽，所以右侧的矿物油产生的推力更大

矿物油内的压强保持不变

机械

机械使工作变得轻松。

简单机械可以增加力的大小、改变力的方向，用以抬起、切开或移动物体。

简单机械

即使是最复杂的机械，也是由大约6种简单机械组合而成的。这些简单机械从古时候就开始为人所用，尽管它们乍看起来并不像机械。但是因为它们可以使力的大小或作用距离增加，所以它们是真正的机械。

▷ **斜面**
通过斜面把重物推升到一定高度的力比将重物直接提起的力要小。

斜面使搬运重物变得轻松

▷ **楔子**
作用在楔子较厚一端的力会集中到较薄的一端，这样可以产生足够大的压强使其切入材料中。

斧刃可以砍入原木中

▷ **杠杆**
在杠杆的一端施力，杠杆围绕支点转动，在支点的另一端将产生一个反方向的力。

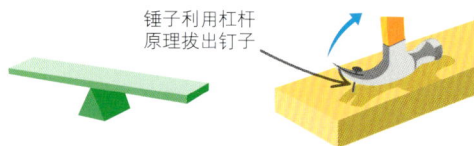

锤子利用杠杆原理拔出钉子

▷ **轮子和轮轴**
轮子绕着轮轴转动，就如同杠杆围绕支点转动一样，可以增加力臂。

门把手使开门更容易

▷ **螺钉**
螺钉上有螺纹，会一边旋转一边沿着旋转轴移动。螺钉带尖端，工作原理与楔子相似。

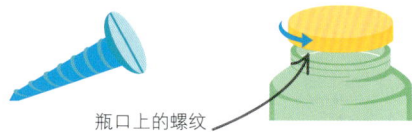

瓶口上的螺纹

▷ **滑轮**
一条绳索可以缠绕一个或多个滑轮。滑轮不仅可以改变绳索的施力方向，还可以放大力的作用。

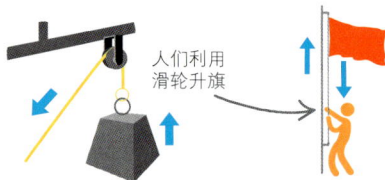

人们利用滑轮升旗

杠杆

杠杆可利用支点将力放大，使物体移动。杠杆有3种类型，差别在于施力点、阻力点和支点的相对位置不同。

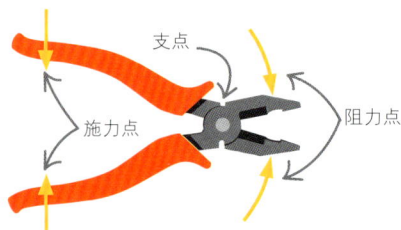

支点 施力点 阻力点

△ **第一类杠杆**
当你使用钳子时，支点在阻力点和施力点之间。

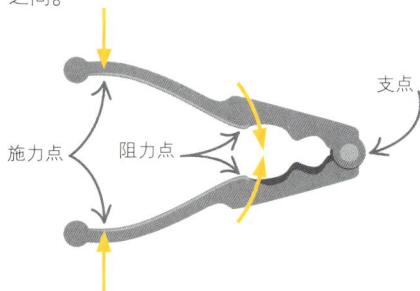

施力点 阻力点 支点

△ **第二类杠杆**
当你使用胡桃钳时，阻力点在施力点和支点之间。

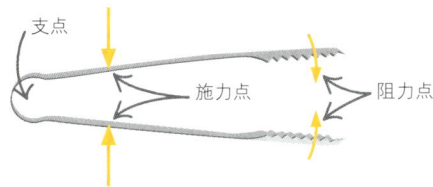

支点 施力点 阻力点

△ **第三类杠杆**
当你使用镊子时，施力点在阻力点和支点之间。

滑轮

滑轮组是充分利用机械效益的典型例子，即通过把较小的力放大来提起重物。双滑轮属于其中最简单的类型。定滑轮虽然不产生机械效益，但可以改变力的方向。

人类**最早创造的机械**是石器时代的楔形手斧。

▷ 定滑轮
定滑轮不省力，但可以改变力的方向。因此，通过定滑轮提起物体与直接用手提起物体需要的力大小相同。

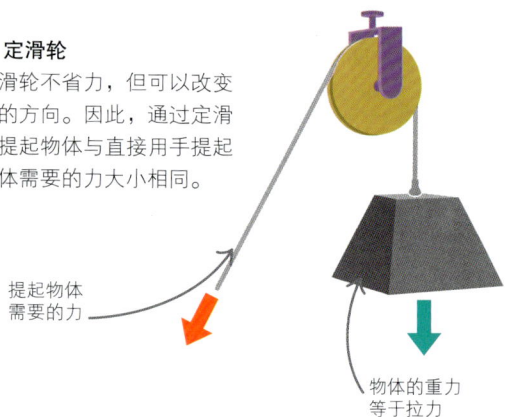

提起物体需要的力

物体的重力等于拉力

▷ 滑轮组
将绳索缠绕在一个定滑轮和一个动滑轮上，可使机械效益提高一倍。也就是说，提起相同物体所需的拉力是只用定滑轮的一半。

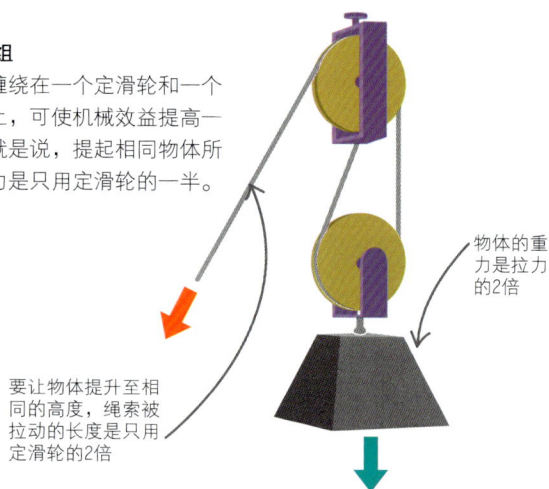

物体的重力是拉力的2倍

要让物体提升至相同的高度，绳索被拉动的长度是只用定滑轮的2倍

齿轮

齿轮是外缘上有可以连续啮合的齿的轮子。齿轮能够传递力，或者说转矩。其所传递的转矩与齿数比有关，齿数比即各轮齿数的比值。例如，如果主动齿轮（被外力驱动的齿轮）的齿数是从动齿轮的2倍，则从动齿轮的转速是主动齿轮的2倍，转矩是主动齿轮的一半。

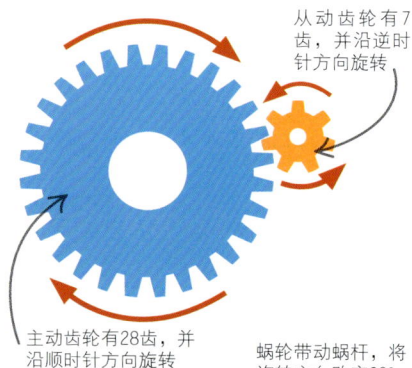

从动齿轮有7齿，并沿逆时针方向旋转

◁ 齿数比
计算左图中齿轮的齿数比，用主动齿轮（左，28齿）的齿数除以从动齿轮（右，7齿）的齿数，结果为4。因此，从动齿轮的转速是主动齿轮的4倍。

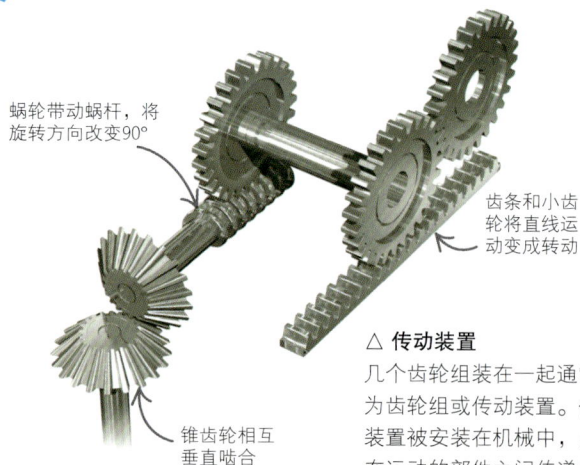

主动齿轮有28齿，并沿顺时针方向旋转

蜗轮带动蜗杆，将旋转方向改变90°

齿条和小齿轮将直线运动变成转动

现实世界
挖掘机
用挖掘机了解简单机械是如何组合在一起完成任务的。挖掘机通过履带移动，履带两端由滑轮驱动。挖掘机的铲子呈楔形，便于插入地面进行挖掘，铲子利用液压杠杆移动。

锥齿轮相互垂直啮合

△ 传动装置
几个齿轮组装在一起通常称为齿轮组或传动装置。传动装置被安装在机械中，用来在运动的部件之间传递力，同时可以改变运动方式。

传热

热力学是研究物质之间传热规律的学科。

热量是物体与外界之间在温差的推动下，通过微观粒子无序运动的方式传递的能量。能量增加会使物质中的微粒运动加剧，导致物体温度升高。

测量温度

温度反映了物体内部微粒热运动的剧烈程度，是表示物质冷热程度的物理量。但是温度与能量是两个不同的物理量，不能相互替换。火焰迸出的火花具有很高的温度，但不会引起严重的烫伤，因为其中的能量较少。温度用温度计测量。温度计有测量范围和刻度。

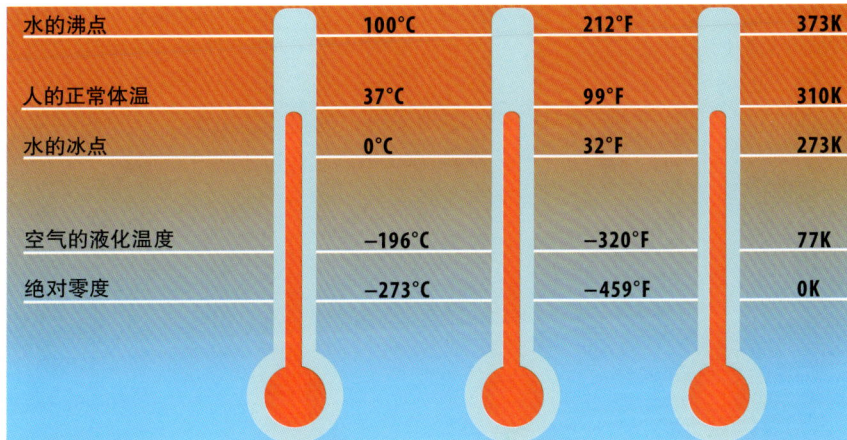

	摄氏温度	华氏温度	热力学温度
水的沸点	100℃	212°F	373K
人的正常体温	37℃	99°F	310K
水的冰点	0℃	32°F	273K
空气的液化温度	−196℃	−320°F	77K
绝对零度	−273℃	−459°F	0K

△ 发生了什么？
这些刻度显示在一些特定温度才会产生的现象。

△ 摄氏温度
水在0℃结冰，在100℃沸腾。

△ 华氏温度
饱和盐水的冰点为0°F。

△ 热力学温度
绝对零度（0K）是所有微观粒子完全停止运动的温度。

热传导

热量总是从高温区域流向低温区域。换言之，就是热的东西会冷却，而冷的东西会升温，最终物体温度与周围环境的温度一致。热量可以在固体中传导。这是因为固体中高温区粒子的热运动会逐渐带动相邻区域的粒子，使这些粒子的热运动变快，同时传递能量。金属中电子的运动更自由，电子运动的同时可以传递能量，所以金属的导热性优于非金属。

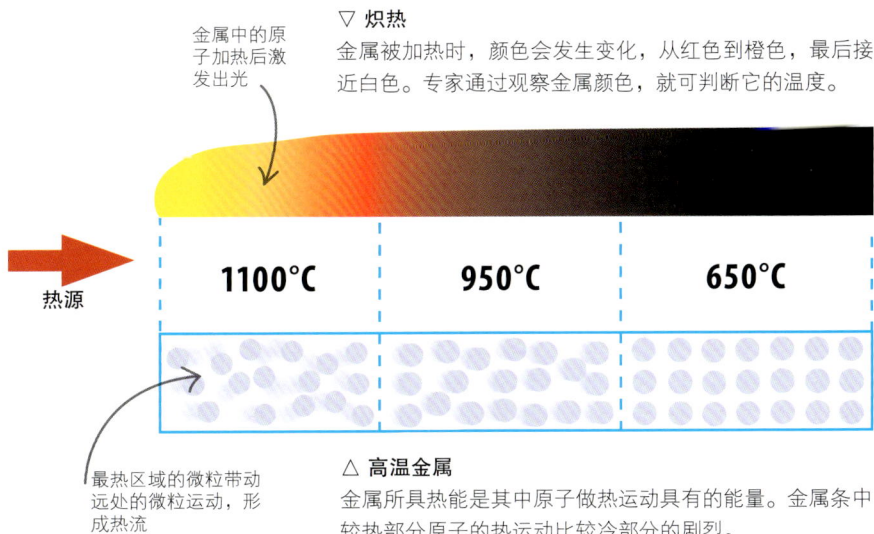

金属中的原子加热后激发出光

▽ 炽热
金属被加热时，颜色会发生变化，从红色到橙色，最后接近白色。专家通过观察金属颜色，就可判断它的温度。

热源

1100℃　　**950℃**　　**650℃**

最热区域的微粒带动远处的微粒运动，形成热流

△ 高温金属
金属所具热能是其中原子做热运动具有的能量。金属条中较热部分原子的热运动比较冷部分的剧烈。

热对流

流体内部的热量传递称为热对流。热对流基于高温流体上升，而低温流体下沉。流体获得能量之后，微粒热运动加快并向四周扩散，其结果就是高温流体的密度降低，随后高温流体穿过密度较大的低温流体上升。低温流体下沉，填补了高温流体上升后留出的空间。然后低温流体在相同热源的加热下，温度升高，继而上升。热量就是这样在流体连续的上下对流过程中传递的。

> 对流是导致**板块**运动的直接原因。

锅的手柄是塑料的，导热性较差，所以不会烫到没法握住

▽ **煮水**
火焰的热量通过传导作用传递到金属锅的底部，接下来通过对流作用在水中传递。

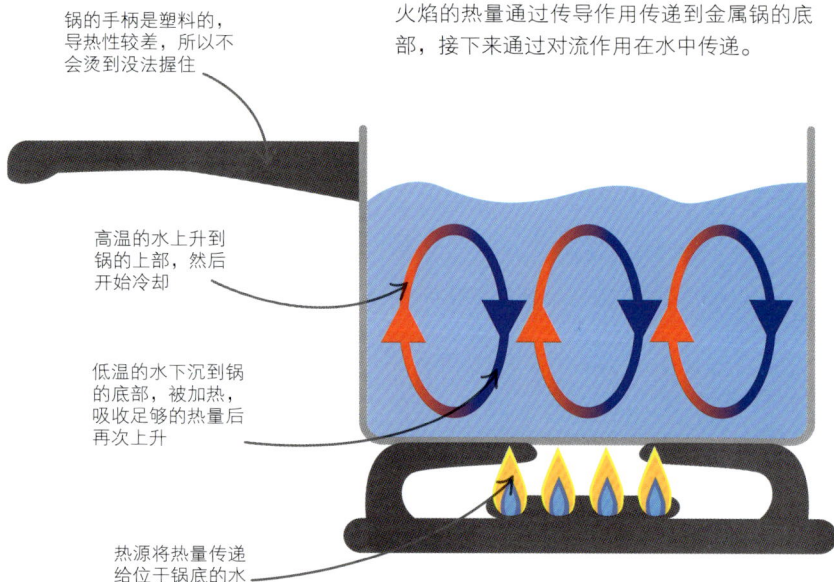

高温的水上升到锅的上部，然后开始冷却

低温的水下沉到锅的底部，被加热，吸收足够的热量后再次上升

热源将热量传递给位于锅底的水

热辐射

热量可以通过电磁辐射传递，这里的电磁辐射主要指红外线和微波。一般来说，体积越小的物体，辐射热量的速度越快。这是因为小物体的表面积与体积的比值更大。如果一个立方体的表面积是24平方单位，体积是8立方单位，比值就是3；如果一个立方体的表面积是6平方单位，体积是1立方单位，比值就是6。

表面积较大，所以长方体辐射热量相对较快

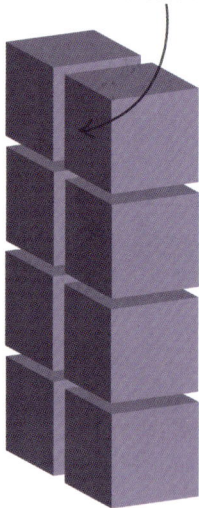

表面积较小，所以立方体辐射热量相对较慢

▷ **比较表面积**
右图中，立方体与长方体的体积均为8立方单位，但立方体的表面积（24平方单位）较小，所以立方体辐射热量的速度较慢。长方体的表面积（28平方单位）较大，在相同的时间内，通过表面辐射到外部空间的热量更多，因此长方体的降温速度快于立方体。

现实世界

保温

生活在寒冷地区的动物的体形大于生活在温暖地区的同类。例如，北极熊的个头就大于南亚的马来棕熊。北极熊的体形越大，身体表面积与体积的比值就越小，因此，与生活在热带的同类相比，北极熊的热量散失得慢一些。

利用热能

有的机械可利用热能产生运动，有的可利用热能加热食物。

许多交通工具都以燃料燃烧释放的热量作为动力。相反地，电冰箱通过释放热量使冰箱内的物品处于低温环境，以保存更长时间。

内燃机

大部分陆地交通工具都通过内燃机提供动力。不过蒸汽机车属于外燃机，外燃机中燃烧的燃料与驱动发动机的高压蒸汽是分离的。在内燃机中，动力来自气缸中燃烧的燃料（汽油或柴油），通过四冲程循环产生运动。

最早的内燃机以火药为燃料。

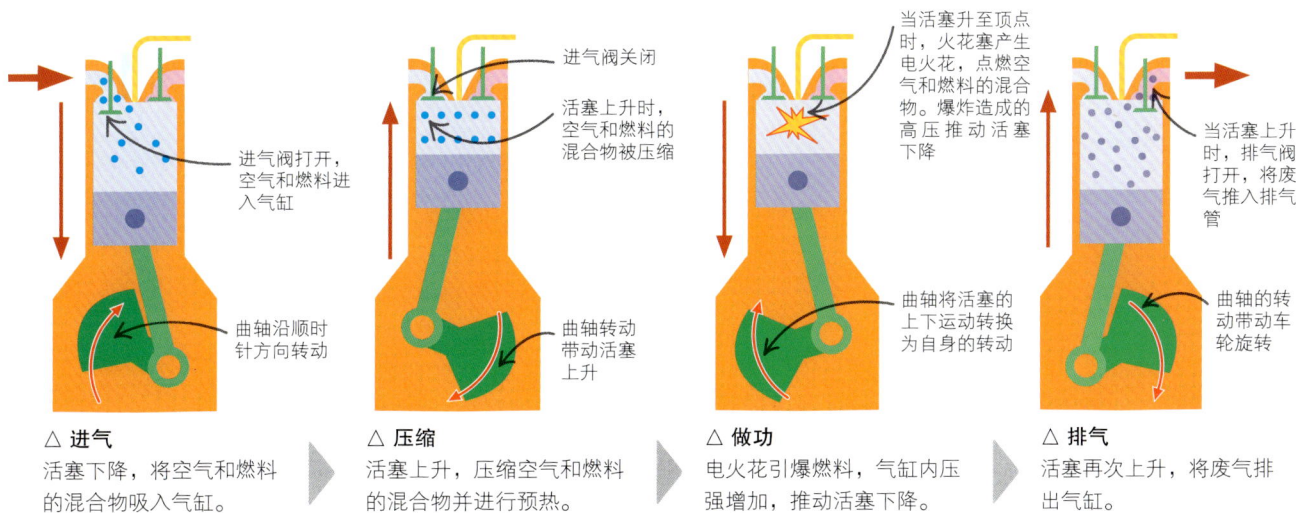

△ 进气
活塞下降，将空气和燃料的混合物吸入气缸。

△ 压缩
活塞上升，压缩空气和燃料的混合物并进行预热。

△ 做功
电火花引爆燃料，气缸内压强增加，推动活塞下降。

△ 排气
活塞再次上升，将废气排出气缸。

喷气发动机

航空器和高速舰艇使用的都是喷气发动机，这种发动机通过涡轮将热能转化为动力。涡轮具有螺旋桨似的叶片，高速气流通过时涡轮就会旋转。驱动涡轮的气体包括空气和燃料燃烧后的废气。旋转的涡轮驱动压缩机工作，压缩机又可将空气吸入发动机并进行压缩，以提高气体温度。高温气体使燃料燃烧得更快，驱动涡轮更快旋转。涡轮向后喷射气体产生的反作用力推动航空器前进。

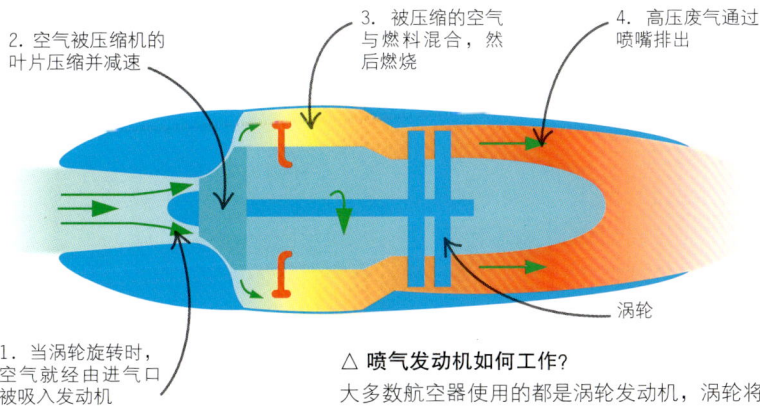

2. 空气被压缩机的叶片压缩并减速

3. 被压缩的空气与燃料混合，然后燃烧

4. 高压废气通过喷嘴排出

1. 当涡轮旋转时，空气就经由进气口被吸入发动机

涡轮

△ 喷气发动机如何工作？
大多数航空器使用的都是涡轮发动机，涡轮将空气吸入发动机后，就开始按照上述流程工作。

火箭发动机

火箭发动机中的燃料并不是在空气中燃烧，而是和一种特殊的氧化剂混合，然后发生剧烈的放热反应。反应产生的高温气体从一个小喷嘴中喷出。气体离开发动机产生的反作用力推动火箭升空。

▽ **液体燃料火箭发动机如何工作？**
与喷气发动机不同的是，火箭发动机中同时载有燃料和氧化剂。小型火箭，如烟花爆竹，使用的是固体燃料，而大型火箭使用的是液体燃料。

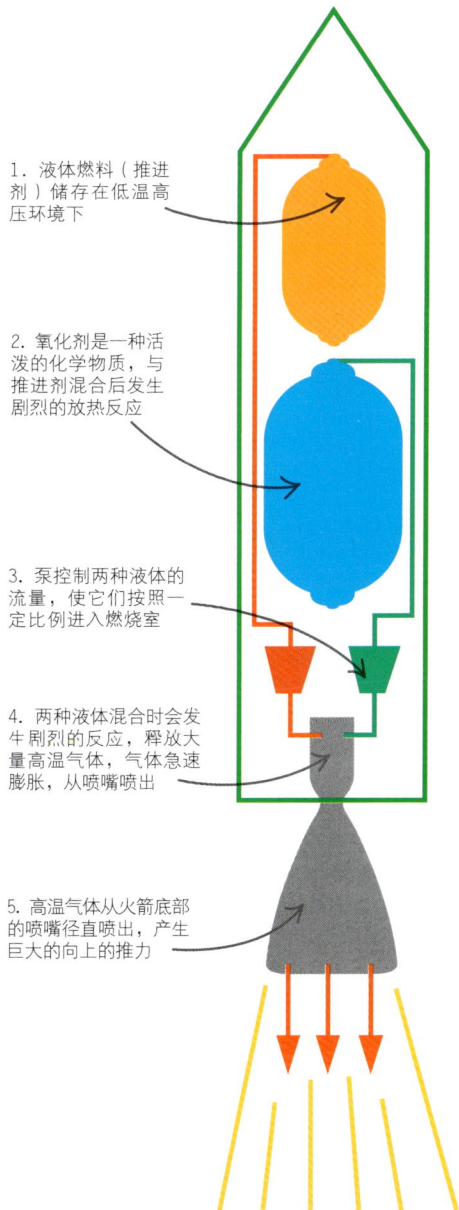

1. 液体燃料（推进剂）储存在低温高压环境下

2. 氧化剂是一种活泼的化学物质，与推进剂混合后发生剧烈的放热反应

3. 泵控制两种液体的流量，使它们按一定比例进入燃烧室

4. 两种液体混合时会发生剧烈的反应，释放大量高温气体，气体急速膨胀，从喷嘴喷出

5. 高温气体从火箭底部的喷嘴径直喷出，产生巨大的向上的推力

制冷

热量散失，温度就会降低，电冰箱就是通过移走储藏室中的热量来冷藏（或冷冻）食物的。热量总是从温度高的地方向温度低的地方流动。电冰箱的工作原理是让冷气流经储藏室的后部，这样储藏室内空气的热量就会向冷气转移，从而使储藏室中的空气冷却。冷气是由液体迅速膨胀产生的，因为分子分散后，温度就会降低。

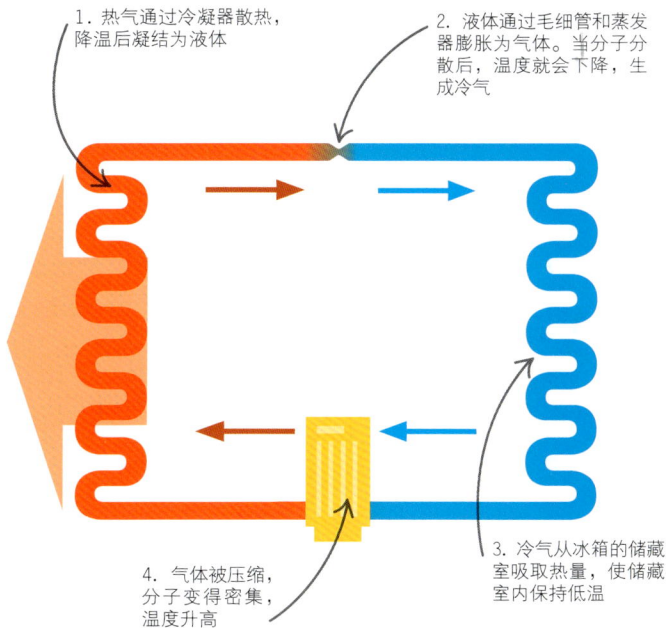

1. 热气通过冷凝器散热，降温后凝结为液体

2. 液体通过毛细管和蒸发器膨胀为气体。当分子分散后，温度就会下降，生成冷气

4. 气体被压缩，分子变得密集，温度升高

3. 冷气从冰箱的储藏室吸取热量，使储藏室内保持低温

△ **制冷循环**
制冷剂在电冰箱内部的管道系统中流动。温度较高的制冷剂向外散热，而后制冷剂膨胀并冷却。流经冰箱储藏室时，储藏室中的热量转移给低温的制冷剂，使得储藏室内保持低温。最后，制冷剂经过压缩机压缩，温度再次升高，重新开始这一循环。

现实世界

微波炉

微波炉利用高能微波加热食物。微波会被水和脂肪分子中的化学键吸收。吸收微波后的分子振动加剧，使得食物温度升高。

波

波是振动在介质中的传播，能够传递能量。

有很多不同类型的能量可通过波传播。声能以声波的
形式在空气中传播，而地震波在地球内部传播。

什么是波？

波能够在传播振动的同时传递能量。有些能量波，比
如声波，需要在水或空气等介质中传播。介质不会随
着波传播，但在能量通过时，介质在原本所在的区域
做往复运动，类似于体育场观众席上由观众发起的
"人浪"。波有两种类型：横波和纵波。

现实世界

地震波

地震波是由板块运动产生
的。当振动传播到地表
时，就会引发地表振动。
地震波中携带了巨大的能
量，可被几千千米外的地
震仪监测到。

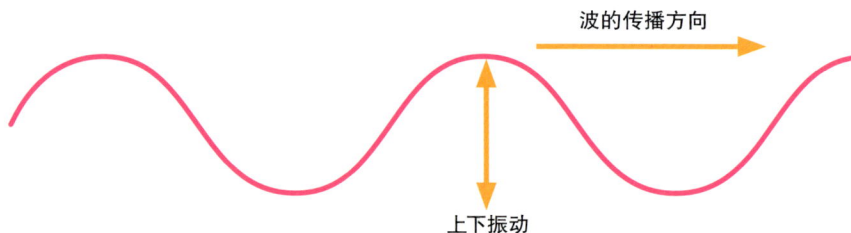

波的传播方向

上下振动

◁ **横波**
光波和其他电磁波都是横波。横波是质点的
振动方向与波的传播方向互相垂直的波。横
波的图像呈S形。

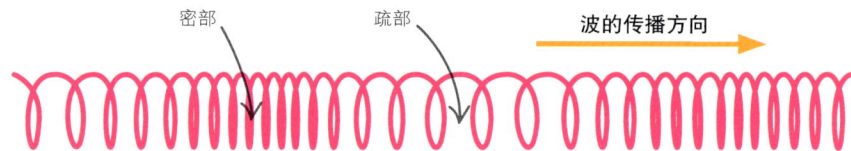

密部　　疏部　　波的传播方向

◁ **纵波**
声能通过纵波的形式传播。纵波的传播类似
于释放拉长了的弹簧。把弹簧看成一系列质
点，质点的振动方向与波的传播方向在同一
条直线上。质点分布最密的位置叫密部，质
点分布最疏的位置叫疏部。声波通过类似的
方式推拉空气分子，在空气中传播。

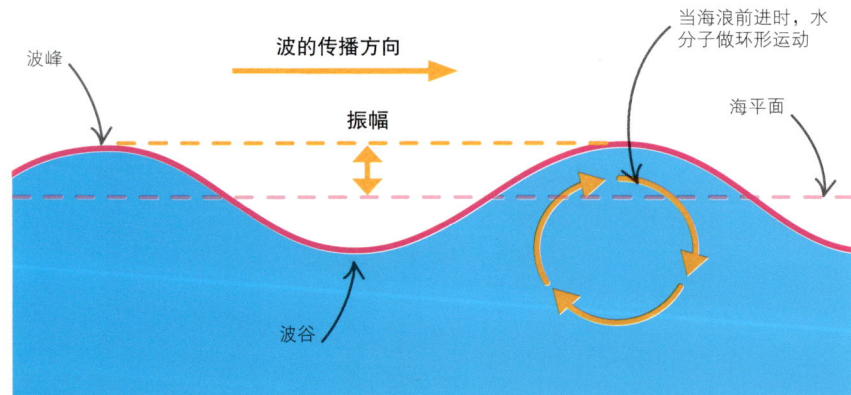

当海浪前进时，水
分子做环形运动

波的传播方向

波峰

振幅

海平面

波谷

◁ **海浪**
风吹拂海面形成海浪，海浪同时具有横波和
纵波的特性。在海面上，海水在凸起的最高
点（波峰）和凹下的最低点（波谷）之间上
下起伏，波峰和波谷到海平面的距离相等。
当海浪前进时，海面下的水分子不是向前运
动，而是做环形运动。

测量波

波可以用3个重要的物理量描述：波长、频率和振幅。

▽ 波长

波长是在波动中，振动相位总是相同的两个相邻质点间的距离。在横波中，两个相邻波峰或两个相邻波谷之间的距离等于波长。

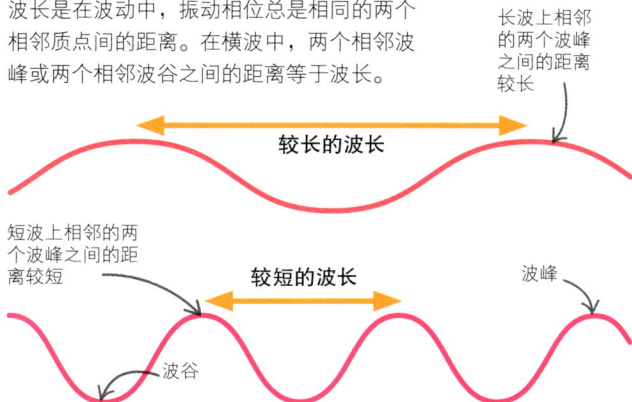

长波上相邻的两个波峰之间的距离较长

较长的波长

短波上相邻的两个波峰之间的距离较短

较短的波长

波峰

波谷

▽ 频率

频率是1秒内通过任意一点的波的数量，单位是赫兹，符号是Hz。

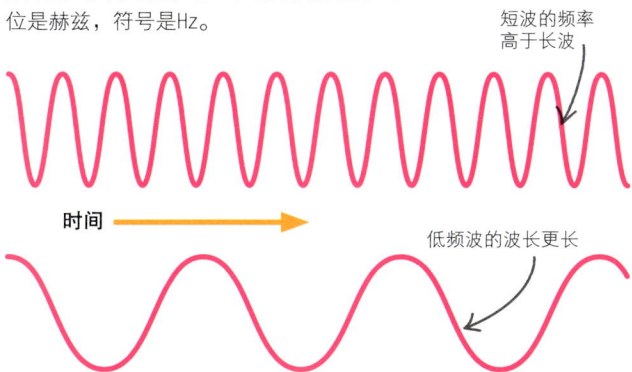

短波的频率高于长波

时间

低频波的波长更长

▽ 振幅

振幅表示在波动中，波峰或波谷到平衡位置的距离。

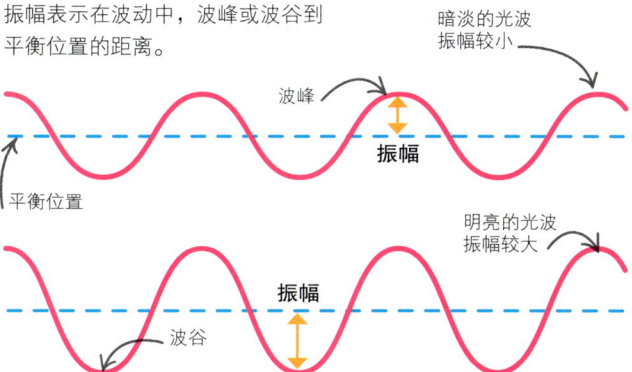

暗淡的光波振幅较小

波峰

振幅

平衡位置

明亮的光波振幅较大

振幅

波谷

波速

波速与频率和波长有关。计算公式如下：

波速   频率   波长

$$v = f\lambda$$

计算波速

以下是波在水中传播的波形图。可以通过频率乘波长计算波速。

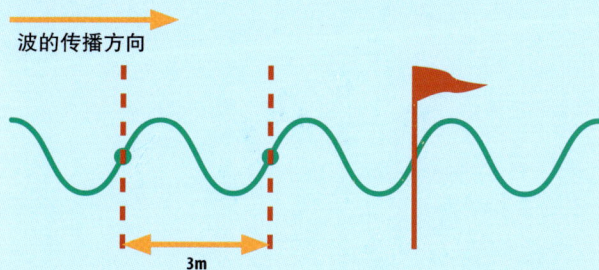

波的传播方向

3m

△ 经过测量，波长为3米。用旗帜做个标记，计算1秒内通过这点的波的数量。

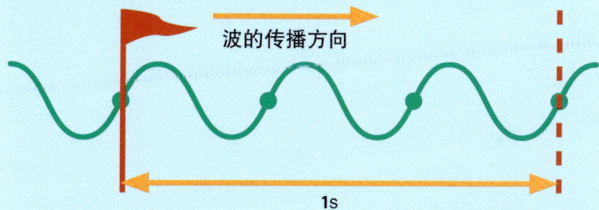

波的传播方向

1s

△ 1秒后，3个波通过旗帜标记，所以频率为3赫兹。

频率   波长   波速

$$3 \times 3 = 9 \ (m/s)$$

电磁波

电磁波能够携带能量穿越太空。

电磁波可将能量从一个地点传递到另一个地点。电磁波虽然有许多不同的类型，但都能以光速在真空环境中传播。

电磁波谱

可见光属于电磁波，而其他类型的电磁波都是不可见的。电磁波谱由不同频率或波长的电磁波组成。其中，波长最长、频率最低的电磁波是无线电波，位于电磁波谱的一端。位于电磁波谱另一端的是 γ 射线，它的波长最短、频率最高。

▽ **特性和应用**
不同波长的电磁波具有不同的特性和用途。波长较短的电磁波，如 γ 射线和X射线，可携带大量能量，而无线电波这样的长波则不能。

现实世界
蛇的感官

有些动物可以感知红外辐射，这让它们能够在黑暗中发现温暖的物体。有些毒蛇吻部的凹陷处长有能够感受热源的细胞。在夜晚或猎物隐藏起来的时候，这种细胞可以感受到恒温猎物（如老鼠）的体温。

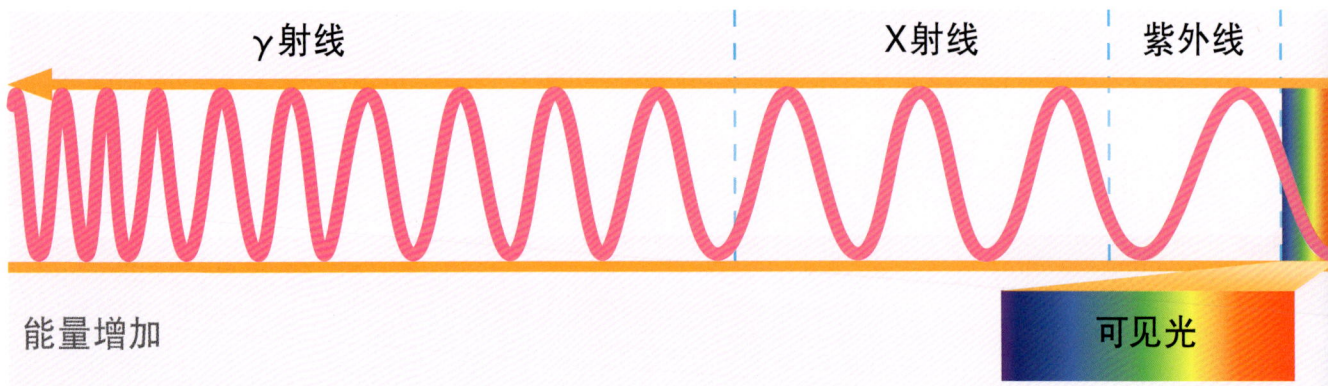

γ射线　　　　　　　　　　　　X射线　　　　紫外线

能量增加　　　　　　　　　　　　　　　　　可见光

γ 射线
γ 射线是放射性元素衰变时产生的，可携带大量能量。γ 射线虽然无法被人们看到或感受到，但对人体的伤害性极大。γ 射线可致癌，但同时它又能消灭癌细胞。γ 射线还可用于食物和外科手术器械消毒。

X射线
X射线能够穿透皮肤和其他软组织，但会被坚硬的骨骼吸收。因此，X射线可用于人体内部造影。短时间内接收过大剂量X射线的照射会对人体造成伤害，所以使用时应小心谨慎。

紫外线
阳光中含有大量紫外线。虽然我们看不到也感觉不到紫外线的存在，但接受过多的紫外线照射会令我们晒伤。使用防晒霜和太阳镜可以保护我们的皮肤和眼睛免受紫外线的伤害。

可见光
这个波长范围的电磁波是人眼可见的。我们所看到的颜色取决于光的波长，紫光和蓝光的波长短于绿光和黄光，红光的波长是所有可见光中最长的。

电磁辐射的来源

电磁辐射与原子束缚外层电子的力（参见第169页）有关。电子围绕原子核做无规则运动，并且可以在不同电子层之间跃迁。这种跃迁使得原子通过电磁辐射的形式吸收或释放能量。

▽ **吸收能量**

原子中的电子跃迁到下一个能量更高的电子层时，需要吸收定量的能量。电子吸收的能量既不能多也不能少，只有吸收了恰好的能量，电子才会发生跃迁。

▽ **释放能量**

电子跳回原位（这个位置距离原子核更近）时，会辐射特定波长的电磁波，以释放能量。这个过程使物体发出可见光、散发热量或辐射其他类型的射线。

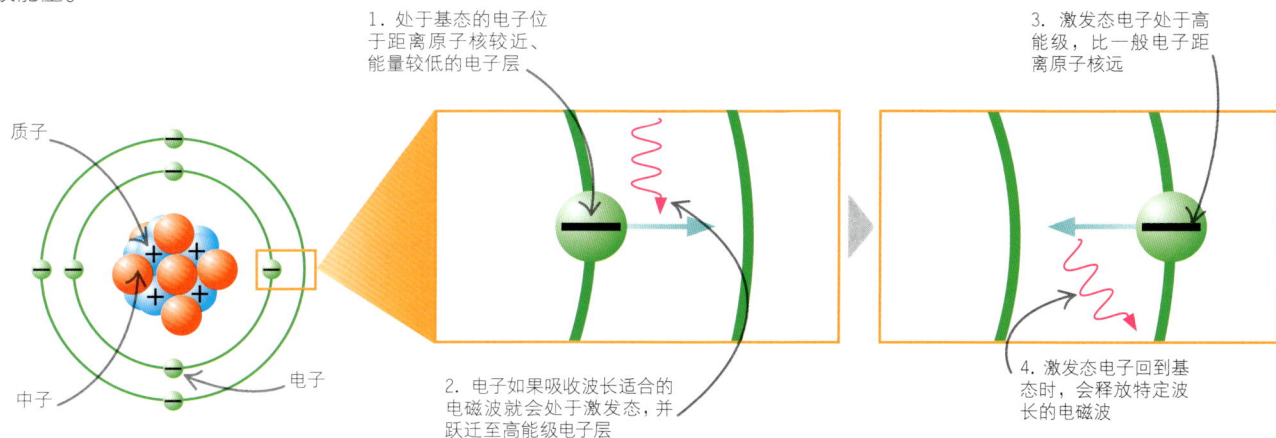

1. 处于基态的电子位于距离原子核较近、能量较低的电子层

3. 激发态电子处于高能级，比一般电子距离原子核远

质子

中子

电子

2. 电子如果吸收波长适合的电磁波就会处于激发态，并跃迁至高能级电子层

4. 激发态电子回到基态时，会释放特定波长的电磁波

红外线

无线电波

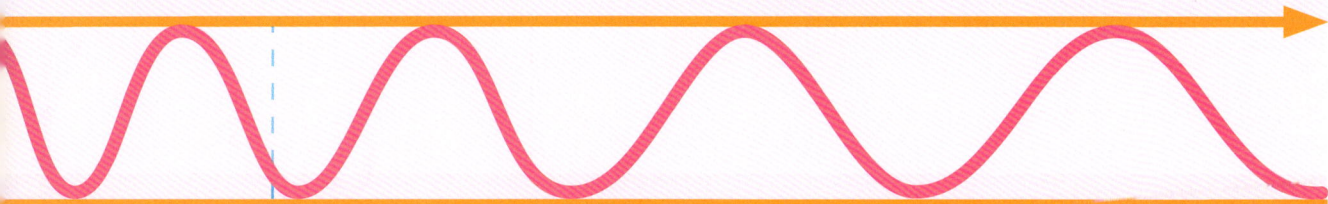

波长增大

红外线

红外线的频率比可见红光低，波长比可见红光长。我们可以感受到红外线的热度，可将红外线应用于加热器和烤箱。红外线还能应用于电视遥控器和光纤。

无线电波

无线电波是电磁波谱中波长最长的电磁波。微波属于无线电波，是波长较短的无线电波。无线电波可用于在地球上传播收音机和电视信号。我们可以通过射电望远镜接收来自太空的无线电波，用来研究宇宙。

光

光使我们可以看到一个明亮而多彩的世界。

可见光是我们唯一可以看得到的电磁波。你能察觉到可见光是五颜六色的。

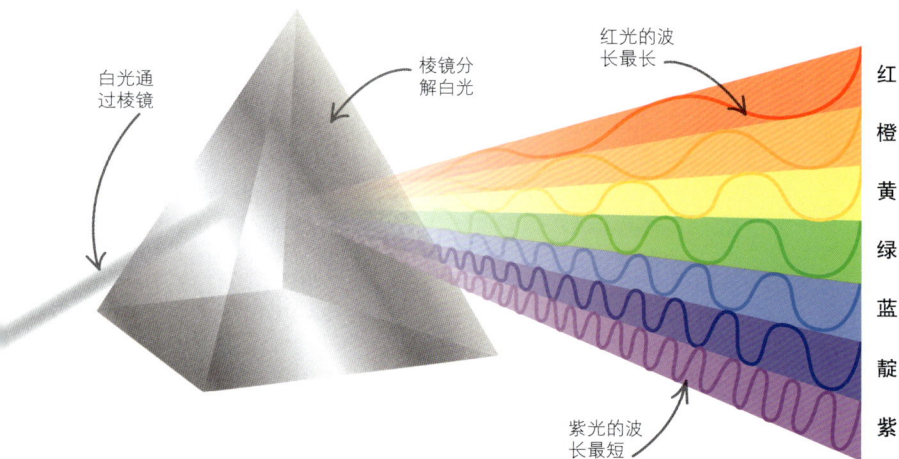

白光通过棱镜

棱镜分解白光

红光的波长最长

红
橙
黄
绿
蓝
靛
紫

紫光的波长最短

◁ **分解白光**
棱镜对不同波长光的折射率是不同的。

可见光谱

白光通过棱镜后，被分解成各种颜色的光，这种现象称为光的色散。白光被分解成不同波长的光，呈现的彩色光带叫作可见光谱。可见光谱的范围是从波长最长的红光至波长最短的紫光。大多数人看到的是7种不同的颜色，但实际上可见光谱的颜色是连续变化的。

色光的混合

眼睛中的数百万视锥细胞将信息传送到大脑，使我们能够看到各种颜色。视锥细胞共有3种类型，分别会对红、绿、蓝做出反应。你看到的所有颜色都是这3种颜色按不同比例混合的效果，这3种颜色叫作色光的三原色。

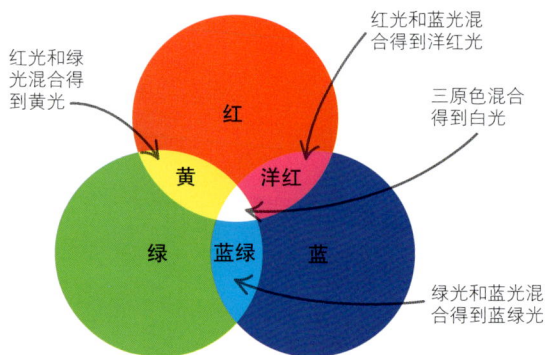

红光和绿光混合得到黄光

红光和蓝光混合得到洋红光

三原色混合得到白光

红
黄
洋红
绿
蓝绿
蓝

绿光和蓝光混合得到蓝绿光

△ **制造色彩**
如果将3支手电筒打开并照在白墙上，且每支手电筒可以照出一种三原色的光，那么3支光束重叠之处就是白光。不同光束两两组合可以产生洋红光、黄光和蓝绿光，这些颜色都是间色。电视应用这种原理，生成全彩图像。

黄色和洋红色混合反射红光

洋红色和蓝绿色混合反射蓝光

洋红
黄
红
黑
蓝
绿
蓝绿

黄色和蓝绿色混合反射绿光

△ **混合颜料**
用颜料调色的方法有许多种。基本颜料为洋红色、黄色和蓝绿色，每种颜料可以反射不同颜色的光。当不同颜料混合在一起时，它们能够反射的颜色数量就会减少。如果将3种基本颜料混合在一起就呈黑色，因为这种混合颜料不反射任何颜色的光。

▷ **反射光**
物体会反射或吸收白光中不同颜色的光。我们所看见的颜色就是物体反射的光的颜色。

白色的物体可反射所有颜色的光

黄色的物体可反射黄光，吸收其他颜色的光

黑色的物体会吸收所有颜色的光，不发生反射

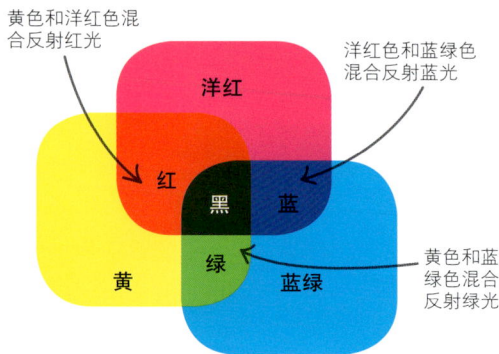

反射

当光照射到光滑且平坦的平面（如平面镜）上时，会被完美地反射，同时形成一个清晰但相反的影像。粗糙的表面会导致光线向四面八方反射，因此无法形成反射影像。

入射光线

入射角

法线

镜面

反射角

反射光线

真实的气球

入射角

法线

镜面

反射角

气球的镜像（虚像）

虚拟的光线

△ **入射角和反射角**

在反射现象中，入射光线、反射光线和法线在同一平面内。入射光线与法线的夹角为入射角，反射光线与法线的夹角为反射角，入射角等于反射角。

△ **虚像**

镜子中的影像看起来是在镜子后面，因为光线似乎在镜子后面聚焦，但实际上光线并没有在那里聚焦，那个影像是虚像。电影放映机发出的光线直接聚焦在幕布上，所以幕布上的影像是实像。

折射

光在同种均匀介质中沿直线传播。光在不同介质（如空气、水或玻璃）中的传播速度不同。当光从一种介质斜射入另一种介质时，传播速度的变化使光的传播方向发生偏折，这种现象称为光的折射。

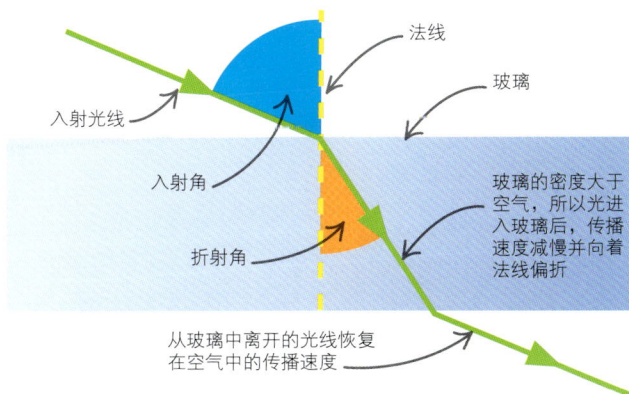

法线

玻璃

入射光线

入射角

折射角

玻璃的密度大于空气，所以光进入玻璃后，传播速度减慢并向着法线偏折

从玻璃中离开的光线恢复在空气中的传播速度

鱼在水中的影像比实际位置要高

视深度

空气

水

光从水中进入空气时会发生折射

实际上，鱼在较深的地方游动

实际深度

△ **改变方向**

当光以一定的角度从空气射入密度更大的介质（如玻璃）时，光会减速并向法线偏折。光在玻璃中也沿直线传播，但是与进入玻璃时的方向相比，存在角度偏差。当光离开玻璃回到空气中时，将恢复最初在空气中的传播方向和速度。

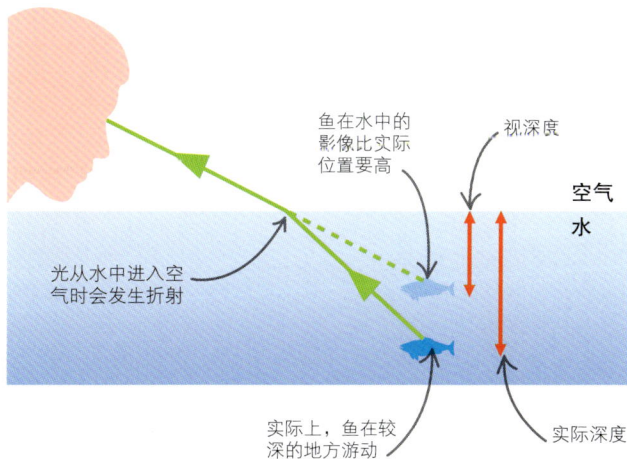

△ **实际深度和视深度**

光从水中进入空气时会发生折射。这意味着当我们以某个角度看水中的物体时，所看到物体的位置并不是其实际位置。鱼在水中游动，实际深度比我们看到的深度还要更深一些。

光学

光学是研究光的性质和行为的学科。

光是一种电磁辐射。它既具有波动性，又具有粒子性，即光具有波粒二象性。

光源

太阳、灯、电视荧屏都能发光，但大多数事物只能反射和（或）吸收光。光可以通过透明材料，如玻璃和水。

光的主要特征	
辐射形式	光是一种电磁辐射（参见第194~195页），从光源向外辐射。
光沿直线传播	你可以通过灯塔、手电筒和激光的光束验证这一特征。因为光沿直线传播，所以如果有物体遮挡，就会形成黑色的影子。
传递能量	发光需要能量。所有材料在吸收光的同时会获得能量，太阳能电池就是把太阳的光能转换成电能。
波粒二象性	光是一种由名为光子的粒子组成的粒子流。在某些情况下，这些光子的行为又像波。
可在真空中传播	电磁波的传播不需要介质。太阳和其他恒星的光可穿越真空到达地球。
传播速度快	光速是宇宙中最快的速度。在如太空这样的真空环境中，光速为299792458米/秒。

△ 了解光

对地球来说，最重要的光源是太阳。阳光是由太阳内部（参见第232~233页）的能量产生的。月球仅是反射阳光，不像太阳那般耀眼。上方的表格列出了光的主要特征。

透镜

透镜是一片透明的玻璃或塑料，利用光的折射（参见第197页）改变光线的方向。透镜应用于眼镜、相机和望远镜。透镜主要有两种类型：凸透镜和凹透镜。

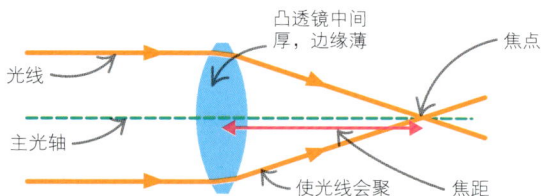

△ 凸透镜

与主光轴平行的光线通过凸透镜后，会聚在透镜后、主光轴上的一点，这个点称为凸透镜的焦点。凸透镜光心到焦点的距离叫作焦距。

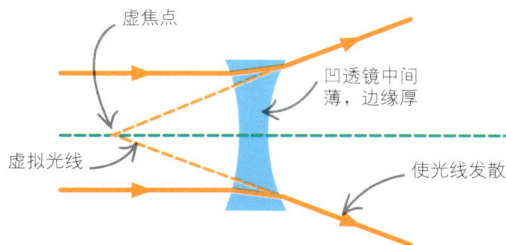

△ 凹透镜

与主光轴平行的光线通过凹透镜后会发散，仿佛光是从透镜前、主光轴上的一点发出，这个点称为虚焦点。

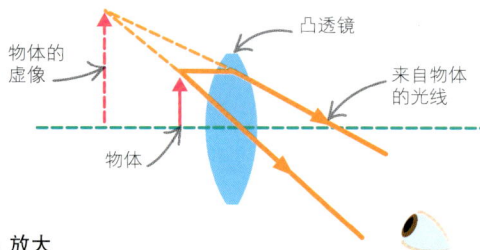

△ 放大

把一个物体放在凸透镜和其焦点之间，则来自物体的光线永远不会会聚。光线看起来反而像从凸透镜后放大影像的位置发出，这个影像就是物体的虚像（参见第197页）。

干涉

如果两列光波的频率相同，相位差恒定，振动方向一致，就会产生干涉。两列光波如果是同相（波峰与波峰重叠）的，会相互加强，产生相长干涉；如果是反相（波峰与波谷重叠）的，会相互削弱，产生相消干涉。天文学家通过从恒星不同位置发出光波之间的干涉现象，描绘恒星的样子。

肥皂泡的颜色

当光打在肥皂泡上时，有些光在肥皂泡的内表面发生反射，有些光在肥皂泡的外表面发生反射。在不同表面反射的光产生干涉，进而产生不同波长的光。

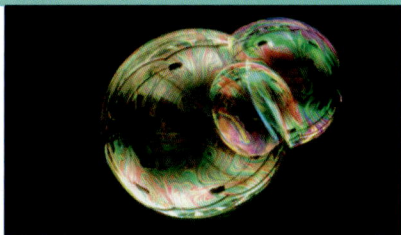

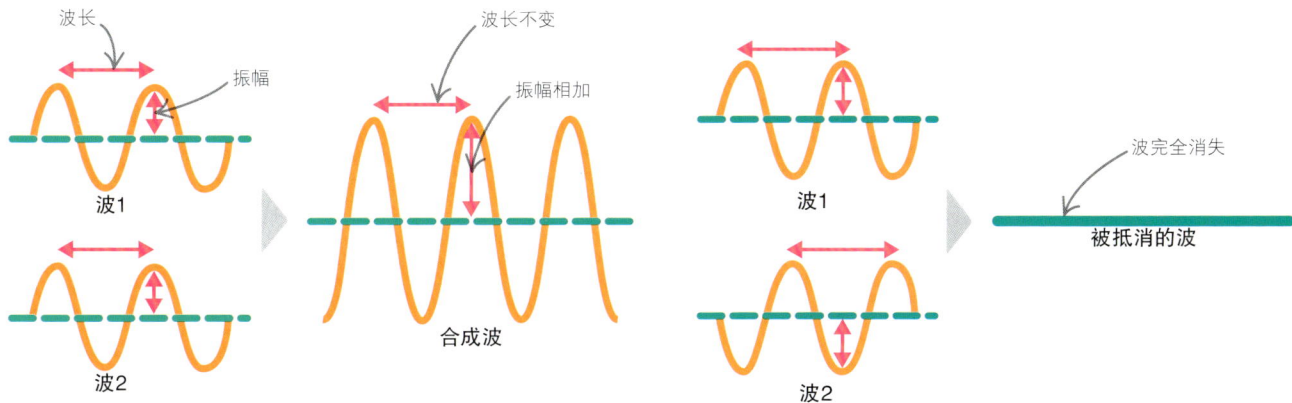

波长
振幅
波1
波2

△ **同相**
当两列相同的波同相叠加时，振幅相加，会生成一列振幅翻倍的波，产生相长干涉。

波长不变
振幅相加
合成波

波1
波2

△ **反相**
当两列相同的波反相叠加时，振幅相互抵消，波会完全消失，产生相消干涉。

波完全消失
被抵消的波

衍射

科学家通过光学实验了解光的性质。我们都知道光具有波动性，因为它的行为和其他类型的波（如声波）一样。例如，光和声波都会发生反射和折射（参见第197页）。波的另一个特征是，当波经过孔隙或障碍物边缘时，传播方向发生弯曲，这种现象称为衍射。

光波，直线代表波峰

▷ **弯曲**
波通过狭缝后，传播方向发生弯曲，就如同水面上泛起的涟漪一般。缝隙越大，衍射现象越不明显。

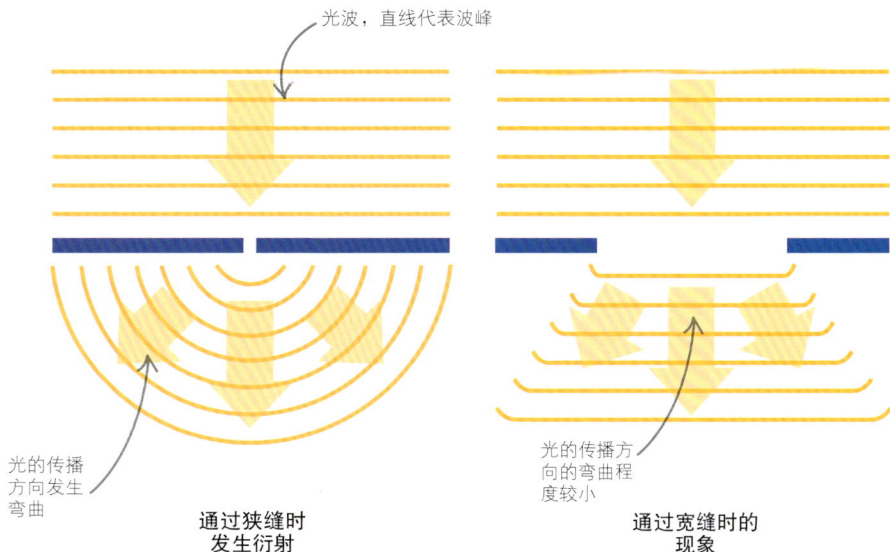

光的传播方向发生弯曲

光的传播方向的弯曲程度较小

通过狭缝时发生衍射

通过宽缝时的现象

声音

声音是一种振动，必须通过液体、固体和气体介质传播。

声音不但能用来交流，也应用于医学和工业领域。然而，噪声却可以成为污染，对人的身心造成伤害。

音调和音量

音调和音量是我们所能感受到的声波的物理性质。一般来说，声波的频率越高，音调就越高；声波的振幅越大，音量就越大。

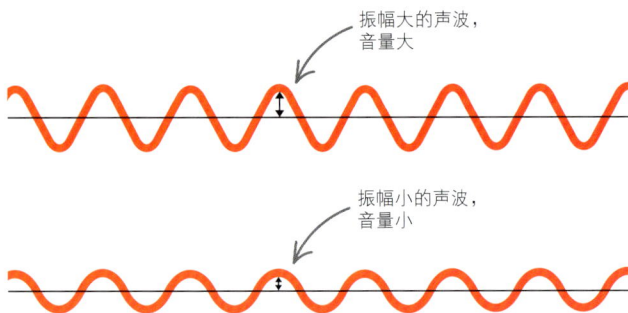

我们能听到轻微的声响，是因为声波可使我们耳中的鼓膜振动，且此时的振幅甚至**小于原子直径**。

振幅大的声波，音量大

振幅小的声波，音量小

高频声波的音调高

低频声波的音调低

△ **音量**
这两个声波的频率相同，振幅不同。振幅较大的声波会使周围的空气产生较大的振动，因此音量较大。

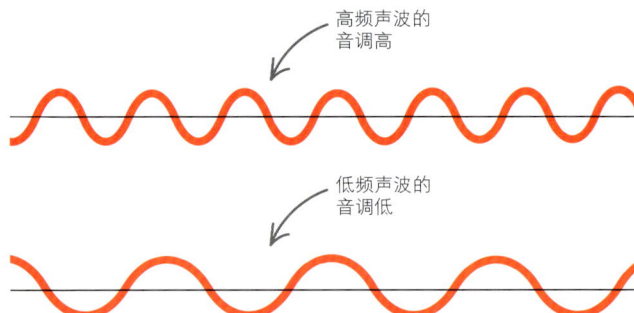

△ **音调**
这两个声波的振幅相同，频率不同。高频声波会使周围的空气振动得更快，因此音调更高。

回声

声波碰到平面时会发生反射，特别是碰到坚硬且光滑的平面。当平面与声源之间的距离足够远，使得声波与反射波的时差大于0.1秒时，人们就能听到回声。在水下，声波从海底反射回来的时间取决于海床的深度，因此人们用回声定位法测绘海底地图。

轮船上安装了一个或多个水下扬声器，这些扬声器可以发出短促的声音，水听器（水下麦克风）捕捉回声

在船上，电子系统将回声的延迟时间换算成距离，并记录在航海日志中，以便之后绘制海底地图

声音向海底传播。海水越深，声波传播的距离越远，所需时间越长

来自海底的声波就是回声。传播得越远的声波，延迟时间就越久。准确的传播距离可通过声速和延迟时间计算

▷ **测绘海底地图**
此图显示了船只如何利用回声测绘海底地图。

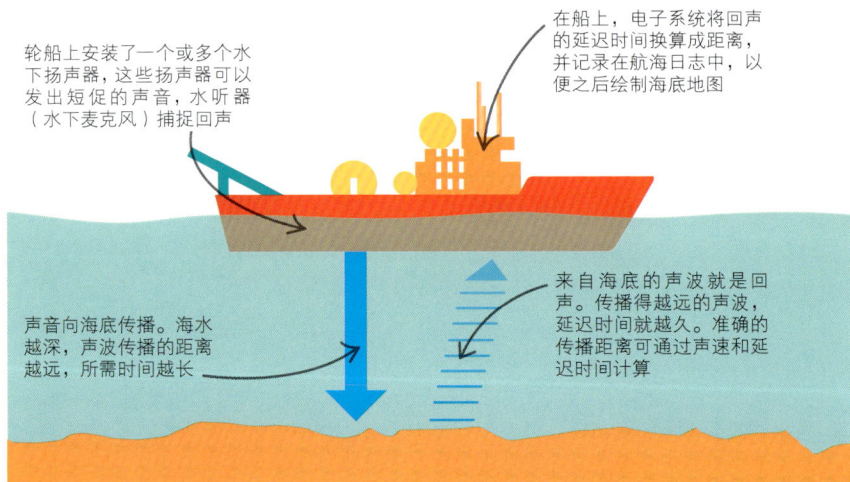

多普勒效应

当声源向着听者运动时，声波带来的压力脉冲会变得越来越密集，因为声源向前移动时，脉冲间隔也在缩短。这使得声音的频率比声源静止时有所增加。如果声源逐渐远离听者，脉冲间隔变大，声音的频率就会降低。这种现象称为多普勒效应。

▽ 警笛
多普勒效应解释了为什么警车经过时警笛的音调会发生变化。

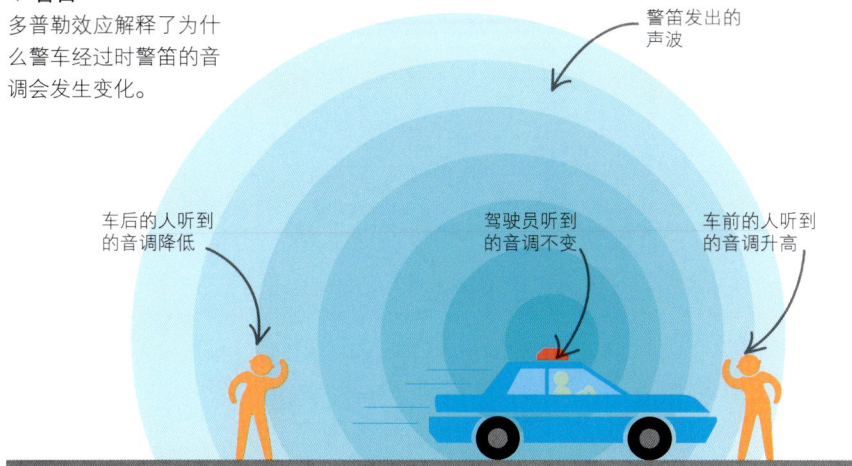

警笛发出的声波

车后的人听到的音调降低

驾驶员听到的音调不变

车前的人听到的音调升高

水下的声音

声音在水中比在空气中更易传播。海洋动物可以利用声音做很多事。有的利用声音进行远距离交流，有的利用声音探查周围环境，有的甚至利用声音将猎物震晕。海豚和一些种类的鲸尤其依赖声音交流，这使得它们特别容易被水下噪声污染伤害。

超声速运动

声音在空气中的传播速度约为340米/秒。当一个物体的速度超过声速时，它就达到了超声速。例如，超声速飞机的飞行速度可以超过声速，在声音抵达以前飞机已经飞离，所以人们听不到超声速飞机飞近的声音。然而，当飞机飞过后，超声速飞行产生的冲击波传到地面，人们会听到如同雷鸣一般的爆炸声。

大功率、高频声音可以**粉碎肾结石**，从而使患者免于外科手术。

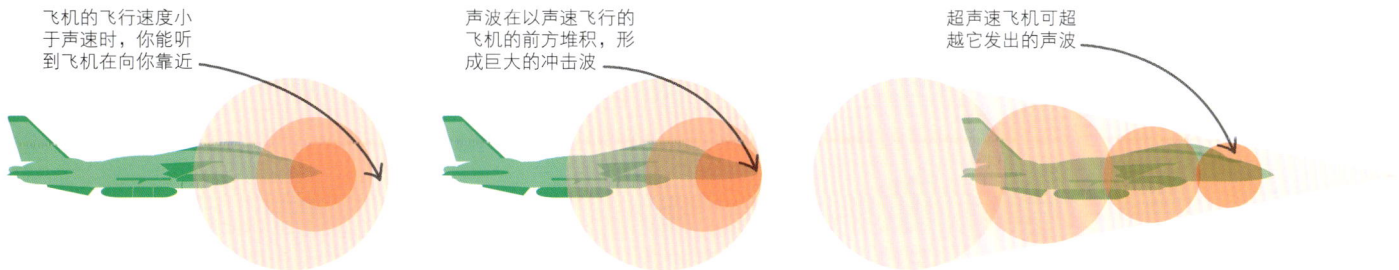

飞机的飞行速度小于声速时，你能听到飞机在向你靠近

声波在以声速飞行的飞机的前方堆积，形成巨大的冲击波

超声速飞机可超越它发出的声波

△ 亚声速飞行
当飞机的速度小于声速时，位于飞机前方声波的频率高于后方。

△ 前方的冲击波
当飞机的速度等于声速时，位于飞机前方的声波随飞机同步向前，在飞机前方形成冲击波。

△ 超声速飞行
超声速飞行产生的冲击波被甩在机身后方。当冲击波传到地面上时，人们会听到爆炸声。

电

电是与运动或静止的电荷有关的现象的集合。

原子中包含带负电的微小粒子，即电子。电子围绕带正电的原子核运动，但也可以脱离原子。

静电

当物体含有过量的电子时，可以说它带负电。它会排斥其他带负电的物体。如果物体中的大量原子丢失电子，物体就带正电，它会吸引带负电的物体，排斥其他带正电的物体。我们把处于静止状态的电荷或者说不流动的电荷称为静电（static electricity）。带电体也能吸引电中性的物体，因为它会排斥电中性物体中的同种电荷，并使其远离带电体，使得电中性物体靠近带电体的一端带异种电荷。

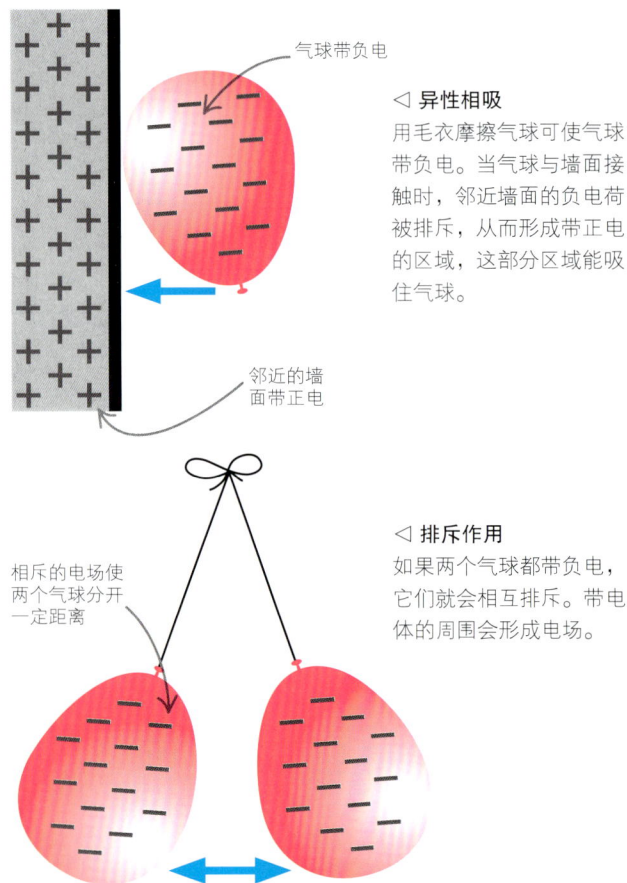

气球带负电

邻近的墙面带正电

◁ **异性相吸**
用毛衣摩擦气球可使气球带负电。当气球与墙面接触时，邻近墙面的负电荷被排斥，从而形成带正电的区域，这部分区域能吸住气球。

相斥的电场使两个气球分开一定距离

◁ **排斥作用**
如果两个气球都带负电，它们就会相互排斥。带电体的周围会形成电场。

静电放电

暴风雨时，电子逐渐从地面向云层底部移动，使云层内的电荷重新分布。地面和云层顶部都带很强的正电，而云层底部带很强的负电。当云层中的正负电荷积累到一定程度时，便会产生放电现象——闪电。闪电分为云闪和地闪，其中地闪便是云层向地面放电的现象。闪电可达到209200千米/时的惊人速度，电流可达300000安培。

△ **危险之地**
闪电出现时，会沿着最短路径到达地面。在雷雨天，平地上的孤树有很大可能被闪电击中。高楼同样有较高的风险被击中，所以高楼的楼顶都装有避雷针，为的就是将闪电安全地传导至地面。

闪电可使周围的空气快速升温，其温度甚至**超过太阳表面温度的5倍**！

电流

电荷定向移动形成电流。导体中的部分电子可以摆脱原子核的束缚，在导体内部自由移动，导体导电靠的便是这些自由电子。在电路（参见第206页）中，电池作为电源可为电子提供能量，使电子沿着电路向正极移动。只有在电路闭合的情况下才存在电流，如果电路上有断点，电流就会中断。实际上，电路中单个电子的运动速度极慢（小于1毫米/秒），但由于电子排列得十分紧密，使得电子能以超过1亿米/秒的速度在电路中传导电能。

> **铜是非常优质的导体，** 在民用和工业生产中被广泛使用，比如用铜制造各种电线和热水管道。

▷ **未通电的导体**
如果电线没有连接电源，导线中的自由电子会向四面八方做无规则运动。

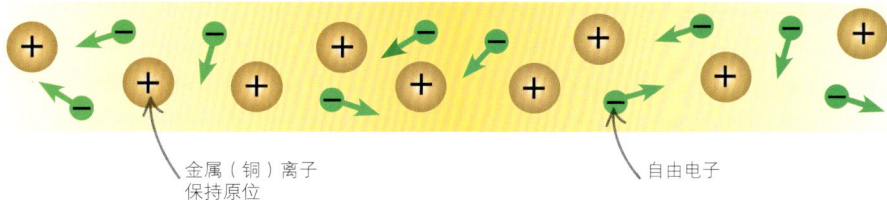

金属（铜）离子
保持原位

自由电子

▷ **通电的导体**
当导体是通电电路的一部分时，导体中的电子会向着电源正极移动。

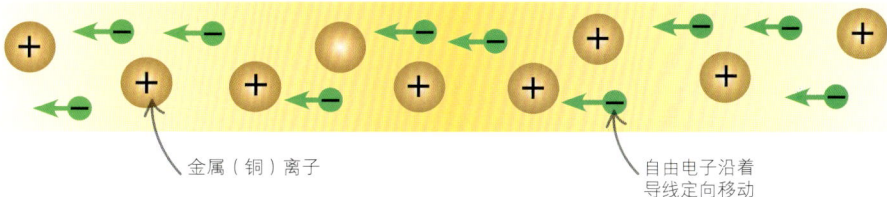

金属（铜）离子

自由电子沿着
导线定向移动

导体和绝缘体

有些材料容易导电，我们将这样的材料称为导体。多数金属都是良导体，它们的原子容易释放电子传导电流。而玻璃、橡胶和多数塑料的原子不易释放电子，因此它们不易导电，我们将这样的材料称为绝缘体。

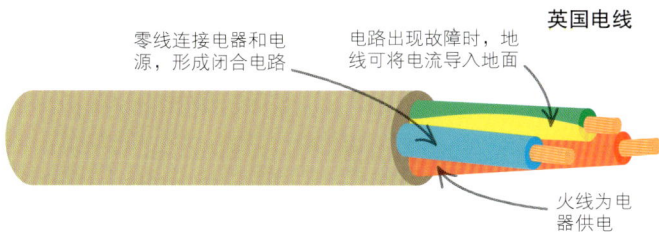

零线连接电器和电源，形成闭合电路

电路出现故障时，地线可将电流导入地面

英国电线

火线为电器供电

△ **电缆**
电力电缆要求电子易于沿着铜导线移动。每根导线都用塑胶（良好的绝缘体）包裹。在不同国家，导线外皮的颜色也不一样。

琥珀

琥珀由某些树木的树脂干燥后形成。琥珀经过摩擦，很快便可累积静电。一块带电的琥珀可以吸起很轻的物体，如羽毛。古希腊人发现了这一现象，所以，电子的英文"electron"和电的英文"electricity"源自希腊文琥珀一词。

电流、电压和电阻

电流、电压和电阻（resistance）决定了电流是如何在电路中流通的。

有两个变量可以决定电路中电流的大小：电压和电阻。

什么是电压？

电压即电路中两点之间的电势差，单位是伏特，符号是V。电子的定向移动，即电流的形成需要电压的存在。电池上标明了电压，比如标准汽车电池的电压是12伏特，手电筒电池的电压是1.5伏特。

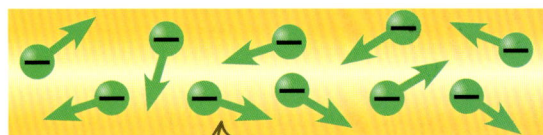

伏特、安培和欧姆是以3位对电学做出突出贡献的科学家的姓氏命名的物理单位。这3位科学家分别是**亚历山德罗·伏打、安德烈－马里·安培**（1775~1836）和**格奥尔格·西蒙·欧姆**（1789~1854）。

电子朝任意方向移动

加电压

电子朝同一方向移动

△ 没有电压
如果导体的两端没有与电池或其他电源连接，导体内的电子就会朝任意方向移动。

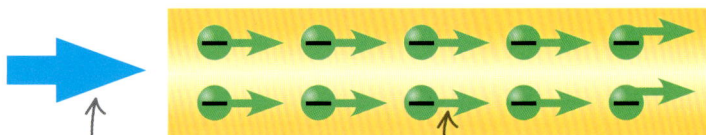

△ 有电压
如果将导体两端与电源连接，电源电压使电子朝着同一方向移动，从而形成电流。

电阻

电路中的任何一部分导线或元件都会对电流产生阻碍，这是因为电子在电路中定向移动时，通常会被材料中固定的离子分散或弹开，使得电子的速度变慢，并且损耗能量。这种"阻碍作用"称为电阻。电子被损耗的能量会转换成热、声或光等形式。导线电阻的大小取决于其长度和直径等因素。

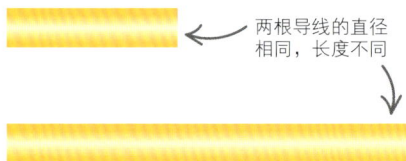

两根导线的直径相同，长度不同

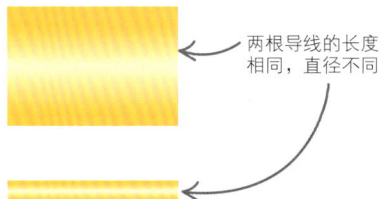

◁ 长度
在直径相同的情况下，短导线的电阻小于长导线。因为在短导线中，电子移动的距离短，与离子碰撞的机会少，所以能量的损失少。而在长导线中，电子移动的距离长，与离子碰撞的机会多，所以能量的损失多。

两根导线的长度相同，直径不同

◁ 直径
在长度相同的情况下，细导线的电阻大于粗导线，因为细导线供电子通过的空间比较小。而在粗导线中，可以同时通过更多的电子（就像在宽敞的走廊中肩并肩走过的一群人），所以粗导线中的电流更大。

欧姆定律

欧姆定律可以描述电压、电流和电阻三者间的关系，即导体中的电流，跟导体两端的电压成正比，跟导体的电阻成反比。

$$I = \frac{V}{R}$$

电流　电压　电阻

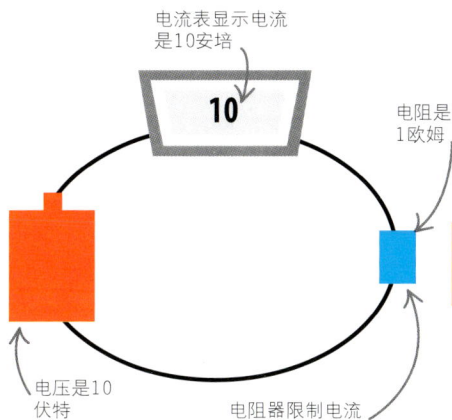

电流表显示电流是10安培

10

电阻是1欧姆

电压是10伏特

电阻器限制电流

△ **电路1**
在这个电路中，电池提供10伏特的电压，电阻是1欧姆，所以电流是10安培。

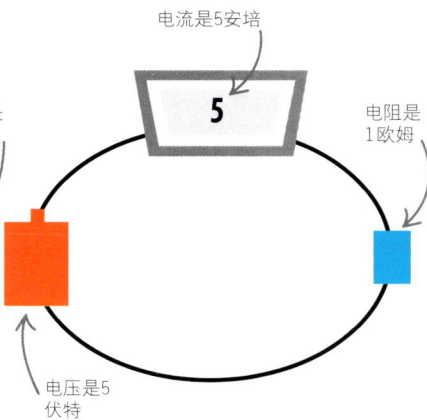

电流是5安培

5

电阻是1欧姆

电压是5伏特

△ **电路2**
在第二个电路中，电阻仍然是1欧姆，但电压降为5伏特，所以电流降为5安培。

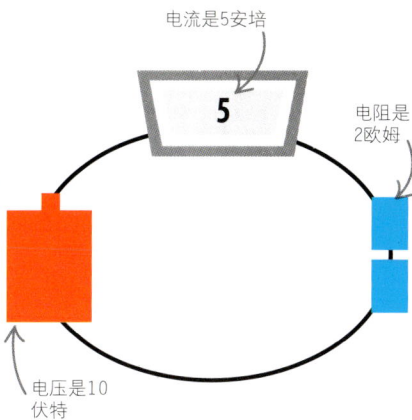

电流是5安培

5

电阻是2欧姆

电压是10伏特

△ **电路3**
第三个电路中，电压变回10伏特，但电阻增加到2欧姆，所以电流仍然是5安培。

电转换成热和光

当电流流经导体时，导体的电阻将一部分电能转换成热能，有时还会伴随发光现象。利用高电阻导线可以增加电阻，将更多电能转换成热能。

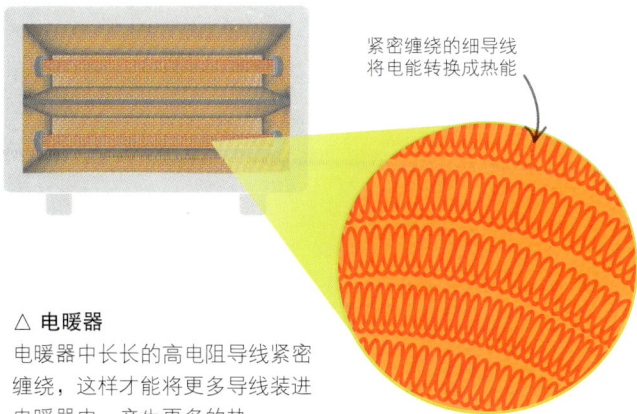

紧密缠绕的细导线将电能转换成热能

△ **电暖器**
电暖器中长长的高电阻导线紧密缠绕，这样才能将更多导线装进电暖器中，产生更多的热。

现实世界

超导体

某些材料在温度极低的条件下电阻会变为0，这种现象称为超导电性，这种材料叫超导体，可以用于生产非常高效的电磁体。超导体可应用于磁共振成像仪、大型强子对撞机和磁悬浮列车（如图）。

电路

所有电子、电气系统和装置的设计都以电路为基础。

电路由电源、导体和执行特定任务的元件组成。

电路的基础知识

任意一个电路中都有一个电源（如电池），它让电路中产生电流。当电流经过元件（如灯泡）时，元件对电流产生影响，同时元件自身也会发生变化。例如，电阻可以限制电流，防止电路上的装置因为过载而损坏。同样，灯泡在阻碍电流流通的同时，会被点亮。如果电路中的开关断开，电流就会停止。

△ 开关
这是接通或切断电流的装置。

△ 灯泡
当电流经过时，灯泡会发光。

△ 电阻
电阻的作用是限制电流。

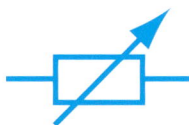

△ 电池
让闭合电路产生电流。

△ 电压表
这个元件用于测量电压。

△ 滑动变阻器
这个元件可以控制电流的大小。

△ 电容器
这个元件可存储电荷。

△ 电流表
这个元件用于测量电流。

△ 电动机
通电后，电动机会运转，将电能转换为机械能。

串联

当元件以串联（series connection）方式连接时，各元件两端的电压之和等于电源电压。如果电路上有两个相同的元件，它们就各自分得一半的电源电压。如果电路上的任意一点断开，电流就会停止。

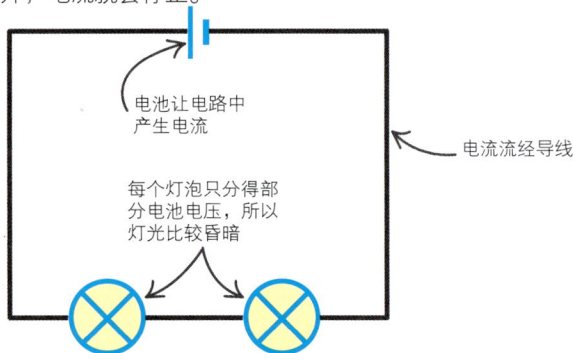

电池让电路中产生电流

电流流经导线

每个灯泡只分得部分电池电压，所以灯光比较昏暗

△ 串联电路
这两个灯泡以串联方式接入电路，所以它们不得不分享电池电压。结果灯泡发出的光线比较昏暗。

并联

当元件以并联（parallel connection）方式连接时，每个元件两端的电压均等于电源电压。如果连接其中一个灯泡的导线断开，电流仍然可以流经另一条导线并点亮剩下的灯泡。

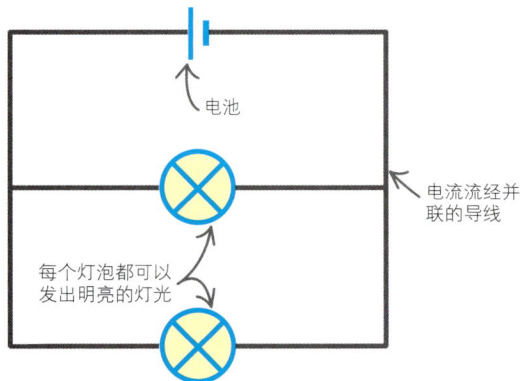

电池

电流流经并联的导线

每个灯泡都可以发出明亮的灯光

△ 并联电路
这两个灯泡以并联方式接入电路，都能得到电池的全部电压，因而可以发出明亮的灯光。

电容器

电容器是电路中存储电荷和电能的常用元件。电容器有许多种类型和大小，常用于减缓电路中电流的变化。最简单的电容器由两片接近并相互绝缘的导体制成的电极组成。在直流电路中，电容器一旦充满电，电路中的电流就会停止流动。

超级电容器的研发是为了取代电动汽车的电池，因为它能存储和释放大量的电荷，并且具有**充电快**和使用寿命长等优点。

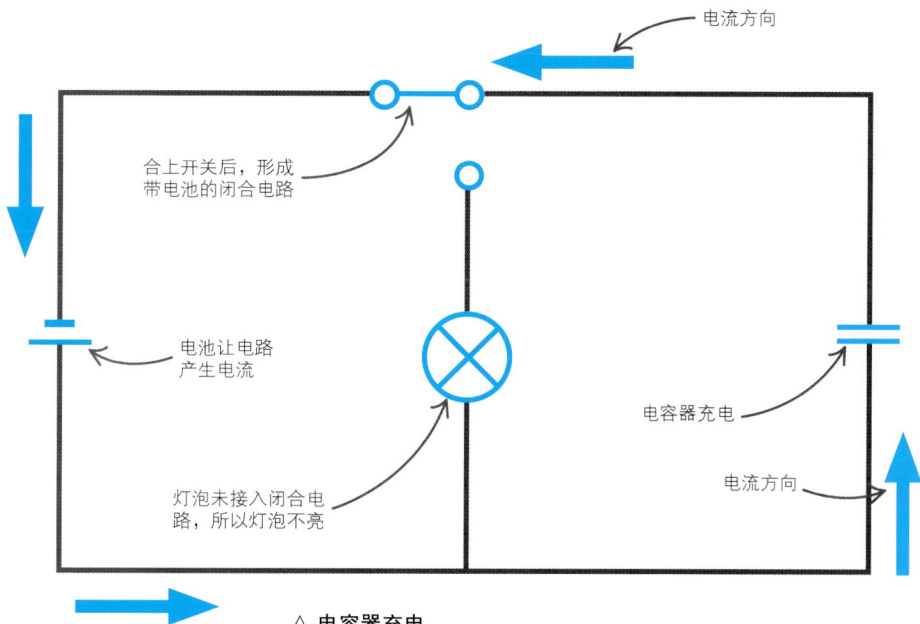

电流方向

合上开关后，形成带电池的闭合电路

电流方向

电池让电路产生电流

电容器充电

灯泡未接入闭合电路，所以灯泡不亮

△ **电容器充电**

在这个直流电路中，电荷从电池向电容器定向移动，并在电容器的电极上积累，同时剩余的电荷继续在电路中流通。随着电荷的积累，电容器对电流的阻碍作用增加。一旦电容器的正极板与电池正极的电势相等，电容器即充满电，就会完全阻止电流在电路中流动。

相机闪光灯

有些电容器能在瞬间释放全部电荷，所以它们被应用于大多数数码相机的闪光灯。它们通过相机电池充电，当你按下快门时，会瞬间释放全部电荷，使得闪光灯发出刺眼的光，照亮暗处的拍摄对象。

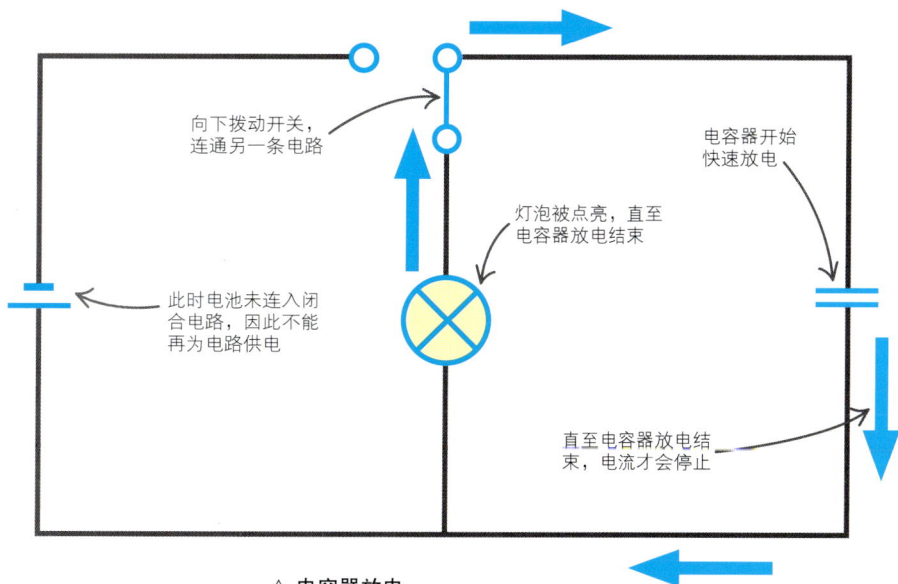

向下拨动开关，连通另一条电路

电容器开始快速放电

灯泡被点亮，直至电容器放电结束

此时电池未连入闭合电路，因此不能再为电路供电

直至电容器放电结束，电流才会停止

△ **电容器放电**

拨动开关，断开电池，让灯泡连入带电容器的另一条电路。电容器开始放电（释放电荷），灯泡被点亮。灯泡发光只能持续很短的时间，一旦电容器放电结束，灯泡就灭了。

电子学

在电子系统中，信息通过精确受控的电信号在电路中传输。

从计算机、手机到洗衣机、汽车，现在几乎所有的机器中都包含多种类型的电子元件。

电子元件

电子元件是主要用来处理、控制和改变电路中电流大小的装置。电流就是一种电信号，可以控制电路和装置执行各种特定的任务，比如用计算器计算、在屏幕上显示单词。早期的电子元件又大又笨重，彼此之间用导线连接。现在的电子元件已实现微型化，在一个微芯片上往往存在成百上千个电子元件。在设计电子电路时，每种电子元件都用一个特定的符号表示。右图为其中一些的符号。

△ **二极管**
使电流只沿一个方向流动。

△ **连通的导线**
表示导线是连通的。

△ **交叠的导线**
表示导线交叠但没有连通。

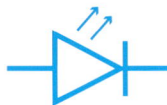

△ **发光二极管**
将电能转换成光能。

△ **放大器**
增大电功率。

△ **晶体管**
控制电流的大小。

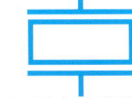

△ **压电换能器**
将电能转换成声能。

△ **保险丝**
在电路短路时这个电子元件会熔断。

△ **热敏电阻**
对热敏感的半导体电阻，阻值随温度变化。

△ **发电机**
产生电压。

△ **交流电源**
提供交流电（AC）。

△ **直流电源**
提供直流电（DC）。

△ **电感器**
一种电磁体。

△ **变压器**
改变电流和电压。

△ **传声器**
将声能转换成电能。

△ **天线**
发送和接收无线电波。

集成电路

微芯片是建立在微小的矩形硅片上的电子电路，也可以说是集成电路的载体。之所以叫集成电路，是因为这个电路上集合了大量电子元件。集成电路由不同材料的多层基片构成，有些基片是绝缘体，有些是导体，有些是半导体。只有在特定条件下，半导体才允许电流通过。蚀刻在基片上的电路和电子元件层层叠加，彼此连通。

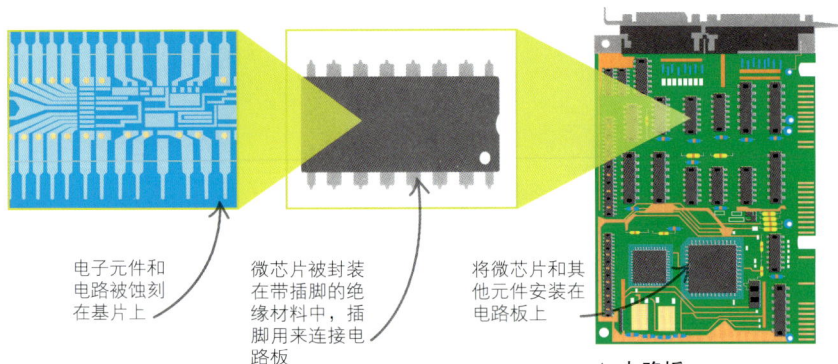

电子元件和电路被蚀刻在基片上

微芯片被封装在带插脚的绝缘材料中，插脚用来连接电路板

将微芯片和其他元件安装在电路板上

△ **电路板**
电路板包含很多微芯片和其他元件，是很多电子设备的关键部件。

△ **集成电路**
电子元件的体积很小，只有在显微镜下才看得清。

△ **微芯片**
微芯片是一片微型硅片，其上有大量集成电路。

使用编码

我们使用的十进制数由10个数字（0、1、2、3、4、5、6、7、8、9）组成，但计算机仅使用2个数字：0和1。这是因为计算机内的电路以开或关的形式存储数据。每个开关都包含一"位"信息。如果开关是打开的，则信息为1；如果开关是闭合的，则信息为0。这意味着我们输入计算机中的所有信息都必须被重新编码，变成一串很长的数字。为了便于人们辨认，二进制数常被转换成十六进制数（基数为16）。

十进制	二进制	十六进制
0	0000	0
1	0001	1
2	0010	2
3	0011	3
4	0100	4
5	0101	5
6	0110	6
7	0111	7
8	1000	8
9	1001	9
10	1010	A
11	1011	B
12	1100	C
13	1101	D
14	1110	E
15	1111	F

△ 换算表
此表为我们日常使用的十进制数（基数为10）、二进制数（基数为2）与十六进制数之间的相互转换。

世界上第一个电子元件是**二极管**，由英国科学家安布罗斯·夫累铭（1849~1945）于1904年发明。

逻辑门

逻辑门可用于做简单的决策。它从输入端（可以有一个或两个）接收电信号，然后输出一个高压电信号"开"（用1代表）或低压电信号"关"（用0代表）。在计算机和许多其他类型的电子设备中，大量逻辑门连接在一起，构成了复杂的电路。下图展示了3种常用的逻辑门，以及可能的输入和输出信息。

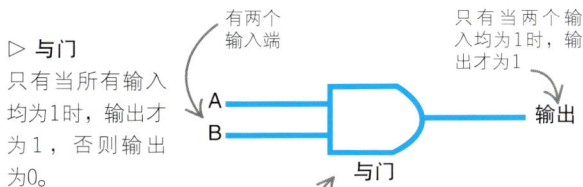

▷ **与门**
只有当所有输入均为1时，输出才为1，否则输出为0。

有两个输入端

只有当两个输入均为1时，输出才为1

输入信号通过与门

与门		
输入A	输入B	输出
1	0	0
0	1	0
0	0	0
1	1	1

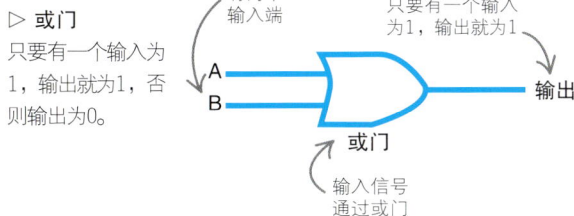

▷ **或门**
只要有一个输入为1，输出就为1，否则输出为0。

有两个输入端

只要有一个输入为1，输出就为1

输入信号通过或门

或门		
输入A	输入B	输出
0	0	0
0	1	1
1	0	1
1	1	1

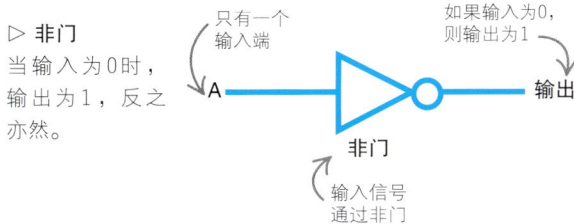

▷ **非门**
当输入为0时，输出为1，反之亦然。

只有一个输入端

如果输入为0，则输出为1

输入信号通过非门

非门	
输入	输出
0	1
1	0

现实世界
视网膜植入体

现代电子器件体积微小、可靠且灵敏，可植入人类的视网膜中，让一些有视觉障碍的人重见光明。光线照射在植入体上，被转换成可以刺激视神经的电信号。大脑将这些信号识别为或明或暗的图案，使病人能够看见东西。

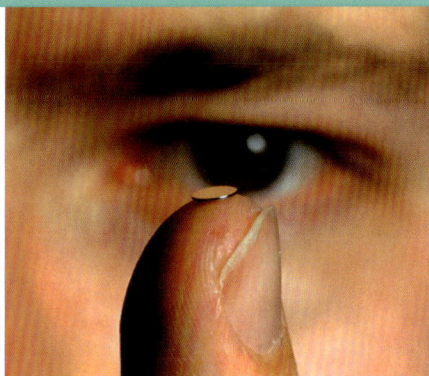

磁体

磁体（magnet）能够产生磁场，会吸引某些材料，也会吸引或排斥其他磁体。

有些磁体是天然形成的，有些则是在通电时形成的电磁体。有的材料可以被永久磁化。

磁力

在磁性材料中，称为磁畴的区域的表现如同许多小磁针。当磁性材料未被磁化时，磁畴是杂乱无章的，指向不同的方向；当磁性材料被置于磁场中或与磁体摩擦产生磁性时，磁畴整齐排列，N极指向同一个方向，S极指向相反的方向。

▷ **条形磁体**
在磁体周围空间存在磁力作用，并且会对置于其内的其他材料产生影响，这一区域称为磁场。条形磁体的一端为N极，另一端为S极。如果将一根条形磁体从中间一切为二，得到的两个磁体会各自形成新的N极和S极。

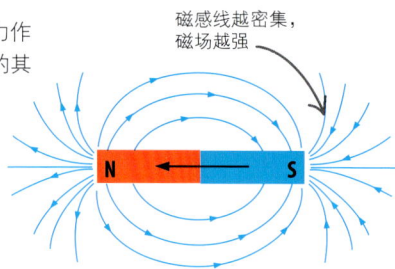

磁感线越密集，磁场越强

▷ **蹄形磁体**
磁体的形状各异，有的呈马蹄形。这种蹄形磁体也有一个N极和一个S极，但由于磁体是弯曲的，所以两个磁极相距较近。

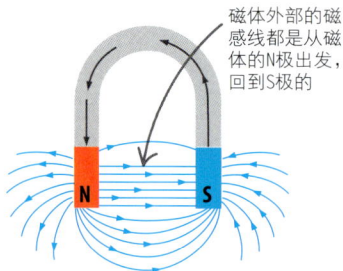

磁体外部的磁感线都是从磁体的N极出发，回到S极的

▽ **吸引或排斥**
两个磁体的不同磁极（一个N极和一个S极）接近时，会相互吸引；若是相同磁极接近，则会相互排斥。

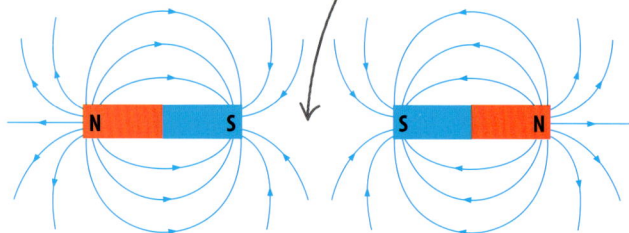

两个磁体S极周围的磁场相互排斥

永磁体

铁、镍、钴及其合金等材料都具有铁磁性。这些材料在通电或与其他磁体摩擦时会被磁化。一旦被磁化，材料会保持磁性，除非加热、受到冲击或反向磁场作用才会消磁。

▽ **磁性材料**
钢是铁的合金，可用于制造罐头和曲别针。铜币中混有镍。

▽ **非磁性材料**
普通塑料、铝制易拉罐和铜管乐器都不具有磁性。

现实世界
司南

天然磁石是指自然界中具有磁性的矿物。数千年前，人们已经用天然磁石制造了第一个指南针——司南。如果天然磁石可以自由旋转，它会根据地球磁场进行校准，最终勺柄所指方向就是正南。磁体的英文源于希腊的一个地名，那里出产天然磁石和镁。

地球磁场

我们可以把地球看成是一个强大的磁体，其磁场称为磁层，可作用至数万千米外的太空。地球的磁性源于外地核中液态金属的运动。由于某种未知的原因，地球磁场的方向大约每百万年会突然反转。

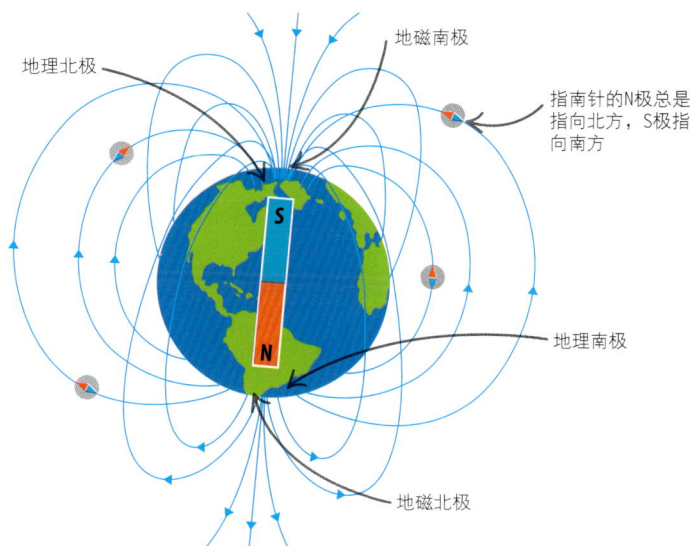

▷ **地球的磁性**
地理北极其实是地磁南极，因为指南针的N极被地磁南极吸引。但指南针N极所指的方向与地理北极的方向存在一定偏差，这个偏差的角度叫作磁偏角。

地理北极

地磁南极

指南针的N极总是指向北方，S极指向南方

地理南极

地磁北极

电磁体

不仅磁体周围会形成磁场，当电流经过导体时也会产生与导体垂直的环形磁场。由电流形成的电磁体非常有用，因为它的磁性是可控的。如果电磁体中的电流方向改变，电磁体的磁极也会改变。

▽ **螺线管**
螺线管是一种常见的电磁体。当电流经过线圈时便会形成磁场，螺线管中间的软铁芯可使磁场增强。切断电流后，螺线管就会失去磁性。

电流经过线圈

将导线缠绕在软铁芯上

电池提供电力

合上开关，连通电路

软铁芯能增强磁场

▽ **磁场的方向**
磁场的方向可通过右手握拳的方法来记忆。想象用右手握住导体，竖起的拇指指向电流的方向，弯曲的四指指向磁场的方向。

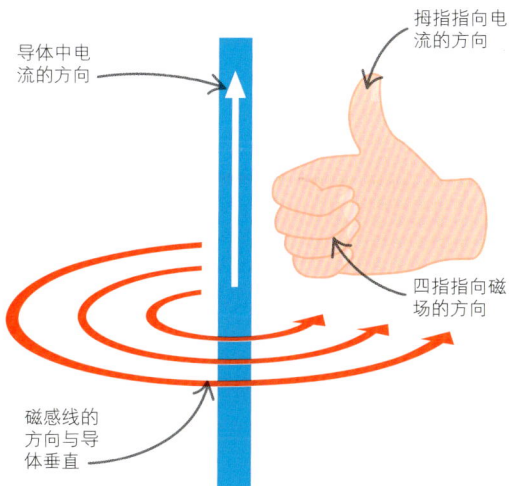

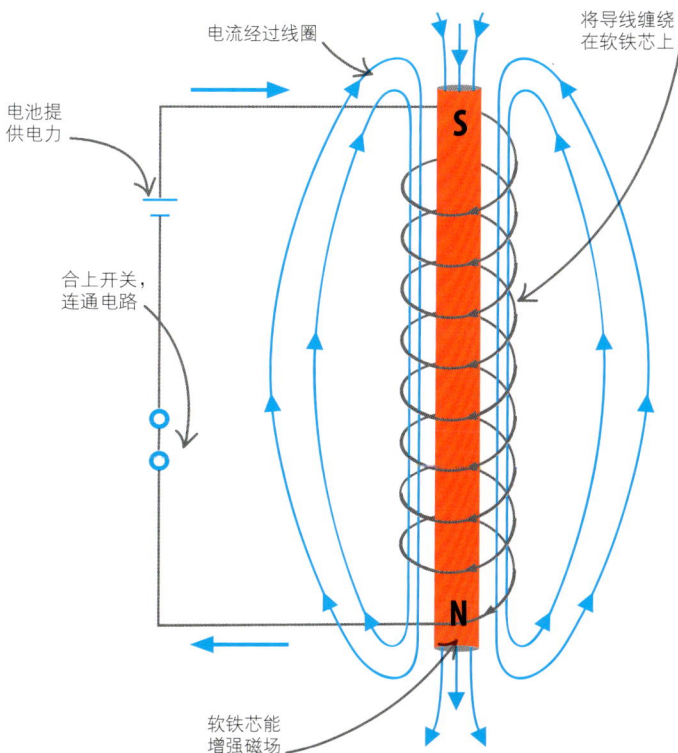

导体中电流的方向

拇指指向电流的方向

四指指向磁场的方向

磁感线的方向与导体垂直

电动机

电流与磁场中的磁力结合，可产生运动。

永磁体和电磁体之间的引力和斥力可驱使电动机转动。

电动机内部

将线圈置于永磁体两极之间。当电流经过线圈时，就会形成磁场，该磁场与永磁体周围的磁场相互作用，同极相斥，异极相吸，使线圈旋转半圈。然后让电流方向反转，线圈形成的磁场方向也会反转，从而使线圈继续旋转半圈。重复以上过程，线圈便会不停旋转。

▽ 左手定则
通过左手定则可以确定电动机中线圈的转动方向。

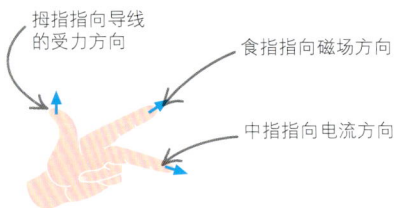

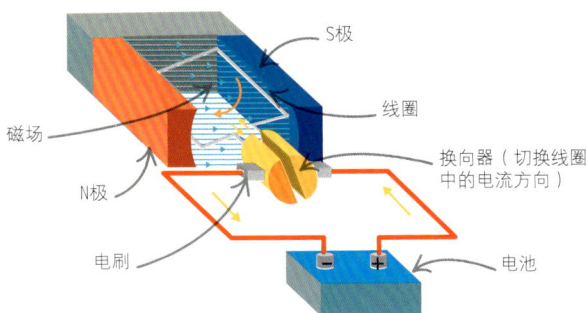

拇指指向导线的受力方向

食指指向磁场方向

中指指向电流方向

S极
线圈
磁场
换向器（切换线圈中的电流方向）
N极
电刷
电池

△ 第一阶段
在这个简单的直流电动机模型中，电流从电池中流出，经过换向器进入线圈，使得线圈变成电磁体并形成磁场，与永磁体的磁场相互作用。

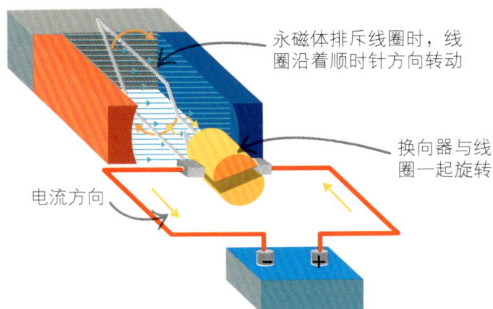

永磁体排斥线圈时，线圈沿着顺时针方向转动
换向器与线圈一起旋转
电流方向

△ 第二阶段
永磁体和线圈的磁极同极相斥，使得线圈开始转动。线圈转过1/4圈时，永磁体和线圈的磁极异极相吸，使线圈继续转动1/4圈。

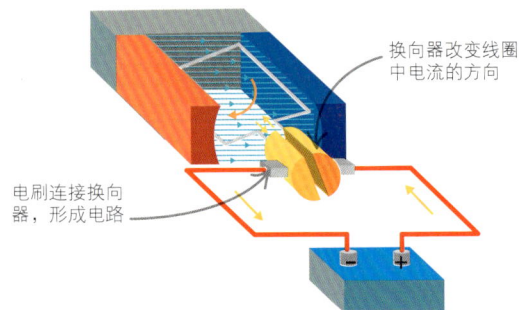

换向器改变线圈中电流的方向
电刷连接换向器，形成电路

△ 第三阶段
当线圈与永磁铁的磁场方向相同时，利用换向器改变线圈中电流的方向，从而改变线圈磁场的方向。

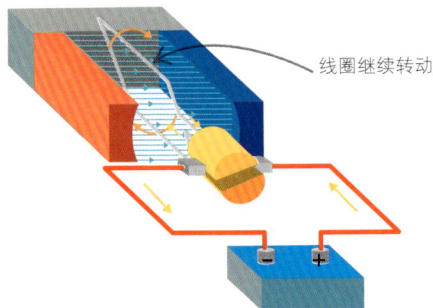

线圈继续转动

△ 第四阶段
随着线圈中电流方向的反转，线圈和永磁体再次同极相斥，使得线圈继续转动。当线圈转过半圈时，换向器再次改变线圈中电流的方向，从而使线圈持续旋转。

扬声器

扬声器利用永磁体和电磁体之间的相互作用力，振动发声。进入线圈的电流具有波动性，使得线圈形成的磁场也是波动的。线圈磁场与永磁体磁场间的作用力驱动线圈快速进出，带动振膜振动，从而产生声波。

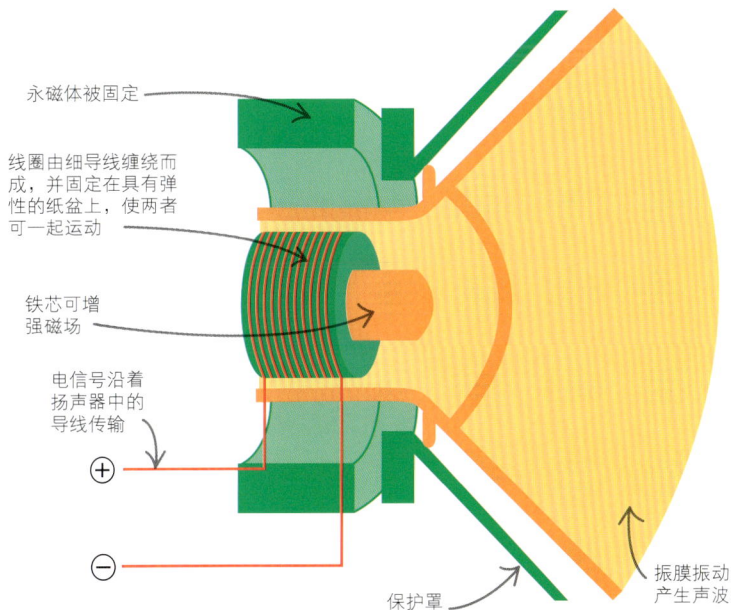

永磁体被固定

线圈由细导线缠绕而成，并固定在具有弹性的纸盆上，使两者可一起运动

铁芯可增强磁场

电信号沿着扬声器中的导线传输

⊕

⊖

保护罩

振膜振动产生声波

△ **电磁作用**
作用在扬声器振膜上的力是一种电磁力，由永磁体和电磁体相互作用产生。

直线电动机

直线电动机产生沿直线方向作用的力，而传统的旋转电动机只能产生旋转的力。直线运动是通过磁体"同性相斥，异性相吸"的性质实现的。电磁体沿直线轨道排列，而将磁体固定在列车或其他可沿轨道运行的物体上，电磁体不断变换磁极，驱动列车沿轨道移动，无须轮子。

轨道上位于列车前方的磁体对列车上的磁体产生吸引力，与此同时，轨道上位于列车后方的磁体对列车上的磁体产生排斥力

不断切换轨道上电磁体的磁极，驱动列车沿轨道向前

轨道上的电磁体由N极变为S极，然后再变回来，如此反复切换磁极

▷ **磁悬浮运动**
磁悬浮列车利用强力磁体悬浮在轨道上，并通过直线电动机驱动列车高速前进。

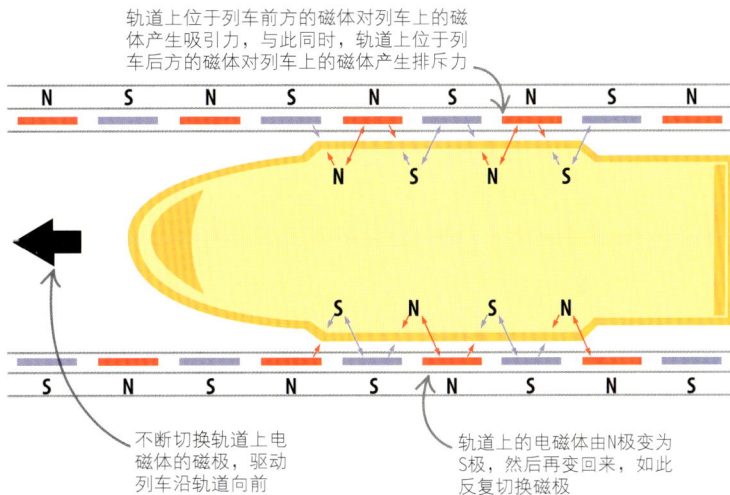

发电机

发电机利用电磁感应（electromagnetic induction）原理，将机械能转变为电能。

发电机在许多工业领域都发挥着重要作用。例如，发电机的涡轮可将风、水、蒸汽的动能转变为电能。

电磁感应

1831年，英国科学家迈克尔·法拉第发现，当磁体进出线圈时，线圈中会产生电流。当导体（线圈）做切割磁感线的运动时，磁感线对导体中的自由电子产生作用力，使得自由电子定向移动，所以导体中会产生电压和电流。这就是电磁感应原理，也是所有发电机的基本工作原理。

1871年制造的**格拉姆发电机**是世界上首台商用发电机。

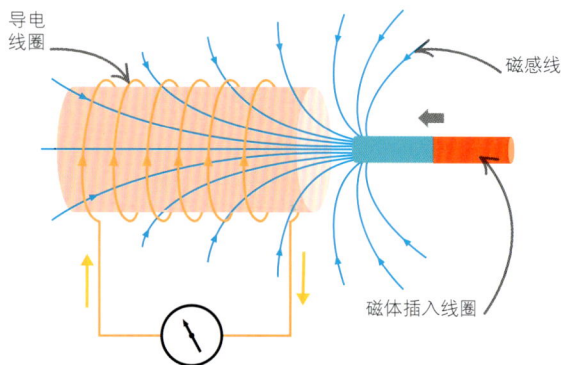

导电线圈

磁感线

磁体插入线圈

△ **磁体插入**
磁体插入线圈的过程中，导线中产生电流。

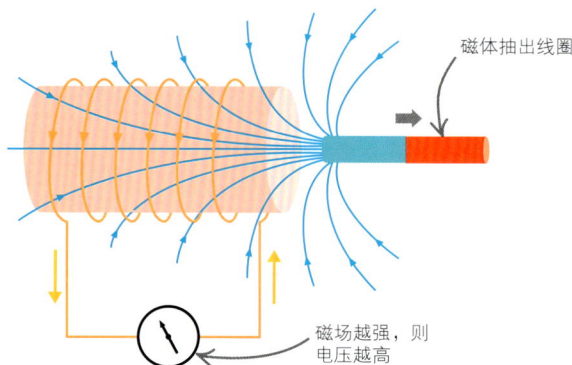

磁体抽出线圈

磁场越强，则电压越高

△ **磁体抽出**
磁体抽出线圈的过程中，电流变为相反的方向。

自行车发电机

自行车发电机包含一个固定在转轴上的永磁体。自行车的车轮转动时，带动发电机中的永磁体一起转动。在发电机中，软铁芯外缠绕着线圈，永磁体位于线圈上方。永磁体在转动过程中磁场不断变化，使得线圈中形成感应电流。电流从发电机中流出，为自行车的前后灯提供电力。

▷ **电磁感应的应用**
在这个自行车发电机中，线圈是固定的，永磁体可在其上方旋转。当自行车车轮转动时，由于发电机与车胎表面的摩擦作用，发电机转轴随车轮转动，带动永磁体一起转动。

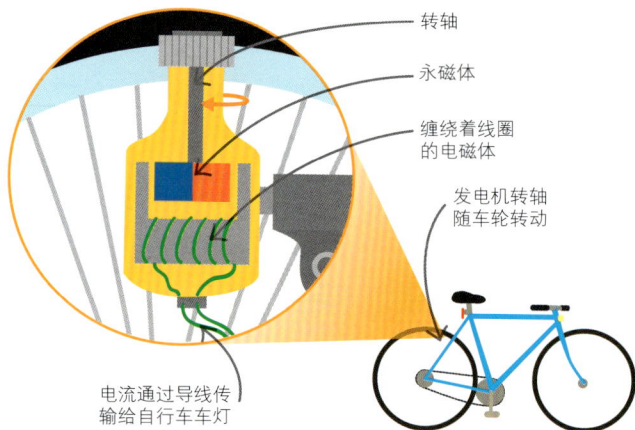

转轴

永磁体

缠绕着线圈的电磁体

发电机转轴随车轮转动

电流通过导线传输给自行车车灯

直流发电机

发电机分为直流发电机和交流发电机。直流发电机与直流电动机的组件相同，但工作方式相反（参见第212页）。导线绕成的线圈在一块巨大的永磁体所形成的磁场中旋转，线圈不断切割磁感线，使得导线中产生电压和电流。

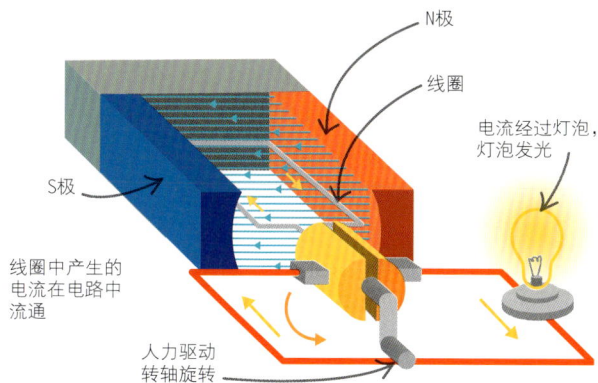

▷ **右手定则**
右手定则用来判定导线在磁场中运动时感应电流的方向。

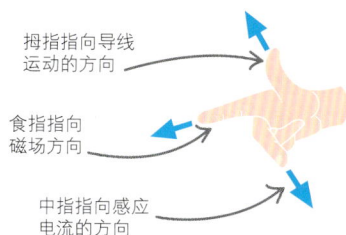

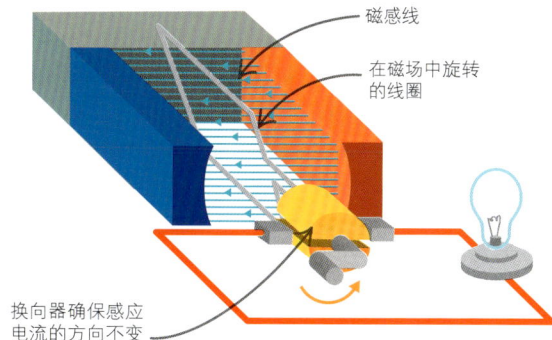

拇指指向导线运动的方向

食指指向磁场方向

中指指向感应电流的方向

N极
线圈
电流经过灯泡，灯泡发光
S极
线圈中产生的电流在电路中流通
人力驱动转轴旋转

磁感线
在磁场中旋转的线圈
换向器确保感应电流的方向不变

△ **第一阶段**
在这个实验性直流发电机中，线圈通过人力驱动转轴旋转。当线圈切割永磁体的磁感线时，线圈中便有了感应电流。

△ **第二阶段**
只有当线圈切割水平方向上的磁感线时，才有感应电流。当线圈与磁感线垂直时，没有感应电流，灯泡不亮。

交流发电机

交流发电机不需要换向器。因此，线圈每转一圈，感应电流的方向就会变换两次。线圈的两端各配一个集电环，作为电流的输出通道。电刷与集电环接触，构成电流进入与发电机连接的电路的通道。

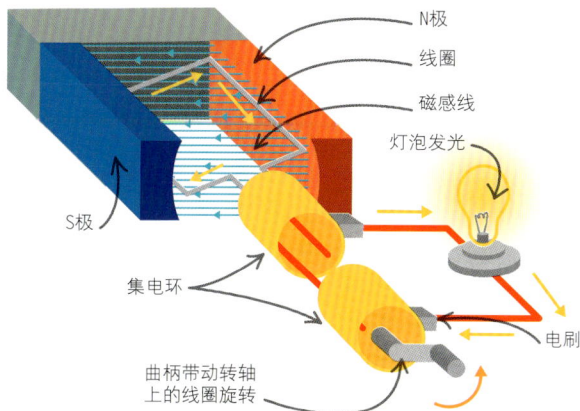

N极
线圈
磁感线
灯泡发光
S极
集电环
曲柄带动转轴上的线圈旋转
电刷

◁ **交流发电机的工作原理**
在这个简单的交流发电机中，线圈用单根导线绕成。手动转动曲柄，带动线圈在永磁体的两个磁极之间旋转。线圈内形成感应交流电，然后通过集电环和电刷流向灯泡，使灯泡被点亮。

现实世界

人力发电

生活在电力供应不稳定或完全没有电力供应地区的人们，以及生活在电池相对昂贵地区的人们，通过人力给收音机（下图）、便携式计算机和其他电子设备供电。转动手柄，利用设备中的小型发电机给可充电电池充电。

变压器

变压器可改变交流电的电压。

交流电的电压可通过变压器升降。例如，从电站输出的高压电必须通过变压器降压，才适合家用。

直流电和交流电

电流可分为直流电和交流电两类。直流电通常由电池提供，在电路中只沿一个方向流动。交流电，如家用交流电，电流方向每秒可变换几十次。变压器是用来改变交流电电压和电流的设备。它可以将交流电变成高压电，便于远距离传输，然后再变回低压电供生活所用。

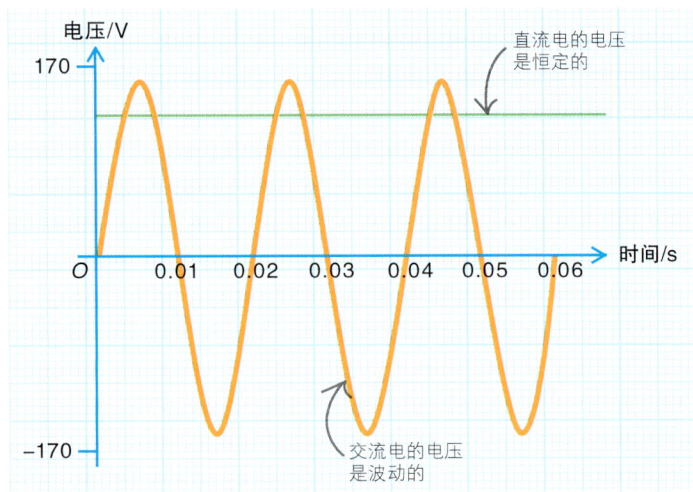

▷ **直流和交流电压**
此图中，绿色直线代表直流电的电压，橘色曲线代表交流电的电压。

变压器

变压器由闭合铁芯和绕在铁芯上的两个线圈组成。一个线圈与交流电源连接，叫作原线圈；另一个线圈与负载连接，叫作副线圈。互感现象是变压器工作的基础。当交流电经过原线圈，铁芯会使副线圈中出现感应电流。如果副线圈的匝数多于原线圈，则副线圈的电压更高。

▷ **电压与线圈**
变压器中原线圈和副线圈的电压比等于原线圈和副线圈的匝数比。

原线圈的电压 原线圈的匝数

$$\frac{U_1}{U_2} = \frac{n_1}{n_2}$$

副线圈的电压 副线圈的匝数

△ **升压变压器**
副线圈的匝数是原线圈的2倍，所以输出电压是输入电压的2倍。

△ **降压变压器**
副线圈的匝数是原线圈的一半，所以输出电压是输入电压的一半。

电磁感应的应用

电磁感应是变化磁场产生感应电流的现象。从麦克风到微型计算机组件，许多设备都利用了电磁感应原理。例如，计算机硬盘将数据变成磁信号存储在碟片记忆区，每张碟片的表面都包含数十亿个独立区域，每个区域都可被单独磁化。数据以二进制数的形式存储（1代表已磁化区域，0代表未磁化区域），通过一个移动的电磁体产生电磁感应，实现磁信号的刻录和读取。

磁体使悬臂来回移动

▷ 硬盘

硬盘由一个或者多个碟片组成。硬盘中数据的刻录、读取和删除等操作通过可移动悬臂上的电磁体完成。

悬臂很轻，能够快速移动到目标位置

悬臂末端的读写头上有一个很小的电磁体

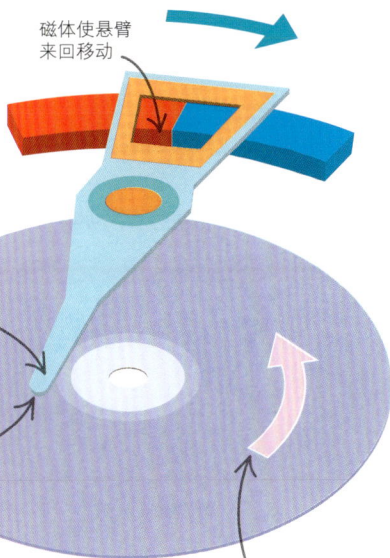

碟片高速旋转，读写头对下方碟片的表面进行读取和刻录

金属网罩保护里面脆弱的振膜。在户外时，麦克风需要一种特殊的屏蔽装置来降低风噪

声波使振膜振动

振膜振动带动线圈上下移动

线圈在磁场中运动，产生感应电流

导线将电信号传递给扬声器或录音机

磁体

◁ 看看里面

声波使麦克风内部的振膜振动，振膜附着在线圈上，会带动线圈运动。线圈运动产生感应电流，形成电信号。

◁ 麦克风

麦克风经过精心设计，才能真实地还原声音，而不使声音失真。

电磁体常用于**提起沉重**的钢材。最强大的电磁体可以提起**重达250吨**的货物。

现实世界

电磁炉

电磁炉内的电磁体可产生磁场。电磁炉通电后，一部分能量通过电磁感应作用传递给金属锅，金属锅的内部出现涡电流。金属的电阻又将部分电能转换成热能，使金属锅变热，而不是直接使电磁炉表面发热。

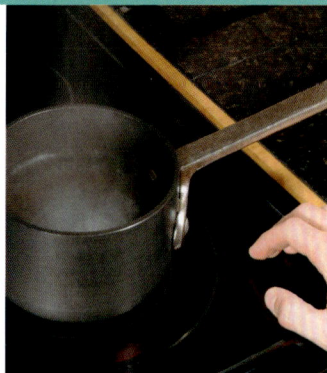

发电

发电的方式有很多种。

电力大部分由发电站生产。发电的方式有很多种，但都需要将某种形式的能源通过大型发电机转换成电能。

火力发电

火电厂是最常见的发电站，其能量来源是化石燃料，比如天然气、煤炭或石油。燃料燃烧释放的热量将水变为蒸汽，高压蒸汽驱动涡轮旋转，带动发电机运转。

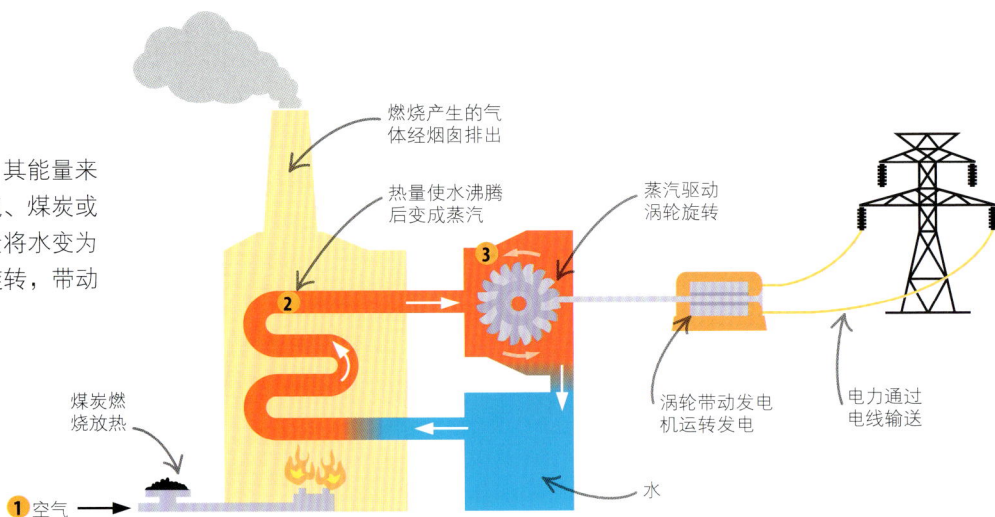

燃烧产生的气体经烟囱排出

热量使水沸腾后变成蒸汽

蒸汽驱动涡轮旋转

煤炭燃烧放热

涡轮带动发电机运转发电

电力通过电线输送

① 空气

水

1. 燃料燃烧放热
先将煤炭这样的固体燃料粉碎，增加其表面积，以便煤炭燃烧得更快、更充分。燃烧产生的气体经烟囱排出。

2. 水变成蒸汽
炉膛中的水被加热至沸腾后变成蒸汽，驱动涡轮螺旋桨状的叶片旋转。蒸汽被冷凝成水后流回炉膛，继续参与发电过程。

3. 动能变成电能
涡轮旋转带动发电机中的导体在磁场中旋转，从而产生感应电流。

水力发电

水电站利用下落的水发电。在横跨河流之上的大坝的上游蓄积大量的水。上游的水经管道流向下游形成高压水流，驱动位于大坝底部的涡轮旋转。水轮机的涡轮叶片与蒸汽涡轮机的不同，前者为杯形，后者为翼形。

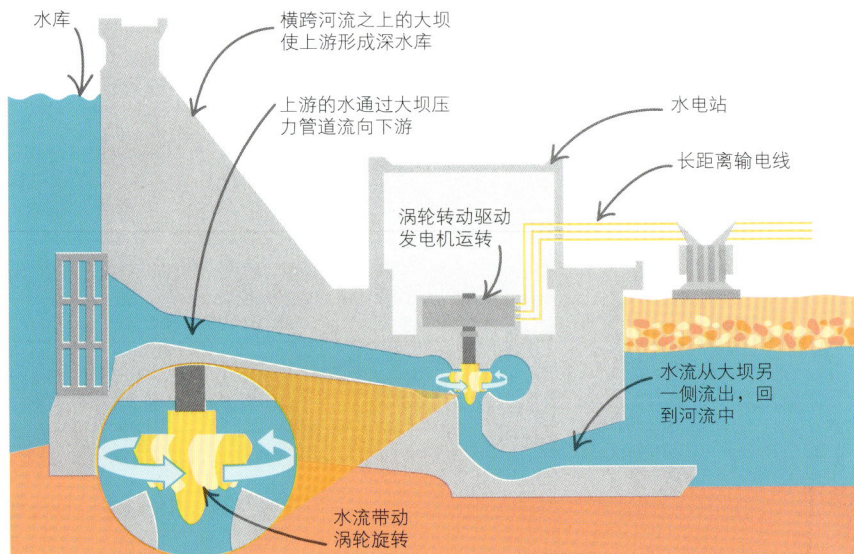

水库

横跨河流之上的大坝使上游形成深水库

上游的水通过大坝压力管道流向下游

水电站

长距离输电线

涡轮转动驱动发电机运转

水流从大坝另一侧流出，回到河流中

水流带动涡轮旋转

▷ **水电站**
大坝底部的涡轮机与位于大坝下游一侧的水电站中的发电机相连。

原子中的能量

核电厂使用铀、钚等放射性物质作为热源。放射性元素会在衰变过程中放热，但是在核裂变过程中会释放更多的热量。经过提炼的核燃料中含有大量可以分裂为两个较轻原子核的放射性同位素（参见第126~127页）。不受控制的核裂变会引发核弹爆炸一样的灾难，但核反应堆中的核裂变会受到人为干预，从而减慢了反应速率。

▷ **核裂变**

一个中子（外来中子）轰击可裂变同位素的原子核，使其一分为二，同时释放大量的热和光，以及危险的辐射。核裂变过程中还会放出更多中子，继续引发新的核裂变反应。

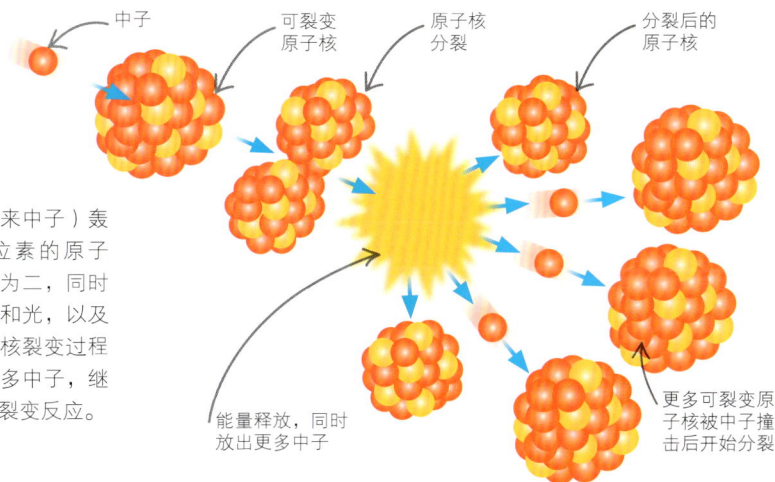

中子

可裂变原子核

原子核分裂

分裂后的原子核

能量释放，同时放出更多中子

更多可裂变原子核被中子撞击后开始分裂

核反应堆

核裂变反应是在充满水或气体的反应堆中进行的。反应堆的堆芯是由放射性物质制成的燃料棒。核反应释放的热量使反应堆中的水过热，然后被泵入热交换器，使得热交换器中的水受热变成蒸汽，驱动涡轮旋转。除了燃料棒以外，反应堆中还有由硼制成的控制棒，它的作用是吸收一部分核裂变放出的中子，以控制核反应的速率。

▷ **核反应堆的结构**

核反应堆的堆芯和热交换器外是厚重且坚固的混凝土安全壳，安全壳的主要作用是吸收辐射。

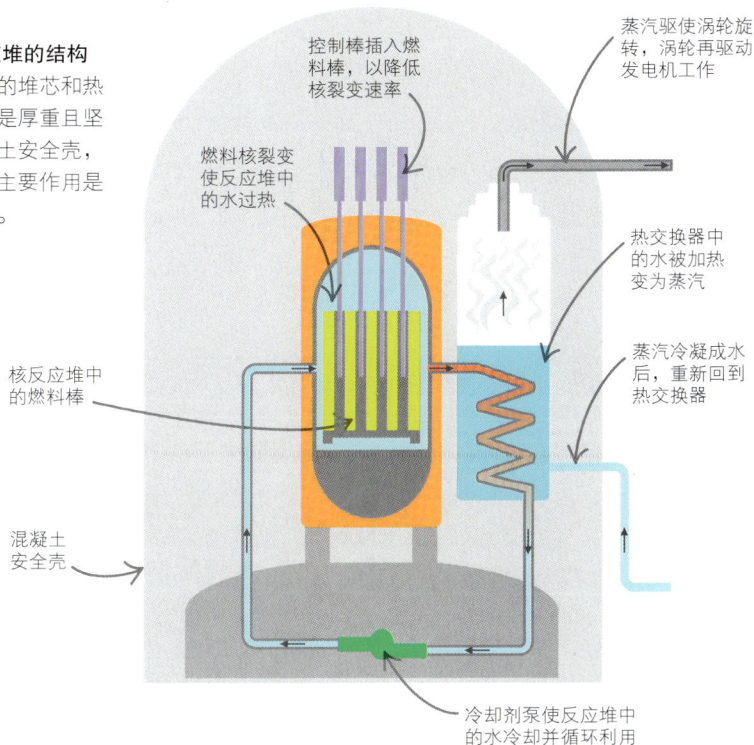

控制棒插入燃料棒，以降低核裂变速率

燃料核裂变使反应堆中的水过热

蒸汽驱使涡轮旋转，涡轮再驱动发电机工作

热交换器中的水被加热变为蒸汽

蒸汽冷凝成水后，重新回到热交换器

核反应堆中的燃料棒

混凝土安全壳

冷却剂泵使反应堆中的水冷却并循环利用

现实世界

切伦科夫辐射

核反应堆中的水会发出奇异的蓝光，这是由切伦科夫辐射造成的。这种辐射是以苏联科学家帕维尔·切伦科夫（1904~1990）的姓氏命名的。这种辐射现象是因带电粒子在水中高速移动产生的。

电力供应

电能通过庞大的电网从发电站输送到千家万户及工厂。

几乎所有家庭、办公室和工厂使用的电，都来自远离居民区的大型电厂。通过电网输送的高压电要先转换成适合家用的低压电，才能进入千家万户。

电网

发电站生产的电是交流电。通过变压器，交流电的电压上升到几十万伏特，然后才会进入电网。电流通过数百千米长的电缆进行长距离传输时，会因发热而损失部分能量，而高压输电却可以减少这种损失。在地下埋设高压电缆成本过高，为了降低成本且保障安全，大多数电网都用铁塔将轻质铝电缆架设在高空。

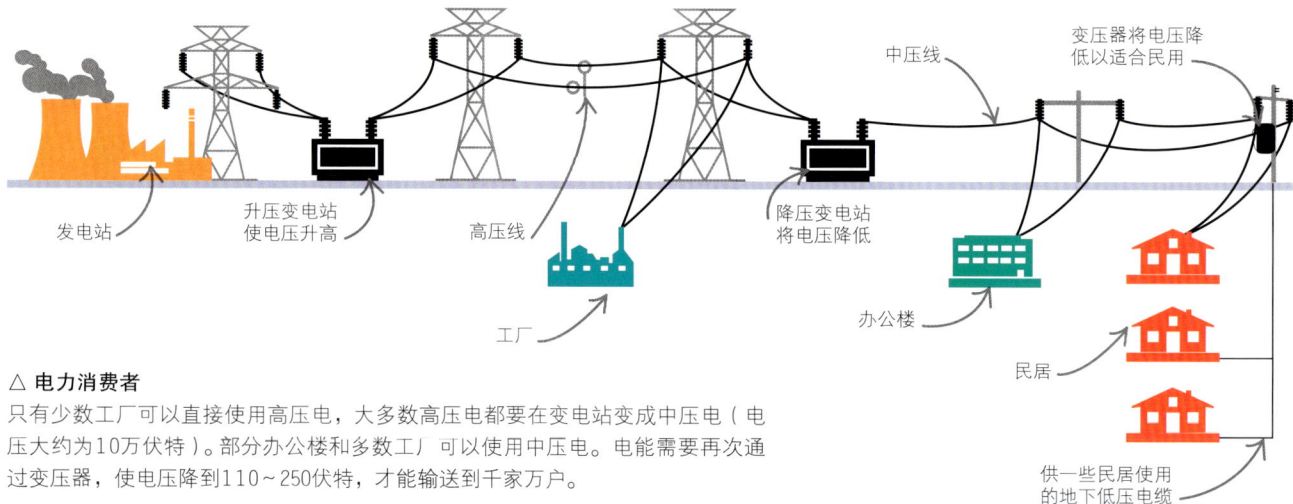

发电站　升压变电站使电压升高　高压线　降压变电站将电压降低　中压线　变压器将电压降低以适合民用　办公楼　民居　工厂　供一些民居使用的地下低压电缆

△ **电力消费者**
只有少数工厂可以直接使用高压电，大多数高压电都要在变电站变成中压电（电压大约为10万伏特）。部分办公楼和多数工厂可以使用中压电。电能需要再次通过变压器，使电压降到110~250伏特，才能输送到千家万户。

> 未来电网也许会使用超导体制造的电缆，其输电能力将是现在的**10倍**。

停电

电网一旦发生故障，就可能造成大面积停电。民居和办公场所若没了电力供应，照明及其他用电设备都无法使用。变压器的一个小故障或者风暴导致的电缆损坏，都可能造成电力供应中断。除上述原因以外，太阳风暴也曾导致大规模停电，这是因为太阳抛射的大量带电粒子会使电网因过载而瘫痪。

民用电路

民用电通过家用配电箱或保险丝盒与电网相连。大功率电器，如烤箱，要直接连在保险丝盒上。其他电器通过环形回路或放射式回路相连。环形回路可用更细的电线传输与放射式回路相同的电量，但放射式回路的扩充性比较好，且能传输更小的电流。所以，放射式回路常用于照明设备，而环形回路用于电源插座。

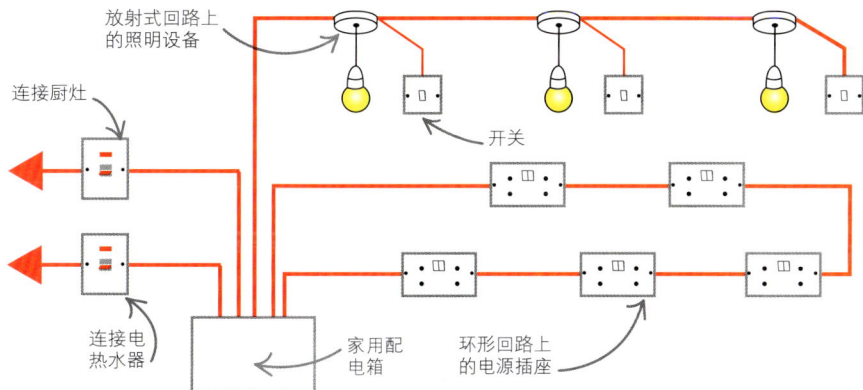

放射式回路上的照明设备

开关

连接厨灶

连接电热水器

家用配电箱

环形回路上的电源插座

△ **室内电路**
此示意图展示了一所房子内的布线。通常，室内每一层都有两种电路，一种连接照明设备，另一种连接电源插座。

保护电路

如果家用电路上的电流过大，与之相连的电线和电器都可能因为过热而引发火灾。每个家用配电箱都装有一个名为断路器的自动开关，如果出现危险的电涌，断路器会自动切断电力供应。因接线错误或电器故障使得电路中电流异常增加，从而导致短路时，断路器也会自动切断电力供应。插头中的保险丝也能切断危险的电流。

▽ **电源插头**
大多数电器通过插头插入墙上的插座，接通电源。每个插头上都有一根用于输电的火线和一根使电流流回主电路的零线。

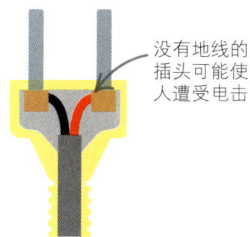

没有地线的插头可能使人遭受电击

▽ **地线**
有的插头上还有第三根线，即地线。地线通过电路让电器连接大地。如果插头的绝缘层损坏了，泄漏的电流将通过地线流向地面，以防有人触电。

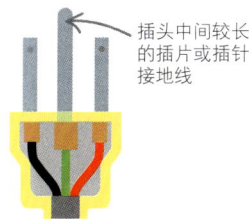

插头中间较长的插片或插针接地线

▽ **带保险丝的插头**
在许多国家，插头中都安装了保险丝。保险丝是细电线，如果电流过大，保险丝会变热熔断，在其他元件过热前断开电路。

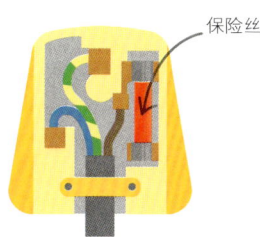

保险丝

适配器

许多设备配有一个名为适配器的超大插头。民用电路中流动的交流电，适用于灯泡、加热器等简单的设备。然而，交流电反复变向会损坏微芯片等较为敏感的电子设备。因此，适配器的作用是把交流电变成直流电。

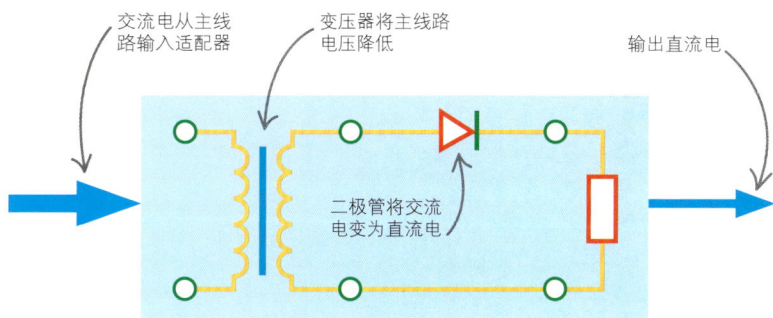

交流电从主线路输入适配器

变压器将主线路电压降低

输出直流电

二极管将交流电变为直流电

▷ **整流器**
适配器中的主要元件是整流器，它是一种让电流只沿一个方向流动的二极管。

能源效率

所有机器运行和能量转换的过程都伴随发热，可能造成能量损失。

设计机器或规划作业时，应尽量讲求能源效率，即尽量使输出能量用于做功本身。

能量损失

在亚原子尺度的微观层面，有时能量会全部从一种形式转换成另一种形式；但在宏观层面，这种情况极少出现，因为总有一部分能量转换成热能，而在大多数情况下，热能是不被需要的。此外，还可能产生其他形式的不被需要的能量，如许多机器运行时都会产生巨大的噪声。噪声不仅令人不快，还是一种能量的浪费。

▽ 能量转换

任何形式的能量转换都存在最大能源效率。一些能量转换过程的能源效率很低，同时也存在一些能源效率很高的能量转换过程。

▽ 能量损失有多大？

火电厂输送到用户的电能总量，相当于其实际消耗能源总量的1/3。

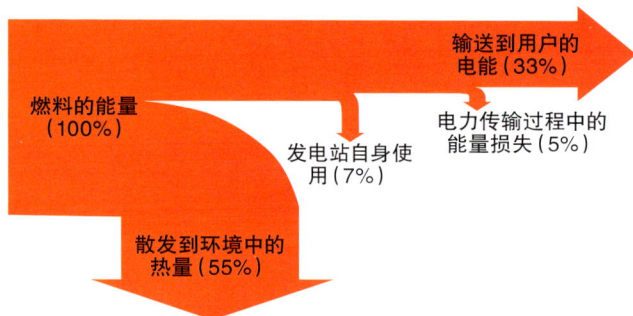

输送到用户的电能（33%）

燃料的能量（100%）

发电站自身使用（7%）

电力传输过程中的能量损失（5%）

散发到环境中的热量（55%）

能源效率		
能量转换	能量转换过程	最大能源效率
光合作用	植物将太阳能转换成化学能	6%
太阳能电池	太阳能转换成电能。太阳能电池通常用硅晶体制造	28%
肌肉	当肌肉收缩时，肌肉中的化学能转换成动能	30%
燃煤发电站	煤炭的化学能通过涡轮机转换成电能	40%
内燃机	汽油或柴油的化学能转换成动能，驱动车辆行驶	50%
风力机	风的动能通过发电机转换成电能	60%
电热器	通过元件的电阻将电能转换成热能	100%

现实世界

光缆

在几十年前，电话和计算机的信号通常以电信号的形式在铜导线中传输。虽然铜的导电性能很好，但仍有一部分电能以热的形式损失。现在，光缆已经替代许多铜导线。在光纤（光缆由光纤制成）中，信号以光的形式传输，只有极少量的光能转换成热能，因此光纤成为能源效率极高的通信介质。

许多**家电**的能源效率都不高，只有**电热器**可以实现100%的能量转换。因此，家电的使用成本比我们想象的要高。

热损失和热绝缘

有时，人们希望产生的热越多越好。要实现这点，重点在于防止热量散失。减少建筑物热量散失的主要方法是保持门窗关闭，加装热绝缘材料（又叫保温材料）。

▷ 保温

相较于没有热绝缘措施的房子，给有热绝缘措施的房子供暖所需成本要低很多。这里介绍一些经济实惠的使房屋保持温暖的方法。

保温的阁楼
在一些国家和地区，修建阁楼可以获得补贴，因为阁楼具有很好的保温性能

热水槽
给热水槽外装热绝缘层，是防止热量散失的最佳和最经济的方法

中空保温墙
绝大多数房子的外墙是中空的，在中间空隙填满泡沫材料，形成良好的热隔绝层

门窗
在没有热绝缘措施的房子中，大约11%的热量是从门窗的空隙散失的

阁楼
在一个没有阁楼的房子中，大约26%的热量是从房顶散失的

墙和地板
在门窗都关闭的情况下，大约33%的热量是从未经热绝缘处理的墙和地板散失的

双层玻璃
安装了双层玻璃的窗户既隔热又降噪

荧光灯

最简单的节能方法是使用能源效率更高的荧光灯替代白炽灯（有灯丝的灯）。白炽灯的发光原理是电流经过具有高电阻的灯丝，令大部分电能转换成热能，使得灯丝加热到白炽状态发光。

▷ 紧凑型荧光灯

紧凑型荧光灯正逐渐取代家用白炽灯，因为它们的能源效率更高，寿命也更长。紧凑型荧光灯的特点之一是螺旋形的玻璃管里充满特殊气体，接通电源时气体会发出紫外光，激发玻璃管内壁上的荧光粉涂层发光。

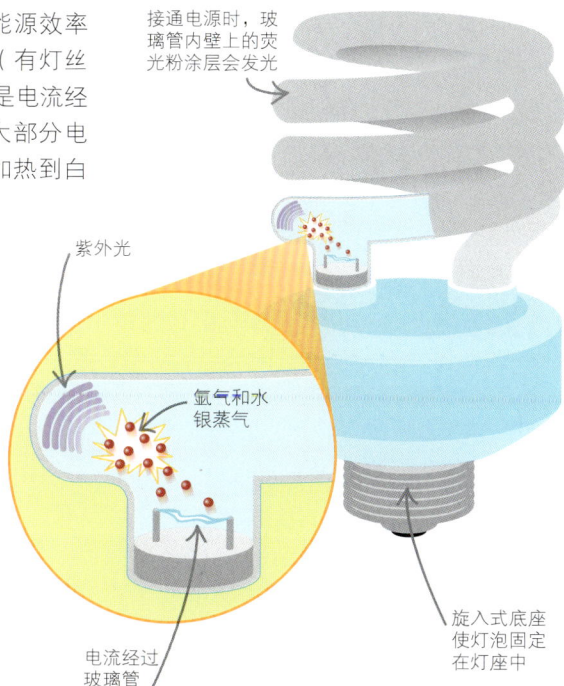

接通电源时，玻璃管内壁上的荧光粉涂层会发光

紫外光

氩气和水银蒸气

电流经过玻璃管

旋入式底座使灯泡固定在灯座中

▽ 紧凑型荧光灯

如果给紧凑型荧光灯提供100焦耳电能，大部分电能（75焦耳）会转换成光能。因此，这种灯所需电量较少，热损失（25焦耳）也较少。

电能100焦耳 → 光能75焦耳
热能25焦耳

▽ 家用白炽灯

如果给家用白炽灯提供100焦耳电能，绝大部分电能（90焦耳）会转换成热能，只有一小部分电能（10焦耳）会转换成光能。

光能10焦耳
电能100焦耳
热能90焦耳

可再生能源

可再生能源（renewable energy）是当今全球热门研究领域。

化石燃料（如煤炭、石油和天然气）是不可再生能源，燃烧化石燃料会对环境造成严重污染。核废料中的有害物质可以存留数百年。因此，科学家正在努力开发新的可替代能源。

太阳能

将太阳能转换成可利用能源的方法主要有两种：第一种是使用太阳能集热器，将水泵入被阳光照射的管道中，使水升温，然后用热水加热锅炉；第二种是使用光伏电池将太阳能转换成电能。光伏电池中含有硒元素，阳光照射其上会产生电压。

▷ **太阳能集热器**
如图所示，太阳能集热器可以给水加热，为房屋供暖。

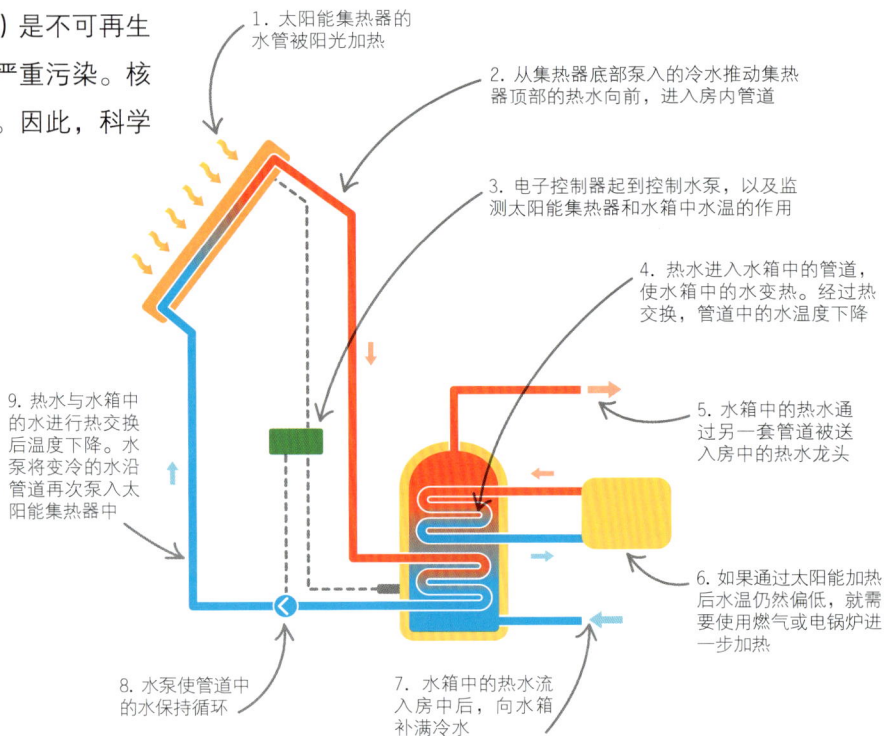

1. 太阳能集热器的水管被阳光加热

2. 从集热器底部泵入的冷水推动集热器顶部的热水向前，进入房内管道

3. 电子控制器起到控制水泵，以及监测太阳能集热器和水箱中水温的作用

4. 热水进入水箱中的管道，使水箱中的水变热。经过热交换，管道中的水温度下降

5. 水箱中的热水通过另一套管道被送入房中的热水龙头

6. 如果通过太阳能加热后水温仍然偏低，就需要使用燃气或电锅炉进一步加热

7. 水箱中的热水流入房中后，向水箱补满冷水

8. 水泵使管道中的水保持循环

9. 热水与水箱中的水进行热交换后温度下降。水泵将变冷的水沿管道再次泵入太阳能集热器中

风力机

风力机将风能转换成电能。风力机通常按组排列在风能资源丰富的地区。由于风不是一直在刮，所以风电场的发电量并不稳定。风电场因外观和产生的噪声而不受欢迎，所以选址应慎重。

▷ **风力机的内部构造**
风力机的叶片旋转，带动发电机发电。齿轮系统将风力机叶片的慢速旋转转变为快速旋转，带动发电机运转，以便产生更多的电。

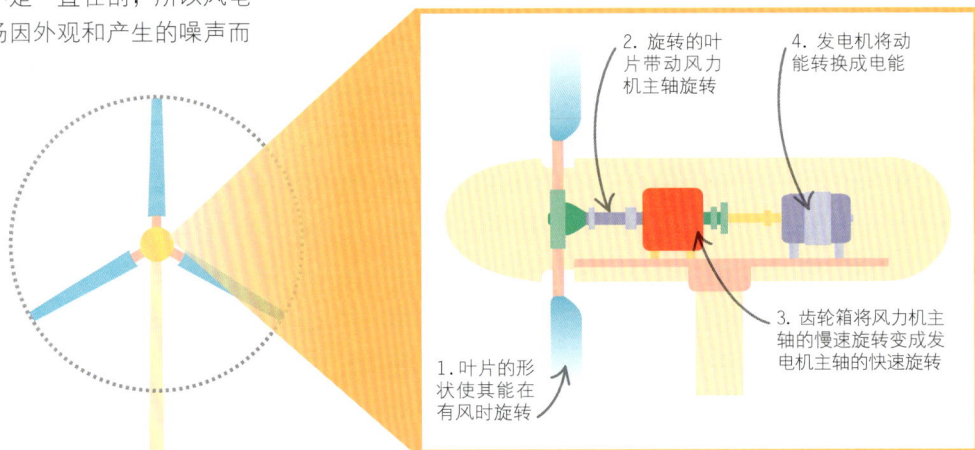

1. 叶片的形状使其能在有风时旋转

2. 旋转的叶片带动风力机主轴旋转

3. 齿轮箱将风力机主轴的慢速旋转变成发电机主轴的快速旋转

4. 发电机将动能转换成电能

潮汐发电

潮汐造成的海水流动可以转换成可利用能源。在潮汐电站，涨潮和落潮都可以使涡轮旋转发电。

▽ 涨潮

涨潮时，海水通过海堤上的开口进入水库，带动开口处的涡轮旋转。

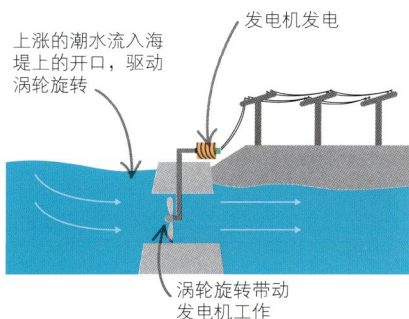

上涨的潮水流入海堤上的开口，驱动涡轮旋转

发电机发电

涡轮旋转带动发电机工作

▽ 落潮

落潮时，海水通过海堤上的开口流回大海，再次带动涡轮旋转，继续发电。

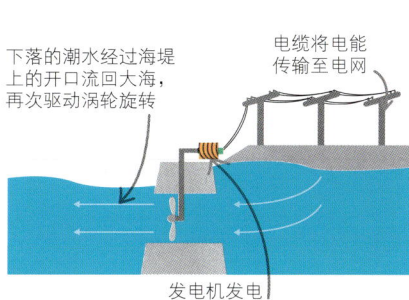

下落的潮水经过海堤上的开口流回大海，再次驱动涡轮旋转

电缆将电能传输至电网

发电机发电

波浪的能量

筏式波浪能转换装置能够从海浪中获得能量。转换装置由铰接在一起的漂浮筏体组成，铰接处有液压系统。当筏体随波浪起伏时，其中流动的海水产生液压，驱动涡轮旋转发电。

地热能

地球的内部比表面热得多——深度每增加1千米，温度大约升高30℃。地表和地下的温差可用来发电，或者单纯地用来给水加热以供家庭使用。

▷ 地热发电

在这个地热发电系统中，通过把水泵入地下，将地下水推至地表发电。这些地下水中含有矿物盐，所以又被称为地下热卤水。这种水的温度很高，处于沸腾状态，产生的高压蒸汽驱动地热发电站中的涡轮旋转，进而带动发电机发电。地热发电站将电能输送至电网，再通过电网输送到千家万户。

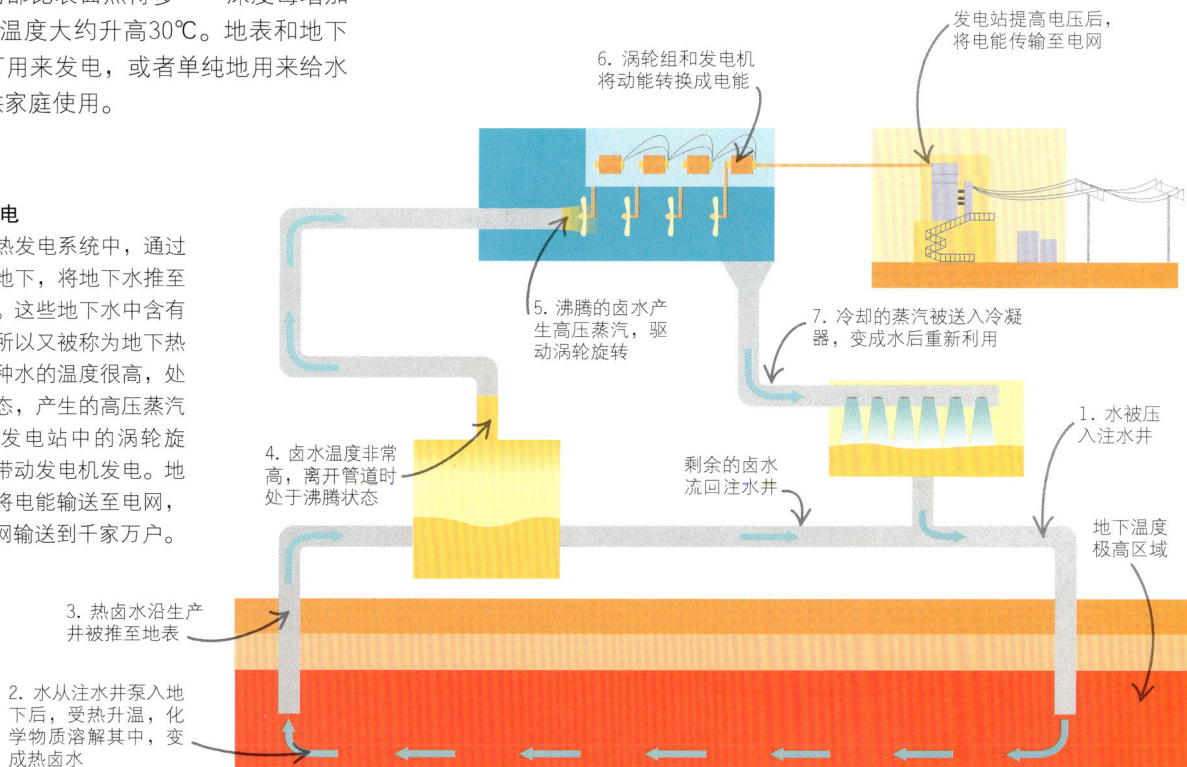

6. 涡轮组和发电机将动能转换成电能

发电站提高电压后，将电能传输至电网

5. 沸腾的卤水产生高压蒸汽，驱动涡轮旋转

7. 冷却的蒸汽被送入冷凝器，变成水后重新利用

4. 卤水温度非常高，离开管道时处于沸腾状态

剩余的卤水流回注水井

1. 水被压入注水井

地下温度极高区域

3. 热卤水沿生产井被推至地表

2. 水从注水井泵入地下后，受热升温，化学物质溶解其中，变成热卤水

地球

在太阳系中，地球是距离太阳第三近的行星，也是4个主要由岩石和金属构成的行星之一。

地球是目前已知的唯一存在液态水的星球，也是宇宙中目前已知唯一有生命存在的星球。

地球内部

地球是岩石和金属的混合体，主要分成地壳、地幔和地核三个圈层。地核主要由铁和镍组成，外核为液态，内核为固态。地幔是一层很厚的固态和半熔融状态的岩石。地壳是较薄的岩石层，由相对较厚的陆壳和相对较薄的洋壳构成。

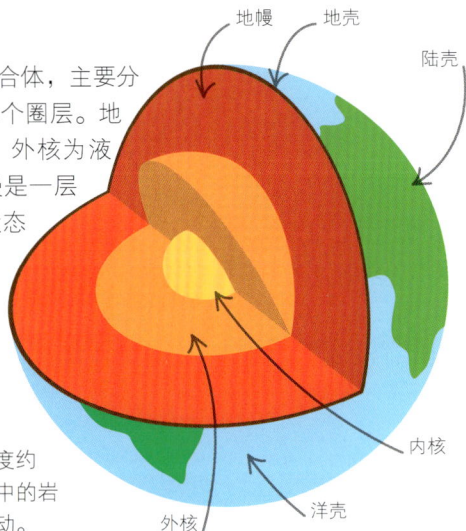

▷ 高温的地球内部
地球内部很热，内核的温度约为4700℃。高温使得地幔中的岩石呈半熔融状态，缓慢流动。

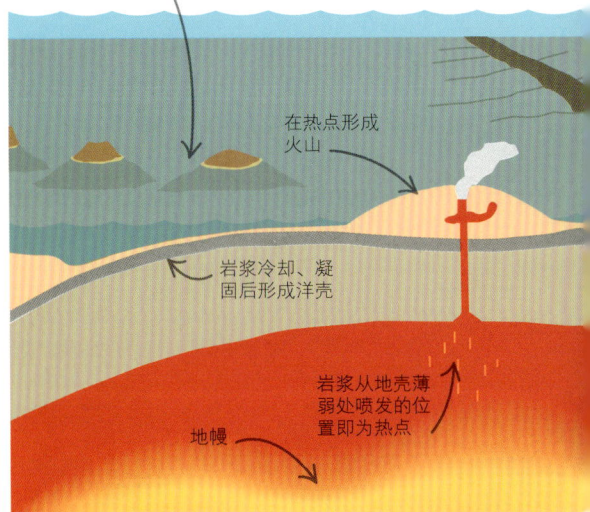

季节

地球绕倾斜的地轴自转的同时，还围绕太阳公转，因此地球上有了季节变化。地球的公转周期为1年。随着太阳高度角（太阳光线和观测地地平线的夹角）的变化，各地的白昼时长和气温也会变化，进而影响植物的生长和动物的行为。

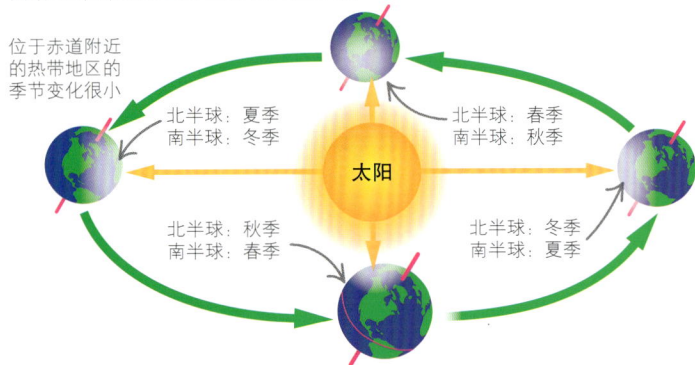

△ 地球的季节变化
当北极倾向太阳时，北半球处于夏季，南半球处于冬季。6个月后，当南极倾向太阳时，南半球处于夏季，北半球处于冬季。

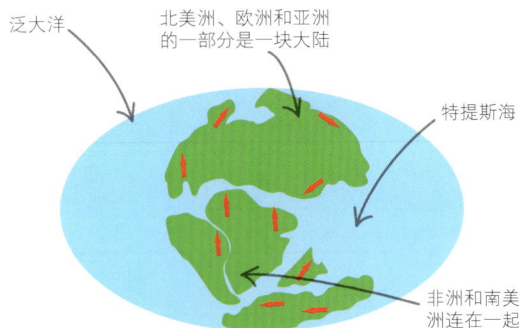

△ 2亿年前
地球上曾经只存在一个统一的大陆，称为泛大陆。在2亿年前，泛大陆开始分裂，北方大陆和南方大陆逐渐被特提斯海隔开。

板块构造说

地壳由被称为板块的构造单元构成。地核的热能引起地幔对流，使得漂浮其上的板块缓慢地漂移。当两个板块在会聚边界会合时，一个板块俯冲入另一个板块之下，形成山脉。在离散边界，板块彼此分离，使得地幔中的熔融物质岩浆喷发至地表，形成火山。在转换边界，板块或相互剪切错动，或以不同速率向同一方向推移，引发地震。

▽ **剧变的地球**
板块的持续运动，使得海洋逐渐被大陆隔开，各个大陆板块可能相互碰撞或分离。

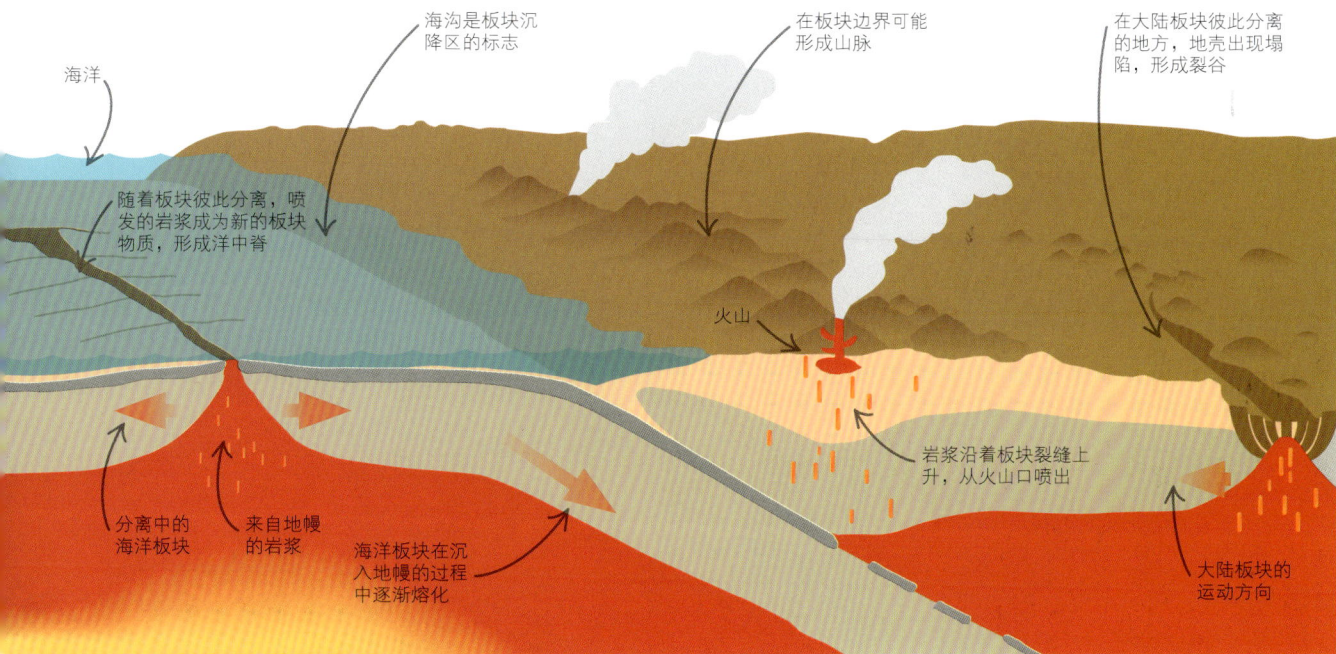

海沟是板块沉降区的标志

在板块边界可能形成山脉

在大陆板块彼此分离的地方，地壳出现塌陷，形成裂谷

海洋

随着板块彼此分离，喷发的岩浆成为新的板块物质，形成洋中脊

火山

岩浆沿着板块裂缝上升，从火山口喷出

分离中的海洋板块

来自地幔的岩浆

海洋板块在沉入地幔的过程中逐渐熔化

大陆板块的运动方向

大陆漂移说

经过数百万年，地球板块运动使得原本相连的大陆分裂。如果将各块大陆放在一起，你会发现它们就像是拼图碎片一样，最终能拼成一个整体。现今分布在不同大陆上的岩石和化石具有相似性，这是大陆漂移说的证据之一。这也解释了为什么不同大陆上会存在相似的动物。

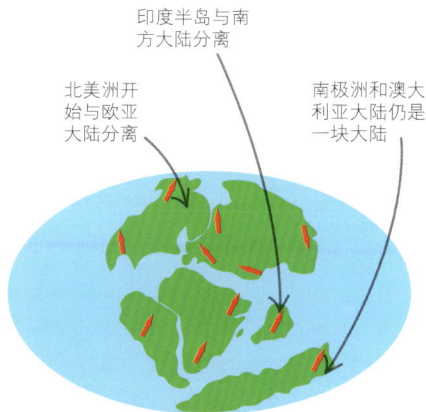

印度半岛与南方大陆分离

北美洲开始与欧亚大陆分离

南极洲和澳大利亚大陆仍是一块大陆

南美洲与非洲分离

澳大利亚大陆漂移到太平洋上

△ **1.3亿年前**
在这一时期，北美洲开始与欧亚大陆分离，澳大利亚大陆和南极洲还连在一起。

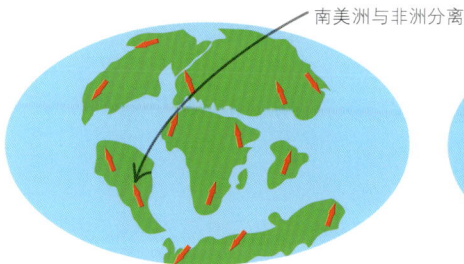

△ **7000万年前**
分离的板块使大西洋的面积进一步扩大。南美洲向西漂移，南极洲向南极漂移，印度半岛向亚洲漂移。

△ **现在**
印度半岛与欧亚大陆碰撞后留在了现在的位置上。格陵兰岛与北美洲分离。

天气

大气条件变化会产生不同的天气状况。

不同温度、气压和湿度的气团相遇会引起天气变化。

降水

雨是降水的一种形式，即大气中的水汽凝结成液态水降落到地面。相较于冷空气，暖空气能携带更多水汽。空气中的水汽达到饱和且被冷却后，水汽凝结成雨滴降落，这就是雨。雹和雪是降水的另外两种形式。水汽在寒冷的空气中凝华，便会形成雪花。如果温度急剧下降，水汽便会形成雹。降水多出现在锋面，因为那里是不同温度的气团相遇的地方。

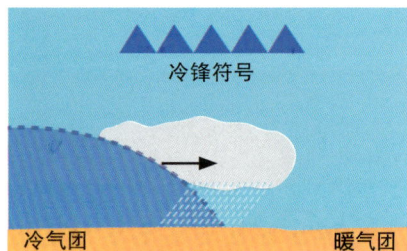

◁ 冷锋

冷气团移动到暖气团之下。随着暖气团上升，气压下降，温度下降，其中的水汽凝结，一般在锋后形成降水。

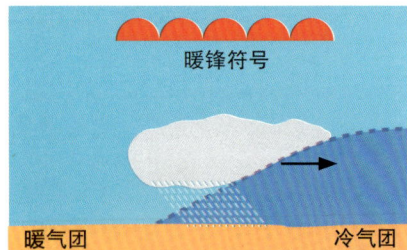

冷锋符号
冷气团　暖气团

◁ 暖锋

暖气团前移取代冷气团的位置时，便会形成云和雨。暖锋的速度比冷锋慢，所以一般在锋前形成持续性降水。

暖锋符号
暖气团　冷气团

◁ 锢囚锋

暖气团被冷气团完全推离地面时，也会形成降水。

锢囚锋符号
暖气团
冷气团　冷气团

风

高压区的空气涌向低压区便形成了风。气压差越大，风越大。

▽ 蒲福风级

风级根据风对地面物体或海面的影响程度确定。人们不用测量工具，就能根据风级判断风速。

蒲福风级	风速/(km·h⁻¹)	风力名称	观测物
0	0~2	无风	烟直上
1	3~6	软风	烟慢慢地飘
2	7~11	轻风	树叶微响
3	12~19	微风	旌旗展开
4	20~29	和风	树梢轻摇，尘土飞扬
5	30~39	清劲风	有叶的小树枝摇动
6	40~50	强风	大树枝摇动
7	51~61	疾风	全树摇动
8	62~74	大风	细枝折断
9	75~87	烈风	树枝折断
10	88~101	狂风	树木拔起
11	102~119	暴风	地物广泛损坏
12	≥120	飓风	摧毁力极大

现实世界

龙卷风

龙卷风中心的风速是地球上最快的风速。当积雨云中剧烈旋转的气柱与地面接触时，便会形成龙卷风。龙卷风的平均直径约为80米，风速可达170千米/时，能将地面上的一切物体吸入高空。

云

云由凝结在空气中尘埃周围的小水滴或小冰晶组成。云多为白色,是因为其中的小水滴使通过的光发生散射。当云中的水汽达到饱和并且快要下雨时,云会变成深灰色,因为它吸收了大量光线。

▽ **云的类型**
下图根据云的形成高度和形态对其分类。

1. **卷层云**
卷层云是呈丝缕状或薄幕状的高云,由小冰晶组成。
2. **卷云**
卷云是呈丝缕状的高云,预示可能出现暴风雨。
3. **卷积云**
卷积云是由碎云块组成的高云,预示马上要下雨了。
4. **高层云**
高层云是灰色的中云,预示要下小雨了。
5. **积雨云**
积雨云是最大的云,预示着雷暴的到来。
6. **高积云**
高积云是绒状中云,预示着冷锋即将到来。
7. **层积云**
层积云是由众多云块组成的低云,比高积云更接近地面。
8. **层云**
层云是呈水平分布的低云。
9. **雨层云**
雨层云是有降雨或降雪的低云。
10. **积云**
积云是在天气晴朗时出现的低云。
11. **雾**
层云接触地面便形成了雾。

天气图

气象学家用天气图实时记录大气状况。天气图是一种非常有用的天气预报工具,展示了锋面和高低压区域。气象专家可以据此预测锋面的移动路线,推测特定区域未来的天气状况。

▷ **气压梯度**
等压线(天气图上的黑线)是气压相等区域的连线,是以低压和高压为中心的环线。等压线越密集,代表风力越强。

暖锋　　冷锋　　锢囚锋

低压区通常有强风和降水,其中心区域的气压最低

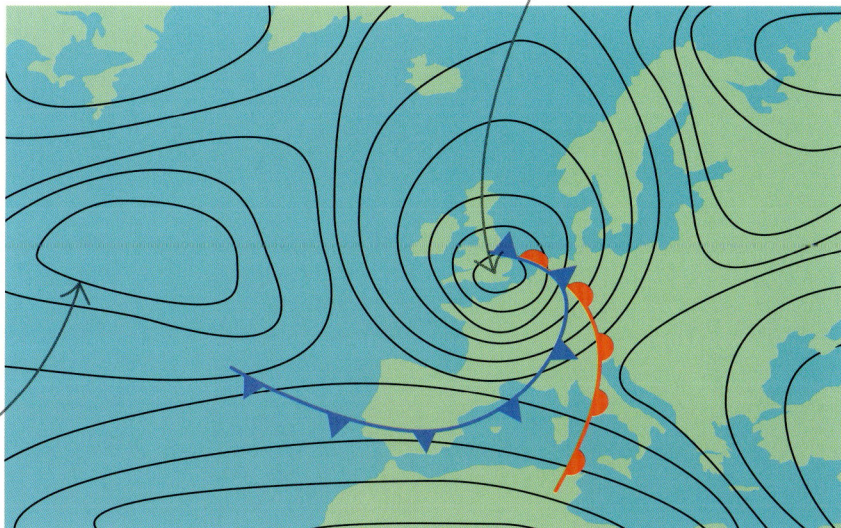

高压区通常无云,其中心区域的气压最高

天文学

天文学是研究太空中的恒星和其他天体的科学。

人类观察绘制星象图，跟踪行星运行轨迹的历史已有数千年。

望远镜

世界上第一台望远镜是在17世纪初发明的。它可以收集远处光源的光线，使用透镜（折射望远镜）或反射镜（反射望远镜）放大影像。使用在可见光区并包括近紫外和近红外波段的望远镜，称为光学望远镜。现在，人们还能通过望远镜看见许多肉眼不可见的射线，如 γ 射线和无线电波。科学的进步使人类在天文学领域获得许多重大发现，比如活动星系和大爆炸宇宙论。

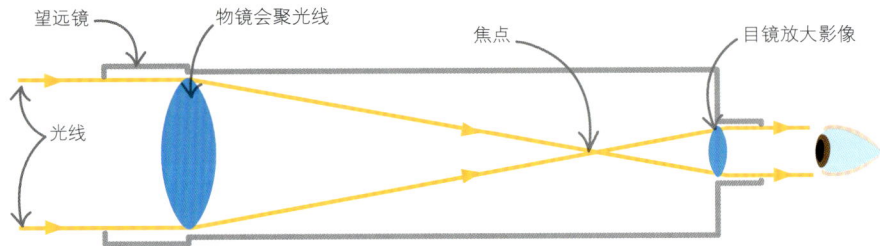

△ 折射望远镜
光线通过大型物镜在望远镜内聚焦成小影像，然后利用目镜放大影像。

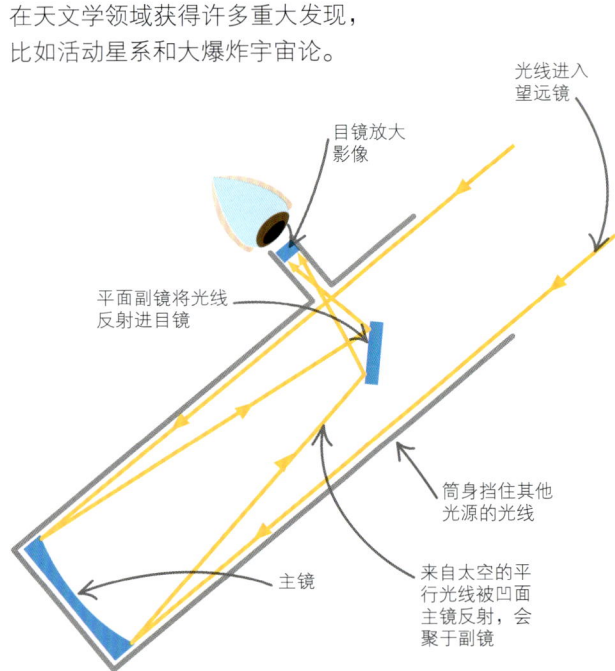

△ 反射望远镜
反射望远镜使用凹面主镜收集光线，并将光线反射和会聚到平面副镜上。然后光线穿透目镜，使影像放大。世界上功能最强大的天文望远镜就是反射望远镜，有的反射望远镜的口径可达10米。

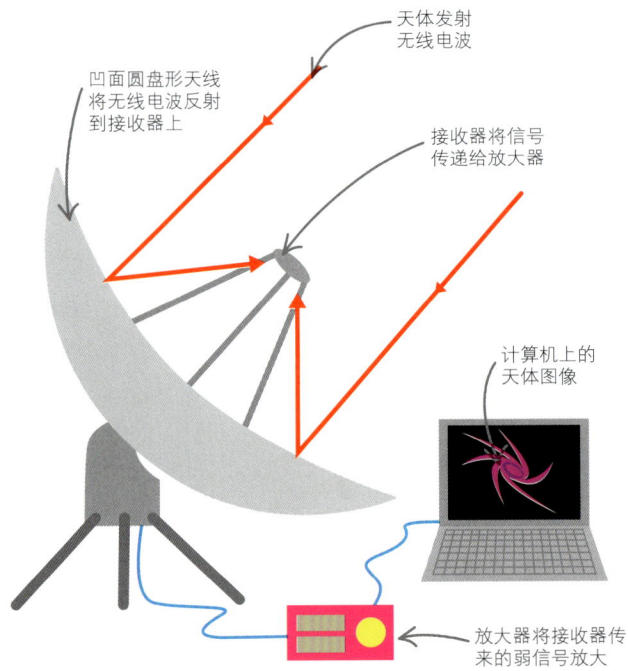

△ 射电望远镜
射电望远镜实际上是一个巨大的天线，可以接收来自太空的波长较长的辐射。来自恒星的无线电信号很弱，因此要用一个大型圆盘形天线将无线电信号反射到位于天线中心的接收器上。接下来，信号经过放大和计算机处理，得到射电图像。

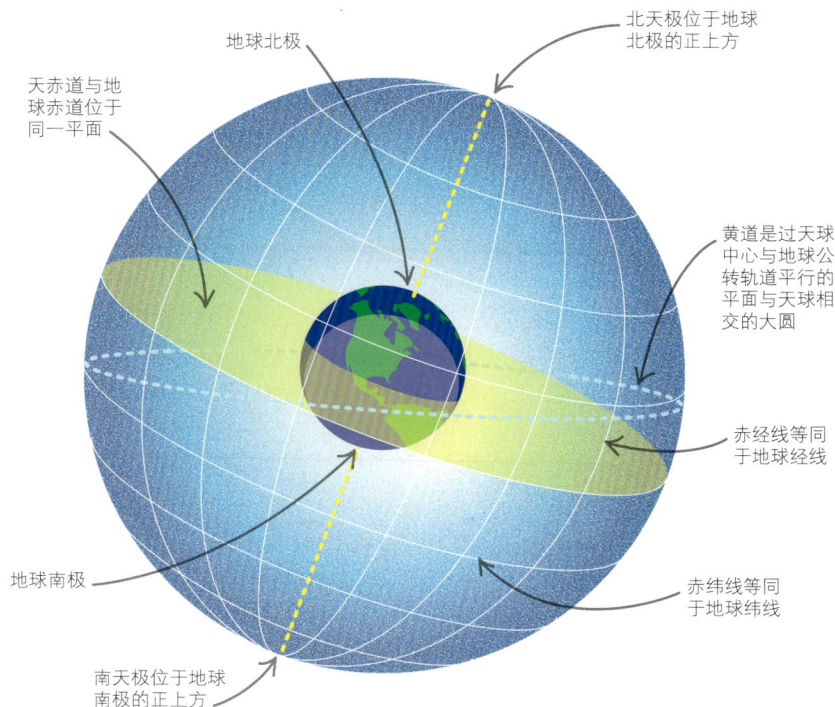

天赤道与地球赤道位于同一平面

地球北极

北天极位于地球北极的正上方

黄道是过天球中心与地球公转轨道平行的平面与天球相交的大圆

赤经线等同于地球经线

地球南极

赤纬线等同于地球纬线

南天极位于地球南极的正上方

天球

我们所看到的夜空中的各种天体与地球的距离并不相同。月球显然比木星离地球更近。天文学家将天体的位置和运动标记在以地球为中心的假想球面上。由于地球自转，我们看到的天球也在变化，恒星似太阳一般东升西落。地球上的观测者同一时间可见的最大范围是天球的一半。

◁ **绘制星图**
将地球两极和赤道投射到天球上。连接天球两极的弧线是赤经线，与天赤道平行的圆圈是赤纬线。恒星的位置可以用坐标表示。

光谱学

在实验室中，科学家利用光谱技术，分析高温气体所含化学元素。通过分光镜可以观察到气体发出光线的波长是不同的。白光的光谱是连在一起的光带（参见第196页），如果存在某种原子，光谱就会变成一条条的亮线。每种元素的光谱是唯一的，我们将其称为发射光谱。天文学家通过光谱，可以分析距离地球很多光年（light year）——1光年等于光在真空中一年内行经的距离，超过9万亿千米——的天体上存在有何种物质。

碳的发射光谱

氢的发射光谱

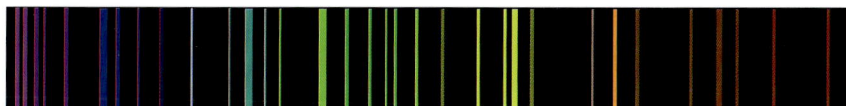

汞的发射光谱

现实世界

光年

在广阔的宇宙中，天体距离以单位时间内光在真空中行经的距离来衡量。太阳与地球的距离约为8光分（光分指光在真空中1分钟内行经的距离）。"旅行者"1号是目前离地球最远的空间探测器，截至2017年8月29日，距离地球已超19光时（光时指光在真空中1小时内行经的距离）。

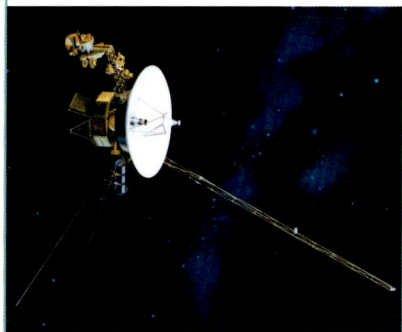

太阳

太阳是距离我们最近的恒星。地球上的所有生命都依赖太阳的光和热。

尽管太阳的直径是地球的100倍，但是太阳的尺寸和年龄只相当于宇宙中恒星的平均水平。研究太阳可以帮助我们了解宇宙中的其他恒星是如何运行的。

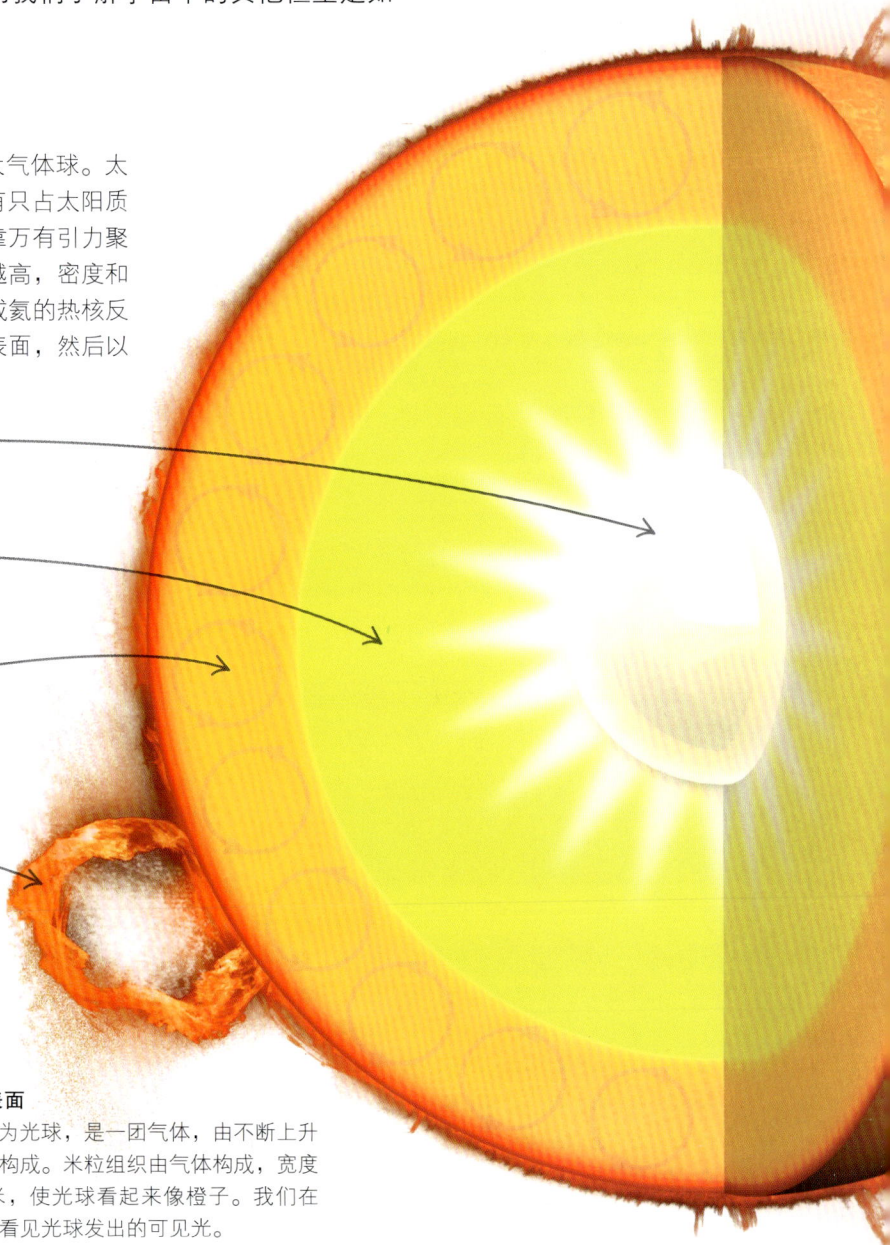

太阳内部

太阳实际上是一团直径达140万千米的巨大气体球。太阳质量的大约3/4是氢，大约1/4是氦，还有只占太阳质量极小部分的65种其他元素，所有成分依靠万有引力聚集在一起。越靠近太阳中心，气体的温度越高，密度和压强越大。太阳的能量来自日核内氢聚变成氦的热核反应。这些能量要花上数千年才能到达太阳表面，然后以光和热的形式释放到太空中。

日核
太阳中心的温度高达
1.57×10^7℃

中层
在这个区域，能量从日核慢慢向对流层辐射

对流层
气旋将热量从中层顶部带到太阳表面。气体冷却后下沉回到中层

日珥
这些环状气体云的喷射高度超过10万千米

太阳的质量大约是太阳系中其他所有天体总质量的**750倍**。

▷ **狂暴的表面**
太阳表面称为光球，是一团气体，由不断上升的米粒组织构成。米粒组织由气体构成，宽度达1000千米，使光球看起来像橙子。我们在地球上可以看见光球发出的可见光。

色球
太阳被层层气体包围，形成了太阳的大气层。大气层的内层叫色球，外层叫日冕。日冕可向太空延伸数百万千米

针状物
色球表面的气体射流称为针状物，高度可达10000千米，持续爆发时间可达10分钟

核聚变

两个原子核融合生成较重原子核，同时释放出巨大能量的核反应叫作核聚变。每种元素原子核内的质子和中子数量都不相同。氢是太阳最主要的构成元素，具有1个质子，通常没有中子。但是，日核的高温和高压给氢原子增加了一两个中子，使其变成氢的同位素。然后，氢的同位素聚变成氦。

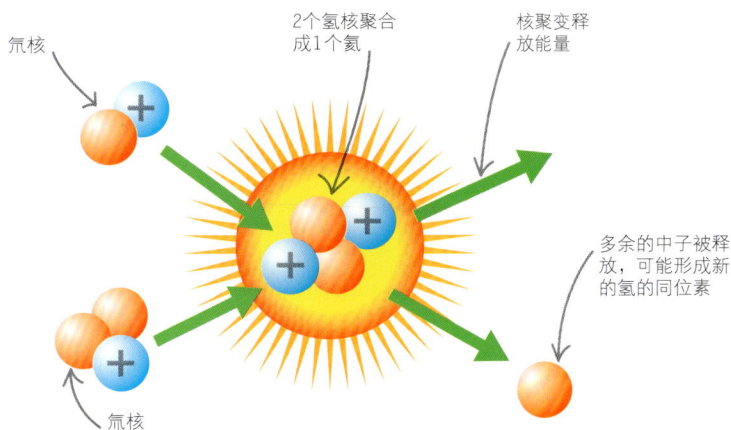

氕核

2个氢核聚合成1个氦

核聚变释放能量

多余的中子被释放，可能形成新的氢的同位素

氘核

△ **日核中的活动**
在日核中，氢核高速碰撞。核聚变过程很复杂，上面提及的反应只是其中之一。在这个反应中，两种不同的氢的同位素（参见第169页）经过核聚变生成氦核，同时释放能量和1个多余的中子。

太阳黑子的寿命为几小时至**几周**。

小冰期

太阳黑子的活动周期为11年。一些人认为，太阳黑子的活动会影响地球气候。17世纪后期，在很长一段时间内科学家几乎没有观测到太阳黑子，这与欧洲经历极为寒冷冬季的时间吻合，这段时间也是小冰期最冷的一段时间。在那前后100多年间，英国伦敦的泰晤士河每到冬季几乎都会结冰，人们会在厚厚的冰面上举行冰雪集会。

太阳黑子
太阳黑子是太阳表面的暗黑斑点。它的温度比周围区域的温度大约低1500℃。这是因为太阳黑子的磁场比周围强，强大的磁力会阻碍炽热气体到达光球

太阳系（一）

太阳和围绕它运动的天体构成的体系及其所占有的空间区域，组成了太阳系。

在太阳系的中心，太阳凭借自身强大的引力使八大行星围绕它运行。

行星的英文"planet"源自希腊文 **"planetos"** ——意思是 **"漫游者"**。

太阳系的规模

太空中的距离大到令人难以想象。地球与太阳的距离大约为1.5亿千米。为了简化表述，天文学家将这个距离定为天文单位（astronomical unit），即日地平均距离为1天文单位。用此单位表示的话，离太阳最远的海王星与太阳的距离大约为30天文单位。

▷ **行星**
太阳系中的每个行星都有各自的特征，比如它们与太阳的距离和各自的卫星数量都不一样。

3. 地球
直径：12756千米
与太阳的距离：1天文单位
自转周期：24小时
公转周期：365天
卫星数量：1
表面平均温度：15℃

4. 火星
直径：6792千米
与太阳的距离：1.5天文单位
自转周期：24.5小时
公转周期：687天
卫星数量：2
表面平均温度：−63℃

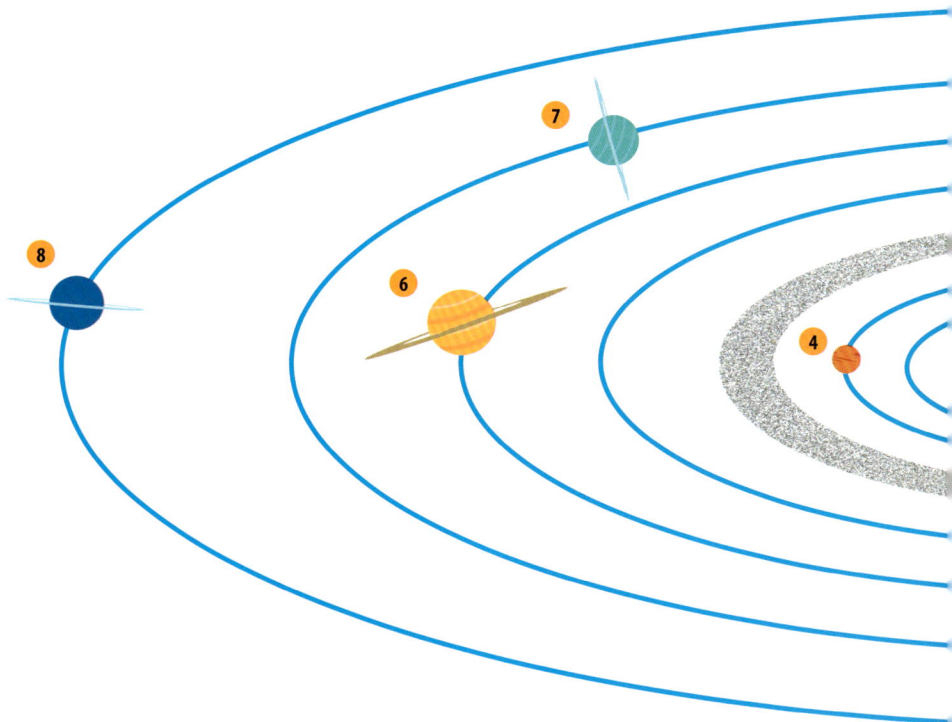

2. 金星
直径：12104千米
与太阳的距离：0.7天文单位
自转周期：243天
公转周期：225天
卫星数量：0
表面平均温度：464℃

1. 水星
直径：4879千米
与太阳的距离：0.4天文单位
自转周期：59天
公转周期：88天
卫星数量：0
表面平均温度：167℃

▷ **内外太阳系**
离太阳最近的4个行星位于内太阳系（太阳系中，小行星带以内的区域），都是体积较小的岩石行星。余下4个行星位于外太阳系（太阳系中，小行星带以外的区域），都是气态巨行星。

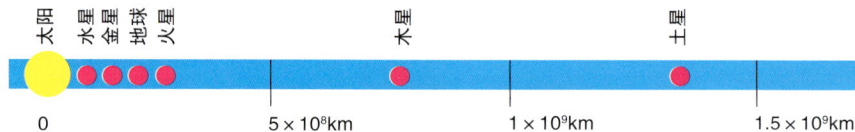

太阳　水星　金星　地球　火星　　　木星　　　土星

0　　　　5×10⁸km　　　1×10⁹km　　　1.5×10⁹km

海王星之外

在太阳系圆盘外围，海王星轨道以外的环带区域称为柯伊伯带，这里分布的固态小天体主要是冰冷的岩体，还有少量矮行星，如冥王星。更外围是奥尔特云，其中分布了在太阳系形成时留下的大量冰质物体，即彗星。

▷ **奥尔特云**
奥尔特云中分布了上万亿个彗星，它的外缘就是太阳系的边界。

太阳系的边界
奥尔特云与太阳的距离为50000天文单位

柯伊伯带
柯伊伯带与奥尔特云"接壤"

彗星轨道
许多来自奥尔特云的彗星都由冰物质构成。它们被推入更靠近太阳的轨道，如图中的粉色轨道

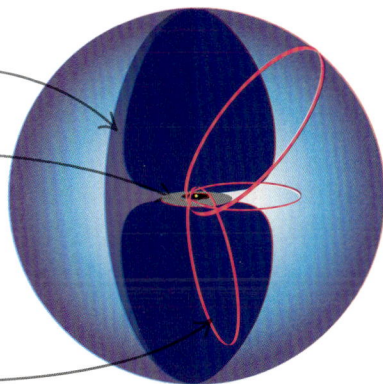

5.木星
直径：142984千米
与太阳的距离：5.2天文单位
自转周期：10小时
公转周期：11.9年
卫星数量：79
云顶温度：−108℃

6.土星
直径：120536千米
与太阳的距离：9.5天文单位
自转周期：10.7小时
公转周期：29.5年
卫星数量：82
云顶温度：−139℃

7.天王星
直径：51118千米
与太阳的距离：19.2天文单位
自转周期：17小时
公转周期：84年
卫星数量：27
云顶温度：−197℃

8.海王星
直径：49528千米
与太阳的距离：30天文单位
自转周期：16小时
公转周期：165年
卫星数量：14
云顶温度：−201℃

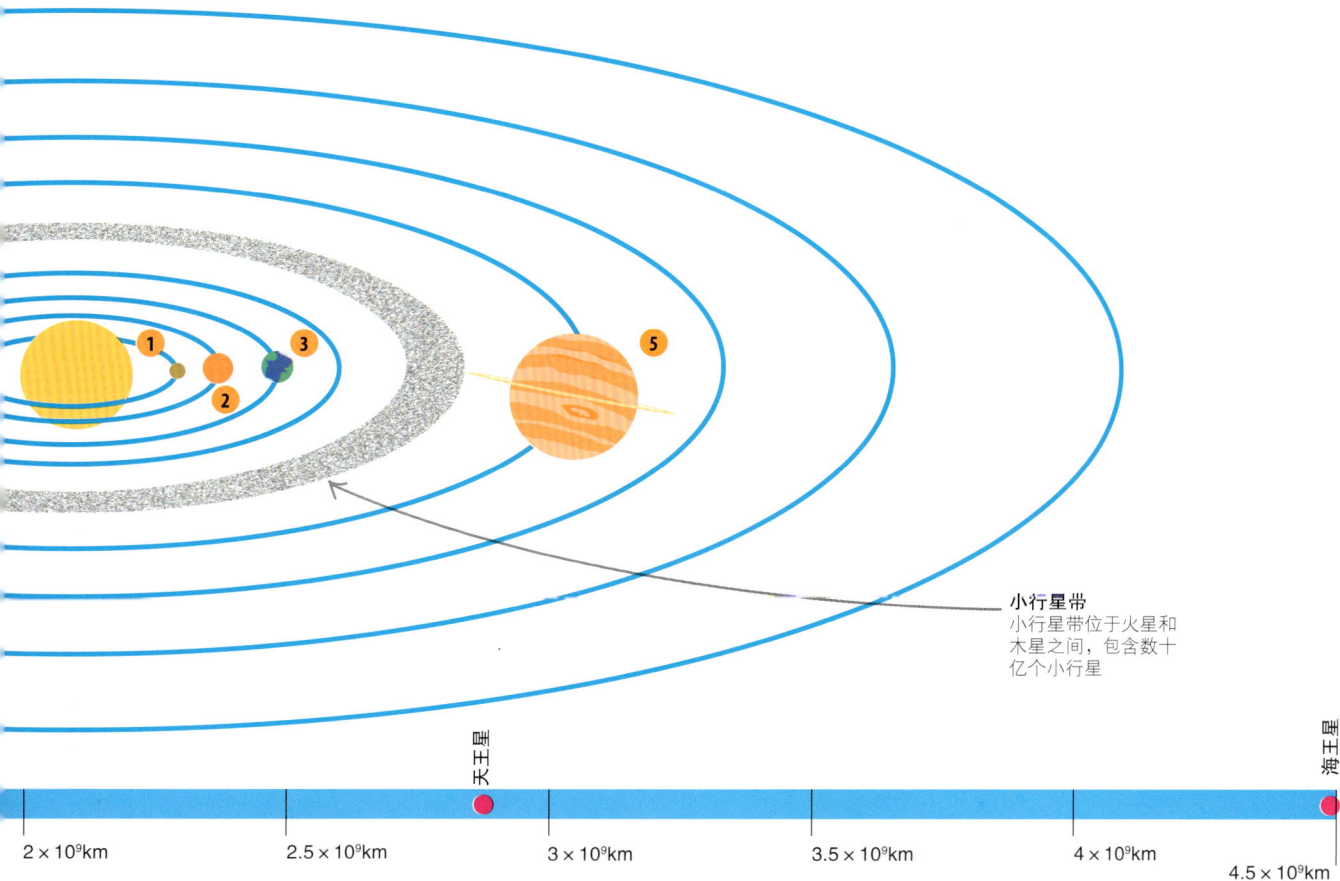

小行星带
小行星带位于火星和木星之间，包含数十亿个小行星

天王星

海王星

2×10^9km 2.5×10^9km 3×10^9km 3.5×10^9km 4×10^9km 4.5×10^9km

太阳系（二）

与许多行星一样，太阳引力吸引了大量比它小的天体。

参见	
《 232~233	太阳
《 234~235	太阳系（一）
恒星和星系	238~239 》

大多数行星，包括地球，有卫星围绕运行。一些更小的天体，如彗星，有着各自独立的轨道。

卫星

卫星是绕行星运行的单个天体，太阳系中有200多个卫星。地球仅有一个卫星，即月球。月球是一个表面有许多陨石坑的岩石天体，它在绕地球公转的同时也在自转。目前人们普遍认可的月球起源的说法是：一个大型小行星与形成不久的地球发生碰撞，弹出的碎片快速重新聚集，并绕地球运行，成为今天的月球。

▷ 月球轨道

我们仅能看到被阳光照射到的月球的一面。月球的公转周期与自转周期相等，所以我们在地球上只能看到月球的同一面，称为月球正面，而我们看不见的那面称为月球背面。

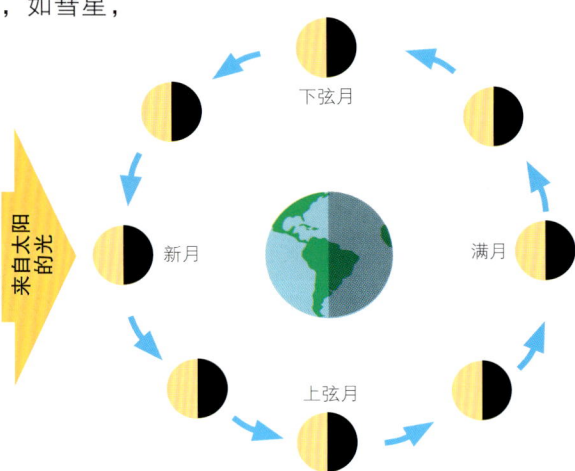

来自太阳的光

下弦月　新月　满月　上弦月

▷ 月相变化规律

每月，月相都会发生周期性变化，顺序是新月、蛾眉月、上弦月、盈凸月、满月、亏凸月、下弦月和残月。我们只能看到被太阳照亮的月球正面。

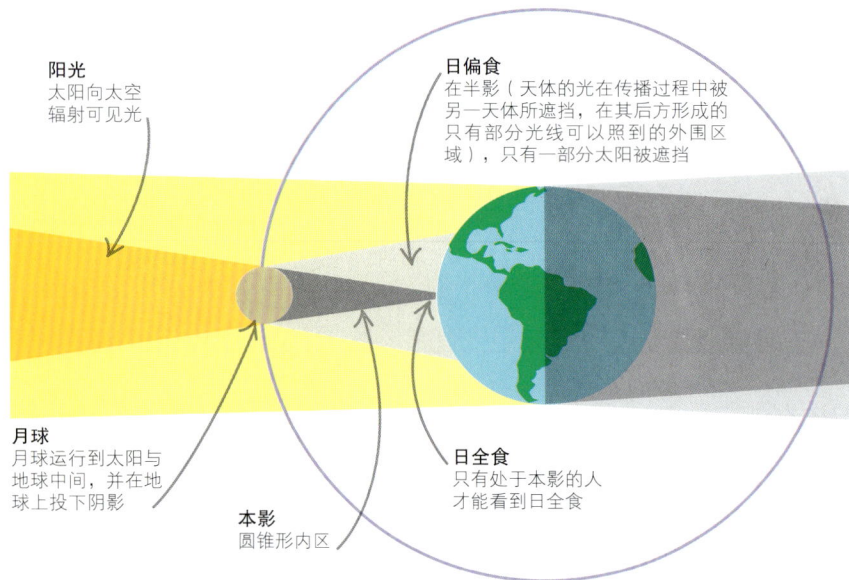

1. 新月（第1天）　2. 蛾眉月　3. 上弦月（第7天）　4. 盈凸月　5. 满月（第14天）　6. 亏凸月　7. 下弦月（第21天）　8. 残月

月球正面处于黑暗中

我们能够看见完整的月球正面

食（eclipse）

月球绕地球公转时，有时会运行到太阳与地球之间，挡住太阳的光线，就发生了日食；有时会进入地球的阴影区域，就发生了月食。发生月食时，阳光穿过地球大气层，大气将红光和黄光折射到月球表面，使得月球被食的部分呈暗弱的古铜色。

阳光
太阳向太空辐射可见光

日偏食
在半影（天体的光在传播过程中被另一天体所遮挡，在其后方形成的只有部分光线可以照到的外围区域），只有一部分太阳被遮挡

月球
月球运行到太阳与地球中间，并在地球上投下阴影

本影
圆锥形内区

日全食
只有处于本影的人才能看到日全食

◁ 日食

每年大约会出现3次日全食，且只有身处本影（天体的光在传播过程中被另一天体所遮挡，在其后方形成的光线完全不能照到的圆锥形内区）的人才能看到日全食。大部分地区只能看到日偏食，月球只遮挡住一部分太阳。

矮行星

1930年，天文学家在海王星轨道外发现了一个新行星，并命名为冥王星。它是人类发现的最小的行星，比月球还小。但是随着观测技术的进步，2005年，人们在太阳系的同一区域又发现了几个与冥王星大小相似的行星，在小行星主带也发现了一个类似的行星（谷神星）。2006年，人们将这类大小的天体正式定名为矮行星，冥王星成为其中一员。

谷神星
谷神星是小行星主带中最大的天体，由岩石和金属构成

妊神星
妊神星是柯伊伯带中形状奇特的天体，主要由冰构成

鸟神星
鸟神星是一个极其寒冷的冰球，含有冰冻的甲烷、氨和冰

冥王星
冥王星有5个卫星，其中最大的是冥卫一，直径大约是冥王星的一半

阋神星
阋神星发现于2005年，是目前所知最大的矮行星

冥卫一
一些科学家认为，冥卫一和冥王星组成双天体系统，因此冥卫一不能算是冥王星的卫星

▷ 独立的天体
矮行星是独立的天体。因其内部的引力足够大，所以矮行星近似圆球。但是因为体积太小了，所以它们不属于行星。

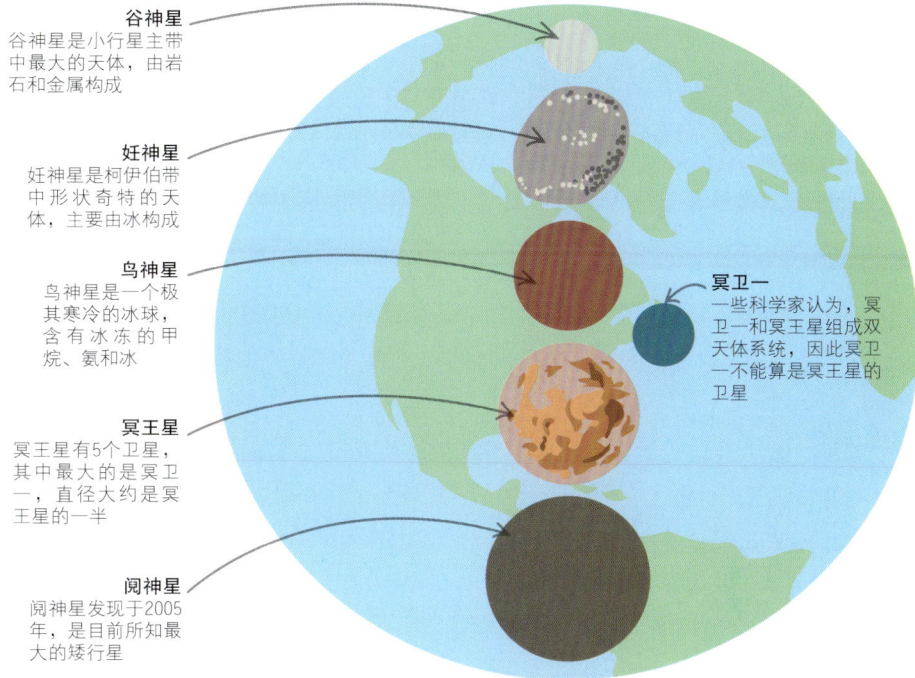

彗星

彗星是在太阳系形成之时由尘埃与冰构成的"脏雪球"。它们的轨道都是离心率很大的椭圆形。一些彗星能飞到距离海王星很远的地方，绕太阳运行一周需要数千年；一些彗星的轨道比较短，绕太阳运行一周仅需几年。彗星靠近太阳会被加热，以至长时间挥发大量尘埃与气体，形成了长达数百万千米的彗尾。

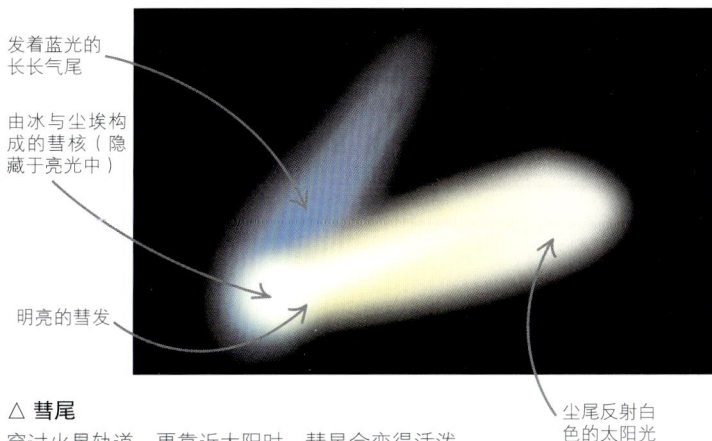

发着蓝光的长长气尾

由冰与尘埃构成的彗核（隐藏于亮光中）

明亮的彗发

尘尾反射白色的太阳光

△ 彗尾
穿过火星轨道、更靠近太阳时，彗星会变得活泼起来，并且形成彗发和彗尾。当彗星飞离内太阳系后，彗发和彗尾就会消失。

现实世界

流星体与陨石

流星体是太空中的大块岩石。进入地球大气层的流星体与大气摩擦燃烧发光的现象就是流星。大多数流星体都很小，每年大约有3000吨太空岩石坠入地球，变成尘埃。而陨落到地球表面的流星残体称为陨石，会在地面上留下巨大的陨石坑。例如，纳米比亚的罗特卡姆陨石坑形成于500多万年前，直径为2.5千米，深130米。

恒星和星系

星系是由几百万至几万亿个恒星以及星际物质构成，占据几千光年至几十万光年的空间的天体系统。

太阳系只占银河系的数十亿分之一，而银河系只是宇宙中数千亿个星系中的一个。

天体

天文学家估计，人们从地球上通过肉眼可以看到大约6000个天体。其中大多数看上去只是一个光点，但是通过功能强大的望远镜观测，就会发现在遥远的太空中不仅有恒星和行星，还有大量其他天体存在。

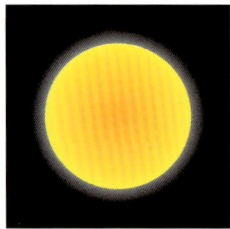

太阳

地球上几乎所有的光和热都来自太阳。但是与其他恒星相比，太阳的体积和温度都处于中等水平。离地球第二近的恒星叫作比邻星，距离地球4.2光年。

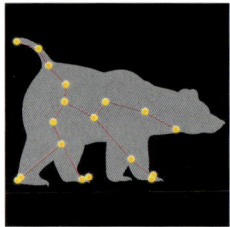

星座

古代天文学家将天上的星星连在一起组成各种图形，这就是星座，大多数图形都源自希腊神话中的形象，比如大熊座。尽管处于同一星座中的星星看似靠得很近，实际上每个星星与地球的距离相差很大。

星团

人们很少发现单独存在的恒星，大多数情况下，恒星是成对或者与其他很多恒星一起被发现的。成对的恒星叫作双星。星团由十几至上百万个恒星组成，这些恒星在同一时期诞生，通过万有引力聚集在一起。

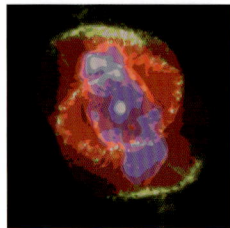

行星状星云

一些恒星衰老后会抛出外层物质，形成行星状星云。炽热的气体和尘埃构成了闪耀着绚丽光芒的外环，使行星状星云，比如猫眼星云，成为太空中最炫目的天体之一。位于星云中心的暗淡恒星是白矮星。

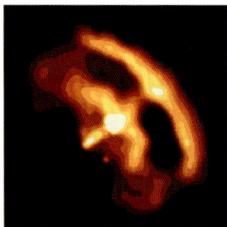

脉冲星

一些即将死去的恒星会发生剧烈的爆炸，这就是超新星。残存的恒星内核可能发生塌陷，形成一个小小的、致密的中子星。中子星快速自转，同时发射能量束。如果能量束打在地球上并被探测到，人们就将这个中子星称为脉冲星。

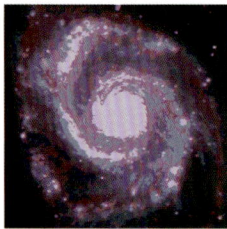

星系

星系中包含了各种形状和体积的恒星。最小的星系中有几百万个恒星，最大的星系中有几万亿个恒星。人类观测到的星系大约有一半是旋涡星系——中央有个凸起的核球，有旋臂从核球旋出。

类星体

在所有天体中距离地球最远的天体是类星体。类星体因类似恒星而得名，其活动性极强，发射线平均红移（参见第241页）很大。从类星体发出的光要经历数十亿年才能到达地球，所以我们现在看到的类星体是光刚刚离开类星体时的样子。

现实世界

银河系

我们所在的星系叫作银河系。它是旋涡星系，但在地球上，我们看到的却是一条横跨夜空的白色光带。太阳系位于银河系的一条旋臂上。

恒星的分类

恒星也是有一定寿命的。随着年龄的增长，恒星的特征，比如大小、颜色、光度（天体表面单位时间辐射的总能量）都会变化。天文学家根据恒星的光度对其进行分类。根据恒星发出光的颜色可以确定它有多热，发出蓝光的是最热的恒星。但是最热的恒星不一定是最亮的恒星。右图根据恒星的光度和温度对其进行分组。

▷ **恒星群**
恒星首次通过核聚变辐射能量时称为主序星，比如太阳。

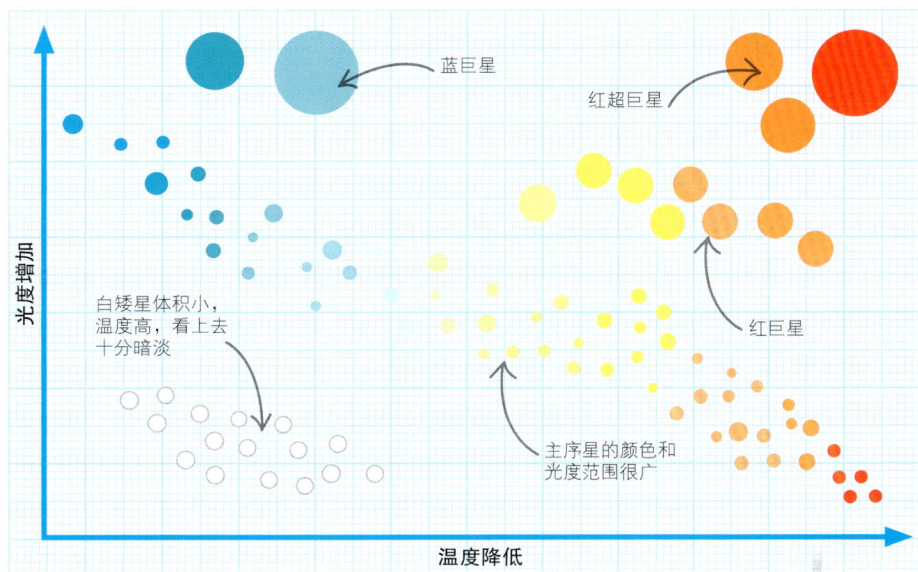

蓝巨星

红超巨星

光度增加

白矮星体积小，温度高，看上去十分暗淡

红巨星

主序星的颜色和光度范围很广

温度降低

恒星的生命周期

恒星诞生于由气体和尘埃构成的巨大星云中。当星云坍塌时，伴随温度和压强升高，最终通过核聚变产生恒星的内核。这时恒星处于主序星状态，开启一段稳定的生命周期。当恒星内部的燃料用尽时，恒星就会死亡。

▽ **诞生、成长与死亡**
恒星生命中90%的时间都处于主序星状态。恒星的质量至关重要，决定了恒星的成长过程和死亡时间。

恒星诞生于星云之中，由星云中的气体和尘埃压缩形成

质量较大的恒星膨胀，冷却，变红，形成超巨星

超巨星爆炸成为超新星

爆炸后残留的质量较小的星核变为一个高速旋转的致密中子星

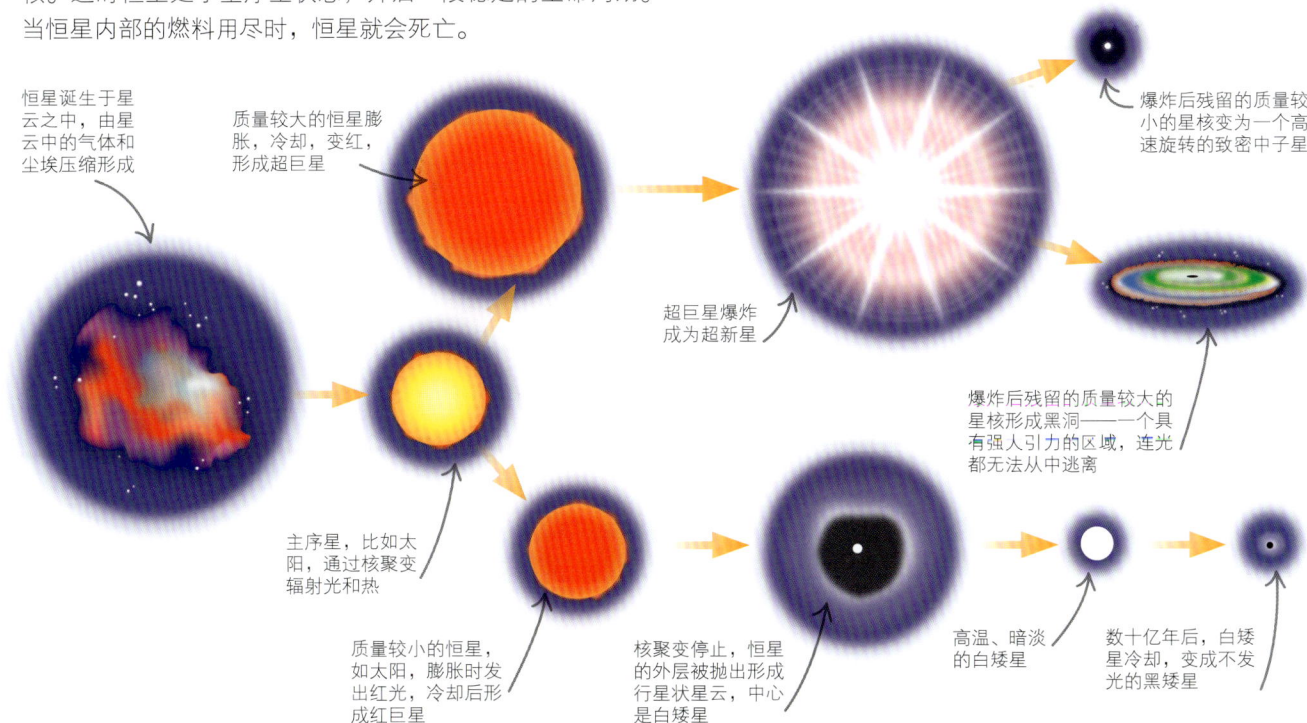

爆炸后残留的质量较大的星核形成黑洞——一个具有强大引力的区域，连光都无法从中逃离

主序星，比如太阳，通过核聚变辐射光和热

质量较小的恒星，如太阳，膨胀时发出红光，冷却后形成红巨星

核聚变停止，恒星的外层被抛出形成行星状星云，中心是白矮星

高温、暗淡的白矮星

数十亿年后，白矮星冷却，变成不发光的黑矮星

宇宙的起源

大爆炸宇宙论解释了宇宙的诞生和演化。

尽管现在仍然没人知道宇宙的起源，但有证据表明宇宙形成于远古时期的一次大爆炸，并且在不断地膨胀。

大爆炸宇宙论

20世纪20年代，科学家发现，因为宇宙在不断地膨胀，所以我们所在的银河系及其周围数以百万计的星系正在相互远离。这意味着在数十亿年前，这些星系靠得很近。20世纪60年代，科学家发现了大爆炸遗留下来的能量，自此大爆炸宇宙论得到广泛认可。大爆炸宇宙论认为，宇宙起源于137亿年前，现在大爆炸残余的能量已冷却至−270℃，该能量就是宇宙微波背景辐射。

关于宇宙如何终结的预言有两种：一种是**大撕裂**，即宇宙将被**撕成碎片**；另一种是**冷寂**，即宇宙变得黑暗且寒冷。

▽ **宇宙万物的历史**

下图展示了宇宙发展的历史。从左往右的时间间隔越来越长，图上的中点对应的是50万年，仅是宇宙年龄的0.004%。

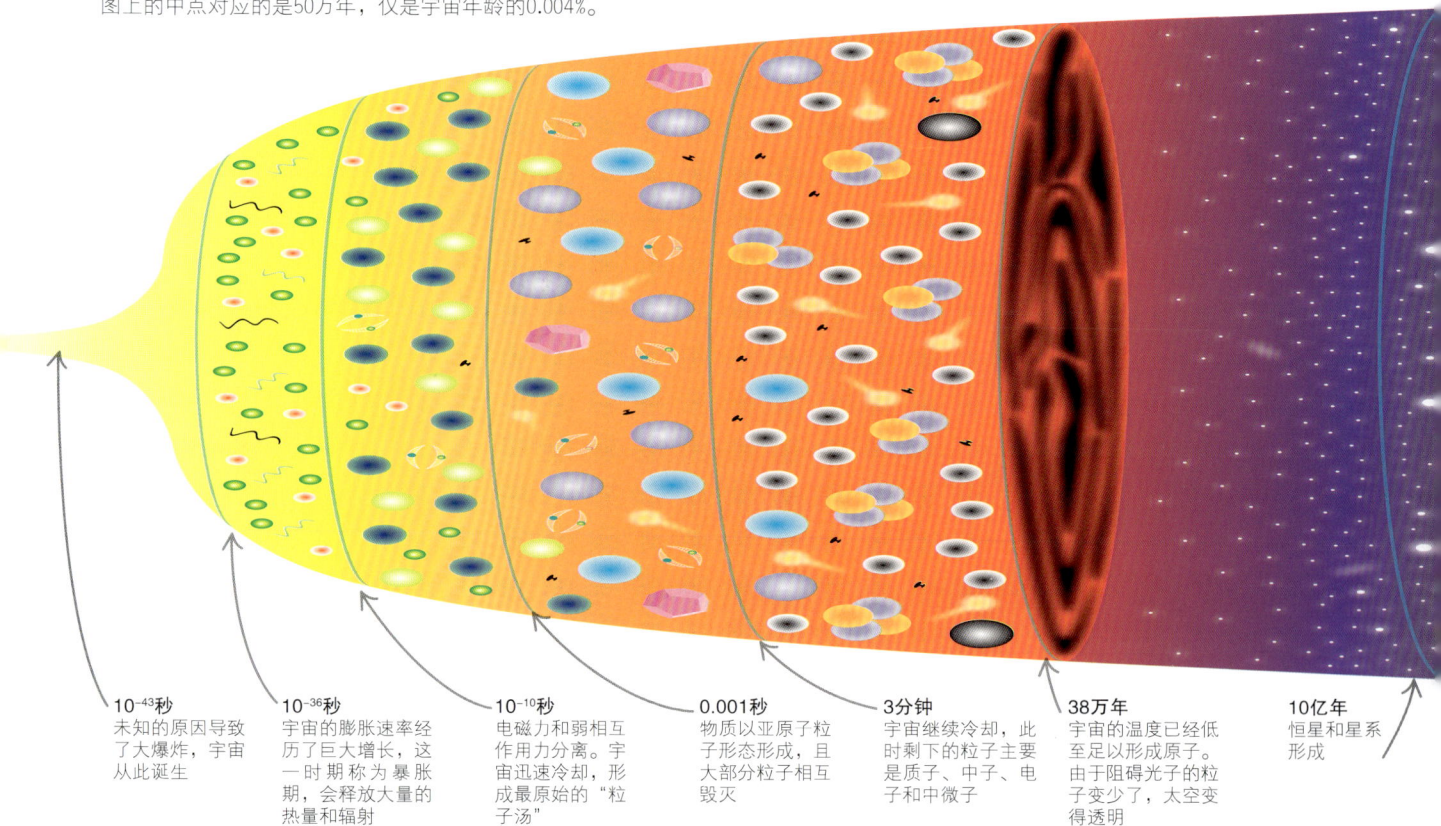

10^{-43}秒
未知的原因导致了大爆炸，宇宙从此诞生

10^{-36}秒
宇宙的膨胀速率经历了巨大增长，这一时期称为暴胀期，会释放大量的热量和辐射

10^{-10}秒
电磁力和弱相互作用力分离。宇宙迅速冷却，形成最原始的"粒子汤"

0.001秒
物质以亚原子粒子形态形成，且大部分粒子相互毁灭

3分钟
宇宙继续冷却，此时剩下的粒子主要是质子、中子、电子和中微子

38万年
宇宙的温度已经低至足以形成原子。由于阻碍光子的粒子变少了，太空变得透明

10亿年
恒星和星系形成

宇宙微波

射电天文学家发现来自大爆炸的微波辐射完全是个意外，他们一开始认为这些辐射是背景噪声。现在，人造卫星已经可以绘制非常详细的可显示温度轻微变化（以不同颜色表示）的辐射图，揭示了年轻的宇宙在密度方面的轻微变化。

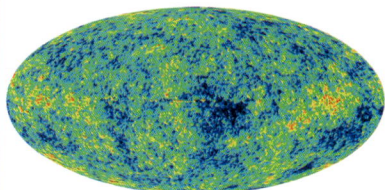

现在
现在的宇宙已经有137亿岁了

红移

星系存在于星团之中，而大爆炸的一项关键证据就是这些星团一直在相互远离，换言之，就是宇宙在不断地膨胀。天文学家之所以得出以上结论，是因为他们把来自星系的光解析为光谱信息，以此了解其中存在哪些物质。遥远星系谱线的观测波长会向长波方向偏移。

▷ **红移**
如果恒星、星系或其他明亮天体正在远离观察者，它们发出的光会微微变红。

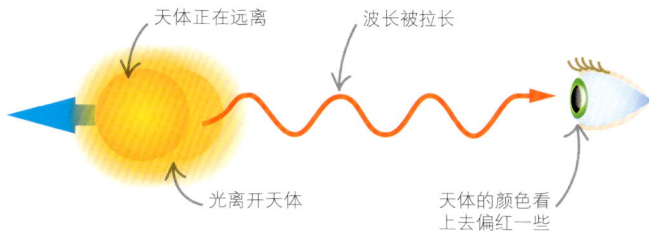

天体正在远离
波长被拉长
光离开天体
天体的颜色看上去偏红一些

▷ **蓝移**
如果天体正在靠近观察者，它发出的光波长缩短，使天体看起来微微变蓝。

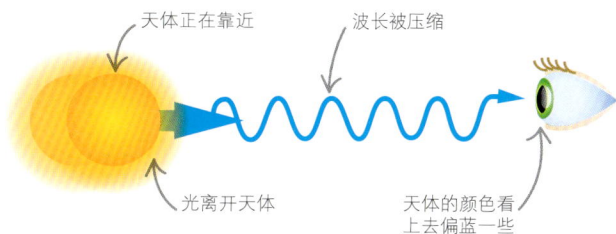

天体正在靠近
波长被压缩
光离开天体
天体的颜色看上去偏蓝一些

宇宙中还有什么？

恒星和星系只占宇宙总质量的一小部分。宇宙大部分是由看不见的物质和能量构成的。星系中包含看不见的暗物质，科学家是通过观察星系的行为确认暗物质的存在的。宇宙中还存在一种被称为暗能量的未知力量，这种力量正在加速宇宙的膨胀。

▽ **宇宙物质**
下方的饼形图显示了宇宙的构成。形成恒星和星系的元素主要为氢和氦。其他较重的元素存在于恒星内部。那些相对原子质量大于铁的元素（参见第116~117页），是在质量较大的恒星爆炸时产生的。

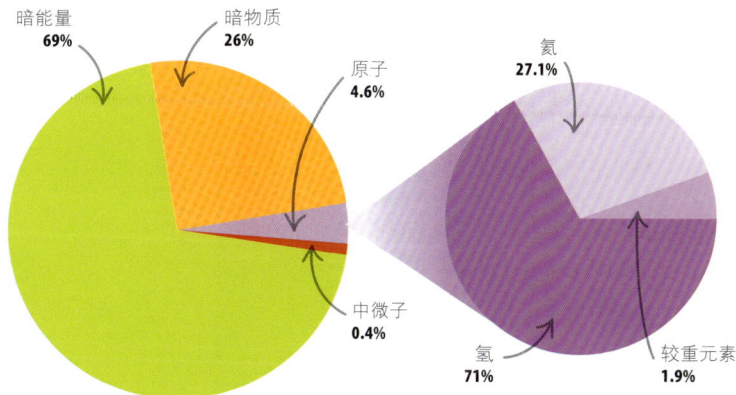

暗能量 **69%**
暗物质 **26%**
原子 **4.6%**
中微子 **0.4%**

氦 **27.1%**
氢 **71%**
较重元素 **1.9%**

生物学参考资料

植物界

从结构简单的苔藓到高大的树木，植物界包含大约30万种植物。其中绝大多数植物都能进行光合作用，利用太阳能制造自己生长所需的糖类。

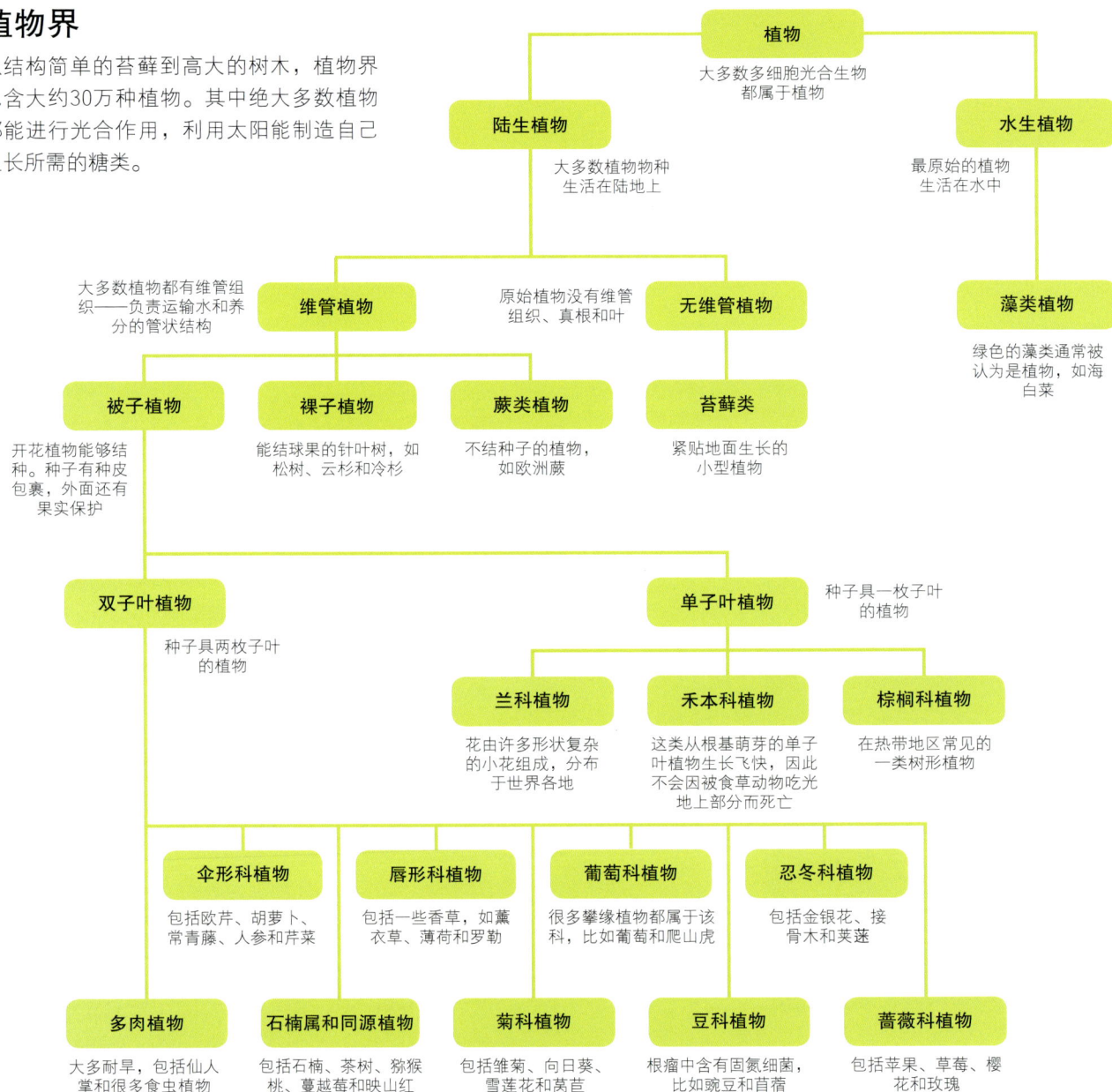

植物
大多数多细胞光合生物都属于植物

陆生植物
大多数植物物种生活在陆地上

水生植物
最原始的植物生活在水中

大多数植物都有维管组织——负责运输水和养分的管状结构

维管植物

原始植物没有维管组织、真根和叶

无维管植物

藻类植物
绿色的藻类通常被认为是植物，如海白菜

被子植物
开花植物能够结种。种子有种皮包裹，外面还有果实保护

裸子植物
能结球果的针叶树，如松树、云杉和冷杉

蕨类植物
不结种子的植物，如欧洲蕨

苔藓类
紧贴地面生长的小型植物

双子叶植物
种子具两枚子叶的植物

单子叶植物
种子具一枚子叶的植物

兰科植物
花由许多形状复杂的小花组成，分布于世界各地

禾本科植物
这类从根基萌芽的单子叶植物生长飞快，因此不会因被食草动物吃光地上部分而死亡

棕榈科植物
在热带地区常见的一类树形植物

伞形科植物
包括欧芹、胡萝卜、常青藤、人参和芹菜

唇形科植物
包括一些香草，如薰衣草、薄荷和罗勒

葡萄科植物
很多攀缘植物都属于该科，比如葡萄和爬山虎

忍冬科植物
包括金银花、接骨木和荚蒾

多肉植物
大多耐旱，包括仙人掌和很多食虫植物

石楠属和同源植物
包括石楠、茶树、猕猴桃、蔓越莓和映山红

菊科植物
包括雏菊、向日葵、雪莲花和莴苣

豆科植物
根瘤中含有固氮细菌，比如豌豆和苜蓿

蔷薇科植物
包括苹果、草莓、樱花和玫瑰

动物界

动物界已发现100多万种动物，目前确切的数据尚不清楚。所有动物都是异养生物——以其他生物为食，从食物中获取能量或组成自身的物质。

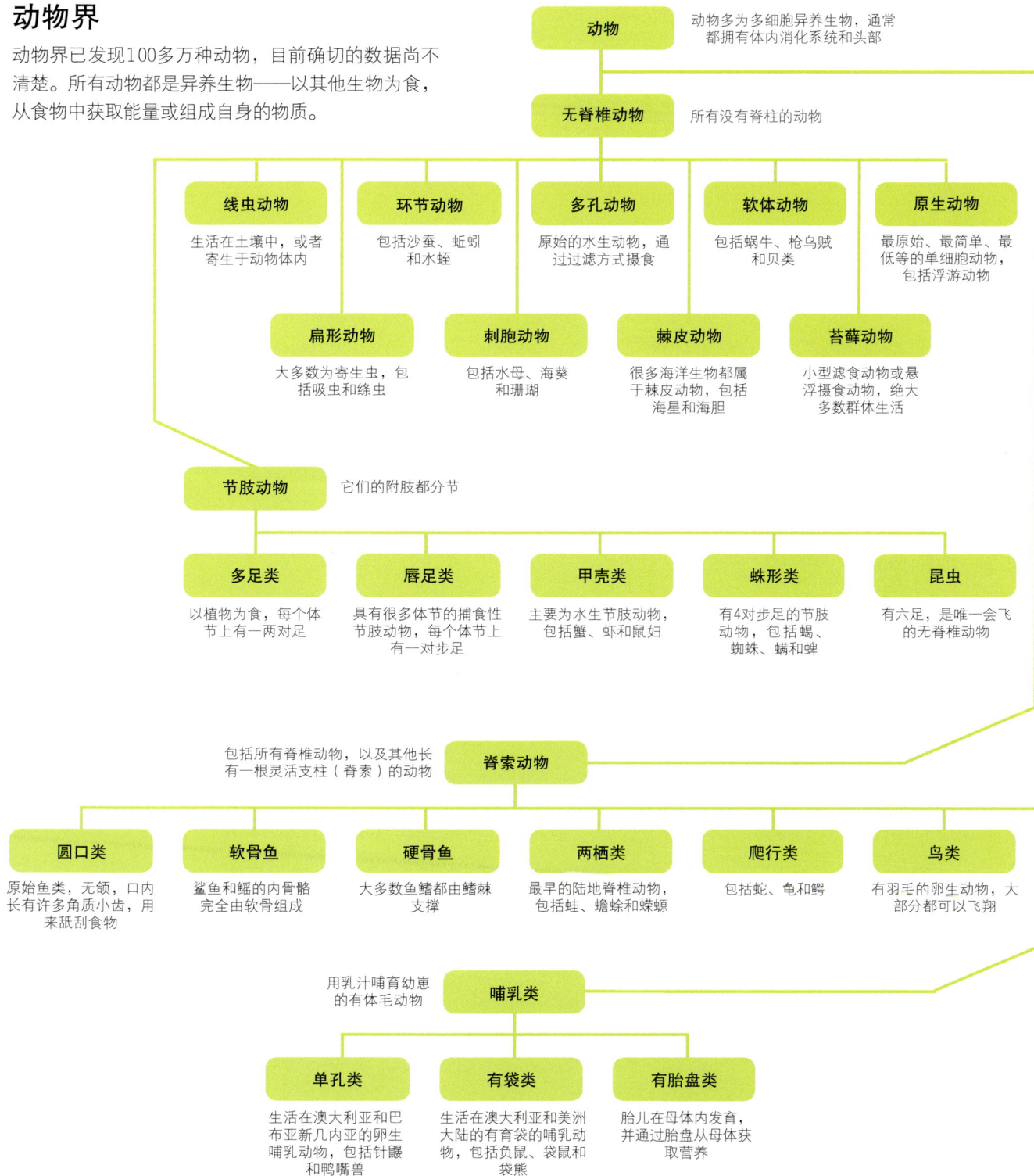

动物
动物多为多细胞异养生物，通常都拥有体内消化系统和头部

无脊椎动物
所有没有脊柱的动物

线虫动物
生活在土壤中，或者寄生于动物体内

环节动物
包括沙蚕、蚯蚓和水蛭

多孔动物
原始的水生动物，通过过滤方式摄食

软体动物
包括蜗牛、枪乌贼和贝类

原生动物
最原始、最简单、最低等的单细胞动物，包括浮游动物

扁形动物
大多数为寄生虫，包括吸虫和绦虫

刺胞动物
包括水母、海葵和珊瑚

棘皮动物
很多海洋生物都属于棘皮动物，包括海星和海胆

苔藓动物
小型滤食动物或悬浮摄食动物，绝大多数群体生活

节肢动物
它们的附肢都分节

多足类
以植物为食，每个体节上有一两对足

唇足类
具有很多体节的捕食性节肢动物，每个体节上有一对步足

甲壳类
主要为水生节肢动物，包括蟹、虾和鼠妇

蛛形类
有4对步足的节肢动物，包括蝎、蜘蛛、螨和蜱

昆虫
有六足，是唯一会飞的无脊椎动物

脊索动物
包括所有脊椎动物，以及其他长有一根灵活支柱（脊索）的动物

圆口类
原始鱼类，无颌，口内长有许多角质小齿，用来舐刮食物

软骨鱼
鲨鱼和鳐的内骨骼完全由软骨组成

硬骨鱼
大多数鱼鳍都由鳍棘支撑

两栖类
最早的陆地脊椎动物，包括蛙、蟾蜍和蝾螈

爬行类
包括蛇、龟和鳄

鸟类
有羽毛的卵生动物，大部分都可以飞翔

哺乳类
用乳汁哺育幼崽的有体毛动物

单孔类
生活在澳大利亚和巴布亚新几内亚的卵生哺乳动物，包括针鼹和鸭嘴兽

有袋类
生活在澳大利亚和美洲大陆的有育袋的哺乳动物，包括负鼠、袋鼠和袋熊

有胎盘类
胎儿在母体内发育，并通过胎盘从母体获取营养

化学参考资料

熔点和沸点

每种元素都有特定的熔点和沸点，不过，目前第101~118号元素的熔点和沸点未知。以下所有温度都是在标准大气压下测量的。金属往往具有较高的熔点，而气体的沸点低于室温。但是碳是非金属元素，熔点却是所有元素中最高的。

元素表			
原子序数	名称（符号）	熔点/℃	沸点/℃
1	氢 (H)	−259	−253
2	氦 (He)	−272	−269
3	锂 (Li)	179	1340
4	铍 (Be)	1283	2970
5	硼 (B)	2300	2550
6	碳 (C)	3550	4827
7	氮 (N)	−210	−196
8	氧 (O)	−219	−183
9	氟 (F)	−220	−188
10	氖 (Ne)	−249	−246
11	钠 (Na)	98	883
12	镁 (Mg)	650	1090
13	铝 (Al)	660	2467
14	硅 (Si)	1410	2355
15	磷 (P)	44	280
16	硫 (S)	113	445
17	氯 (Cl)	−101	−34
18	氩 (Ar)	−189	−186
19	钾 (K)	64	754
20	钙 (Ca)	848	1487
21	钪 (Sc)	1541	2836
22	钛 (Ti)	1668	3287
23	钒 (V)	1910	3407
24	铬 (Cr)	1907	2671
25	锰 (Mn)	1246	2061
26	铁 (Fe)	1538	2861
27	钴 (Co)	1493	3100
28	镍 (Ni)	1455	2913

元素表			
原子序数	名称（符号）	熔点/℃	沸点/℃
29	铜 (Cu)	1083	2562
30	锌 (Zn)	420	907
31	镓 (Ga)	30	2403
32	锗 (Ge)	937	2830
33	砷 (As)	817	613
34	硒 (Se)	217	685
35	溴 (Br)	−7	59
36	氪 (Kr)	−157	−152
37	铷 (Rb)	39	688
38	锶 (Sr)	777	1384
39	钇 (Y)	1522	3345
40	锆 (Zr)	1852	4377
41	铌 (Nb)	2477	4742
42	钼 (Mo)	2623	4639
43	锝 (Tc)	2172	4877
44	钌 (Ru)	2334	4150
45	铑 (Rh)	1966	3695
46	钯 (Pd)	1554	2970
47	银 (Ag)	962	2162
48	镉 (Cd)	321	767
49	铟 (In)	156	2080
50	锡 (Sn)	232	2602
51	锑 (Sb)	631	1587
52	碲 (Te)	450	990
53	碘 (I)	114	184
54	氙 (Xe)	−112	−107
55	铯 (Cs)	29	671
56	钡 (Ba)	725	1897

元素表			
原子序数	名称（符号）	熔点/℃	沸点/℃
57	镧 (La)	921	3464
58	铈 (Ce)	799	3426
59	镨 (Pr)	931	3520
60	钕 (Nd)	1021	3074
61	钷 (Pm)	1168	2460
62	钐 (Sm)	1077	1791
63	铕 (Eu)	822	1529
64	钆 (Gd)	1313	3275
65	铽 (Tb)	1356	3230
66	镝 (Dy)	1412	2576
67	钬 (Ho)	1474	2700
68	铒 (Er)	1529	2868
69	铥 (Tm)	1545	1950
70	镱 (Yb)	819	1196
71	镥 (Lu)	1663	3402
72	铪 (Hf)	2233	4602
73	钽 (Ta)	3017	5458
74	钨 (W)	3422	5555
75	铼 (Re)	3186	5596
76	锇 (Os)	3033	5012
77	铱 (Ir)	2446	4428
78	铂 (Pt)	1768	3825
79	金 (Au)	1064	2856
80	汞 (Hg)	−39	375
81	铊 (Tl)	303	1457
82	铅 (Pb)	328	1749
83	铋 (Bi)	271	1564
84	钋 (Po)	254	962

元素表			
原子序数	名称（符号）	熔点/℃	沸点/℃
85	砹 (At)	302	337
86	氡 (Rn)	−71	−62
87	钫 (Fr)	27	677
88	镭 (Ra)	700	1140
89	锕 (Ac)	1050	3198
90	钍 (Th)	1750	4787
91	镤 (Pa)	1568	4027
92	铀 (U)	1132	4131
93	镎 (Np)	637	3902
94	钚 (Pu)	640	3228
95	镅 (Am)	1176	2607
96	锔 (Cm)	1340	3100
97	锫 (Bk)	986	2627
98	锎 (Cf)	900	1470
99	锿 (Es)	860	996
100	镄 (Fm)	1527	未知

人体内的元素

人体内包含25种化学元素。大部分元素是微量元素。人体的2/3由水组成，剩余部分几乎全部由碳、氮、钙和磷组成。

▷ **人体元素**
右图显示了人体内各元素的含量（质量分数）。人体的65%由氧组成，其余的35%如图所示。

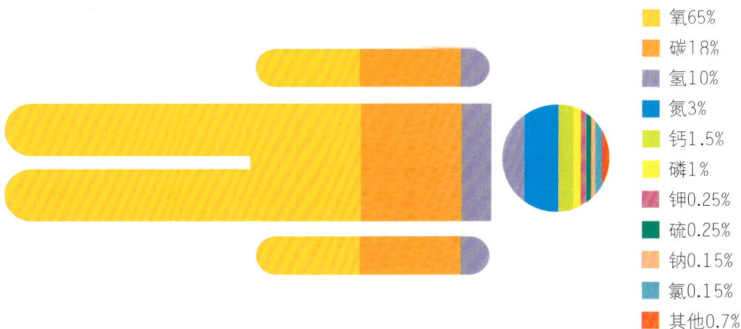

- 氧65%
- 碳18%
- 氢10%
- 氮3%
- 钙1.5%
- 磷1%
- 钾0.25%
- 硫0.25%
- 钠0.15%
- 氯0.15%
- 其他0.7%

物理学参考资料

国际单位制

国际单位制是由国际计量大会批准采用的基于国际量制的单位制。下表是国际单位制的7个基本单位的名称、符号和测算量。

基本单位		
名称	符号	测算量
米	m	长度单位，根据光在1/299792458秒内于真空中传播的距离定义
千克（公斤）	kg	质量单位，1千克等于保存在法国巴黎的由铂铱合金制成的国际千克原器的质量
秒	s	时间单位，根据铯原子辐射的频率来定义
安培	A	电流单位，根据两根平行的通电导线间产生的吸引力来定义
开尔文	K	热力学温度单位，以绝对零度（−273.15℃）为原点
坎德拉	cd	发光强度单位，定义一个光源在给定方向上的发光强度，该光源发出频率为$540×10^{12}$赫兹的单色辐射，且在此方向上的辐射强度为$1/683$瓦特·球面度$^{-1}$
摩尔	mol	物质的量单位（通常是计量很小的粒子，比如原子和分子），1摩尔即阿伏伽德罗常数，为$6.02×10^{23}$

导出单位

下表中的单位是由国际单位制中的7个基本单位推导得到的。这些导出单位被广泛使用，并且拥有各自的名称。

导出单位		
名称	符号	测算量
贝可勒尔	Bq	放射性活度单位。每秒衰变1次，定义为1Bq
摄氏度	℃	摄氏温度单位，可以与热力学温度单位进行换算。1个标准大气压下，水的冰点为0℃
库仑	C	电荷量单位，1安培电流在1秒之内所运送的电量为1库仑
法拉	F	电容单位，表示电容器存储电荷的能力
赫兹	Hz	频率单位，表示每秒重复的次数
焦耳	J	能、热、功的单位。例如，1牛顿的力在1米距离上所做的功为1焦耳
牛顿	N	力的单位，使1千克质量的速度每秒增加1米/秒所需的力为1牛顿
欧姆	Ω	电阻单位，在导体的两点间加1伏特电压，产生1安培电流时，此两点间的电阻为1欧姆
帕斯卡	Pa	压强单位，1牛顿的压力作用在1平方米上产生的压强等于1帕斯卡
伏特	V	电势、电压、电动势等物理量的单位
瓦特	W	功率单位，每秒做功1焦耳所需的功率等于1瓦特

公式

物理学家可以通过将已知物理量代入公式来计算未知量。根据需要计算的物理量，可对公式变形。以下是一些基本的物理公式。

物理公式		
未知量	**描述**	**公式**
电流	电压除以电阻	$I = \dfrac{U}{R}$
电压	电流乘电阻	$U = IR$
电阻	电压除以电流	$R = \dfrac{U}{I}$
功率	功除以时间	$P = \dfrac{W}{t}$
时间	位移除以速度	$t = \dfrac{s}{v}$
位移	速度乘时间	$s = vt$
速度	位移除以时间	$v = \dfrac{s}{t}$
加速度	t_1、t_2时刻速度的变化量除以时间间隔	$a = \dfrac{v_2 - v_1}{\Delta t}$
力	质量乘加速度	$F = ma$
动量	质量乘速度	$p = mv$
压强	压力除以物体的受力面积	$p = \dfrac{F}{S}$
密度	物体的质量除以体积	$\rho = \dfrac{m}{V}$
体积	物体的质量除以密度	$V = \dfrac{m}{\rho}$
质量	物体的体积乘密度	$m = V\rho$
面积（矩形）	长乘宽	$S = ab$
动能	质量的一半乘速度的平方	$E_k = \dfrac{1}{2}mv^2$
重力	质量乘重力加速度	$G = mg$
功	力乘沿力的方向移动的距离	$W = Fs$

行星

下表提供了太阳系八大行星的一些基本信息，以及目前已知的卫星数量。带内行星的表面主要由岩石构成，而带外行星主要由气体和冰构成。

行星和卫星		
行星	**特征描述**	**已知卫星的数量**
水星	岩石、金属	0
金星	岩石、金属	0
地球	岩石、金属	1
火星	岩石、金属	2
木星	气体、冰、岩石	79
土星	气体、冰、岩石	82
天王星	气体、冰、岩石	27
海王星	气体、冰、岩石	14

有关地球的重要数据

地球是太阳系中最大的类地行星。科学家经常以地球的大小和运行方式为基础来研究整个宇宙。

平均直径	12756千米
日地距离	1.496亿千米
平均公转速度	29.8千米/秒
日出间隔时间（以赤道为准）	24小时
质量	5.972×10^{24}千克
体积	1.08321×10^{12}千米^3
平均密度	5.513×10^3千克/米^3
地表重力加速度	9.81米/秒^2
平均地表温度	15℃
水体和陆地的面积比	7:3

词汇表

DNA
脱氧核糖核酸的简称。它是一种携带了遗传信息的长链分子。

半衰期
放射性元素的原子核有半数发生衰变时所需的时间。

变压器
可以改变电流和电压的电子元件。

波长
在波动中，振动相位总是相同的两个相邻质点间的距离。

不互溶
两种液体由于分子相互排斥而无法形成溶液的特性。

超导体
在极低温时电阻会变为零的材料。超导体通电后不会发热，因此不会损失能量。

沉积岩
由沉积物形成的岩石。这些沉积物一层层地沉积在海底或地面之上，经过数百万年的挤压最终固结成岩石。

斥力
将物体彼此分开的力，与引力相反。

传导
能量通过物体传递的过程。所传递的能量包括热、声和电。

催化剂
一般指能够降低化学反应的活化能，提高反应速率，但在化学反应前后本身的质量和化学性质不变的物质。也有一些特殊的催化剂起到相反的作用，即降低反应速率。不过不管是哪种催化剂，都不改变化学反应的动态平衡。

大气层
包围地球的一层气体。

蛋白质
生物体内广泛存在的一类复杂的化学物质。肌肉和酶的主要成分都是蛋白质。氨基酸是蛋白质的基本单位，蛋白质通常由数百个氨基酸组成。

等离子体
高能带电原子和更小的亚原子粒子的混合体。等离子态是除固态、液态、气态之外的物质第四态。

电磁体
由电流产生磁场的磁体。

电解
将直流电通过电解质溶液或熔体，在电极界面上引起电化学反应的过程。

电解质
在水溶液中或熔融态下能导电的物质。

电离
中性原子或分子在热、电、辐射以及溶剂分子的作用下产生离子的过程。

电流
电荷定向移动形成电流。

电路
电流可在其中流通的由导线连接的元件的组合。

电压
即电势差，电路中两点之间的势能差。

电子
原子的基本构成粒子，位于电子层，带负电。

电子学
利用半导体制造电子元件的科学与技术。

动量
物体的质量与速度的乘积。

动态平衡
对于可逆反应来说，正向反应和逆向反应在同时发生，当两个方向的反应速率相等时，我们就说可逆反应达到了动态平衡状态。此时，反应物与生成物各自的总量保持恒定。

发电机
利用电磁感应原理，将机械能转换为电能的设备。

反射
波从一种介质到达另一种介质的界面时返回原介质的现象。

反应性
用于描述物质参与化学反应的可能性。

放射性
不稳定原子核自发地放出粒子或γ射线，或俘获轨道电子后放出X射线，或自发裂变的性质。

沸点
液体沸腾时的温度。

分解
由一种化合物生成两种或两种以上物质的反应。

分子
物质中能独立存在而保持其组成和化学性质的最小微粒。

浮力
浸在流体里的物体受到流体向上托的力。

辐射
在物理学中，辐射通常是指光波、热和其他在宇宙中传播的不可见射线。这些射线一起构成了电磁波谱——几乎包含了所有常见的辐射类型。可见光、X射线和无线电波都属于辐射。

干涉
两束或两束以上的光波在空间中相遇时发生叠加而形成新波形的现象。

感应
当运动的导体通过磁场并且切割磁感线时，导体的机械能转换为电能的过程。

功
移动物体所需要的能量，等于力与沿力的方向移动距离的乘积。

惯性
物体保持静止状态或匀速直线运动状态的性质。

轨道
在万有引力作用下，一个物体围绕另一物体运动的路径。

过滤
利用过滤介质使液体与固体颗粒分离的作业。

合金
由两种或两种以上元素（至少一种是金属）组成的混合物。

核聚变
轻原子核在特定条件下结合生成较重原子核，同时释放巨大能量的一类核反应。

核裂变
一个重原子核分裂为两个或两个以上质量为同一量级的原子核，并释放巨大能量的一类核反应。

横波
质点的振动方向与波的传播方向互相垂直的波。

呼吸作用
活细胞内发生的将糖类逐步氧化分解并释放能量的过程。呼吸作用为生命提供动力。

化合物
由两种或两种以上元素组成的纯净物。

化石燃料
由古代植物和其他有机体残余物形成的易燃物质，燃烧时放出大量热量。化石燃料包括煤、天然气和石油。

化蛹
完全变态发育过程中，处于幼虫和成虫之间的一个发育阶段。例如，毛毛虫变成蝴蝶前，要先以蛹的形式出现。

还原
物质在化学反应中获得电子（氧化态降低）的过程。

混合物
两种或两种以上物质形成的混合体系，各组分之间不存在化学联系。混合物可以是均匀的，也可以是非均匀的。

活化能
使化学反应发生所需的能量。

基因
亲代遗传给子代的一套编码指令，可表现为某种外在特征。这套编码指令储存在DNA中，经过转录和翻译制造蛋白质，每种蛋白质各司其职。

激素
由特定细胞分泌、通过体液运送到特定部位从而控制某些生理过程的化学信使。激素包括肾上腺素、胰岛素和雌激素等。

脊椎动物
有脊柱的动物。脊柱具有柔韧性，由脊椎骨连接而成。鱼类、两栖类、爬行类、哺乳类和鸟类都是脊椎动物。

加速度
在物体上施加外力会导致物体的速度增加或减少。加速度是描述物体运动时速度变化快慢的物理量。

减速
当作用于移动物体上力的方向与物体的移动方向相反时，物体的速度会因外力作用而减慢。

碱
含有氢氧根离子或羟基，在水溶液中电离出的阴离子全部是氢氧根离子的物质。碱很容易和酸

反应。

降水
自云中降落到地面上的水汽凝结物，有液态或固态两种降水形式。雨、雪、雨夹雪和雹都属于降水。

交流电
随时间周期性变化且在一个周期内的平均值为零的电流。

胶体
一种介于溶液和悬浮液之间的混合物。冰激凌、雾、牛奶都属于胶体。

角蛋白
脊椎动物用来覆盖身体的蛋白质，比如羽毛、毛发、指甲、爪子、角以及爬行动物的鳞甲都是由角蛋白组成的。

节肢动物
无脊椎动物中数量最多的一类，包括昆虫、蛛形类和甲壳类等。

解剖学
研究生命体结构及其工作原理的学科。

金属
最外层电子数较少并且容易失去电子形成阳离子的元素。金属通常是密度较大的固体，具有光泽，有良好的延展性、导电性和导热性。

进化
物种为适应生存环境，遗传结构发生改变，并产生相应的表型。自然选择是生物进化的动力。

聚合物
由许多小分子以共价键连接而成的长链状化合物。聚合物的相对分子质量通常在10000以上。

空气阻力
阻止物体在空气中移动（使物体减速）的力。

离子
带电荷的原子或原子团。

力
物体间的相互作用，可以使物体改变运动状态或发生变形。

毛细血管
连接微动脉和微静脉、相互交织成网状的细微血管，负责血液和组织、细胞之间的物质交换。

酶
一种可以控制生物体内生化反应或其他过程的蛋白质。

密度
物体内部所含物质紧密程度的量度，可以通过质量除以体积得到。

摩擦力
两个互相接触的物体，当它们要发生或已经发生相对运动时，在接触面上产生的一种阻碍相对运动的力。

摩尔
摩尔是物质的量的标准单位。例如，1摩尔氢有$6.02×10^{23}$个氢原子。

木质部
植物体内负责输送水和无机盐的维管束。

纳米
一米的十亿分之一，符号是nm。

内温性
动物利用自身的代谢产热调节和维持体温的特性。

能量
能量是事件发生的动因。例如，食物中的化学能使我们能够生存和活动。

扭转
转矩或旋转的力沿着相反的方向作用于一个物体的不同位置，会使该物体扭曲。

浓度
单位体积溶液中溶质的含量。

偶极
分子的正、负电荷中心不重合，而使分子表现出的极性。

葡萄糖
通过光合作用制造的一种单糖。细胞将其当作能量来源。

栖息地
生物生活的地方。每个栖息地都有其特殊的条件，比如水供给、温度范围和光照时长等。

燃烧
物质与氧气反应，伴随发光和发热的化学过程。

染色体
细胞核内遗传信息的载体。

热对流
流体内部的热量传递。热对流基于高温流体上升，低温流体下沉，因而形成环流。

热绝缘材料
一种可以防止热量从温度较高的物体向温度较低物体传递的材料。

韧皮部
植物体内负责输送有机养料的维管束。

溶剂
能溶解其他物质形成溶液而保持本身为连续状态的物质。水是最常用的溶剂。通常气体或固体溶解在液体中时，液体为溶剂。如果液体分散于液体，则以量多者为溶剂。

溶液
由两种或两种以上物质组成的均匀、稳定的分散体系。溶液由溶质和溶剂组成，有3种状态：固态溶液，如合金；液态溶液，如盐水；气态溶液，如空气。我们通常所指的溶液是液态溶液。

溶质
溶液中被溶解的物质。溶质被溶剂分隔，往往不能保持本身的连续状态。通常固态或气态物质溶于液体时，固态或气态物质是溶质。液态物质溶于液态物质时，量少者为溶质。

鳃
从水中吸收氧气并释放二氧化碳的呼吸器官。鱼类和其他许多水生动物都有鳃。

色素
使物体具有不同颜色的物质。某些色素在生理过程中起到很重要的作用，比如植物体内的叶绿素是光合作用的必备条件。

生态系统
由生活在同一栖息地中的动物、植物、真菌、微生物群落与其非生命环境形成的复杂关系网。

生物
所有具有生长、发育、繁殖等能力的物体。

生物量
在一定时间内，生态系统中某些特定组分在单位面积上所产生物质的总量。

食
一个天体被另一个天体的影子所遮掩，其视面变暗甚至消失的现象。当月球运行到地球与太阳之间时，就会发生日食，人们观察到的是月球遮住了太阳。当地球运行到太阳与月球之间时，就会发生月食。

速度
用来描述物体运动的快慢，还包含运动的方向。

速率
速度的大小。

塑性形变
材料在外力作用下变形，外力除去后不能恢复的永久变形。

酸
在水溶液中电离产生的阳离子全部是氢离子的物质。酸容易与其他物质反应。

酸碱指示剂
用于检测物质酸碱度的化学试剂。

弹性形变
材料在外力作用下变形，外力除去后能恢复原状的变形。

碳氢化合物
又称烃，指仅由碳和氢两种元素组成的有机化合物。

同素异形体
由同种元素组成的结构不同的单质，比如碳的同素异形体有石墨和金刚石等。同素异形体的外形不同，物理性质也不同，但是它们的化学性质相似。

同位素
同一种元素的不同原子形式，这些原子的质子数相同，但中子数不同。

外骨骼
构成身体外表面的硬组织，使身体有了形状。

外温性
动物体温无法保持恒定，会随周围环境温度的变化而产生波动的特性。

微管
一种由蛋白质构成的极细纤维，用于固定和搬运细胞内的大分子物质。

微米
1米的1/1 000 000，符号是 μm。

位移
物体在运动中产生的位置的移动。

温度
表示物体冷热程度的物理量。温度反映物体分子热运动的剧烈程度。

无脊椎动物
背侧没有脊柱的动物。地球上的大多数动物都是无脊椎动物，但并非所有无脊椎动物都有密切关系。

物质
一切拥有质量并占据一定空间的东西。

物质的状态
物质有3种主要状态：固态、液态和气态。等离子态是物质的第4种状态。

细胞
生命活动的基本结构与功能单位。

细胞膜
包围细胞质和细胞器的界膜。细胞膜是半透膜，只允许某些物质进出细胞。

细胞器

细胞内在新陈代谢过程中执行特定任务的结构。

细菌

形成一个独特生物域的单细胞生物。与其他生物的细胞相比，细菌的细胞很小，其中的细胞器也比较简单。

纤维素

由葡萄糖单元聚合而成的高分子化合物，是植物细胞壁的主要成分。

腺体

生物体内能够分泌大量化学物质的器官。内分泌腺将分泌物释放到血管和淋巴管中；外分泌腺将分泌物释放到身体表面。

新陈代谢

维持生命必不可少的诸多化学反应过程的总和。分解代谢是生物体内复杂大分子降解成简单分子的物质代谢过程；合成代谢与分解代谢相反，是用简单分子的物质合成复杂大分子的代谢过程。

形变

在外力作用下物体的形状发生改变，如拉伸、弯曲或压缩等。

悬浮液

一种常见的非均匀混合物。悬浮液中分散相颗粒的直径大于1微米。

压强

物体单位面积上所受压力。

压缩

当作用在一个物体上的力有两个或更多，且力位于同一条直线上又都指向物体时，该物体在受力

方向上被压缩，而在其他方向上膨胀。

亚原子粒子

比原子小的粒子，比如电子、中子、质子、光子等。

盐

酸中的氢离子被金属离子（或铵根离子）取代而形成的离子化合物。盐可以通过酸碱中和反应得到。

衍射

波的一种特征，当波经过孔隙或障碍物边缘时，传播方向发生弯曲的现象。

阳离子

又称正离子，带正电荷的原子或原子团。

养分

生物在生长发育过程中不断地吸收、摄食赖以生存的各种物质。

氧化

狭义是指物质与氧气化合的作用；广义是指原子失去电子（氧化态升高）的过程。

叶绿素

一种存在于植物体内的绿色色素，能够吸收太阳辐射进行光合作用。

液化

物质从气态变为液态的现象，如水蒸气凝结成水。

阴离子

又称负离子，带负电荷的原子或原子团。

引力

万有引力的简称，存在于任何有质量的物体之间的相互吸引的力。

应变

受力后物体发生的形变。

应力

可以改变物体形状的力。

元素

质子数（即核电荷数）相同的一类原子的总称。地球上有90多种天然元素。

原生生物

地球上出现最早的单细胞或简单多细胞生物的总称。原生生物的细胞内有细胞器和细胞核。

原子

物质结构的一个层次，由带正电的原子核和带负电的核外电子组成。原子是物质保持化学性质不变的最小单元。

原子核

原子中带正电的核心，由质子和中子组成。

原子序数

等于原子核中质子数。每种元素的原子序数都是唯一的。

藻类

生活在水中或潮湿环境中、形似植物的生物。它们大多为单细胞生物。

折射

当波从一种介质斜射入另一种介质时，传播速度的变化使波的传播方向发生偏折的现象。

振动

物体在其平衡位置附近做有规律的往复运动。

振幅

在波动中，波峰或波谷到平衡位置的距离。

蒸发

物质从液态转化为气态的相变过程，比如水坑变干。

蒸馏

利用混合物中各组分沸点不同，分离不同组分的过程。

脂肪

一种固态脂质——用来储存能量、隔绝神经以及形成膜的生物材料。液态脂肪称为油。

直流电

始终沿一个方向流动的电流。

质量

物质多少的量度，同时也是使物体能够受力的一种特性。

质子

位于原子核内带正电的粒子。

中子

位于原子核内的中性粒子。不过氢的同位素之一氕不含中子。

重量

物体由于地球吸引所受重力的大小。

主序星

位于主序上的恒星，比如太阳。

转矩

力和力臂的乘积。转矩使物体转动或扭转。

自由基

具有不成对电子的原子或原子团。自由基具有很强的反应性。

纵波

传播方向与质点振动方向一致或相反的波动。

索引

致谢

DORLING KINDERSLEY would like to thank: Smiljka Surlja for her design assistance; Fran Baines, Clive Gifford, Clare Hibbert, Wendy Horobin, James Mitchem, Carole Stott, and Victoria Wiggins for their editorial assistance; Nikky Twyman for proofreading; and Jackie Brind for the index.

DORLING KINDERSLEY INDIA would like to thank: Sudakshina Basu and Vandna Sonkariya for their design assistance; and Antara Moitra and Pragati Nagpal for their editorial assistance.

The publisher would like to thank the following for their kind permission to reproduce their photographs:

(Key: a-above; b-below/bottom; c-centre; f-far; l-left; r-right; t-top)

23 Science Photo Library: Dr. E. Walker (br). 24 Getty Images: Photographer's Choice / Tony Hutchings (br). 34 Corbis: Anup Shah (cr). 37 SuperStock: Stock Connection (bl). 47 Ardea: Alan Weaving (tr). 65 Corbis: Tetra Images (br). 68 Corbis: Owen Franken (cl). 73 Science Photo Library: Mehau Kulyk (br). 79 FLPA: Nigel Cattlin (cl). 81 Corbis: Louie Psihoyos (tr). 85 Science Photo Library: Andrew McClenaghan (bc). 87 Science Photo Library: James King-Holmes (br). 88 Dreamstime.com: Peter Wollinga (bl). 91 Corbis: Richard Chung / Reuters (bc). 99 Corbis: Radius Images (bl). 100 Corbis: Mark Schneider / Visuals Unlimited (bl). 102 Corbis: Bettmann (bc). 107 Corbis: FoodPhotography Eising / the food passionates (c). 108 Science Photo Library: Sheila Terry (cr). 119 Science Photo Library: Charles D. Winters (br). 123 Corbis: Louie Psihoyos / Science Faction (br). 124 Corbis: Thom Lang (br). 126 Alamy Images: Robert Cousins (br). 128 Corbis: Taro Yamada (br). 135 Science Photo Library: Martyn F. Chillmaid (br). 139 Alamy Images: Carol and Mike Werner / PHOTOTAKE Inc. (br). 141 Science Photo Library: Dirk Wiersma (br). 143 SuperStock: imagebroker.net (cra). 145 Dreamstime.com: Cammeraydave (br). 146 Science Photo Library: Cristina Pedrazzini (br). 149 Getty Images: Photolibrary / Wallace Garrison (crb). 161 Corbis: Alex Wild / Visuals Unlimited (bl). 163 Corbis: moodboard (bl). 169 Corbis: Roland Holschneider / DPA (c). 171 Science Photo Library: Middle Temple Library (br). 173 Corbis: Ken Welsh / Design Pics (bl). 175 Corbis: Mike Powell (cr). 180 Corbis: Gene Blevins / LA DailyNews (cra). 183 Corbis: Duomo (br). 187 Alamy Images: Chuck Franklin (bl). 189 Corbis: Barritt, Peter / SuperStock (br). 191 Alamy Images: Ange (br). 192 Corbis: Grantpix / Index Stock (cra). 194 Corbis: Joe McDonald (cra). 199 Science Photo Library: Sinclair Stammers (tr). 201 Corbis: Denis Scott (cra). 205 Science Photo Library: Andy Crump (br). 207 Corbis: Marcus Mok / Asia Images (bl). 209 Science Photo Library: Volker Steger / Peter Arnold Inc. (br). 210 Corbis: Liu Liqun (br). 213 Science Photo Library: David Parker (cra). 215 Alamy Images: Mark Boulton (br). 217 Alamy Images: MShieldsPhotos (br). 219 Science Photo Library: Patrick Landmann (br). 220 Corbis: Chip East / Reuters (br). 222 Corbis: Seth Resnick / Science Faction (bc). 225 Alamy Images: Mark Ferguson (cra). 228 Getty Images: Alan R Moller (cra). 231 Science Photo Library: NASA / JPL (br). 233 Corbis: Heritage Images / Museum of London (br). 237 Corbis: George Steinmetz (br). 238 NASA: ESA and The Hubble Heritage Team (STScI / AURA) (br). 241 Science Photo Library: NASA (cla)

All other images © Dorling Kindersley
For further information see: **www.dkimages.com**

本书插图系原文插图